现代旅游电子商务

（第3版）

杨路明　谢伊苹　吴彦艳　著

電子工業出版社
Publishing House of Electronics Industry
北京·BEIJING

内 容 简 介

本书系统介绍了旅游电子商务的基本理论、基本知识、相关技术及应用案例，是学习并掌握旅游电子商务理论与实践知识的一部理论与应用性读物。本书分为三个部分：旅游电子商务基础知识、电子商务与现代旅游业、旅游企业信息化战略。本书首先介绍了旅游电子商务的概念与内涵、旅游电子商务的发展基础、旅游电子商务在世界旅游业的应用前景，以及旅游电子商务的依托环境、体系结构、功能、关联过程；然后分析讨论了旅游电子商务发展对旅游业的影响、旅游电子商务对旅游业市场结构变化的推动、促进旅游产业变革与创新；最后从旅游电子商务的理论层面及企业对旅游电子商务的应用进行了讨论与分析，并对旅游企业信息化的战略意义及策略进行了分析。

本书通过理论分析与讨论，针对性地提供了旅游电子商务的案例，使读者能认识并了解旅游电子商务的相关理论，同时又能把理论应用于实际。对于构建旅游电子商务体系具有较好的理论与应用价值。

本书适合作为高等院校旅游管理类、工商管理类本科生、研究生以及从事旅游电子商务应用与开发者学习旅游电子商务理论及应用的教材，也可以作为各级旅游主管部门、旅游企业及从事旅游研究、规划、经营开发的企业及个人学习旅游电子商务的参考书。

图书在版编目（CIP）数据

现代旅游电子商务/杨路明等著. —3 版. —北京：电子工业出版社，2013.4

ISBN 978-7-121-20025-0

Ⅰ. ①现…　Ⅱ. ①杨…　Ⅲ. ①旅游业－电子商务－高等学校－教材　Ⅳ. ①F590.6-39

中国版本图书馆 CIP 数据核字（2013）第 058301 号

策划编辑：赵　平
责任编辑：徐云鹏　　特约编辑：张燕虹
印　　刷：北京宏伟双华印刷有限公司
装　　订：北京宏伟双华印刷有限公司
出版发行：电子工业出版社
　　　　　北京市海淀区万寿路 173 信箱　邮编　100036
开　　本：787×1092　1/16　印张：20.5　字数：524 千字
版　　次：2004 年 2 月第 1 版
　　　　　2013 年 3 月第 3 版
印　　次：2016 年 7 月第 3 次印刷
印　　数：2 000 册　　定价：46.00 元

凡所购买电子工业出版社图书有缺损问题，请向购买书店调换。若书店售缺，请与本社发行部联系，联系及邮购电话：（010）88254888。

质量投诉请发邮件至 zlts@phei.com.cn，盗版侵权举报请发邮件至 dbqq@phei.com.cn。

服务热线：（010）88258888。

第 3 版前言

旅游电子商务是电子商务应用的一部分，是有效依托信息流、资金流，较少依赖物流的电子商务领域。从世界各国的发展可以清楚地看出，旅游电子商务是电子商务应用中最具发展潜力、发展最为快速的应用。因此，各国都在努力应用电子商务开发并发展旅游电子商务，促进本国、本地区的旅游业发展，拓展旅游市场。

因为旅游电子商务促进了旅游业的发展，所以不论是高等院校旅游管理类的本科及研究生，或是各地区的旅游管理及旅游景区管理及开发者，都在学习并应用电子商务来发展旅游，拓展旅游市场。为此，我们对原书的第 2 版进行了重新写作，对近几年旅游电子商务的进程及新的理论与方法进行了重新构建，在吸收最新研究成果的基础上，重写了现在这本书。

随着 IT 技术的发展与应用，旅游电子商务的应用也进入更为快速的发展轨道，旅游企业及各种旅游组织机构的管理模式也发生了巨大变化。速度、知识、网络彻底改变了竞争规则，在世界范围内形成了利用信息技术、通信技术把速度与知识结合起来创造新价值的网络经济时代。旅游企业之间、旅游组织甚至国家之间的竞争已经从过去的以质量、价格、管理为中心的竞争，转变为以信息为基础的管理方式的竞争。电子商务环境下的旅游业发展必然要应用信息技术与管理模式的改变来提升旅游企业的竞争能力。目前，各类旅游组织及国家正在进行从管理模式向服务模式转变的深刻变革，因此，旅游电子商务已经不再是单纯的企业运作问题，而是向新的管理方式转变的一种需要。它将为旅游企业及旅游组织获得以信息为基础的竞争手段，对旅游业的发展起到更大的促进作用。

与第 2 版相比，本版最突出的变化是在每一章之后的作业中增加了网络实践，让读者通过网络实践来提高实际的操作及应用能力，并能比较好地掌握书本知识及相关的理论。

本书内容的具体安排：第 1 章　电子商务概述；第 2 章　网络经济与旅游企业的管理；第 3 章　旅游电子商务的技术基础；第 4 章　旅游电子商务网站的建设；第 5 章　电子商务环境下的现代旅游业；第 6 章　旅游电子商务体系；第 7 章　电子商务与旅游市场；第 8 章　电子商务对旅游产业的优化；第 9 章　旅游企业信息化战略选择；第 10 章　旅游企业信息化应用策略；第 11 章　旅游企业信息化管理。

本书由杨路明教授进行内容的选取、组织、写作、最后统稿及修改。参与本书写作的还有徐旻讲师（云南师范大学）（第 1、2、4 章）；陈军讲师（云南大学）（第 2、3 章）；谢伊苹副教授（新疆伊宁市农四师党校）（第 5、6、7、8 章）；吴彦艳博士、副教授（哈尔滨商业大学）（第 9、10、11 章）。云南大学工商管理与旅游管理学院 2010 级研究生陈丽萍，2011 级研究生杨旭召、李杜沧海、彭柳参加了本书各章的部分写作工作。

云南大学工商管理与旅游管理学院 2010 级研究生陈丽萍，2011 级研究生杨旭召、李杜沧海、彭柳参加了本书的校对工作。杨旭召、杜沧海、彭柳、2012 级研究生张钧彦、李宇庭、杨段羽还完成了该书的 PPT 设计、制作工作。

本书参考了众多的研究材料及相关的研究成果，无法一一列出，在此谨对所有的旅游电子商务研究与开发人员、旅游工作者、相关网站表示最诚挚的谢意。

由于信息技术以及管理理论的发展迅速，旅游电子商务同样也在快速发展，加之作者的水平有限，因此本书一定存在许多的问题，还有许多地方需要进行修改与补充，真切希望读者对本书提出意见及建议，使之更趋向于完善。

杨路明（Lmyang@ynu.edu.cn）
昆明云南大学龙泉小区
2012.10.28

目 录

第一部分 旅游电子商务基础知识

第二部分　电子商务与现代旅游业

第三部分 旅游企业信息化战略

第一部分

旅游电子商务基础知识

第1章　电子商务概述

【本章导读】

随着互联网的普及应用，我们迎来了全新的网络时代。互联网已成为企业信息获取、传输和交换的必备工具，信息技术的高速发展给企业带来了源源不断的鲜活动力。其中以互联网为载体的电子商务被公认为是影响21世纪世界经济格局的新型经济模式和催化剂。什么是电子商务？电子商务是在什么时候兴起和发展起来的？电子商务的特点是什么？它对社会经济的发展会有什么样的影响？本章将针对这些问题介绍电子商务的基本知识。

【学习目标】

- 掌握电子商务的概念。
- 了解电子商务的发展历程。
- 掌握电子商务的特点和功能。
- 掌握电子商务的分类与应用。
- 认识电子商务对社会经济环境的影响。

1.1　电子商务的概念

电子商务源于英文“Electronic Commerce”，简写为EC，是指利用简单、快捷、低成本的电子通信方式进行各种商贸活动。EC强调在互联网上开展商品或服务的交易，总是伴随着商品价值或服务价值和货币交换，为电子商务企业直接创造价值，实际上就是狭义的电子商务。广义的电子商务（Electronic Business，EB）是指借助计算机技术、网络技术和远程通信技术，使交易各方当事人通过电子方式联系，摒弃传统的文件、单据传输，实现整个交易过程的电子化、数据化和网络化，从而实现信息流、物流和资金流的统一。现代电子商务活动涵盖的内容日益广泛，因此，更多的时候会用EB进行说明。

1.1.1　电子商务的定义

电子商务正在以难以置信的速度渗透到人们的日常生活中。对于电子商务的概念，各国政府人员、学者、企业界人士都根据自己所处的地位和对电子商务的参与程度，给出了不同的表述。下面是几个比较有代表性和权威的定义。

国际商会于1997年11月在巴黎举行了世界电子商务会议（The World Business Agenda for Electronic Commerce）。会上，专家和代表对电子商务的概念进行了最权威的阐述：电子商务是指实现整个贸易过程中各阶段的贸易活动的电子化。从涵盖范围方面可以定义为，交易各方以电子交易方式而不是通过当面交换或直接面谈方式进行的任何形式的商业交易；从技术方面可以定义为，电子商务是一种多技术的集合体，包括交换数据（如电子数据交换、电子邮件）、获得数据（如共享数据库、电子公告牌）以及自动捕获数据（如条形码）等。电子商务涵盖的业务包括信息交换、售前售后服务（如提供产品和服务的细节、产品使用技术指南、对顾客意见的反馈）、销售、电子支付（如使用电子资金转账、信用卡、电子支票、电子现金）、运输（包括商品的发送管理和运输跟踪，以及可以电子化传送的产品的实际发送）等。

经济合作与发展组织（OECD）是较早对电子商务进行系统研究的机构，将电子商务定义为：利用电子化手段从事的商业活动，基于电子处理和信息技术，如文本、声音和图像等数据传输。它主要遵循 TCP/IP 协议通信传输标准和 Web 信息交换标准，提供安全保密技术。

美国学者拉维·卡拉克塔（Ravi Kalakota）和安德鲁·B·惠斯顿（Andrew B.Whinston）在《电子商务的前沿》一书中提出："广义地讲，电子商务是一种现代商业方法。这种方法通过改善产品和服务质量、提高服务传递速度，满足政府组织、厂商和消费者的降低成本的需求。这一概念也用于通过计算机网络寻找信息以支持决策。一般来讲，现今的电子商务通过计算机网络将买方和卖方的信息、产品和服务联系起来，而未来的电子商务则通过构成信息高速公路的无数计算机网络中的一条线将买方和卖方联系起来。"

欧洲议会对电子商务的定义是："电子商务是通过电子方式进行的商务活动。它通过电子方式处理和传递数据（包括文本、声音和图像），涉及许多方面的活动，包括货物电子贸易和服务、在线数据传递、电子资金划拨、电子证券交易、电子货运单证、商业拍卖、合作设计和工程、在线资料、公共产品获得等。它包括产品（如消费品、专门设备）和服务（如信息服务、金融和法律服务）、传统活动（如健身、教育）和新型活动（如虚拟购物、虚拟训练）。"

无论是国际商会还是惠普和 IBM，都认为电子商务是利用现有的计算机硬件设备、软件和网络基础设施，在以一定协议连接起来的电子网络环境中进行各种各样商务活动的方式。

结合各组织对电子商务概念的表述，本书将电子商务定义为：电子商务是以信息技术、网络技术、通信技术为基础，高效率、低成本地从事以商品交换为中心的各种商务活动。电子商务过程就是利用各种电子工具和电子技术从事各种商务活动的过程。其中，电子工具是指计算机硬件和网络基础设施（包括互联网、企业内部网、各种局域网等）；电子技术是指处理、传递、交换和获得数据的多技术集合。

1.1.2　电子商务的内涵

在电子商务中，用户可将自己的各类供求意愿按照一定的格式输入电子商务网络，并进行多种网上交易业务的选择。根据前面对电子商务定义的理解，这里将电子商务的内涵概括为四个部分，即信息化运营、信息资源集成、商务贸易、协作交流。

1．信息化运营

信息化运营是指企业运用 IT 技术，通过构建 IT 系统来开展经营和管理相关业务，企业可根据市场和企业自身的变化选择最适合的信息化工具，以保障企业的更快发展。

信息化应用的首要方式是集中式管理，主要体现在企业的经营、财务管理、客户管理和采购管理都逐渐走向集中化。通过对分销的管理，减少库存，提高货品的流通率；通过协同上游承包商和相应的零部件供应商之间的商务网络，形成一条畅通完善的供应链。

在过去，那些核心商务系统中的信息很难被更多的人使用。而现在，通用的互联网界面解决了信息系统的开放问题。信息的收集、发布、处理、分析可以更高效率地进行。信息化运营在国际范围内已经成为一种对企业竞争力有重大影响的新的运营方式。

2．信息资源集成

企业数据包括客户数据、库存记录、银行账号、安全密码等有价值的信息，这些宝贵的信息财富支撑着企业的运作。将这些信息与自己的网络站点集成起来，可以把成千上万的雇员和商业伙伴连接起来，由此引来更多的客户。信息使企业员工的工作效率更高，供货渠道更畅通，客户也更满意。如果把企业的事务处理系统与网络集成在一起，企业就开始了真正意义上的电子商务活动。客户可以从企业数据库中获得互联网当前的产品信息，还可以实时购买并进行支付。目前，国内外许多企业正在利用自己的后台资源与信息网络进行集成，直接投入商业应用，从而扩大全球的商业合作伙伴和客户。

3．商务贸易

电子商务的一个发展方向是网上在线交易，它是一种全新的贸易方式。例如，1997 年出现的亚马逊（Amazon）网上书店，一夜之间成为全球最大的、陈列图书最多的书店，能提供 110 万种英文图书。在科学快速发展的今天，商业贸易的新模式每天都在涌现。依托网络技术和信息技术的发展而兴起的电子商务，其内涵之一就是商务贸易的创新发展。

4．协作交流

对于商务贸易来说，以一种安全、秘密、自如的方式通过互联网进行协作交流非常有意义，而电子商务最强有力的方面正是协作交流。电子商务有一个重要的组成部分叫做电子协作，电子协作是在网络和工作流技术的推动下，特别是在 Internet 逐渐普及的条件下产生的一种新兴的应用。基于网络的办公自动化系统就是一种典型的电子协作应用。企业在制定其完整的电子商务战略时需要同时考虑到电子协作，没有完善的电子协作环境的支撑，电子商务便只能停留在表面。

互联网正以电子商务的方式渗透到贸易活动的各个阶段，包括信息交换、售前售后服务、销售、电子支付、运输、组建虚拟企业、共享资源等。电子商务在为商业机构带来无尽的可拓展空间和无穷的选择能力的同时，也成为互联网持续发展更强有力的推动力量。

1.2 电子商务的发展历程

电子商务产生于 20 世纪 60 年代，发展于 90 年代，它经历了由局部的、在专用网上的电子交易，到开放的、基于互联网的电子交易的过程。特别是近年来，互联网的快速发展给电子商务注入了新的活力，为电子商务提供了新的发展空间，基于互联网的电子商务成为现代商务发展的新模式。

1.2.1　电子商务的发展阶段

电子商务的产生时间早于互联网（从时间上讲，电子商务的概念早于网络营销，但现代电子商务始于计算机网络），在互联网普及应用之后，电子商务才成为一个广为关注的概念。互联网的开放性、全球性、交互性的特征使廉价、方便、快捷的电子商务成为未来的商业模式。

1．第一代电子商务

从 20 世纪 60 年代至今，电子商务的发展历程已有 40 多年。电子商务一诞生就以超常速度发展，从发展时间上划分，全球电子商务可以概括为以下三个阶段。

（1）20 世纪 60 年代初：电子会计记录。美国开始将计算机广泛运用于商业，出现电子会计记录。人们开始使用电报报文发送商务文件。

（2）60—90 年代：基于电子数据交换的电子商务。从技术的角度来看，人类利用电子通信的方式进行贸易活动已有几十年的历史。早在 60 年代，人们就开始用电报报文发送商务文件。70 年代，人们普遍采用方便、快捷的传真机来替代电报。由于传真文件是通过纸面打印来传递和管理信息的，不能将信息直接存入信息系统中，因此，人们开始采用电子数据交换作为企业间电子商务的应用技术，这就是电子商务的雏形。

（3）90 年代以来：基于互联网的电子商务。90 年代中期之后，互联网迅速普及，逐步从大学、科研机构走向企业和百姓家庭，其功能从信息共享演变为一种大众化的信息传播工具。由于互联网技术的成熟、个人计算机互联性的增强和功能的提高，一直被排斥在互联网之外的商业贸易活动正式进入互联网。随着基于 Web 的互联网技术的飞速发展，互联网开始真正应用于商业交易。20 世纪 90 年代初期，电子商务成为美国、加拿大等发达国家的一种崭新的企业经营方式。电子商务的飞速发展给世界带来一场深刻的变革，全面推动整个社会朝信息化的方向发展。

2．电子商务的新发展——第二代电子商务

随着电子商务的不断发展，人们对电子商务的认识不断加深，电子商务的经营模式发生了相应的变化，我们将电子商务的新发展概括为第二代电子商务。在第一代电子商务中，对互联网平台的运用仅仅满足了企业宣传推广的需求。在第二代电子商务中，企业进一步扩大在互联网上的应用，将互联网服务器与后台应用连接起来，使得客户能够在网上发送并跟踪订单，同时，通过 CA 认证、电子支付等手段进行签约、交易与支付。这时的电子商务开始实现由信息源向交易平台的转变，信息源与企业的业务流程相结合，企业通过互联网与老客户开展电子商务并寻找新客户，第二代电子商务逐渐发展起来。

第二代电子商务又称复合电子商务，是 B2C 类型电子商务的一种具体经营形式，是指以依托互联网的网上购物为消费特征，以电子结算和点对点直接配货为结算和配货模式，在产品体验环节和产品推广环节采用直销模式来弥补电子商务自身缺陷的新型电子商务经营模式。第二代电子商务是在第一代电子商务的基础上向纵深方向发展的，从信息流层面向业务流、物流、资金流、商品流渗透并融合，以商务为驱动，注重利润和对传统产业改造与整合的一种模式。新一代的电子商务把电子商务的技术与企业的市场营销、服务整合在一起，发挥传统企业品牌、市场营销网络、运作流程等优势，更注重商业模型和商业设备。

第二代电子商务主要出现在美国、欧洲等电子商务发达的国家和地区的企业（如沃尔玛、戴尔、通用）。在亚洲（如中国杭州）的企业也有出现，如中香科技公司。第一代电子商务所面临的网络安全、物流、在线支付、诚信等问题在第二代电子商务中都有适当的改进。第二代电子商务承担了中国信息化建设的任务，对于改造传统产业具有现实意义和长远意义。这既是它本身得以存在和发展的前提，也是提升传统产业的前提。

2008 年，以敦煌网为代表的第二代电子商务模式呈现快速发展的趋势，与第一代电子商务模式不同的是，第二代电子商务不仅实现了企业信息流的展示，而且实现了与物流、资金流的统一。第二代电子商务能够帮助中小企业控制成本、加速资金周转、减少库存，在金融危机的影响下，这种优势能够得到更好的凸显。表 1-1 是第一代电子商务与第二代电子商务的对比。

表 1-1　第一代电子商务与第二代电子商务的对比

	第一代 B2B 电子商务	第二代 B2B 电子商务
代表企业	阿里巴巴（2010 年以前）	敦煌网
商务模式	网上信息发布，交易方式与传统贸易方式没有差别	信息展示，也可以将物流、支付、客户关系管理都集中在一个平台上，使用户可以在线交易
主营收入	收取会员费	交易成功后收取佣金
主要特点	以技术为推动，强调访问量与人气	以商务为驱动，注重利润和对传统产业的改造和结合

资料来源：艾瑞咨询，《2008—2009 年中国 B2B 电子商务行业发展报告》，2009。

第二代 B2B 电子商务具有强大的整合优势，它把信息流、物流、资金流全部整合到一个平台上，为会员的在线交易提供了很大的方便，同时也能够帮助会员节约成本，提高议价能力。这种整合优势主要表现在以下两个方面。第一，可以实现在线交易。通过在线交易的实现，能够非常快地缩短贸易流程，省去大量的中间环节，帮助企业加快资金周转，减少库存，尤其在金融危机的情况下，能够提高企业的应变能力。第二，可以进行在线支付。第二代 B2B 电子商务平台为用户提供第三方支付系统，可以保证会员在线支付的安全性。

随着电子商务的普及，越来越多的企业开始注重对电子商务的运用，简单的展示平台肯定无法满足用户的需求，企业不仅需要一个平台来展示信息，还需要能够在平台上实现快速而有效的交易，这就需要将整个价值链上的各个环节整合到一个平台上。从这个角度来看，第二代电子商务模式将是未来电子商务发展的趋势。

1.2.2　电子商务的发展现状

经过几个阶段的发展，电子商务在世界范围内呈现出了繁荣的景象。电子商务渗透到多个领域，影响和改变着人们生产生活的方式，对世界经济产生了重要的影响。在全世界范围内，特别是发达国家，电子商务起步比较早，因而发展相对迅速和成熟，电子商务的应用已经遍及生产、销售、仓储等各个环节，在银行、航空、餐饮等各行各业发挥着重要的作用。

1. 国外电子商务发展现状

近年来，随着计算机网络技术的不断发展，互联网成为很多人生活中必不可少的信息工具，在世界范围内，互联网得到广泛普及，如图 1-1 所示。Internet 的大信息量、方便、快捷使消费者的购物行为发生了变化，很多的消费者已经习惯在网上购物，一些喜欢在实体店购物的消费者，在出门逛街之前也会在互联网上查找和获得相应的信息。

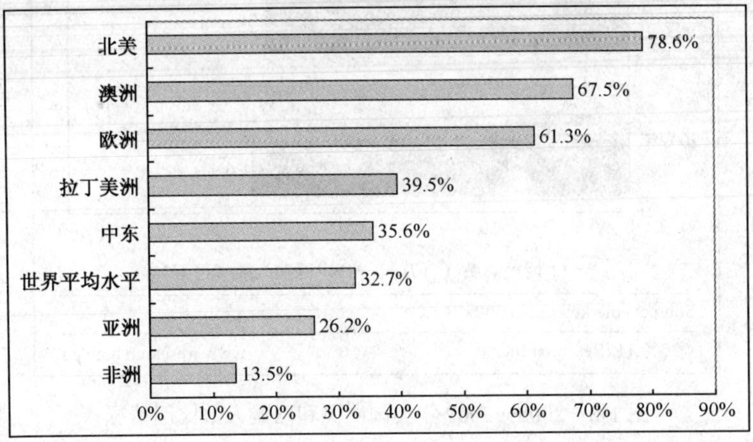

图 1-1　2011 年 12 月世界各大洲互联网普及率

资料来源：Internet world stats-http://www.internetworldstats.com/stats.htm。

美国是世界上最早开展电子商务的国家，网络普及率较高，电子商务发展相对也比较成熟。Nielsen Online 于 2009 年发布的美国互联网相关数据显示，美国消费者在购买消费类电子产品时首要的信息来源是互联网，占被调查比例的 58.0%，光顾实体商店获得信息的消费者为 25.0%，从报纸、杂志、亲朋好友处获得信息的只有 8.0%。Cable & Telecommunications Association for Marketing（CTAM）在 2009 年 6 月的调研数据显示，在 2009 年美国 65 岁及以上的老龄网民中，77%的用户进行过网络购物，普及率较高。据市场研究机构 ComScore 最新公布的 2011 年第三季度网络零售业的相关数据显示，2011 年第三季度，美国网络零售开支同比增长了 13%，至 363 亿美元，这也是美国电子商务市场连续第八个季度同比增长，而且还是连续第四个增幅超过两位数的季度①。

在欧洲市场，根据 2009 年 10 月 Emarketer.com 发布的英国网民和网购人数的数据显示，由于受到金融危机的影响，2008—2009 年，英国网购人数占网民总数的比例基本保持不变；其中，网购人数由 25.9 增长到 26.9，增长率为 3.9%；网民总数从 35.8 增长到 37.1，增长率为 3.6%（单位：百万人）。其中，网购商品的价格优势，是吸引众多网购者的主要原因。因此，在以后的五年内，随着经济的复苏，网购将成为消费者购买的重要渠道。2008—2009 年英国网民和网购人数比例情况如图 1-2 所示。

在南美市场，巴西 B2C 网络购物市场规模在 2008 年已达到 85 亿雷亚尔（约合 59 亿美元）；2004—2007 年，巴西 B2C 网络购物市场复合增长率高达 54.8%，增长势头强劲。

在亚洲市场，电子商务同样发展迅猛。CBIResearch《2008 年上半年网络购物市场监测报告》研究显示，2008 年韩国在线交易总额达到 630 万亿韩元（约合 4155 亿美元），高于 2007 年的 516.5 万亿韩元。其中，B2B 电子商务交易额上涨 20.6%，升至 560.1 万亿韩元，远远高于 2007 年 464.4 万亿韩元的水平，对年度增长贡献率最大。B2G 交易额上涨 42%，达到 52.2 万亿韩元。B2C 交易额上涨 14%，为 11.6 万亿韩元②。

① 艾瑞咨询，http://ec.iresearch.cn/57/20111110/155565.shtml，2011。
② http://tech.sina.com.cn，科技时代，2009.2。

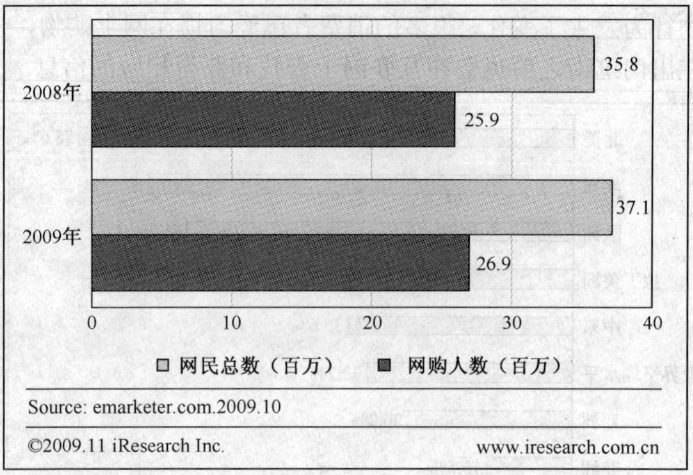

图 1-2 2008—2009 年英国网民和网购人数比例情况

资料来源：www.iresearch.com.cn，艾瑞咨询，2009.11。

2．中国电子商务发展现状

1995—1996 年，电子商务概念引入中国。在中国政府及信息化主管部门的指引下，电子商务发展经历了三个阶段。

第一阶段：1996—1997 年的认识阶段。中国政府、商贸企业以及金融界认为电子商务可以使得商务交易过程更加快捷、高效、低成本，肯定电子商务是一种全新的商务模式。20 世纪 90 年代初，“金桥”、“金卡”、“金关”、“金税”、“金贸”、“金卫”、“金智”、“金企”等一系列“金字工程”相继实施，为中国电子商务的发展营造了良好的外部环境。到 90 年代末，中国的电子证券交易覆盖全国，连接全国 300 多家证券公司的近 2600 个营业部，开户投资者超过 4000 万户，最高日成交量达到 300 多亿元人民币。电子金融结算系统连接了 600 多个地面卫星小站和 1000 多个收发站，覆盖全国所有地级以上城市和 700 多个县，平均每天往来业务为 5～6 万笔，大大提高了转汇效率，缩短了资金在途时间。

第二阶段：1997—1998 年的广泛关注阶段。1998 年被称为中国的“电子商务”年。政府、商家和消费者都意识到，电子商务的兴起，既面临机遇也面临着挑战。如何探索一条适合中国国情的电子商务发展模式，是政府、商家和消费者共同考虑的问题。发展电子商务需要政府的推动和企业的积极参与，要有完善的信息基础设施，要有安全可靠的保障措施，需要建立必要的法律、法规和技术标准，要克服文化障碍，提高消费者的网上购物的意识。

第三阶段：1999 年至今，应用发展阶段。在这个阶段中，国家信息主管部门开始研究制定中国电子商务发展的有关政策法规，启动政府上网工程，成立国家计算机网络与信息安全管理中心，开展多项电子商务示范工程。在这样的环境下，网络经济呈现快速发展趋势。

中国网络经济市场规模企业市场份额比较分散，市场并未出现垄断或寡头现象，以腾讯、网易、新浪、TOM、搜狐为代表的大型综合类门户网站目前也仅占中国网络经济市场规模份额中的 28%，而以中小专业网站为代表的其他企业却占据中国网络经济市场规模份额的一半以上，达到 54.3%，中国网络经济市场的完全竞争时代即将到来①。

2012 年 1 月，中国互联网络信息中心（CNNIC）在京发布了《第 29 次中国互联网络发

① 资料来源：www.iresearch.com.cn，艾瑞咨询，2007。

展状况统计报告》（以下简称《报告》）。《报告》数据显示，截至 2011 年 12 月月底，我国网民规模已达 5.13 亿人，互联网普及率进一步提升，达到 38.3%。手机网民规模达到 3.56 亿人，同比增长 17.5%，随着智能手机的普及，庞大的智能手机网民规模为移动互联网应用的爆发提供了基础，各大互联网服务商也开始纷纷布局移动互联网[①]。2004—2011 年中国网民规模与普及率如图 1-3 所示。

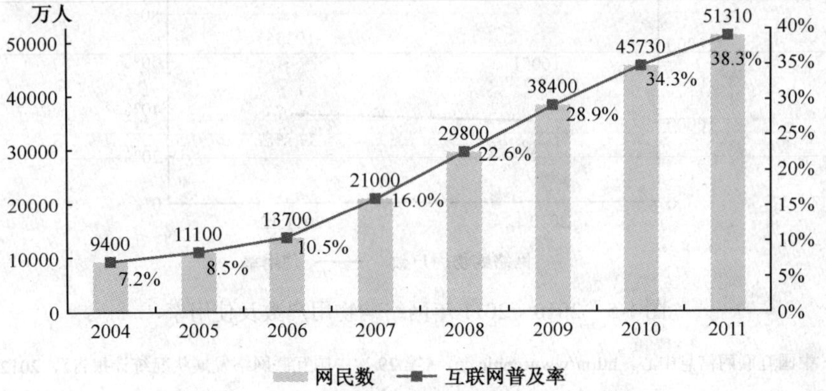

图 1-3　2004—2011 年中国网民规模与普及率

资料来源：中国互联网信息中心，http://www.cnnic.cn，《第 29 次中国互联网络发展状况统计报告》。

截至 2011 年 12 月月底，IPv4 地址已经达到 3.30 亿个，较 2010 年年底增长 19.0%，拥有 IPv6 地址 9398 块/32，相比 2010 年同期出现大幅增长。IPv6 是下一代互联网的发展起点，其意义不仅在于解决 IPv4 时代地址资源枯竭的问题，同时 IPv6 还将成为其他技术发展的基础，支撑物联网、云计算等新兴互联网产业的发展。我国域名总数为 775 万个，其中.cn 域名数止跌回升，达到 353 万个，较 2011 年 6 月上涨 0.7%。国家在 2010 年加大互联网领域的安全治理力度后，中国网站数量下降，而整体质量得以提高，在此基础上，2011 年网站数量重新开始稳步回升，目前也稳步回升至 230 万个，网站数量继续平稳增长。国际出口带宽为 1 389 529Mbps，较 2011 年 6 月增加 17.5%，增长迅速[②]。2006—2011 年中国网站规模变化如图 1-4 所示。

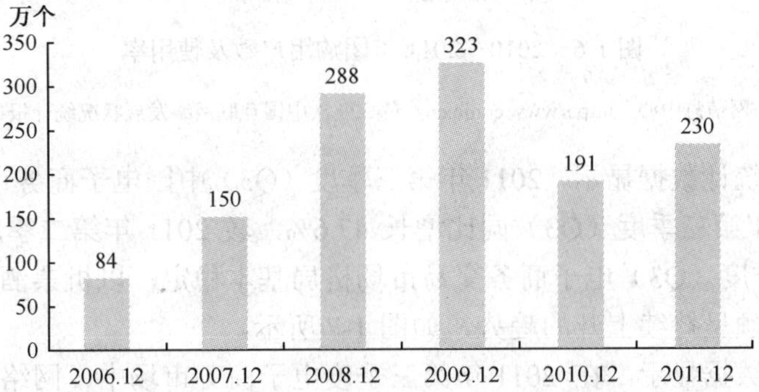

图 1-4　2006—2011 年中国网站规模变化

资料来源：中国互联网信息中心，http://www.cnnic.cn，《第 29 次中国互联网络发展状况统计报告》，2012.1。

---

① 中国互联网信息中心，http://www.cnnic.cn，《第 29 次中国互联网络发展状况统计报告》，2012。
② 中国互联网信息中心，http://www.cnnic.cn，《第 29 次中国互联网络发展状况统计报告》，2012。

截至2011年12月月底，我国网络购物用户规模达到1.94亿人，网络购物使用率提升至37.8%。与2010年相比，网购用户增长3344万人，增长率为20.8%。2010—2011年网络购物用户数及使用率如图1-5所示。

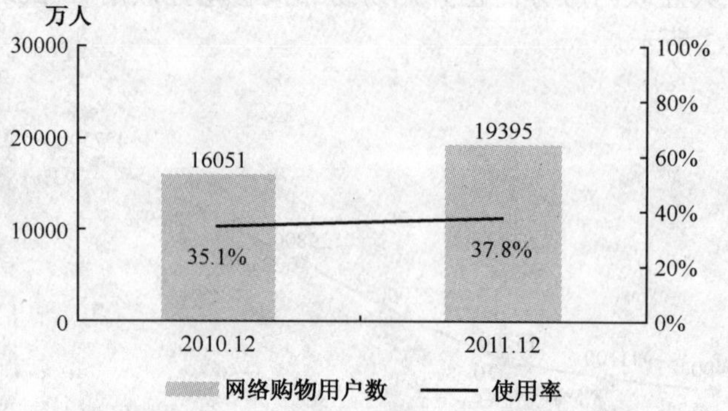

图1-5　2010—2011年网络购物用户数及使用率

资料来源：中国互联网信息中心，http://www.cnnic.cn，《第29次中国互联网络发展状况统计报告》，2012.1.

截至2011年12月月底，我国团购用户数达到6465万人，使用率提升至12.6%，较2010年年底上升8.5个百分点。团购用户年增长率高达244.8%，成为全年增速第二快的网络服务。2010—2011年团购用户数及使用率如图1-6所示。

图1-6　2010—2011年团购用户数及使用率

资料来源：中国互联网信息中心，http://www.cnnic.cn，《第29次中国互联网络发展状况统计报告》，2012.1.

根据艾瑞咨询统计数据显示，2011年第三季度（Q3）中国电子商务市场交易规模达1.8万亿元，较2010年第三季度（Q3）同比增长47.6%，较2011年第二季度（Q2）环比增长9.1%。2011第三季度（Q3）电子商务交易市场格局基本稳定，以机票酒店和网络购物为主的个人消费市场份额呈持续上升的趋势，如图1-7所示。

艾瑞咨询统计数据显示，在2011年第三季度电子商务市场中，网络购物及机票酒店个人消费市场交易规模分别占到整个电子商务市场的10.8%和2.5%（如图1-8所示），个人消费市场的交易额市场份额较上季度有所增长。随着互联网的普及和推广，艾瑞咨询预计，无论是企业，还是终端消费者均将加大互联网的商务应用，未来个人消费领域的电子商务交易将更为活跃。

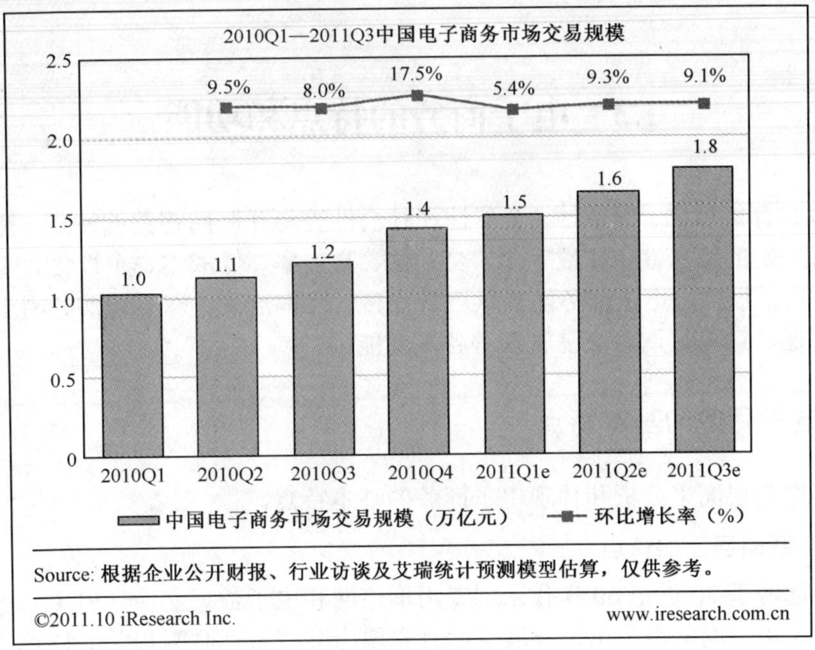

图 1-7　2010 年第一季度到 2011 年第三年季度中国电子商务市场交易规模

资料来源：艾瑞网电子商务频道，ec.iresearch.cn，2012。

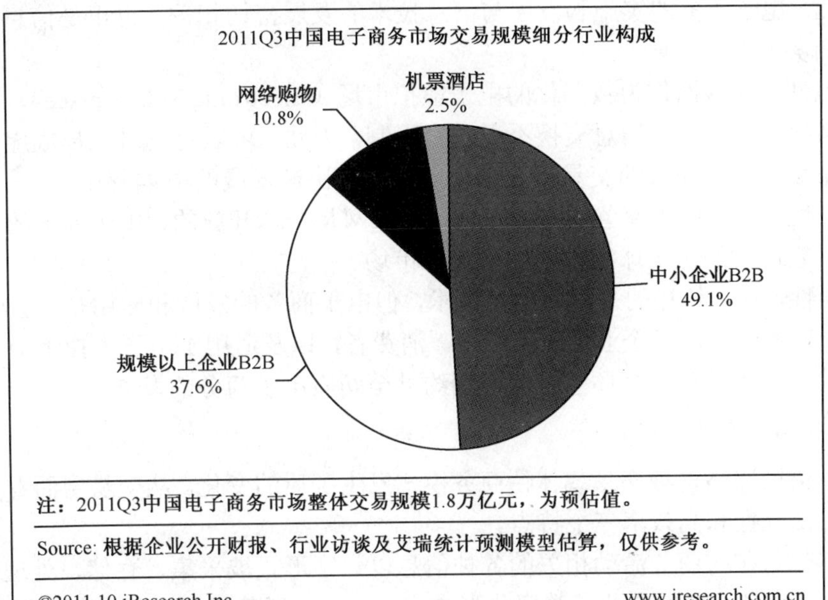

图 1-8　2011 年第三季度中国电子商务市场交易规模细分行业构成

资料来源：艾瑞网电子商务频道，ec.iresearch.cn，2012。

总体来看，由于受到金融危机的影响，近两年我国电子商务的发展势头有所减缓。但是，从我国的网民规模和网站规模的发展变化来看，电子商务的发展还具有很大的空间，团购等电子商务模式的创新尝试都彰显了电子商务的巨大发展空间和强大生命力，随着互联网的不断普及，电子商务必将在更好的环境中得到迅猛发展。

1.3 电子商务的特点和功能

电子商务具有信息化、虚拟性、全球性和社会性等与互联网相关的特点。除此之外，电子商务还具有一定的特殊性，如数字化、交互性、高效率、低成本、个性化、专业化、协调性、集成性、可扩展性。电子商务能提供广告宣传、咨询洽谈、网上订购、网上支付、电子账户、服务传递、意见征询、交易管理等各项功能。

1.3.1 电子商务的基本特点

本书从不同的层面来分析和体现电子商务的基本特点。

1．基于互联网层面的特点

电子商务起源于20世纪60年代末的专用增值网和电子数据交换（EDI）的应用，在互联网的推动下，电子商务得到迅速发展，而且表现出一些与互联网相关的特点：

（1）信息化。电子商务是以信息技术为基础的商务活动，它的信息交换和传输必须通过计算机网络系统来实现。计算机网络系统是集数字化技术、网络技术和软件技术为一体的综合系统，因此，电子商务的实施和发展与信息技术的发展密切相关，也正是信息技术的发展推动了电子商务的发展。

（2）虚拟性。互联网作为数字化的电子虚拟市场（Electronic Marketplace），它的商务活动和交易是数字化的。由于信息交换不受时空限制，因此，可以跨越时空形成虚拟市场完成过去在实物市场中无法完成的交易，这正是电子商务快速发展的根本所在。

（3）全球性。作为电子商务的主要媒体，互联网是全球开放的，电子商务的开展不受地理位置限制，它面对的是全球统一的电子虚拟市场。

（4）社会性。虽然依托的是网络信息技术，但电子商务的发展和应用是社会性的系统工程，因为电子商务活动涉及企业、政府组织、消费者，以及适用于电子虚拟市场的法律法规和竞争规则等。缺少任意一个环节，势必制约甚至妨碍电子商务的发展。

2．基于交易层面的特点

电子商务借助网络这种交易载体使商务模式发生了质的变化。从交易层面看，电子商务具有数字化、交互性和高效率三个特点。

（1）数字化。在与商务活动相关的各种信息以数字形式被采集、存储、处理和传输时，数字生活、数字商务、虚拟企业等数字化形式应运而生，商务活动中的商流、资金流和信息流都能够在计算机网络中迅速传输，数字化具有易于存储、查询、处理、修改信息等优越性。

（2）交互性。电子商务与传统商务的一个重要区别是，商务交易的主体可以在计算机网络中轻松完成商务信息的双向沟通，实现信息交互。信息的交互协议决定了数字化信息在计算机网络中具有双向沟通的功能，电子商务正是基于数字化信息在计算机网络中的交互性功能来完成网络环境中的商务活动的。

（3）高效率。电子商务的信息传递基于电磁波的传输原理，主要采用互联网的传输信道，能够以300000km/s的速度传递信息。在这种速度下，常规的时间和空间的规律被彻底打破。

电子商务突破了传统物理世界的时空限制，使商务交易的效率和商务服务的效率都得到了极大的提高。

3．基于服务层面的特点

在电子商务环境下，个性化、专业化和低成本特点为企业在激烈的市场竞争中生存和发展提供了很好的支撑。

（1）低成本。影响企业利润的主要因素是资本成本和商品成本。资本成本包括取得和使用资本时所付出的代价；商品成本中包含生产经营成本、营销成本等子项。如果企业及其相关的服务提供单位能够充分利用电子商务技术和手段，则能有效降低企业发行债券和股票、向非银行金融机构借款的手续费用，降低采购成本、生产成本、物流成本、营销成本等，也能够有效降低运营过程中发生的各种费用（如管理、财务、销售等费用）。

（2）个性化。以网络为基础的电子商务，可以在企业和消费者之间轻松实现信息的传递，并建立面向消费者的数据库系统。企业可以充分利用数据库进行一对一的个性化营销和个性化设计、生产，实现企业和消费者之间全程的一对一个性化跟踪服务。

（3）专业化。随着使用互联网的人越来越多，互联网中的商务活动越来越频繁，这些都预示着一个巨大的网络空间的形成。在全球互联网环境下，企业的潜在客户从有限的地域空间无限延伸到地球的每一个角落，企业服务的目标客户群急剧扩大，企业将面对世界范围内超强的竞争对手和越来越多的同类客户，企业要具备核心竞争力，就必须选择专业化的发展。

4．基于系统工程层面的特点

传统商务是主要基于实体商品的现实商务模式，而电子商务则是基于计算机和网络的虚拟商务模式，从系统工程的层面来看，具有协调性、集成性和可扩展性三大特点。

（1）协调性。商务活动本身是一种协调过程，需要客户与企业内部、生产商、批发商、零售商间的协调，为提高效率，许多组织都提供交互式的协议。电子商务具有快捷、友好的界面和对用户信息进行反馈的能力。在虚拟商务模式中，这些协议可以利用互联网将供货方连接到管理系统，再连接到客户订单处理系统，并通过一个供货渠道加以处理。这样，企业既节省了时间，又消除了纸张文件带来的麻烦，提高了工作效率。决策者能够通过它获得高价值的商业情报，辨别隐藏的商业关系和把握未来的趋势。

（2）集成性。在事务处理的整体性和统一性上，电子商务的集成性能规范事务处理的工作流程，将人工操作和电子信息处理集成为一个不可分割的整体。这样，不仅提高了对人力和物力的利用，而且增加了系统运行的严密性。

（3）可扩展性。对于电子商务来说，具有可扩展性的系统才是稳定的系统。要使电子商务正常运作，必须确保其可扩展性。因为在网络上有数以百万计的用户，而传输过程中可能会出现多个用户同时登录企业同一个网站的情况，所以常常会出现高峰状况。如果在出现高峰状况时能及时扩展，就可以使系统阻塞的可能性大幅下降。在电子商务中，耗时仅 2min 的重新启动可能导致大量客户流失，因此可扩展性极其重要。

1.3.2　电子商务的功能

电子商务可提供网上交易和管理等全过程的服务，因此，它具有广告宣传、咨询洽谈、网上订购、网上支付、电子账户、服务传递、意见征询、交易管理等各项功能。

（1）广告宣传。电子商务可凭借企业的 Web 服务器，在互联网上发布各类商业信息。

客户可借助网上的检索（Search）工具迅速地找到所需商品信息，而商家可利用主页（Home Page）和电子邮件（E-mail）在全球范围内做广告宣传。微博及视频插入广告等的急速发展，给企业的广告宣传提供了更多更新且更加有效的方式和手段。与以往的各类广告相比，网上的广告成本更为低廉，而给顾客的信息量却更为丰富。

（2）咨询洽谈。电子商务可借助非实时的电子邮件、新闻组（News Group）和实时的讨论（Chat）组、即时聊天工具来了解市场和商品信息、洽谈交易事务，如有进一步的需求，还可用网上的白板会议（Whiteboard Conference）来交流即时的信息。网上的咨询和洽谈能超越人们面对面洽谈的限制，提供多种方便的异地交谈形式。

（3）网上订购。电子商务可借助 Web 中的邮件交互传送实现网上订购。网上订购通常都是在产品介绍的页面上提供十分友好的订购提示信息和订购交互格式框。当客户填完订购单后，通常系统会回复确认信息单据来保证订购信息的收悉。订购信息也可采用加密的方式使客户和商家的商业信息不被泄露。

（4）网上支付。电子商务要成为一个完整的过程，网上支付是非常重要的环节。客户和商家之间可采用信用卡进行支付。在网上直接采用电子支付手段将可省去交易中很多人员的开销。网上支付需要更为可靠的信息传输安全控制，以防止欺诈、窃听、冒用等非法行为。

（5）电子账户。网上支付必须由电子金融支持，即银行、信用卡公司、保险公司等金融单位要为金融服务提供网上操作服务。电子账户是其基本的组成部分，信用卡号或银行账号都是电子账户的一种标志，其可信度需配以必要的技术措施来保证，如数字凭证、数字签名、加密等手段的应用确保了电子账户操作的安全性。

（6）服务传递。对于已付款客户，应将其订购的货物尽快地传递到他们手中。而对于有些货物在本地，有些货物在异地的情况，将在网络中进行物流的调配。最适合在网上直接传递的货物是信息产品（如软件、电子读物、信息服务等），它们能从电子仓库中直接发送到用户端。

（7）意见征询。电子商务能十分方便地采用网页上的“选择”、“填空”等格式文件来收集用户对销售服务的反馈意见，以使企业的市场运营形成一个封闭的回路。客户可以通过网站在线留言和实时聊天功能与企业沟通信息，这些客户的反馈意见不仅能提高售后服务的水平，而且使企业获得改进产品和发现市场的商业机会。

（8）交易管理。整个交易的管理将涉及人、财、物等多个方面，企业和企业、企业和客户以及企业内部等各方面的协调和管理。因此，交易管理是涉及商务活动全过程的管理。电子商务的发展将会提供一个良好的交易管理的网络环境以及多种多样的应用服务系统，以保障电子商务获得更广泛的应用。

1.4 电子商务分类与应用

电子商务的分类方式有多种，其中，最常用的分类方式是按照交易对象划分电子商务类别。按照交易对象划分，电子商务主要可以分为 B2B、B2C、B2G、C2C 四类。电子商务在商业经济的各个领域中几乎都有所运用，而不同的主体应用电子商务的深度和范围是不同的，我们将之分为初级、中级和高级三个层次。电子商务的主要业务包括电子数据交换业务、网络银行、网上购物和网络广告。

1.4.1　电子商务的分类

信息技术和通信技术以及网络技术是电子商务的基础，就像数字技术的发展一样，电子商务的实现不可能一步到位，有一个逐渐成熟的过程。对企业和消费者来说，不同种类、层次的电子商务过程，蕴涵着不同的发展机遇。

按照不同的标准，电子商务可划分为不同的类型。

1．按照商业活动的运作方式分类

按照商业活动的运作方式来分类，电子商务可分为完全电子商务和非完全电子商务。

（1）完全电子商务是指完全可以通过电子商务方式实现和完成完整交易的交易行为和过程。完全电子商务能使双方超越地理空间的障碍进行电子交易，可以充分挖掘全球市场的潜力。

（2）非完全电子商务是指不能完全依靠电子商务方式实现和完成完整交易的交易行为和过程。非完全电子商务要依靠一些外部因素，如运输系统的效率等。

2．按照开展电子交易的范围分类

按照开展电子交易的范围来分类，电子商务可分为三类，即本地电子商务、远程国内电子商务和全球电子商务。

（1）本地电子商务。通常是指利用本城市或者本地区的信息网络实现的电子商务活动，电子交易的范围较小。本地电子商务系统是利用互联网、企业内部网或者专用网络将下列系统连接在一起的网络系统：差价交易各方的电子商务信息系统，包括买方、卖方以及其他各方的电子商务信息系统，银行等金融机构的电子信息系统，保险公司的信息系统，商品检验信息系统，本地区 EDI 中心系统。

（2）远程国内电子商务。是指在本国范围内进行的电子交易活动，其交易的地域范围较大，对软、硬件和技术要求较高，要求在全国范围内实现商业电子化、自动化，实现金融电子化，交易各方具备一定的电子商务知识、经济能力和技术能力，并具有一定的管理水平和能力等。

（3）全球电子商务。是指在全球范围内进行的电子交易活动，参加电子商务的交易各方通过网络进行贸易。它涉及有关交易各方的相关系统，如买卖方国家进出口公司系统、海关系统、银行金融系统、税务系统、保险系统等。全球电子商务业务内容繁杂，数据来往频繁，要求电子商务系统严格、准确、安全、可靠，应制定出全球统一的电子商务标准和电子商务协议，使电子商务得以顺利发展。

3．按照商务活动的内容分类

按照商务活动的内容来分类，电子商务可分为间接电子商务和直接电子商务。

（1）间接电子商务。是指有形货物的电子订货与付款等活动，它依然需要利用传统渠道（如邮政服务和商业快递公司等）送货。

（2）直接电子商务。是指无形货物或者服务的订货或者付款等活动，如某些计算机软件、娱乐内容的联机订购、付款和交付，或者全球规模的信息服务。

间接和直接电子商务都提供特有的机会，同一个公司往往是两者兼顾。间接电子商务要依靠一些外部因素（如物流系统等）。直接电子商务能使双方跨越时空限制直接进行交易，可以充分挖掘全球市场的潜力。

4．按照使用网络的类型分类

按照使用网络的类型来分类，电子商务目前主要分为基于电子数据交换网络的电子商务、基于互联网的电子商务以及基于企业内部网的电子商务。

（1）基于电子数据交换网络的电子商务。基于电子数据交换网络的电子商务就是利用电子数据交换网络进行电子交易。电子数据交换是指将商业或行政事务按照一个公认的标准，形成结构化的事务处理或文档数据格式，以及从计算机到计算机的电子传输方法。简言之，就是按照商定的协议，将商业文件标准化和格式化，并通过计算机网络在贸易伙伴的计算机网络系统之间进行数据交换和自动处理。

（2）基于互联网的电子商务。互联网是一种采用 TCP/IP 协议组织起来的松散的、独立合作的国际网络。基于互联网的电子商务就是利用互联网进行电子交易。是以 Internet 为依托，加上在线银行和高效传递系统的一个综合现代贸易系统。

（3）基于企业内部网的电子商务。基于企业内部网的电子商务就是利用企业内部网络进行电子交易。企业内部网是在互联网基础上发展起来的，是在原有局域网上附加一些特定的软件，将局域网与互联网连接起来，从而形成的企业内部虚拟网络。

5．按照交易对象分类

按照交易对象分类，电子商务主要可以分为四类，即商业机构对商业机构的电子商务（Business-to-Business，B2B）、商业机构对消费者的电子商务（Business-to-Consumer，B2C）、商业机构对政府的电子商务（Business-to-Government，B2G）、消费者对消费者的电子商务（Consumer-to-Consumer，C2C）。

（1）商业机构对商业机构的电子商务。B2B 是指企业和企业之间进行的电子商务活动。企业之间的电子商务是电子商务业务中的重头戏。它可以在办公、采购等方面减少成本，提高效率；有助于企业树立品牌形象、增加企业市场机会。这类电子商务已经存在多年，其中以企业通过专用网或增值网（Value Added Network，VAN）采用电子数据交换方式所进行的商务活动为典型。这种类型是电子商务的主流，也是企业面临激烈的市场竞争，改善竞争条件以及建立竞争优势的主要方法。例如，阿里巴巴、中国制造网、慧聪网等都是 B2B 电子商务的典型代表。

（2）商业机构对消费者的电子商务。B2C 是指企业与消费者之间进行的电子商务活动。这类电子商务主要借助互联网开展在线销售活动，可看成网上的零售业，如亚马逊网上书店、凡客诚品和淘宝网的网上商城天猫等。近年来，随着互联网为企业和消费者开辟了新的交易平台，以及全球网民的增多，这类电子商务得到了较快发展。

（3）商业机构对政府的电子商务。B2G 是指企业与政府机构之间进行的电子商务活动，如网上报关、网上报税、网上审批、网上竞标、网上政府采购、产权交易、政策发布和信息公告等。另外，政府可以通过电子数据交换的方式向企业征税，目前这种方式仍处于初期的试验阶段，但会很快发展起来。这种方式可以更好地树立政府的形象，实施对企业的行政事务管理，推行各种经济政策等。

（4）消费者对消费者的电子商务。C2C 是将大量的个人买主和卖主联系起来，以便进行商品的在线交易。它通过互联网为消费者提供相互交易的环境——网上拍卖、在线竞价。除少数个人设立的用于电子商务的网站外，有些网站还专为消费者之间进行网上买卖提供平台，想出售商品的人可以申请网上店铺，在店铺上陈列待售商品并报出底价，等待购买者竞价，或开出一口价，由购买者选购。同时，出售者也可以是购买者，例如淘宝网、拍拍网等。

1.4.2　电子商务交易的三个阶段

电子商务是基于互联网（其中也包括企业内部网 Intranet 和企业外部网 Extranet）从事商务活动的，内容包括商品的查询、采购、展示、订货、电子支付等一系列交易行为，以及资金的电子转拨、股票的电子交易、网上拍卖、协同设计、远程联机服务等服务贸易活动。一般的电子商务交易主要分为以下三个阶段，即交易前、交易中、交易后。

1．交易前

这一阶段主要是指买卖双方和参与交易各方在签约前的准备活动，包括在各种商务网络和互联网上寻找交易机会，通过交换信息来比较价格和条件，了解各方的贸易政策，选择交易对象等。

买方根据自己要买的商品，准备购货款，制订购货计划，进行资源市场调查和市场分析，反复进行市场查询，了解各个卖方国家的贸易政策，反复修改购货计划和进货计划，确定和审批购货计划，再按计划确定购买商品的种类、数量、规格、价格、购货地点和交易方式等，尤其要利用互联网和各种电子商务网络寻找自己满意的商品和商家。

卖方根据自己销售的商品，全面进行市场调查和市场分析，制定各种销售策略和销售方式，了解各个买方国家的贸易政策，利用互联网和各种电子商务网络发布商品信息，寻找贸易合作伙伴和交易机会，扩大贸易范围和商品所占的市场份额。

其他参加交易各方（如中介、银行金融机构、信用卡公司、海关系统、商检系统、保险公司、税务系统、运输公司）也都应为进行电子商务交易做好准备。

2．交易中

交易中包括交易谈判、签订合同和办理交易进行前的手续等。

（1）交易谈判和签订合同。交易谈判和签订合同主要是指买卖双方利用电子商务系统对所有交易细节进行网上谈判，将双方磋商的结果以文件的形式确定下来，以电子文件形式签订贸易合同。明确在交易中的权利、所承担的义务，购买商品的种类、数量、价格、交货地点、交货期、交易方式和运输方式、违约和索赔等合同条款，合同双方可以利用电子数据交换进行签约，也可以通过数字签字等方式签约。

（2）办理交易进行前的手续。办理交易进行前的手续主要是指买卖双方签订合同后合同开始履行之前办理各种手续的过程，也是双方贸易前的交易准备过程。交易可能涉及中介方、银行金融机构、信用卡公司、海关系统、商检系统、保险公司、税务系统、运输公司等，买卖双方要利用电子数据交换与有关各方进行各种电子票据和电子单证的交换，直到办理完可以将所购商品从卖方按合同规定开始向买方发货的一切手续为止。

3．交易后

交易后的过程包括交易合同的履行、服务和索赔等。这一阶段是从买卖双方办完所有手续之后开始，卖方要备货、组货、发货，买卖双方可以通过电子商务服务器跟踪发出的货物，银行和金融机构按照合同处理双方收付款、进行结算，出具相应的银行单据等，直到买方收到自己所购商品，完成整个交易过程。索赔是在买卖双方交易过程中出现违约时，需要进行违约处理的工作，受损方可以向违约方索赔。

1.4.3 电子商务的应用

电子商务自出现以来，发展非常迅速，已经广泛应用于各行各业，从企业到家庭，到政府机构，处处可见电子商务的身影。

1．电子商务的主要业务

（1）电子数据交换业务（Electronic Data Interchange，EDI）。EDI 是电子商务发展早期的主要形式，旨在实现票据传送的电子化，在很多行业中起着举足轻重的作用：运输业——能最大限度地利用设备、仓位来获得更大效益；零售业、制造业和仓储业——加快货物提取及周转时间，加速资金流动；通关与报关——实现货物通关自动化和国际贸易无纸化；金融保险和商检——快速可靠地支付，减少时间和费用，加快资金流动；贸易业——无纸贸易提高了国内外贸易的竞争能力。

（2）网络银行。随着虚拟现实技术的不断进步，为了适应网络商业日益发展的需要，银行金融业积极利用虚拟现实技术，创建虚拟金融世界，网络银行应运而生。在网络银行电子空间中，可以允许数以百万计的银行客户和金融客户使用银行所提供的几十种服务，根据需要随时进入网络银行。网络银行一方面使银行能够争取到更多的顾客，并且使服务成本迅速下降；另一方面使客户能够获得方便、及时、高质量的服务，同时节省服务费。目前，建立网络银行最重要的是完善硬件、软件设施以及有关技术标准和统一操作规范。

1995 年，美国率先在网上建立了第一家“安全第一网络银行”（Security First Network Bank，SFNB），而目前发达国家已有 1000 多家金融机构正在筹划或已经初步建立了网络银行。在亚洲，各国政府和银行的重视同样使网络银行快速发展起来。2004 年，亚洲网络银行技术论坛在中国上海举行，国务院发展研究中心金融研究所、中国银行业监督管理委员会、花旗银行、中国惠普、北电网络等机构的人员就金融业务创新和信息技术在金融服务业的应用等热点问题进行了探讨。网络银行是现代银行金融业的发展方向，指引着未来银行的发展。利用互联网的开放式网络开展银行业务有着广阔的前景，它将导致一场深刻的银行业革命。

（3）网络购物。随着电子商务技术的发展和应用，网络购物越来越普及，日渐成为一种新的生活时尚。网络购物利用先进的通信和计算机网络的三维图形技术，把现实的商业街搬到网上。用户无须担心出门时的天气变化，足不出户便能像真的上街那样“逛商场”，方便、省时、省力地选购商品，而且订货不受时间限制，商家会送货上门。

（4）网络广告。由于 Web 提供的多媒体平台使得通信费用降低，因此，对于机构或公司而言，利用其进行产品宣传，非常具有吸引力。

网络广告可以根据更精细的个性差异将顾客进行分类，分别传送不同的广告信息。网络广告不像电视广告那样让受众被动地接受广告信息，而是顾客主动浏览广告内容。未来的广告将利用最先进的虚拟现实界面设计达到身临其境的效果，给人们带来一种全新的感官体验。以汽车广告为例，顾客可以打开汽车的车门进去看一看，还可以利用计算机提供的虚拟驾驶系统体验驾车的感受。

2．电子商务的应用领域

电子商务系统作为信息流、资金流的实现手段，其应用极其广泛，尤其适用于以下场合。

1）电子信息行业

（1）信息公司、咨询服务公司、顾问公司。

（2）计算机、网络、数据通信软件和硬件生产商。

（3）Web 工作站和工作网点。

（4）传统的出版社和电子书刊、音像出版部门。

2）服务行业

（1）国际旅游和各国旅行服务行业，如旅店、宾馆、饭店、机场、车站的订票、订房间、信息发布等一系列服务。

（2）遍布全世界的各种应用项目和服务项目等。

（3）网上商城、批发、零售商品、汽车、房地产、拍卖等的交易活动。

3）金融行业

（1）进行小规模现金交易的金融组织和证券公司。

（2）进行金融服务的银行和金融机构，持有各种电子货币或电子现金者（如电子信用卡、磁卡、智能卡、电子钱包等的持有者）。

4）非营利性机构

（1）慈善机构。

（2）政府机关部门的电子政务，如电子税收、电子商检、电子海关、电子政府管理。

1.5 电子商务对社会经济的影响

随着人类社会的不断进步，商品交易模式不断发生变化。在社会化大生产以及社会分工日趋专业化的今天，一种称为“中介”的群体应运而生。无须买卖双方面对面的直接接触或中介的撮合，信息网络成为新形势下的“中介”，这便是电子商务的一个缩影。

1.5.1 电子商务对社会经济的影响

电子商务对经济的影响远远超出了其本身活动的价值。随着网络的发展，全球电子商务市场从泡沫走向繁荣，越来越多的企业和个人已经接受电子化的交易形式。无论是发达国家还是发展中国家，电子商务都在其各自的经济活动中起着极其重要的作用。

1．电子商务将改变商务活动的方式

传统商务活动最典型的营销方式是“推销员满天飞”，“采购员遍地跑”，“靠嘴、靠腿、靠礼”；消费者在商场中无目标地寻找自己所需要的商品。现在，通过互联网只需点击鼠标就可以找到自己所喜欢的商品及合适的价格，人们不仅可以进入网上商场浏览、采购各类产品，而且能得到在线服务；商家可以在网上与客户联系，利用网络进行货款结算；政府可以方便地进行电子招标、政府采购等，在很大程度上消除了政府采购中的暗箱操作，为企业带来了公平竞争。

2．电子商务的发展将改变人们的消费方式

网上购物的最大特征是消费者的主导性，购物意愿和主动权掌握在消费者手中；同时，消费者还能以一种轻松自由的自我服务的方式完成交易，消费者主动权可以在网络购物中充分体现出来。

3．电子商务将改变企业的销售方式

电子商务是一种快捷、方便的购物手段，消费者的个性化、特殊化需要可以通过网络传达给生产厂商，为了取悦顾客，突出产品的设计风格，制造业中的许多企业纷纷发展和普及电子商务。例如，戴尔公司的网络直销取得了很大成功，戴尔公司利用电子商务手段提供给每个访问者个性化的处理方式，并提供强有力的服务来支持自己的产品。该公司已经成为世界上最大的计算机制造商之一，每天在网站 www.dell.com 上的销售额超过 500 万美元。

4．电子商务将给传统行业带来一场革命

电子商务在商务活动的全过程中，通过人与电子通信方式的结合，极大地提高了商务活动的效率，减少了不必要的中间环节，传统的制造业借此进入小批量、多品种的时代，零库存成为可能；传统的零售业和批发业开创了无店铺、网上营销的新模式；各种在线服务为传统服务业提供了全新的服务方式。

5．电子商务将带来一个全新的金融业

在线电子支付是电子商务的关键环节，也是电子商务得以顺利发展的基础条件，随着电子商务在电子交易环节上的突破，网络银行、银行卡支付网络、银行电子支付系统以及电子支票、电子现金等服务，将传统的金融业带入一个全新的领域。1995 年，全球第一家网络银行——“安全第一网络银行”在美国诞生，这家银行没有建筑物，没有地址，营业厅就是互联网网站的首页画面，员工只有 10 人，与总资产超过 2000 亿美元的美国花旗银行相比，“安全第一网络银行”简直是微不足道，但与花旗银行不同的是，该银行所有交易都通过互联网进行，其存款金额已超过 10 亿美元。

6．电子商务将改变政府的行为

政府承担着大量的社会、经济、文化的管理和服务的功能，尤其作为宏观调控者与管理者，在调节市场经济运行、防止市场失灵带来的不足方面有着很大的作用。在企业应用电子商务进行生产经营，银行实现金融电子化以及消费者进行网上消费的同时，时代的发展将对政府管理行为提出新的要求。电子政府可以称为网上政府，将随着电子商务的发展成为一个重要的社会角色，也将为政府的服务和管理带来全新的模式。

1.5.2 电子商务对世界经济影响的分析

电子商务的无国界性加速了世界经济的一体化发展，从多方面对世界经济产生了巨大影响，主要表现在以下几个方面。

1．电子商务促进了世界产业结构的调整和国际分工的变动

互联网和相关的网络技术既是信息技术产业化的催化剂，又是信息技术产业化的组成部分；既是新经济的结果，又是新经济的起因。在过去几年里，购买设备的商业投资增长最快，信息技术的不断创新使通信设备成本大大降低。不断下降的信息技术产品价格和不断增加的电子商务需求，不仅促进了对计算机和通信设备的巨额投资，而且促进了对利用和增强这种设备的市场能力的新软件的巨额投资。

按照世界产业结构变化的发展方向，国际分工也将发生新的变化。美国处在信息技术、生物工程技术以及体现“新经济”的其他技术产业的技术创新地位和产业分工的最高位次，通过跨国公司的全球配置和生产国际化活动，把世界多数国家纳入新兴产业的国际分工链条，每个国家都将依据自己的比较优势在新的国际分工链条中占据不同的位次，或通过竞争使自己的位次发生变化。随着电子商务的发展和世界产业结构调整的深化，新的国际分工将取代旧的国际分工，各国（包括发达国家）都面临国际经济秩序变动和国家竞争力的新挑战。

2．电子商务促进了国际服务贸易和技术贸易的发展

电子商务大大便利了以图像、文字、声音为媒介的非物质性商品的传输，并加速了技术商品化的进程，从而使服务贸易和技术贸易在国际贸易中占据越来越重要的地位。随着电子商务的发展，计算机软件、信息技术服务、商业和企业咨询、金融服务等都将成为国际服务贸易的内容。在未来的世界经济发展中，传统的货物贸易仍将增长，但服务贸易和技术贸易的增长速度更快，并会出现一些新的服务贸易和技术贸易大国。

3．电子商务对国际贸易、外贸企业的组织结构产生了巨大影响

电子商务要求国际贸易运作方式和外贸企业活动按照电子商务的交易规律和模式进行重组。按照新的贸易运作方式和市场模式，外贸企业的业务活动和组织结构也必然发生新的变化，进出口业务的相对分离使得经营单一产品的公司将适应电子商务市场模式的要求而得到发展。不仅外贸企业的组织结构将发生变化，而且世界市场的面貌也将发生变化。

4．电子商务促进了金融资产交易，提高了国际资本流动速度

金融产品创新和电子商务在银行营销中的应用是国际金融业发展的潮流，它使传统银行的经营方式、服务手段、服务界限、服务功能发生了显著变化。新的金融产品往往需要借助便捷的信息化服务手段才能扩大客户范围，满足更多客户关于金融新产品信息咨询的需求。电子商务使银行客户在任何时间、任何地方都能方便地获得银行提供的各种服务。

电子商务为银行的市场营销提供了一条低成本、高效率的途径。证券交易的网络化也正在席卷全球。电子商务在银行业务和证券投资中的应用，必然大大加快资本流动的速度。随着经济全球化和国际资本流动自由化的发展，国际资本流动将更多地借助电子商务或互联网来实现，导致资本跨国流动的速度加快，规模扩大，从而给各国的金融监管部门带来新的课题与挑战。在资本跨国流动的新形势下如何保持金融与经济的稳定，将引起国际金融界在监管理念、电子金融交易规则、电子交易监控手段、电子交易技术标准等方面的新变化。

5．电子商务利用程度的差异拉大了全球贫富差距

虽然互联网在美国已经相当普及，但是在美国的不同种族中，互联网的普及应用程度存在较大的差距，美国商务部电信负责人说，美国的数字鸿沟正在变成“种族峡谷”，已经成为美国首要的经济和民权问题。在发展中国家，虽然信息和通信基础设施越来越多，但与发达国家相比，差距仍很悬殊。近 90%的互联网的主机位于高收入国家，而这些国家的人口仅占世界人口的 16%；美国纽约市所拥有的主机数量比整个非洲还多。

全球数字鸿沟已引起各国政府的重视，美国政府多次强调要消除国内和全球的数字鸿沟，联合国、世界银行、经合组织和八国集团首脑会议也都把缩小发达国家与发展中国家之间的数字鸿沟列为重要议题，其中最引人注目的是冲绳八国集团会议通过的帮助穷国发展信息技术、缩小数字鸿沟的承诺。

世界上越来越多的企业认识到，在以计算机、通信、网络为代表的信息产业快速发展的时代，实现电子商务是企业在愈演愈烈的全球化市场竞争中得以生存、发展的必由之路。这是因为电子商务不仅会对传统企业的管理（如计划、组织和控制）产生影响，而且会对企业的研发、采购、生产、加工、制造、储存、销售以及客户服务产生巨大的影响。

总而言之，作为一种商务活动过程，电子商务将带来一场史无前例的革命，对社会政治、经济和文化的影响将远远超过电子商务本身。此外，它还将对就业、法律制度等产生巨大的影响。

本章案例

上海春秋旅行社的电子商务之路

上海春秋旅行社（http://www.springtour.com/）网络经营的发展历程深具中国特色，很好地将传统旅行社业务和现代网络营销紧密结合，使用信息手段统筹全国分社的运行，实现了个性化服务和规范化经营的良好衔接。上海春秋旅行社是运用网络技术来保持其核心竞争优势的典型，其旅游电子商务的发展道路及经验为我国旅行社电子商务的发展提供了一个极具价值的范本。

1. 上海春秋旅行社情况简介

上海春秋旅行社是我国最大的旅行社集团之一，是一家已经成立20多年的综合性旅游企业，其业务涉及旅游、酒店预订、机票、会议、展览、商务、因私出入境、体育赛事等行业，是国际大会协会（ICCA）在中国旅行社中最早的会员，曾经多年荣获国内“旅游百强”之首，被授予上海市旅行社中唯一著名商标企业。2004年，上海春秋旅行社被授权为目前世界最热门赛事——F1赛事中国站境内外票务代理，同时它还是第53届世界小姐大赛组委会指定接待单位。

2. 上海春秋旅行社的电子商务应用

（1）积极利用先进技术，快速介入电子商务。

上海春秋旅行社很早就认识到信息技术在旅游业中的重要性。早在1994年，它就率先在国内建立了较有影响的计算机实时预订系统，通过该系统的使用，成功地降低了营运成本，提高了工作效率，在内部运作中很快显示出了准确、迅速、方便的规模化统一操作优势，从而不断吸引着代理商的加盟。目前，上海春秋旅行社已经在全国建有31个直属机构，拥有网络代理800多家。网络代理商的发展也使上海春秋旅行社总社逐步迈入了旅游批发商的行列。上海春秋旅行社总社注重用新型规模化的旅游产品吸引代理商的视线，例如，通过旅游包机合作降低成本。仅在2001年就购买了10多条航线的旅游包机2500个航次，运送游客近10万人次。

1996年，上海春秋旅行社开通了自己的网站，开始致力于电子商务，实现由传统旅游商到信息化旅行商的方向性转变。在此期间，上海春秋旅行社还积极与客户沟通，宣传旅游电子商务理念，培养已有客户使用网络的势情，并在网上开始进行销售和宣传。

上海春秋旅行社始终保持着对信息技术的敏感性。在引入语音识别、PDA、移动电话、IC智能卡、多媒体触摸屏、旅游景点沙盘制作等方面，上海春秋旅行社及时捕捉最新潮流，在行业内保持技术领先。这种领先使其不断推出新的电子销售解决方案和新功能。

（2）推出精品线路，开展网络营销。

在旅游电子商务发展初期，许多旅游网站往往生搬硬套其他网站的商务模式；同时为了避开网上支付和物流配送的两大瓶颈，往往只做商务订房、订票等标准化产品，或者只进行景点介绍，大多不做旅游线路产品。

上海春秋旅行社认为，旅游网要进入商务领域并做大做强，一律采用避开旅游线路产品的做法是不明智的，单纯经营商务订房、订票的网站，吸引的大多是散客，而且数量有限，还将面对宾馆和民航自行建网直销的竞争危机，无法保证业务的稳定性和持恒性，也无法保障产品营销的盈利优势。春秋旅游网作为以旅行社为依托的旅游网站，在产品运作中不但注意合理发挥上海春秋旅行社批发商在旅游线路营销价格、类型方面的优势，而且也力求发挥由旅游团体订房机票所带来的规模优势，从而带动旅游商务的运作。

2001 年 1 月，上海春秋旅行社将春秋旅游网从简单的信息发布网站改造成为能够进行旅游电子商务活动的网站，规划了与之相适应的网站结构和网页形式。新的春秋旅游网提供详细、实时更新的旅游线路信息，包括价格、开班日期、游程安排、供应标准等，同时也经营商务订房订票以及自助旅游产品，这些产品都能从网上预订。春秋旅游网把信息的准确、预订的方便、网下的服务质量和预订的成功率作为考核的主要指标。熟悉春秋旅游网的游客深感网上信息的真实可靠性，从而对其产生信任。

（3）积极寻求伙伴，不断扩大规模。

在旅游企业网站中，大多数仅仅以发布地方信息和本企业信息为主，服务范围也局限于企业所在地，导致互联的优势难以体现。对网站来说，信息覆盖面缩小，将会影响网上服务品质的下降，影响地方信息的可操作性和可延伸性。

为克服网络经营和地方化服务这一矛盾，春秋旅游网利用上海春秋旅行社在北京、西安、广州、郑州、沈阳、杭州、南京、桂林、三亚等主要旅游城市均有分社的优势，形成了以上述城市为中心的网络服务系统；同时又以这些地方分社为基点，将春秋旅游网的服务辐射到全国。春秋旅游网上设立了在线服务城市栏目，发布相应地区春秋合作旅行社的产品内容和服务范围。正确的战略使上海春秋旅行社的网络成员迅速发展。截止 2000 年 4 月，春秋旅游网在全国拥有网络成员社 200 余家，其中上海地区有 122 余家。

（4）提高服务质量，塑造企业形象。

旅游网站作为旅游服务行业的业务后台，其服务质量非常重要。在这方面，春秋旅游网非常注重网上服务的内容、范围和品质上的含金量。在网站信息服务方面，春秋旅游网在研究上网旅游者需求后，认为其服务对象是简化生活型和网上尝试型两类人。这两类人的共同要求是明确详尽的信息和便捷的预订流程。于是，春秋旅游网对于每条旅游线路，都标明了具体的开班日期和该日的价格，写明相应的旅游安排和服务项目，并将涉及的旅游内容连接到图文并茂的景区景点介绍上，使旅游对旅游线路的方方面面一目了然。春秋旅游网在旅游预订操作中强调一次输入后的全套服务，也就是游客输入预订信息后，网上付费、上门收费、送票、签合同由旅行社专人负责跟进，绝不让游客有累赘的感觉。

在企业服务形象方面，春秋旅游网和上海春秋旅行社是互促的。春秋旅游网是上海春秋旅行社展现服务形象的窗口。春秋旅游网对已经实现网上预订的游客发放预存有奖励金额的一卡通，鼓励游客实现网上支付，以稳定和扩大在线预订群体。春秋旅游网开辟“投诉问答”专栏，让游客对网上服务的不满之处提出意见，以此来赢取游客对网站的信任和关注。上海春秋旅行社重视服务质量，制定了一套质量监督制度，配置专门的质监人员每团必访、投诉必应，在业界有较好的口碑，这种品牌效应又辐射到春秋旅游网上，塑造了其可信形象。

3．上海春秋旅行社电子商务运用的经验

通过上面的案例介绍，我们能强烈地体会到，上海春秋旅行社是一个善于利用信息技术的旅游企业，也是一个非常注重电子商务技术创新的旅游企业。其成功经验是多方面战略的共同结果，留给我们的启示是多方面的，值得国内的旅行社企业思考和借鉴。

首先，在互联网营销上，由于春秋旅游网以上海春秋旅行社为实体依托，能做到网上信息与网下真实的旅游产品相对应，信息真实、及时、有效。春秋旅游网还能做到网上预订与网下跟踪服务相配合，游客输入预订信息后，网上付费、上门收费、送票、签合同由旅行社专人负责跟进，这些做法树立了春秋旅游网的公众信任度，也留住了忠诚客户。

其次，春秋旅行社不断改进或重新设计电子商务系统的功能，在行业内保持技术领先。而归根到底，技术只是手段，是为更好地满足需求服务的。上海春秋旅行社在旅游运作中的持续成功源于其不断研究市场需求，提出解决方案并融合技术创新的能力。因此，是技术和服务共同缔造了上海春秋旅行社的核心竞争力，使其在同行中脱颖而出。

最后，上海春秋旅行社充分利用网络资源，通过同全国各地分社和旅游代理商的合作，使服务的触角延伸到全国众多地区，使游客感受到春秋旅游网不仅仅是用计算机和电话线连接起来的一个虚拟空间，而是实实在在的本地化服务网络。上海春秋旅行社的跨地域、模范化运作和互联网的跨时空特点相得益彰，充分诠释了现代旅行社电子商务的内涵。

资料来源：http://www.ciotimes.com，CIO时代网，责任编辑：邱文峰。

案例分析题：

（1）上海春秋旅行社为其电子商务应用做了哪些努力？

（2）上海春秋旅行社保持核心竞争力的关键是什么？

（3）上海春秋旅行社的电子商务之路为传统旅行社的电子商务发展提供了哪些经验？

本章小结

随着互联网的蓬勃发展，电子商务也在迅速崛起。电子商务是利用Internet提供的信息网络在网上进行的商务活动，它改变了传统的买卖双方面对面的交流方式，也打破了旧有工作经营模式，它通过网络使企业面对整个世界，为用户提供每周7天，每天24小时的全天候服务。

电子商务是通过网络信息技术手段来处理商务活动的。它包括对生产、流通、分配、交换和消费等环节中连接生产和消费的所有活动的电子信息化处理。而这些商务活动不仅只在企业与企业之间，而且还涵盖了企业内部、个人与企业、企业与政府之间的一切商务活动。由于电子商务通过采用现代信息技术、网络技术、计算机通信技术，对传统商务活动中的纸介质信息载体进行了彻底改造，使得商品和服务以及交易管理等活动实现了无纸化，因此从真正意义上达到了高效率、低成本、数字化、网络化、全球化等目的。

电子商务的飞速增长已是不争的事实，它带来的商机是巨大而深远的。由于电子商务所依托的Internet的全球性和开放性，电子商务的影响将是全面的，它不但在微观上影响企业的经营行为和消费者的消费行为，而且在宏观上影响到国际贸易关系和国家未来竞争力。随着信息技术的不断发展，移动电子商务、网格电子商务等新趋势的出现和发展必将继续影响和改变我们的生活方式，并对世界经济的发展产生更加深远的影响和作用。

复 习 题

（1）什么是电子商务？简述电子商务的不同定义。

（2）电子商务有哪些特点？

（3）电子商务有哪些功能？

（4）电子商务有哪些分类方式，其分类依据是什么？

（5）电子商务的主要应用有哪些？

（6）电子商务交易分为哪几个阶段，每个阶段的具体内容都有哪些？

（7）电子商务的发展经历了哪几个阶段？

（8）第二代电子商务的特征是什么，相比第一代电子商务有哪些优势？

（9）移动电子商务的产生和发展将为我们带来什么？

（10）电子商务对社会经济有哪些影响和作用？

讨 论 题

（1）企业只要进行电子商务就能为企业带来成功，你觉得这样的说法对吗？为什么？

（2）你认为什么样的行业最容易实现电子商务？为什么？

（3）结合我国电子商务发展的现状，谈谈你对电子商务当前发展状况和未来发展趋势的看法。

（4）旅游企业应当怎样应用电子商务为企业服务？查找相应资料进行说明。

（5）你会选择用手机购物并完成电子支付吗？为什么？

（6）电子商务的发展与哪些因素有关？试举例说明。

网络实践题

（1）找到一家你熟悉的企业或品牌的网站，试分析该网站实现了哪些电子商务功能。

（2）在网络上查找当前热门的团购网络，试分析其发展的原因和当前网络团购存在的问题。

（3）按照电子商务交易对象分类，查找几个典型的 B2C、B2B、C2C、B2G 电子商务网站。

（4）通过实践，比较归纳网络购物和传统实体店购物在交易各环节的区别。

第 2 章　网络经济与旅游企业的管理

【本章导读】

网络经济已经成为 21 世纪新的经济形态，但对其研究还处于起步阶段。有比较多的理论可分析网络经济的成因并解释各种网络经济现象，但对于整个网络经济学的研究，目前并没有一个很好的框架来加以规范，从而导致很多初学者难以厘清脉络。本章主要以微观的视角基于新古典经济学框架来分析网络经济学中的信息产品、消费者行为、厂商行为、需求、供给、均衡、效率以及企业的组织、治理、合作与竞争等，以此框架作为基础，将网络经济学中重要的一些理论引入并进行了阐述，并以在线旅游市场和旅游企业作为研究对象，对旅游电子商务的诸多现象进行了理论解释，以帮助旅游企业管理人员认识网络经济的本质。

【学习目标】

- 掌握网络经济和信息产品的概念，了解网络经济的发展阶段。
- 掌握消费者行为和厂商行为理论，能够解释相关旅游电子商务经济现象的原因。
- 掌握在线旅游市场需求、供给和均衡分析模型，能够对在线旅游市场发展进行合理预测。
- 掌握旅游企业组织结构的特点、合作竞争的关系与策略。

2.1　网络经济的定义与发展

21 世纪，人类社会进入了互联网时代。计算机网络作为一种新的社会生产力，引发了一系列重大的变革，从而导致了整个社会经济关系的改变。一种新的经济形态初现端倪，那就是网络经济。网络经济是继农业经济和工业经济之后人类社会所面临的一种新的经济形态，它的物质基础是计算机网络，社会基础是依托计算机网络所形成的社会经济关系网络。

2.1.1　网络经济的定义

互联网的普及应用，使得网络中各种经济活动越来越频繁，形成了网络经济，与传统经济相比，网络经济更加快速，涉及范围更广，交易方式也更加灵活。电子商务活动是网络经济中最活跃的部分，通过对网络经济的认识，可以更好地掌握现代经济方法，并深入了解电子商务的活动。

1．网络经济的概念

网络经济是伴随着计算机网络的产生和发展而出现的新经济形态。近几年，网络经济的迅速发展，已经成为当代社会经济的重要组成部分，随着其进一步的发展，必将会对未来经济产生更大的影响。

到目前为止，对网络经济学的认识还处在一个初级阶段，还没有一个公认的规范定义，在众多说法中，比较有代表性的有以下两种说法。

（1）定义一：网络经济就是生产者和消费者通过网络联系而引发的各种经济活动，其主要特征是以信息产业和服务业为主导的经济。

（2）定义二：网络经济是基于网络技术而发展出来的，以多媒体信息为主要特征而形成的一种新经济潮流和形态，包括对现有经济、产业结构、社会生活的种种变革等，是信息化社会最集中、最概括的体现。

对于网络经济的含义可以从以下不同的层面来理解。

（1）从社会发展的角度看，在不同的社会形态中都有与之相适应的经济形态存在，比如原始社会的自然经济形态、封建社会的农业经济形态、资本主义社会的工业经济形态。进入信息社会，也有一种与之相适应的经济形态——网络经济，这种经济形态充分体现了信息社会的特点。

（2）从产业角度上讲，网络经济是电子商务产业的综合体现。网络经济包括网络通信的基础设施、网络设备等所有硬件设备，包括网络中的通信协议、网络平台等所有的软件，提供软件的各企业间的经济活动，还包括网络中各种经济活动，所有这些都是网络经济在产业方面的表现。

（3）从网络经济参与者角度上讲，网络经济是一个全球性的市场，是一个存在于虚拟世界中的特殊交易场所。在这个市场中，消费者将更加自主、个性化表现更加突出。

本书将网络经济定义为：网络经济是继农业经济和工业经济之后出现的一种新的经济形态。它是以信息和网络产业为主导产业、以信息和知识为主导资源的经济形态，是以计算机信息网络技术为基础、以各种计算机网络为平台所进行的各种经济活动及其在此基础上所形成的各种经济关系的总和[①]。

2．网络经济的内涵

作为一种经济形态，网络经济不仅仅只是一个概念，它还包含极其丰富的内涵。

1）网络经济是以信息和知识为主导的经济

网络经济是以信息流为中心的经济形态。传统经济主要以土地、劳动和资本等物质资源为主导地位；而网络经济主要是以信息和知识为主导，由于占主导地位资源的类型发生了改变，所以经济的性质和发展模式也发生了改变。在网络经济中，经济增长起决定性作用的不是物质资源，而是信息和知识等非物质资源。例如，在网络经济中，对自然资源的依赖不足20%；在发达国家，科技进步对经济增长的贡献率达到70%～80%。

2）网络经济是以经济网络为基础的经济

计算机网络（尤其是互联网）的出现对网络经济的出现具有很重要的作用，但是计算机网络只是为网络经济的出现提供了物质基础，更重要的是在计算机网络中形成一种具有互补性的社会经济网络。这是区别于传统经济的重要特征之一。然而，并不是所有的经济关系都构成经济网络，在计算机网络出现之前，各经济主体之间的关系就已经存在，但这些关系大多不具备互补性，从而不能构成经济网络关系。例如，信息不对称、资源稀缺性和排他性等。

① 韩耀等. 网络经济学：基于新古典经济学框架的分析. 南京：南京大学出版社，2006.

3）网络经济是覆盖所有产业和过程的经济

网络经济不仅仅局限于由一个产业或若干个产业所组成的产业群，不只是信息和网络产业要遵循网络经济特有规律和法则，其他各种产业也遵循这些规律和法则，因为每一个行业都离不开信息和知识，在其生产的产品和服务中，都将包含大量的信息和知识，否则该行业和企业将无法在网络经济中生存。

3．网络经济的特征

由于信息技术创新和革命性变化，在网络经济中，出现了新的经济空间，体现了三大重要特征，即时间上不受滞后影响的实时性；空间上不受限制的虚拟性；能跨越时间和空间的交互性。

1）实时性

实时性即信息传递可以在瞬间完成。借助现代信息技术，单位时间内传输的信息急剧扩大，缩短了信息传输时间。例如，可以利用标准光纤在一秒之内传输相当于9万卷大百科全书的信息；可以迅速搜索所需要的任何信息，对市场做出即时反应；可以随时随地对海外公司发出行动指令。在此种情况下，时间竞争成为企业竞争的重要形式。企业需要不断创新，不断推出新产品，并不断淘汰自己的产品。网络经济的法则已经改变，不是大企业吃掉小企业，而是反应敏捷的企业吃掉反应迟钝的企业。在网络经济中，由于外界环境变化及其迅速，推动公司发展的不再是效率，而是高度的适应性。

2）虚拟性

在网络经济中，传统的空间概念发生了根本变化，出现了不同于地理空间的虚拟空间。处于世界任何角落的个人、企业或机构，都可以通过互联网紧密地联系在一起，建立虚拟社区、虚拟公司、虚拟政府等，以达到信息共享、资源共享和智力共享的目的。虚拟空间可以使人们获得的信息量达到无限大，相互交往的人数与次数达到无限大，这将带来无限的信息和知识、选择和机会以及经济关系。虚拟性可以使得B2C和B2B交易减少对空间、资本、资源、仓储、运输等的需要，企业不需要太多资本、资源和空间，只需拥有一些有竞争优势的核心资源，就能通过广泛的网络合作获得巨额利润，戴尔公司就是非常成功的案例。

3）交互性

交互性是指建立在现代信息技术基础上的、经济行为人之间的互动式经济联系。在网络经济中，经济行为人可以通过任意的网络在任何时间、任何地点，与任何其他经济行为人互联，以获取自己所需的信息、产品和服务。在这种交互作用下，出现了非常复杂的交互关系，例如交易活动的多重关系、生产者和消费者之间的互动关系、企业内外部的交互关系等。

2.1.2 网络经济的形成与发展

网络经济是在信息革命的背景下，依托计算机信息与网络技术而发展起来的。技术的变革带动了生产力发展，而生产力的发展进一步推动生产关系的变革，从而导致网络经济的出现和发展。

1．网络经济产生的背景

网络经济产生的原因有两个：一是计算机信息网络技术的飞速发展；二是社会经济发展

对降低交易费用的主观要求。

人类社会的发展源自社会生产力的发展。人类社会经历了三次生产力革命，分别是农业革命、工业革命和信息革命。信息革命以计算机技术、通信技术以及网络技术的发展为标志，这些技术导致了互联网、信息高速公路以及电子商务的诞生，为网络经济的形成和发展奠定了坚实的物质基础。

信息革命只是为网络经济的产生创造了物质条件，而网络经济的产生取决于社会生产关系的变革，这种变革的动力来自人们降低交易费用的需求。按照新制度经济学的理论，交易费用是为了获得准确市场信息所需支付的费用以及谈判和经常性契约所产生的费用。市场信息不对称以及不充分，交易费用不可避免。为了降低交易费用，人们不断寻找新的交易方式，并通过新技术来改变原有交易方式和制度。正是在这种力量的推动下，出现了新的技术革命，人们把新技术运用于生产活动和再生产过程。

2．网络经济的发展阶段

虽然网络经济的出现与网络技术的发展，尤其是与互联网的出现有关，但在互联网出现之前，已经出现了网络经济的萌芽。网络经济的发展大致经历了以下三个阶段。

1）网络经济的孕育期（20 世纪 40—70 年代）

这一时期，主要是计算机技术的产生并取得了突破性发展。1946 年，第一台计算机在美国宾夕法尼亚州诞生；1948 年，半导体晶体管在贝尔实验室问世；1955 年，集成电路在贝尔实验室研制成功；1956 年，第二代计算机产生；1960 年，第二代计算机成功应用于商业等领域，计算机走向应用；20 世纪 70 年代中期，计算机开始在普通消费者中推广，个人软件和 PC 出现；80 年代，PC 价格下降，体积缩小，被广泛应用于各个领域。至此，与计算机有关的信息产业开始形成，并在社会经济中占据越来越重要的地位。

2）网络经济的萌芽期（20 世纪 70—90 年代）

在计算机技术发展的基础上，从 70 年代开始，计算机网络技术开始取得进展，最终导致互联网的诞生。互联网起源于 ARPAnet，1983 年，ARPAnet 网络分裂。1990 年 6 月，NSFnet 完全取代了 ARPAnet 而成为互联网的主干网，NSFnet 面向全社会开放。互联网的商业化运作，使得商业机构也可以使用互联网，从而使得世界各地的企业可以通过互联网来实现信息交换和沟通，从而促使电子商务的产生，各种网上经济活动广泛展开。

3）网络经济的成长期（21 世纪至今）

1995 年 5 月，美国科学基金会（NSF）将互联网的经营权转交给美国 3 家最大的私营电信公司，从此，互联网用户开始以几何级数不断增长。随着互联网对商业应用的开放，逐渐成为电子化商业媒介，成为企业市场营销和客户支持的重要手段。随着互联网接入方式的增加和网速的提高，使得多媒体技术可以应用于互联网。互联网的出现，从根本上改变了人们的思想观念和生产生活方式，它已经成为全球性的信息基础设施。

3．网络经济的四个层次

1999 年 10 月，美国得克萨斯大学发布的《测量 Internet 经济》，作为全球第一份网络经济发展实证分析报告，其中提出的网络产业分层在国际上获得广泛认同，报告中把网络经济分为四个层次，从低到高依次为基础设施层、应用基础层、中间服务层和商务应用层，同时反映了不同层次的增长速度。

基础设施层是指互联网的基础设施建设，其产业部门包括网络主干提供商、网络服务提供商、网络硬件/软件公司、计算机和服务器制造商、光纤制造商等。应用基础层是指互联网应用，其产业部门包括网络咨询服务、网络商业应用、多媒体应用、网络发展软件、搜索引擎软件、在线培训服务、网上数据库等。中间服务层是指互联网中介商，其产业部门包括在线经纪人、在线旅游代理商、在线股票交易商、门户网站、内容提供商、网络广告代理商等。商务应用层是指电子商务，即利用现代通信网络和计算机网络进行的一切商务活动，以及企业内部经营管理的信息化和网络化。电子商务是网络经济的最高形态，其产业部门包括电子零售商、制造商在线销售、在线娱乐、专业服务等，典型代表有亚马逊、阿里巴巴、戴尔等。

实现较高层次的电子商务需要前三个层次的全面配合，需要基础设施层提供硬件和软件的支撑，需要应用基础层提供信息服务和咨询服务，还需要中间服务层提供金融、认证、配送等专业化服务。因此，电子商务的发展，与其他三个层次的发展息息相关，电子商务以其他三个层次作为基础和依托，同时又会带动其他三个层次的发展，成为促进网络经济发展的重大驱动力。

《测量 Internet 经济》得到的结论是，网络经济增长迅速，其经济收入已经超过了传统的支柱产业。四个层次都是网络经济的重要组成部分，每一部分都能产生巨大的市场需求。其中，电子商务增长最快，基础设施层的市场份额最大。由此可见，基础设施建设和电子商务是网络经济发展中的两个关键层次。

2.2 网络经济基本理论

以信息化和网络化为基本特征的网络经济，与传统经济相比有着很大的不同，本小节将以新古典经济学的框架为基础，来讨论网络经济中的一些不同于传统经济理论的新经济规律，但不是完全基于经济理论的分析，更重要的是这些新经济规律在现实经济活动中的反映。

2.2.1 信息产品概述

在网络经济中，最具代表性的产品是信息产品。与一般产品不同，信息产品的特征集中表现为信息产品消费的边际效用递增，信息产品的最大特点就是包含了特定的信息内容。

1. 信息产品的概念

根据一般的理解，信息就是经过加工后的数据，它对接收者的决策或行为有现实或潜在的价值，即信息就是有用的消息。信息的含义在不同的学科有不同的表述。

信息产品就是包含了某种信息内容的产品。狭义上，信息产品包括软件、教育产品、娱乐产品以及知识产品。从广义上看，信息产品是指能够数字化[①]的任何产品，例如书籍、杂志、音乐、股市行情以及互联网上的页面，都可以看成信息产品。随着科技水平的发展，信息产品更多是指与信息载体（如光盘、磁带、软件等）或信息传输体（如计算机、电视机、

① 数字化指将信息编码为二进制流的过程。

交换机、卫星等）凝结在一起的产品[①]。网络的出现，使得信息产品出现了两大发展趋势。一方面，网络使得信息产品更多地进入人们的生活；另一方面，随着网络经济的发展与渗透，信息产品的范畴不断扩大。原来的一些实物形式的信息产品（如书籍、报纸、音像制品）被数字化，可以通过互联网网页、软件、手机媒介等进行传播。

2．信息产品的边际效用递增

对于一般的产品，在一定时间内，随着消费者对于某种商品消费数量的增加，消费者从该商品连续增加的每一单位消费中所获得的效用增量是递减的，这被称为边际效用递减规律。然而，这规律对于信息产品并不适用。当网络节点的数目增加时，信息产品的总效用将以指数级增加。消费者虽然不会连续购买某种信息产品，但是在消费该产品的过程中，随着使用次数的增加，其获得的总效用不断增加，即该信息产品带来的边际效用是递增的。

例如电子邮件的使用，如果整个互联网只有一个人拥有电子邮件账号，它的效用几乎为零，但是网络中的其他用户也拥有电子邮件账号，那么原先的账号才能发挥作用，随着网络中邮件账号的增多，使得原来的账号的价值不断增加，总效用也不断增加，所以其边际效用是递增的。信息产品的边际效用如图 2-1 所示。

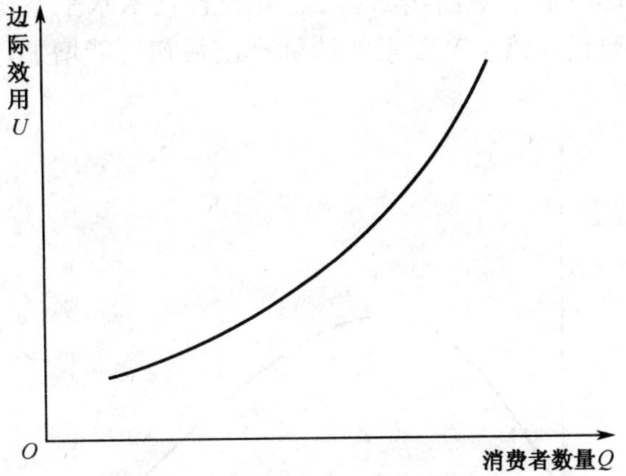

图 2-1　信息产品的边际效用

2.2.2　网络经济中的消费者行为

网络是一种技术手段，任何人、任何企业都可以使用。1993 年，在 Internet 对全世界开放之后，网络中传递信息的数量和种类越来越多，网络中各种经济活动也开展起来。随着经济活动的不断展开，人们发现了很多奇怪的经济现象，利用传统经济理论很难解释，甚至有些经济现象和传统经济理论互相背离。

1．网络经济中的外部性理论

传统经济条件下的外部性（Externalities）是指生产和消费的过程中给他人带来强加的非自愿的成本或收益，该成本或收益不需要收益人偿还。外部性又分为正的外部性和负的外部性。给他人带来强加的非自愿的收益，产生正的外部性；给他人带来强加的非自愿的成本，产生负的外部性。

① 王健伟，张乃侠. 网络经济学. 北京：高等教育出版社，2004：58.

网络外部性（Network Externalities）是指存在着许多产品，对于这类产品，某个用户从消费产品中得到的效用，随着消费该产品的其他当事人人数的增加而增加；某一用户从某一商品中得到的效用依赖于与它在同一网络中的其他用户的数量。在网络经济条件下，网络外部性是一种普遍现象，表现为正的外部效应，如电话网，互联网，传真等。著名的麦特卡夫法则所描述的经济现象也从另一个角度解释了网络外部性。

经济学家 Katz 和 Shapiro 在 20 世纪 80 年代就将网络外部性分为两种：一种是“直接的网络外部性”——“通过消费相同产品的市场主体的数量所导致的直接物理效果”而产生的外部性；另一种是“间接的网络外部性”——“随着某一种产品使用者数量的增加，该产品的互补品数量增加，价格降低而产生的价值。”

2．网络经济中的边际收益理论

边际收益递减是构成传统经济理论供求体系的一个基本前提。在农业经济和工业经济中，由于物质、能量资源的有限性或稀缺性、技术进步的相对稳定性、市场容量的饱和性，当需求依靠供给来满足时，任一投入产出系统中，随着投入的增加边际产出呈递减趋势，这一规律性现象在传统经济中广泛存在，具有普遍性。

在传统经济中，边际收益递减曲线如图 2-2 示，在技术水平不变、其他生产要素不变的情况下，追加一种生产要素，该生产要素的边际产出最初可能增加，但达到一定限度后，就必然出现递减的趋势。

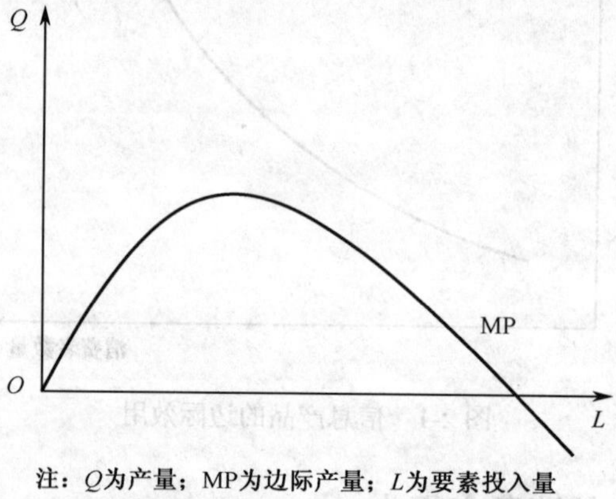

注：Q为产量；MP为边际产量；L为要素投入量

图 2-2　边际收益递减曲线

在技术水平不变、其他生产要素不变的情况下，追加一种生产要素，该生产要素的边际产量（MP）最初可能增加，但达到一定限度后，就必出现递减的趋势。随着可变要素投入量 L 的增加，可变要素投入量与固定要素投入量之间的比例发生变化。在可变要素投入量增加的最初阶段，相对于固定要素来说，可变要素投入过少。因此，随着可变要素投入量的增加，其边际产量递增。当可变要素与固定要素的配合比例恰当时，边际产量达到最大。如果再继续增加可变要素投入量，由于其他要素的数量是固定的，可变要素就相对过多，于是边际产量就必然递减。

但是在网络经济中，产品的边际成本呈现出不同于传统经济中产品边际成本的现象，在网络中数字产品的边际收益出现递增的规律。

数字产品的承载物是各种计算机和通信设备，如我们熟悉的网络游戏、网络歌曲、网络公共服务都属于数字产品。数字产品的创作过程就属于开发过程，数字产品投入市场可以算成产品的市场进入过程，数字产品的复制就是其再生产的过程。在现实生活中，产品在开发完成以后，对于这种类型的数字产品生产投入宣告结束，即使我们再生产 N 个相同的数字产品，我们的工作就是进行了 $N-1$ 次的复制，而这个过程的成本基本为零，那么就可以得到如图 2-3、图 2-4 所示的结果。

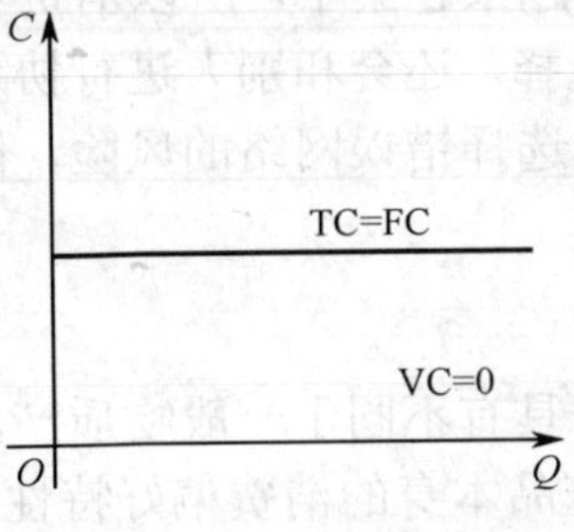

图 2-3　总成本分析图

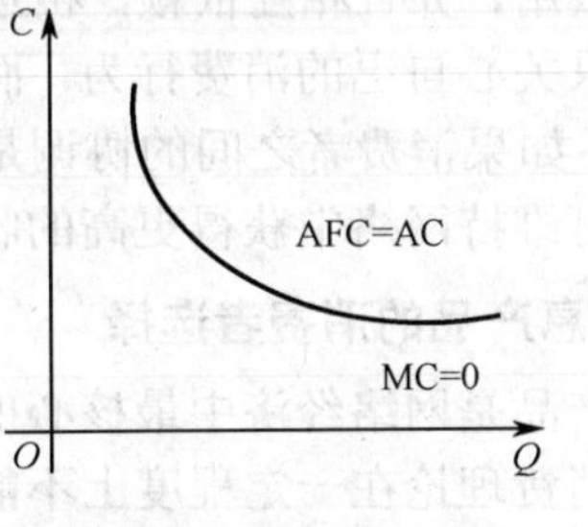

图 2-4　平均成本分析图

在图 2-3 中，产品的总固定成本 FC 等于产品的总成本 TC，可变成本 VC 为零，因此产品总成本表现为一条直线。数字产品的投入基本上就是在产品开发期间的投入，此后不会产生成本，这为企业在生产计划安排上提供了依据，可以加大数字产品的研发资金。在图 2-4 中，产品的边际成本 MC 为零，产品的平均固定成本 AFC 等于平均成本 AC，这表明数字产品可以在任意规模上进行生产，而不会导致可变成本的增加。

边际成本为零给企业的大规模生产提供了条件，在网络中我们可以加大信息产品的生产数量，可以大幅度地降低价格，只要有足够的人数支持，就可以得到我们所想要的收益。由此我们可以得到生产数字产品企业的收益公式 $P=f(x)$，x 为使用者数量，即企业利润与使用者数量呈正比例。由此我们也可以知道为什么很多网络公司不惜斥资进行网站宣传，进行恶意炒作以达到网站出名的目的。这样做无非只有一个好处，就是可以把公众的眼球都吸引过来，提高网站的点击率，以此获得巨大的收益。而对数字产品的销售为了得到更多使用者的数量不惜大幅降价，甚至以接近零的价格进行推销，虽然价格非常低廉，但是对企业来说仍可带来巨额收益。

3．网络外部性对消费者行为的影响

网络外部性导致消费者需求增大。在传统经济学中，收益递减和规模经济都是针对供给方提出的，而在网络经济中，形成了需求方规模经济和收益递增，使得原来的消费曲线发生了较大变化。网络经济的发展突破了传统经济理论中的交易费用理论，市场交易成本和企业内部交易成本都得以不断下降，改变了原有的交易成本。又因为网络外部性的作用，使得消费规模增大，消费者从网络中获得的效用就增多，消费者需求就会不断增大。

消费者预期成为消费者决策的重要因素。当消费者选择信息产品时，除预测将要购买的信息产品的可得性、质量、价格外，更重要的是预期网络规模的增长前景。如果用户预期该网络规模会增大，他选择该网络将会获得较大的网络效应。

消费者锁定变得普遍。所谓消费者锁定是指现有的消费者和新的消费者不能或不愿意转移到替代商品上去。产生锁定的重要原因是转移成本[①]和网络外部性作用。如果市场需求超过某一临界点，那么新的消费者将会购买大多数消费者已经购买的产品，并且预期其他的消

① 转移成本主要包括购买该信息产品的成本、购买与该信息产品相关的组件或互补品的成本、学习使用该网络产品投入的时间成本等。

费者也会购买此产品，这形成一种正的网络外部性，使得需求方规模扩大。当这种产品成为市场的一种标准时，将会把消费者锁定在此标准上。同时，随着转移成本的增加，消费者转移的意愿降低，锁定的程度加深。

消费者之间的行为依赖性加强。网络外部性的作用，使得消费者效用由原来的个人效用变为集体效用，并且相互依赖，相互影响，偏好也变得越来越集中，所以消费者在进行决策时不仅仅只关心自己的消费行为，而且会考虑别人的选择，还会和别人进行协调，从而达成一致选择。如果消费者之间的协调是可行的，就能降低选择错误网络的风险，使消费者在一个更大的可维持网络中获得更高的收益。

4．信息产品的消费者选择

信息产品是网络经济中最核心的消费产品，它本身具有不同于一般物质产品的特性，所以传统的消费理论在一定程度上不能很好地解释信息产品本身的消费偏好特性，需要从新的角度进行分析。

1）信息产品的需求曲线

用户在选择信息产品时，不但要考虑产品本身的质量、价格，还要考虑产品所在网络的大小，即自己是第几个选择该产品以及该产品最终可达到的网络规模是多大。经济学家Economids和Himmelberg（1995年）给出了信息产品的需求曲线，如图2-5所示。

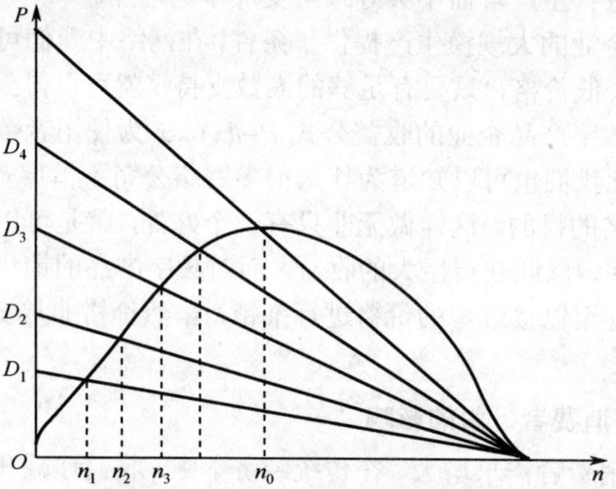

图2-5 信息产品的需求曲线

$P(n, n^e)$表示用户愿意为第n个信息产品所支付的价格，其中n^e表示用户预期该产品的销售量。显然，$P(n, n^e)$是变量n的减函数，表示购买该信息产品的数量越多，用户所愿意支付的价格越低；$P(n, n^e)$是变量n^e的增函数，表示用户消费意愿随着预期销售量的增加而增加。信息产品需求曲线由两部分构成：第一部分，是在网络规模小于n_0时，需求曲线向右上方倾斜；第二部分，当网络规模大于n_0时，需求曲线向右下方倾斜。这说明需求曲线存在拐点，厂商在不同的网络规模中，所关注的重点发生了变化。

进一步分析，可以看到，在存在网络效应的市场上，产品的优势取决于市场规模的大小。规模越大，对消费者的效用越大，越能得到消费者的信赖，反过来又促进了市场规模的扩大，这是一个良性循环的过程。与此相反，规模较小，难以扩张的产品网络将陷入恶性循环，最后只能走向消亡。临界容量是良性循环与恶性循环的交界点，越过临界点，不需要借助外力，该产品的市场规模将自行成长，企业将盈利。所以，在网络效应较强的产品市场中，企业竞争的关键在于能否抢先突破临界容量。

2）信息产品的消费者偏好

（1）信息产品对消费偏好的锁定。信息产品本身的高度知识化、操作专业技术化等特性决定了信息产品转移成本很高，从而信息产品很容易使消费者被锁定，表现在现实的经济生活中就是消费者并不只是基于品牌忠诚度等条件而固定消费某类特定的信息产品。

（2）信息产品的"物以多为贵"。信息产品的边际效用递增特性直接决定了"物以多为贵"的消费偏好，大多数信息产品本身既有良好的性能，同时又具有进一步更新的潜能，从而使信息产品能够满足消费者似乎无边界的消费偏好需求，以获得非饱和的效用增量。

（3）信息产品的消费偏好增强的自发性。按照制度经济学家诺斯所提出的路径依赖概念，在制度变迁过程中，存在着自我强化机制，这种机制会促使人们在选择初始路径之后，在既定方向发展中自我强化。这种现象在消费者进行信息产品选择中，表现得极为明显。例如 Windows 操作系统及其系列软件，因为其产品的标准化操作、良好的社会声誉等因素所累积起来的消费群体会对其他的用户具有良好的示范作用，消费者会预期该系列产品将出现更多良好的改善，从而会使该消费群体以外的消费者自发地进入该系列产品的消费行列，经过市场的反复博弈后，最终将表现为社会上对该产品消费偏好的自发性增强。

3）信息产品的消费者均衡

消费者在经济生活中面临着选择消费不同的信息产品，而且不同的信息产品之间可能存在替代关系和互补关系。本章中，将采用无差异曲线的方法来分析信息产品在两种关系下的均衡。

（1）具有替代关系的信息产品。在分析消费者对两种信息产品进行消费选择时，在同一条无差异曲线上每一点所代表的两种商品的不同组合，对消费者的满足程度是相同的。由于信息产品具有边际效用递增的规律，所以信息产品的无差异曲线如图 2-6 所示。

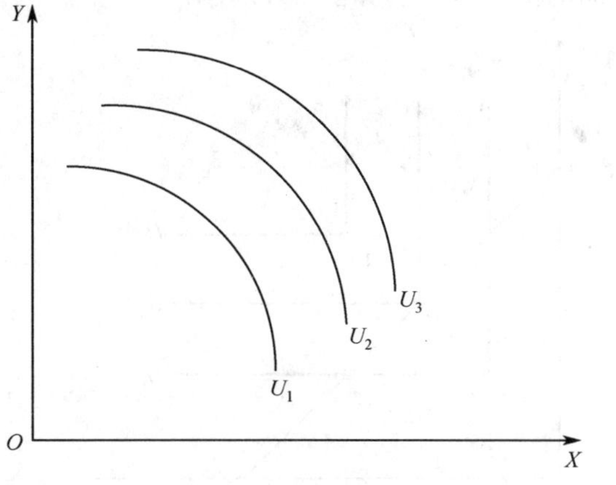

图 2-6　信息产品的无差异曲线

从图 2-6 中可以看出，信息产品的无差异曲线是凹向原点的，从原点出发，向右上方扩散，越往外，无差异曲线所表示的效用越大，因为无论增加 X 产品或 Y 产品的消费量，都能增加效用，这是产品本身的基本效用，和一般的实物产品效用增加无差别。单独看一条无差异曲线，因为受到预算的约束，所以多消费 X 产品，必然带来 Y 产品消费的减少，而 Y 产品消费的减少，将带来边际效用的增加，所以曲线的斜率将随着 Y 的减少而增加，曲线是凹向原点的。

考虑无差异曲线和预算线在何时达到均衡，并让消费者在预算约束下，达到产品效用的最大化，按照传统经济学的效用最大化要求，应该在无差异曲线与预算线相切的点，达到效用最大化。然而在信息产品的无差异曲线中，我们可以发现效用最大的点并不是相切的点（J点），而是其他点（H点），如图2-7所示。

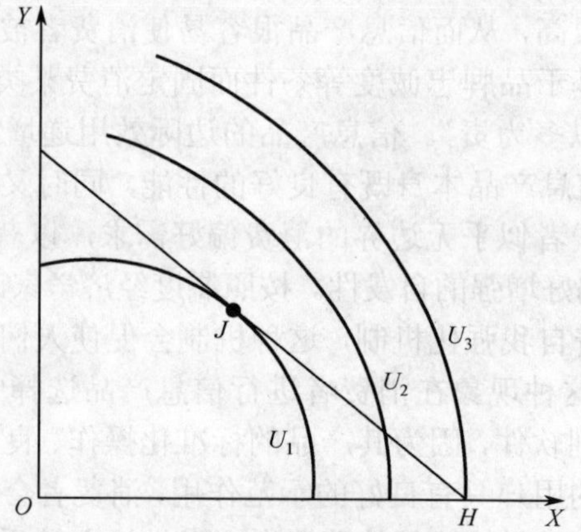

图2-7 信息产品的消费者均衡

从图2-7中可以看出，消费者只有将其全部收入都花在X产品或Y产品上，才能实现效用最大化。所以在信息产品的消费实现消费者均衡时，消费者最终会选择其中一种而放弃另一种信息产品的消费来满足自己的效用。如果将该结果扩展到整个信息产品消费市场，这些信息产品具有替代关系，消费者最终只选择某一特定产品消费，这正好证明了前面信息产品对于消费者的锁定效应。

（2）具有互补关系的信息产品。对于两种互补产品，一单位X产品必须与一定数量的Y产品相互配合起来才能使用，从而满足消费者的某种需求，所以消费者面临的是一条直角形的无差异曲线。互补产品的消费者均衡如图2-8所示。

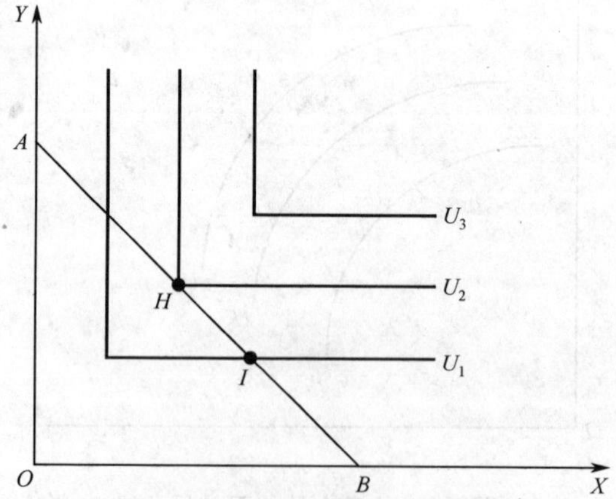

图2-8 互补产品的消费者均衡

从图2-8中可以看出，消费者均衡点是直角点与预算线相交的H点，这与传统经济学中的一般物质产品的互补产品消费没有区别。

2.2.3 网络经济中的生产者行为

企业从事生产的目的是为了获得利润的最大化，而利润的多少取决于生产中的成本和收益条件。在网络经济中，因信息产品具有一定的公共物品特性，社会经济中出现了边际收益递增和规模报酬递增现象。信息产品的购买人数一旦达到临界容量，就会因正反馈作用而发生质的变化，使之成为市场上主流的产品。此外，在技术进步和知识要素的推动下，范围经济性普遍存在。

1. 信息产品的生产

在网络经济条件下，信息产品生产的成本与收益具有与传统经济所不同的特性，企业生产的均衡条件发生改变，由此将决定网络经济中生产者行为的不同。

1）信息产品的成本结构及特征

信息产品的价值主要由其中所包含的信息和知识所决定，所以信息产品的成本主要体现在生产（创造）信息和知识的成本上。由此决定了信息产品与一般物质产品具有不同的成本结构特征。

（1）高固定成本、低可变成本。

信息产品的开发研制需要大量的智力投入，因此信息产品的开发研制成本很高，这部分成本为固定成本，而一旦研制成功，就可以通过低成本方式进行复制，可变成本很低。例如软件产品的研发，需要大量研究人员的努力才能开发成功，但一旦产品成型，复制该软件的成本很低，边际成本基本可以忽略不计，大量的软件盗版存在证明了这一特征。

（2）固定成本为沉没成本。

沉没成本是指已经投入的成本无法再转为他用或通过其他途径将其回收的成本。信息产品研制的固定成本绝大部分是沉没成本，研发成本一旦投入，因某种原因产品没能在市场上获得成功，之前的投入将全部无法收回。

（3）平均成本和边际成本递减。

信息产品生产的平均成本随着信息产品生产的复制数量增加而递减，而在信息产品已经生产一定数量的基础上，多生产一份复制所增加的成本几乎可以忽略，边际成本递减，将无限接近于零。信息产品的平均成本与边际成本如图 2-9 所示。

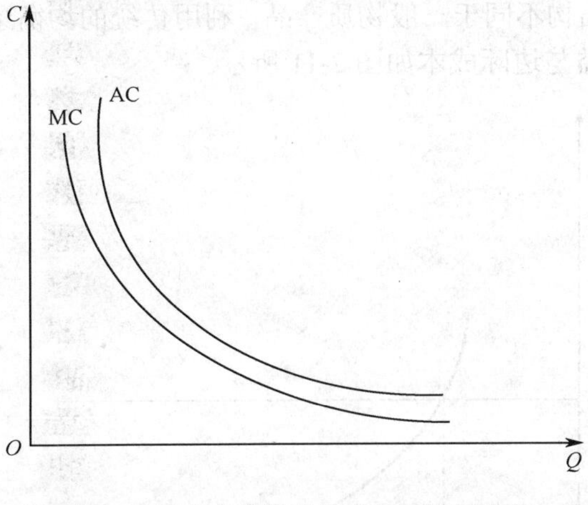

图 2-9　信息产品的平均成本与边际成本

从图 2-9 中可以看出，平均成本和边际成本随着信息产品生产的数量增加而递减，并且边际成本永远低于平均成本，平均成本永远保持下降趋势。这种成本结构产生了巨大的规模经济，即生产的信息产品越多，平均成本和边际成本越低。

企业在生产过程中花费的成本必须通过收益来补偿，收益是企业将产品按照一定的价格销售出去所获得的收入。收益的多少决定了生产者目的的实现程度，从而决定了生产者行为。在网络经济中，信息产品生产者的总收益、平均收益和边际收益与一般物质产品基本相同，唯一不同的是，信息产品的总收益曲线并不是开始于原点，而是从临界量开始。信息产品的总收益、平均收益和边际收益如图 2-10 所示。

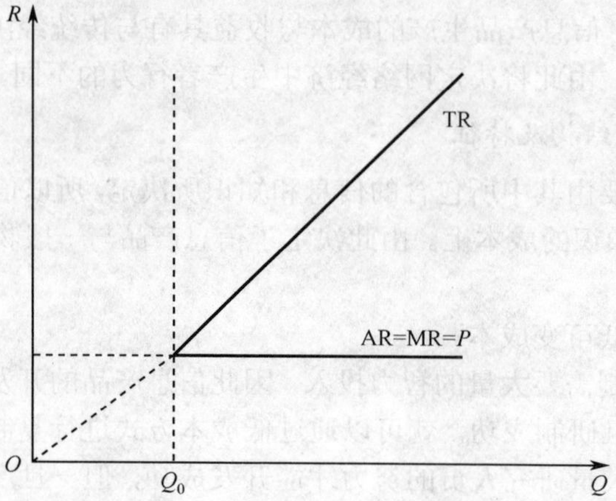

图 2-10　信息产品的总收益、平均收益和边际收益

从图 2-10 中可以看出，信息产品存在一个临界生产量 Q_0，在此之前，信息产品没有形成网络效应，产品对消费者来说没有价值或价值很小，因此消费者不会购买该产品，企业也无法生产。

2）信息产品的生产者均衡

企业生产的目的是为了获得最大化利润，而在利润的最大化的产量水平上，企业将不会再增加或减少产品生产，这种状态就达到了生产者均衡。根据传统西方经济学原理，当生产商的边际收益等于边际成本（MR=MC）时，企业才能获得最大化利润，从而达到生产者均衡。因信息产品的成本结构不同于一般物质产品，利用传统的均衡条件，不可能达到生产者均衡。信息产品边际收益与边际成本如图 2-11 所示。

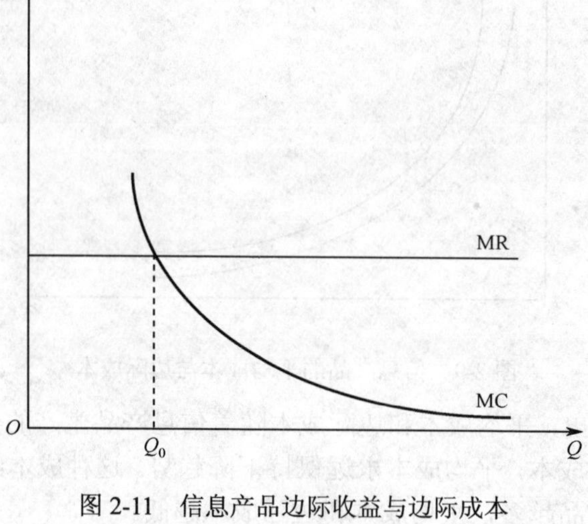

图 2-11　信息产品边际收益与边际成本

从图 2-11 中可以看出，边际收益曲线 MR 与边际成本曲线 MC 相交并对应于 Q_0 产量，但显然 Q_0 并不是均衡点，因为在此点之前，MC>MR，企业无法进行生产；在此点之后，MC<MR，企业将不断扩大生产，以获得更多利润。据此分析，似乎信息产品不存在一个最大化利润，随着产量趋向无穷大，利润也趋向无穷大。事实上，信息产品的生产者不会将产量无限制地扩展下去，它最终将停留在一定的水平上，信息产品的生产将出现一种相对稳定地均衡状态，即超边际意义上的均衡。按照超边际分析方法①，把角点解也看成生产者均衡的解，则信息产品的生产者均衡有解，该解为 $Q_0+n(n>0)$，即产量大于 Q_0 的任意一点都可能成为信息产品生产者均衡的解。

2．信息产品的价格形成

根据传统西方经济学原理知道，一般物质产品的价格由企业产品生产的边际收益与边际成本共同决定，其中，边际收益又由消费者的支付意愿决定。在消费者对某个产品的支付意愿既定的前提下，产品的价格主要由边际成本所决定。生产者只能按照边际成本来确定产品价格，才能使厂商获得最大化利润。然而对于信息产品而言，此定价法则不适用，因为信息产品的边际成本几乎为零，意味着信息产品的价格也几乎为零。如此低的价格，企业无法回收先期投入的巨额研发成本。信息产品显然不能按照边际成本来定价，因为其边际成本总是低于平均成本，满足该规律的行业被称为报酬递增行业。对于报酬递增行业，产品定价由平均成本决定。

事实上，信息产品的生产商实际制定价格并非完全按照平均成本定价。因信息产品的价值具有不确定性，同一种产品对不同消费者所产生的预期和购买欲望有很大差异。生产商在定价时，往往采取差别定价策略，以期获得最大收益。

3．报酬递增规律

边际收益递减和规模报酬递减是传统经济中两个重要的经济规律，它们是以技术不变作为前提条件的。在网络经济中，由于信息和知识的决定性作用，技术的飞速变化，规模报酬递增现象变得日益普遍。

企业的规模报酬是指由于生产规模变化后所引起的产量的变化。在传统经济学理论中，规模报酬是指在其他条件不变的情况下，企业内部各种生产要素按照相同比例变化时，所带来的产量变化。产量和规模之间的关系有三种：

（1）规模报酬递增，即产量增幅超过投入要素增幅，产品平均成本递减。

（2）规模报酬不变，即产量增幅等于投入要素增幅，产品平均成本不变。

（3）规模报酬递减，即产量增幅小于投入要素增幅，产品平均成本递增。规模报酬变化的三个阶段如图 2-12 所示。

企业在扩大生产规模时，依次经历了规模报酬递增、规模报酬不变、规模报酬递减三个阶段。一般企业的生产应控制在第一阶段和第二阶段，具有规模经济性，第三阶段是规模不经济的。当然，这一结论的前提是投入要素价格保持不变，如果投入要素价格是变化的，在规模报酬不变和递减情况下，有可能出现规模经济性。对于规模报酬递减规律，也是以技术不变作为前提条件的，对于这一规律的解释，主要通过内在经济和内在不经济概念来阐述。内在经济是指企业在扩大规模时，由于内部生产效率提高而降低了长期平均成本，企业可能

① 超边际概念最早由布坎南（1962 年）提出，它是对每个角点解进行边际分析，再在不同角点之间进行总的收益成本分析。如果一个决策变量的最优值取其上限或下限值，则最优决策就是一个角点解。

购买了先进的设备，提高了专业化程度，增强了研发能力等。但如果生产规模过大，由于机构庞大和官僚主义滋长，会引起内部管理效率下降、信息传递受阻，从而提高了平均成本，这种情况称为内部不经济。在网络经济中，很多信息产品只存在规模报酬递增阶段，不存在规模报酬不变和规模报酬递减阶段。

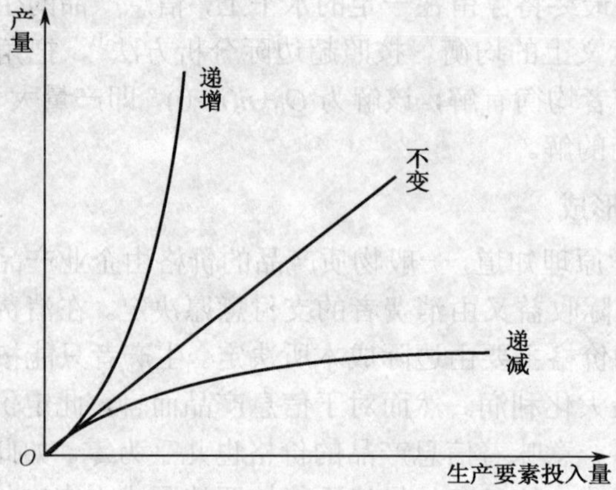

图 2-12　规模报酬变化的三个阶段

4．正反馈机制

在传统经济学中，均衡是唯一的，称为稳定均衡，稳定均衡的产生是由于负反馈机制的作用形成的。在网络经济中，存在着多种可能的均衡，这是由于正反馈机制的作用。正反馈机制会放大最初产生的微小变化，使强者越强、弱者越弱。某些先进入市场的技术或产品，可能并不具有先进性，但在正反馈机制的作用下，却能锁定市场，成长为市场的主导产品。

1）传统经济中的负反馈理论

传统经济学中所讨论的均衡，是负反馈作用的结果，这种结果是唯一的、稳定可测的。任何偏离均衡的价格，都会在价格机制的作用下重新回归均衡。传统市场均衡如图 2-13 所示。

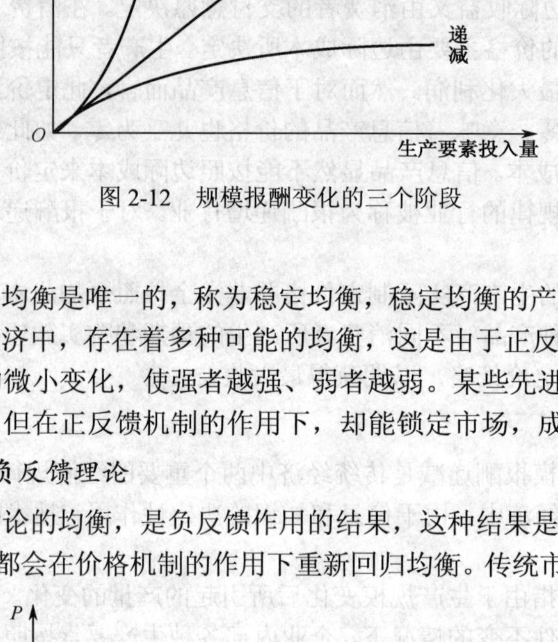

图 2-13　传统市场均衡

在图 2-13 中，E 为均衡点，所对应的价格 P_E 为均衡价格。当市场价格 P_1 高于均衡价格 P_E 时，需求量小于供给量，生产者之间的竞争促使价格下降，直至降到 P_E；当市场价格 P_2 低于均衡价格 P_E 时，需求量大于供给量，消费者之间的竞争促使价格上升，直至升至 P_E。只有当市场价格等于均衡价格时，需求量才等于供给量，市场处于一种稳定状态。均衡理论建立在边际效用递减和边际成本递增假的设基础上，如果此基础一旦被打破，均衡理论将不存在。传统经济学研究表明：构建在报酬递减基础上的市场均衡能够实现资源的最优配置，均衡能导致市场可预测和市场分享。

2）布莱恩·阿瑟的正反馈理论

布莱恩·阿瑟于 1979 年开始研究正反馈原理，主要研究在报酬递增情况下，资源使用和分配的动态性问题。研究表明，在报酬递增条件下，存在许多可能的均衡点，这一作用过程被称为正反馈机制。这一机制将会放大微小的经济变化，使强者更强，弱者更弱，在巩固了成功者的成果的同时，也扩大了失败者的损失，一些先进入市场的产品或技术，有可能锁定市场，直到成为市场的主导力量。

根据布莱恩·阿瑟的理论，报酬递增（边际收益递增）会导致正反馈，它使经济中出现了许多可能的均衡点。一旦某种随机经济事件选择了某一路径，这种选择可能导致被锁定在该条道路上，而不会选择更为先进和合理的其他道路。如果一种产品在竞争性市场上因某种机会领先，它就会一直领先，并扩大这种领先优势，因而可预测性和市场分享不再实现。如果企业走上正轨，正反馈可以转化为迅速的增长，收益递增；如果企业被认为走向衰败，成长的良性循环很容易变成衰败的恶性循环。这两种循环是正反馈机制中相对存在的两个过程。

在边际收益递增条件假设下，经济系统中产生一种局部反馈的自增强机制，它使经济系统具有四个重要特征。

（1）多态均衡。报酬递增带来正反馈，市场上有可能存在许多均衡点，并且没有一种机制可以保证市场从诸多可能结果中挑选出来的一定是最优结果。

（2）路径依赖。经济系统对于均衡状态的选择依赖于前期历史的影响，一些微小事件或随机事件可能会产生决定性的作用。

（3）锁定效应。由于转移成本的存在，市场一旦达到某个均衡状态，占优势的厂商就能使优势不断积累，以至于其他厂商很难进入，从而导致占优势厂商的现有优势不可逆转。

（4）可能无效率。在路径依赖和随机事件的影响下，系统达到的均衡状态，可能不是最有效率的均衡。由于偶然性事件的存在，较先进的技术可能成为输家，而较落后的技术可能成为赢家，最终均衡结果就不是最大收益的结果，在资源的空间配置上，可能产生无效率。

3）正反馈机制与临界容量

在网络经济中，由于信息产品边际效用递增，信息产品效用随着消费量的增加而增加，消费者的需求价格也相应增加，故产品的需求曲线是上扬的。又由于信息产品边际成本递减规律，产品生产的平均成本和生产者的供给价格随生产规模的扩大而下降，故产品的供给曲线是向右下方倾斜的。正反馈机制的作用原理如图 2-14 所示。

从图 2-14 中可以看出，产品的市场规模 Q 是自变量，D 和 S 交于 E。当市场规模 $Q_1<Q_E$ 时，消费者愿意支付的价格为 P_{D1}，企业愿意提供产品的价格为 P_{S1}，显然 $P_{D1}<P_{S1}$。如果企业按照 P_{D1} 把产品销售出去，企业将处于亏损状态；而按照 P_{S1} 销售产品，则消费者不愿意支付该价格，所以企业不愿意保持在该市场规模上提供产品。同理，任何在 Q_E 规模以下的市场，都不可能长期存在。当市场规模超过 Q_E 时，如在 Q_2，此时消费者愿意支付的价格 P_{D2} 大于企业提供产品的价格 P_{S2}，如果没有竞争，企业按照 P_{D2} 定价，则它愿意提供更多的产品来满足消费需求，从而获得更大的超额利润，产生爆炸式增长，此时，市场处于一个正反馈系统中。很显然，E 点并不是传统经济学中的均衡点，而是一个临界点，是盈利和亏损的分界点，任何对该点的偏离，都将产生更大的偏离，而不存在纠正偏离的反向作用。

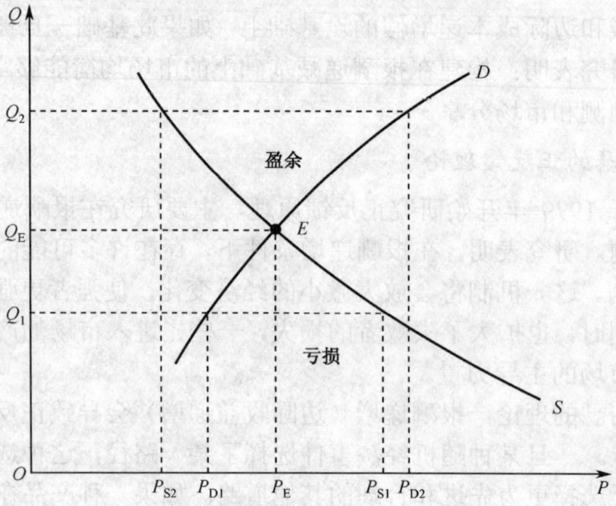

图 2-14 正反馈机制的作用原理

在边际成本递减和边际效用递增共同作用下，市场供求关系本质上体现了一种正反馈现象，在产品盈利和亏损之间存在一个临界点，存在一个产品市场规模的临界容量，高于该容量，市场将自我强化，导致市场规模不断增加，而低于该容量，市场将自我弱化直到失去市场。对于临界容量内涵的阐述有很多种，但其含义都同上所述。在正反馈经济的 *S* 型动态模式中，启动阶段和起飞阶段之间存在一个转折点，这就是临界容量。企业在推出新产品时，不惜降价或免费来获得消费者的认可，从而来增加市场规模，尽快达到并超过临界容量进入快速增长阶段。在新产品的启动阶段，企业将处于亏损，但如果企业因惧怕亏损而不愿支付巨额成本来吸引消费者的注意力，可能将永远达不到临界容量，从而在正反馈作用下退出市场。企业在推出新产品时，应考虑用快速增长阶段的盈利来弥补启动阶段的亏损，而不是采用独立、分阶段的成本核算方法。

5．信息产品生产垄断的竞争性

信息产品的生产具有报酬递增的特性，而在报酬递增的条件下，通常会出现垄断，即赢家通吃的结果。传统经济学认为，垄断是竞争的反动，必然会排斥和限制竞争机制，出于对公平竞争的维护，必须反垄断。但是，信息产品生产的垄断不同于传统产品的垄断，它是垄断性和竞争性并存，具有可垄断性和可竞争性的双重性质，因此，网络经济中信息产品的报酬递增以及由此而形成的竞争性垄断不是无效率的市场结构，而是有效率的市场结构。不同市场结构间的比较如表 2-1 所示。

表 2-1 不同市场结构间的比较

市场类型	竞争性垄断	垄断竞争	寡头
企业数量	较少	很多	很少
企业间利害关系	存在	基本不存在	非常尖锐
价格决定	自行决定	相互影响	受其他厂商制衡
定价方式	区别定价	高于边际成本定价	不确定（价格合谋，价格领导）
价格变动趋势	持续性下降	比较稳定	基本稳定
核心竞争力	技术创新能力	品牌	多因素（市场营销，企业管理等）
进退障碍	进入障碍：技术	进退较易	进退较难，成本较高
产品差异	与寡头市场类似	有差异	纯寡头无差异，差异化寡头有差异
行业分布	信息产业	日用工业品	机械、重化工等

网络经济中的垄断与传统经济中所看到的垄断存在着不同的特点，主要有以下三个方面。

（1）垄断形成的技术性。技术是网络经济生产环节需要直接投入的生产要素，创新企业对专有和专利的技术进行制度保护，加之创新技术的不易扩散和难以仿制，取得了一定程度的技术垄断，对后进入的企业形成了技术壁垒。同时，企业追求市场份额的扩张，最大限度地排挤和淘汰其他企业，最大限度地将技术扩散的收益内部化，降低创新的风险和成本，提高创新收益，进而不断扩大企业规模和增强企业实力。当企业建立起规模和技术的双重壁垒时，以技术垄断形态为主导的垄断地位就确立起来了，这比传统经济中依靠规模的优势取得的垄断更容易形成。

（2）垄断地位的不确定性。垄断不一定排斥竞争，垄断者依然面临着各种竞争。在现实经济生活中的垄断，是垄断与竞争并存的垄断，尤其是以技术垄断为主导的垄断。对于信息技术而言，自主创新很快会被模仿并推广，垄断者凭借核心技术获得的垄断地位稍纵即逝，因此通过技术创新所获得的垄断地位是暂时的，具有不稳定性，所以垄断者要保持垄断地位，必须不断开发新的技术，加快创新步伐。

（3）垄断与竞争的并存性。尽管市场竞争是维系市场经济运行的基本力量，但竞争并不是市场主体一种出于自愿的行为，而是由于外部压力强加的一种不得已的行为，受超额利润驱使，在任何可能的情况下，市场主体都会躲避竞争或通过竞争最终消除竞争，以取得垄断地位。由此可知，垄断是渗透在市场竞争中的一种机制，是竞争的结果，只要存在着竞争机制，垄断就不可避免。在网络经济中，垄断的出现同样是以上规律作用的结果。

网络经济中出现了竞争和垄断双双被强化的态势，市场的开放度越高（进出无障碍），竞争就越激烈，技术创新的速度就越快，所形成的行业垄断性越强，集中度也就越高。而垄断性越强、集中度越高的市场，其竞争反而越激烈。竞争和垄断这种二律背反的共生现象，演化出了一种新的市场结构，称为竞争性垄断。

竞争性垄断主要源于技术竞争，特别是技术创新，但是这种高度竞争，可能随时导致垄断地位被置换，垄断地位具有较大的不确定性。处于竞争性垄断地位的企业，对价格的控制程度主要取决于消费者的价值判断和对价格的敏感程度，不像传统经济中的企业，垄断价格主要由企业的垄断地位和政府管制造成。竞争性垄断市场结构发生在新的经济条件下，即高度的市场竞争、快节奏的技术创新，以及各个方面的全方位竞争，在技术不相容性定理作用下，其竞争的激烈程度是传统经济不曾有过的，要么赢者通吃，占据垄断地位，要么淘汰出局，成为潜在的竞争者，技术是唯一的决定因素。

与传统经济下的垄断不同，竞争性垄断不仅不会导致市场无效率，反而在某种意义上是一种更有效率的市场结构，因为竞争性垄断市场结构既保持了高度的竞争，又比其他市场结构更有利于技术进步和技术创新。

2.3　网络经济下的在线旅游市场分析

电子商务的发展，带动了传统旅游企业在经营模式上的变革，国内外的旅游企业都将其业务与电子商务手段相结合，使传统业务向网络空间进行扩展，从而进一步提高企业的核心竞争力和市场占有率。在线旅行社（Online Travel Agent，OTA）、在线机票预订、在线酒店预订、在线租车等新型旅游服务产品的出现，满足了消费者对于个性化旅游产品的需求。而以上这些新型的旅游电子商务服务产品也属于信息产品的范畴，属于交换工具数字化产品，这主要得益于货币的电子化，从而实现了契约的电子化。用于交换电子化契约的在线旅游市场，因其产品的特殊性，从而在供需规律、市场均衡和效率方面将与一般商品不同，以下将对此进行分析。

2.3.1 我国在线旅游市场概述

1. 我国在线旅游市场的发展现状

艾瑞统计数据显示，2011 年在线旅行预订市场第三方在线代理商营收规模为 90.5 亿元，与 2010 年相比增幅为 33.9%，并在后续的 4 年里保持快速增长。2011 年中国在线旅行预订市场中，酒店市场规模比重为 45.2%，机票市场规模比重为 40.8%，度假及其他市场规模比重为 14.0%。2008—2015 年中国在线旅游预订市场第三方在线代理商营收规模如图 2-15 所示。

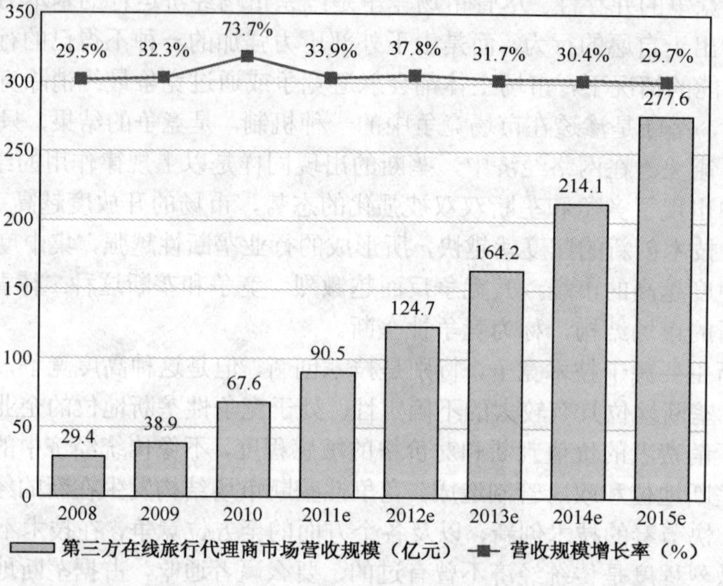

图 2-15 2008—2015 年中国在线旅游预订市场第三方在线代理商营收规模

2011 年中国旅行预订市场第三方在线代理商营收份额显示，携程以 41.1%的占比处于绝对领先地位，艺龙、芒果网、号码百事通分别以 6.8%、6.7%和 6.4%的市场份额处于第二阵营，同程网、12580 等位于其后。2011 年中国旅行预订市场第三方在线代理商营收份额如图 2-16 所示。

2. 我国在线旅行预订市场的特点

（1）整合与合作。主要体现在两个方面：一方面，在线旅游企业与中上游产品供应商的合作日渐紧密和多元化，使得旅游企业能够更好地开发出丰富的旅游产品和服务；另一方面，在线旅游企业与平台、门户、社交媒体的合作日渐丰富，这种与平台、门户、社交媒体的合作能够给企业带来更大范围内的用户覆盖以及用户的无缝浏览和预订消费。

（2）预订模式创新。艾瑞咨询认为，2012 年在线旅游预订的模式将进一步丰富，具体而言，随着智能手机的进一步普及，基于 LBS 的更深层次的旅游预订应用必将百花齐放，为消费者提供随时随地、个性化的预订体验。

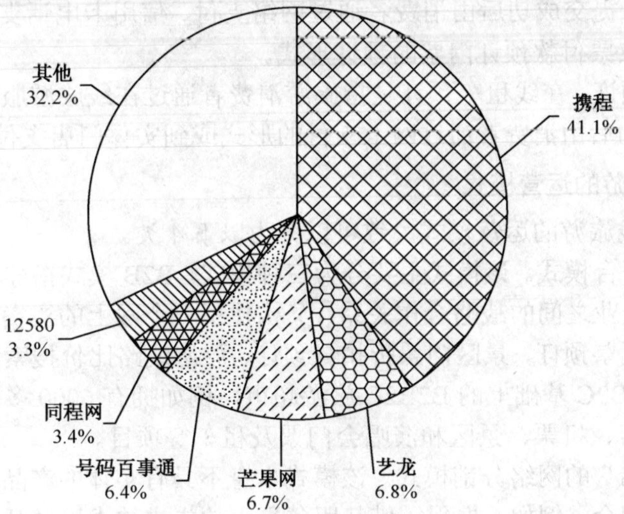

图 2-16　2011 年中国旅行预订市场第三方在线代理商营收份额

（3）高端旅游服务需求出现。休闲度假是在线旅游行业近两年来出现的新领域，进入门槛较低，但是发展门槛高，需要不断地对上游产品供应链进行介入和整合，优化用户的消费体验，以及扩大产品和服务在全国的网络覆盖面，提升客户服务能力。

2.3.2　我国在线旅游市场需求供给分析

2011 年中国在线旅游预订市场交易规模达到 1672.9 亿元，较 2010 年的 1037.4 亿元增长 61.3%；在线预订市场第三方在线代理商营收规模达到 90.5 亿元，相比 2010 年增长 33.9%，并且未来 4 年中国在线旅行预订市场规模将呈持续高增长态势。根据 eMarketer 发布的 2008 年 4 月美国在线旅行预订市场数据发现：在通过网络获取旅游信息的美国个人消费者中，72%的消费者选择使用旅游搜索引擎；58%的消费者使用旅行预订网站；26%的消费者选择消费者推荐网站；而只有 19%的消费者通过旅游资讯网站获取信息。由此可见，在线旅游市场的需求正在迅速上升，人们对在线旅游服务的接受度正在提高。

1. 在线旅游市场细分

按照旅游产品的种类来划分，在线旅游市场主要分为在线机票预订市场、在线酒店预订市场、在线度假产品预订市场、在线景区门票预订市场和在线租车预订市场等。

（1）在线机票预订：在线机票预订是指旅游消费者通过在线旅游服务提供商的网站提交预订订单，并通过网络或货到付款的方式进行支付预订机票的预订形式。

（2）在线酒店预订：在线酒店预订是指旅游消费者通过在线旅游服务提供商的网站提交预订订单，并通过网络支付或者凭预订单号直接到预订的酒店前台付费预订酒店的预订形式。

（3）在线度假产品预订：在线度假产品预订是指旅游消费者通过在线旅游服务提供商的网站提交预订订单，并通过网络支付、信用卡电话支付、银行转账支付或到实体门店支付费用预订度假产品的预订形式。

（4）在线景区门票预订：在线景区门票预订是指旅游消费者通过在线旅游服务提供商的网站提交预订订单，提交成功后由消费者通过网络支付、信用卡电话支付、银行转账支付或到所订门票的景区取票付款预订门票的预订形式。

（5）在线租车预订：在线租车预订是指旅游消费者通过在线旅游服务提供商的网站提交预订订单，提交成功后由消费者通过网上支付的形式或到实体门店支付费用的预订形式。

2．我国在线旅游的运营模式

目前，国内在线旅游的运营模式大致可以分为以下4类。

（1）旅游站点平台模式。该模式主要分为三种模式。B2B模式搭建了旅游企业间的交流交易平台，提供了企业之间的战略合作关系，又构建了一个网上的买卖者群体。B2C大众旅游平台，提供酒店机票预订、景区门票折扣与预订、旅游线路比价搜索等全方位旅行及旅游服务。基于B2B与B2C基础上的B2B2C旅游超市，例如拥有6000多家旅行社资源的同程网，其业务涉及酒店、机票、景区和演唱会门票及租车等项目。

（2）“机票+酒店”的网络分销模式。该模式本身不具有实体的产品，通过代理传统企业的产品，获取代理佣金。例如，携程凭借其服务平台的先进技术以及呼叫中心的规模、长期积累的客户群和提供的规范化服务，有着较大的优势。它以机票、酒店预订为核心业务。

（3）垂直引擎搜索模式。垂直引擎搜索模式网站不涉及在线旅游预订的交易环节，而是凭借其先进的搜索技能，对互联网上的机票、酒店、度假和签证等信息的整合，为用户提供及时的旅游产品价格查询、比较服务和用户点评，从而收取代理分成。例如“去哪儿”网站到2009年，其独立用户访问量已突破3500万次。

（4）直销预订模式。该模式剔除了中间高昂佣金环节，旅客直接通过该平台实现与酒店、景区、航空公司的询价议价、预订以及评论等实时互动，并最终完成酒店、景区、航空公司与旅客直接的营销过程。这种网络直销模式具有降低营销成本、改善经营和服务能力、为消费者提供更有保障的服务等优点。

3．国内外在线旅游市场需求现状

据eMarketer的调查数据显示，美国受金融危机的影响，2009年在线旅游销售规模较2008年下降6.7%。美国在线旅游销售规模在2011—2014年将继续平稳增长，到2014年预计达到1190亿美元。根据Nielsen发布的2008年美国居民在互联网上购买或使用的产品及服务数据发现：旅游服务是美国居民使用最多的在线服务，有38%的被调研者使用过该项服务。根据Ipsos Mendelsohn发布的2008年3—7月美国家庭消费支出份额数据发现：旅游支出以14%的份额位居第三。根据美国eMarketer发布的美国个人旅游者上网目的数据发现：选择酒店是美国个人游客上网的最主要目的，46.5%的用户通过互联网挑选酒店，43.2%的用户利用互联网预订酒店。另外，了解目的地信息和机票信息也是美国个人游客上网的主要目的。2008—2014年美国在线旅游销售规模及增长情况如图2-17所示。

目前，中国网络消费者数量达到1.45亿人，位列全球第二位，仅次于美国的1.7亿人，并且以每年超过3000万新网络消费者的速度快速增长。因此，2012年中国的在线机票、酒店和打包旅游产品预订收入将同比增长27%，达到47.5亿元人民币，预计到2013年，这一规模将攀升至约90亿元人民币。不过，现在中国却只有25%的网民会通过互联网在线预订的方式进行酒店预订，可以预见，随着网民人数的增加以及在线酒店预订市场和出入境旅游慢慢走向成熟。

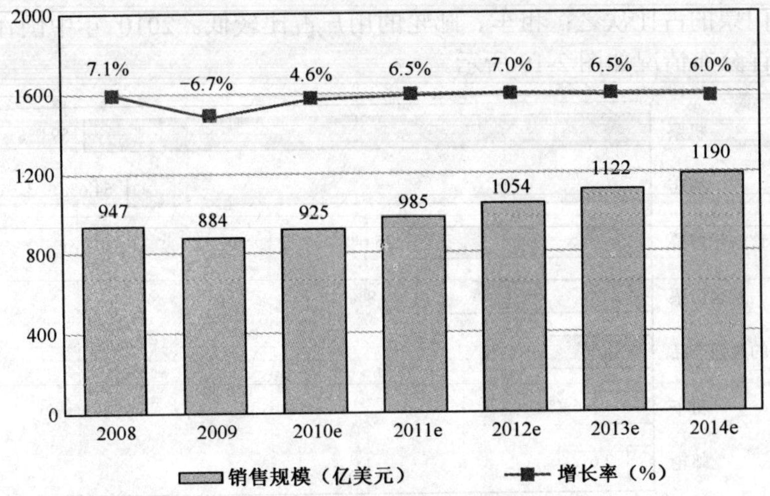

图 2-17　2008—2014 年美国在线旅游销售规模及增长情况

2008—2015 年中国在线旅游预订市场交易规模如图 2-18 所示。

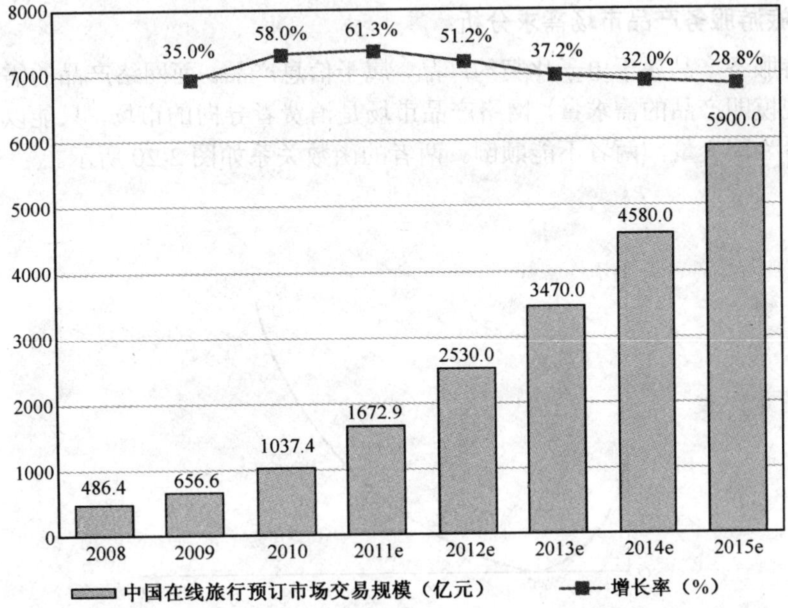

图 2-18　2008—2015 年中国在线旅游预订市场交易规模

我国“在线旅游”这个服务业态成型于 2003 年，以携程上市为标志，派卡及电话逐步取代门店销售成为旅游产品销售的新渠道。作为当时旅游市场的主要商业模式，携程以呼叫中心为主的 OTA 成为中国在线旅游产业的主流模式。激烈的市场竞争导致酒店和航空行业内的收购、兼并、重组进一步加速，而互联网作为酒店、机票营销平台的功能日益得以凸显。淘宝、到到、酷讯等涉足在线旅游服务的“另类”酒店渠道分销商越来越多。淘宝已经聚拢了 200 多家机票销售代理，日均出票量已达万张，并且期望将来能成为国内最大的机票在线销售平台。全球第一大在线旅行公司 Expedia 早在 2010 年就全面提速布局中国，驴妈妈、途牛等新网站的出现更是加剧了市场竞争。据艾瑞咨询的调研数据显示，2010 年中国在线旅游预订用户中，预订过机票和酒店的用户比重最高，占比分别为 59.0%、54.6%；餐饮娱乐门票、景区门票的占比次之；租车、邮轮的用户占比较低。2010 年中国在线旅游预订用户旅游产品预订分布情况如图 2-19 所示。

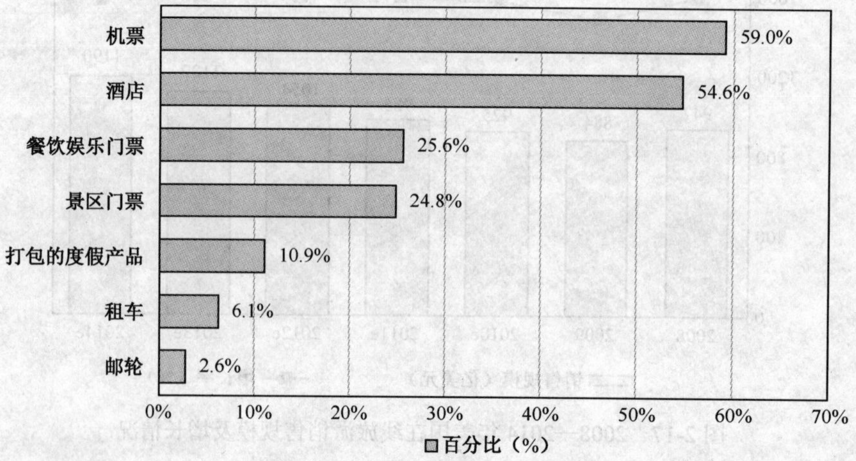

图 2-19　2010 年中国在线旅游预订用户旅游产品预订分布情况

4．在线旅游服务产品市场需求分析

在线旅游服务产品属于电子化契约产品，属于信息产品。而网络产品的需求价格主要取决于网络的规模即产品的需求量，网络产品市场是消费者导向的市场，只能以需求量为自变量，需求价格为因变量，两者不能颠倒。两者的函数关系如图 2-20 所示。

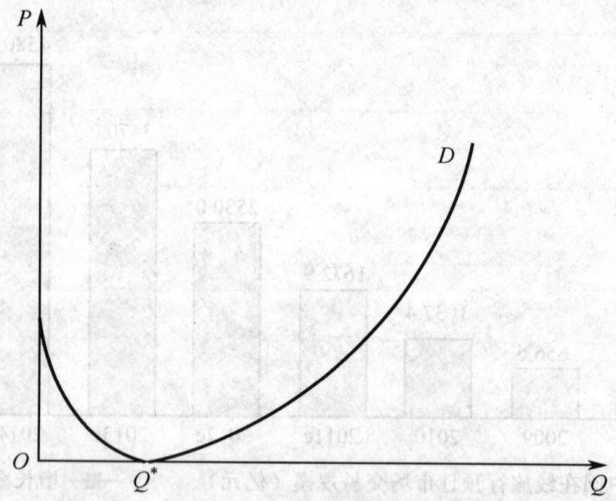

图 2-20　在线旅游服务产品市场需求曲线

由于信息产品存在网络效应，产品的需求与该产品的使用规模有关。消费者对网络产品的消费主要建立在对该产品现有消费规模的理性预期上，当网络产品的用户基数没有达到消费者认为的该产品能产生边际效用递增的临界值之前，网络效应未能显现，消费者不会愿意为更大的需求量支付更高的价格。由于价格高于消费者愿意接受的价格，消费者不愿购买，要使消费者购买，就必须降价，甚至降为零，直到使用规模达到一定量 Q^*，产品的边际效用上升，买者开始增加，价格开始上升，最终进入正循环。

针对我国在线旅游市场主要提供的是旅游预订服务产品，本章对在线旅游预订市场第三方在线代理商营收规模进行统计，从而来分析我国的在线旅游市场目前所处的现状。本统计数据从 2003 年我国在线旅游服务形态形成开始，直至 2011 年，如表 2-2 所示。

表 2-2　2003—2011 年我国在线旅游预订市场规模统计

年　份	2003 年	2004 年	2005 年	2006 年	2007 年	2008 年	2009 年	2010 年	2011 年
第三方在线代理商营收（亿元）	3.5	6.1	8.5	15.4	23.2	29.4	38.9	67.6	78.6
消费者人数（万人）	150	250	360	580	950	1668.8	3024	3613	4207
消费者支付平均价格（元）	233	244	236	266	244	176	129	187	187
网络规模增长率（以 2003 年为基数）		66.67%	44.00%	61.11%	63.79%	75.66%	81.21%	19.48%	16.44%
营收规模增长率（以 2003 年为基数）		74.29%	39.34%	81.18%	50.65%	26.72%	32.31%	73.78%	16.27%

目前，我国大多数提供在线旅游服务产品的企业，开发旅游电子商务系统，投入了大量建设资金，而提供的各种预订服务大多是免费的，一方面是因为市场竞争剧烈，提高价格，可能会失去客户；另一方面是消费者数量还没有达到边际效用递增的临界值，虽然网民数量多，但使用在线旅游服务的比例较低，而今后一些在线旅游服务产品收费将会成为现实。

5. 在线旅游服务产品的市场供给分析

网络产品由于以知识为生产要素，呈现出高固定成本、极低的边际成本（几乎为零），导致网络产品具有很强的报酬递增倾向。在边际报酬递增、边际成本递减的情况下，在任何一个可能的价格下，厂商都有一个至少要销售的产品数量预期。以厂商预期的产品市场规模 Q 为自变量，必然可以得到一个厂商愿意接受的最低价格，因此，在网络经济下，不是价格决定供给，而是供给决定价格。供给产品的数量越多，边际成本越接近于零，售价就越低。如图 2-21 所示。

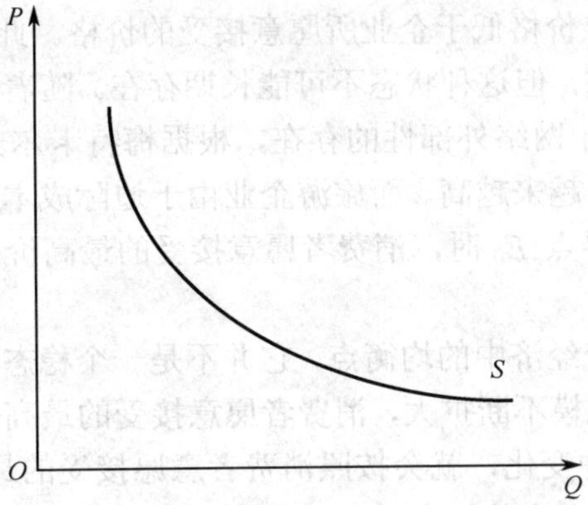

图 2-21　在线旅游服务产品市场供给曲线

在线旅游预订服务产品，提供商预期的产品市场规模为无限大，从而提供此服务的电子商务系统的边际成本几乎为零，而销售价格可以降至零即免费。

2.3.3　我国在线旅游市场均衡分析

与传统市场不同，网络经济中的市场均衡不遵循一般的供求关系，而是依照报酬递增和正反馈机制，达到一种动态的均衡状态。网络经济中的市场均衡主要采用超边际分析方法来进行阐释。在此，本章不对超边际分析进行阐述，只对在线旅游市场均衡模型、特性和实现途径进行分析，从而能够整体把握在线旅游市场的一般规律。

1．在线旅游市场均衡模型

在前面的在线旅游市场的供求关系分析中，可以看出价格是供给与需求的函数，供给与价格呈负相关，需求与价格呈正相关。由于在线旅游市场属于垄断竞争性行业，企业数量多，价格决定机制相互影响，其市场均衡模型如图 2-22 所示。

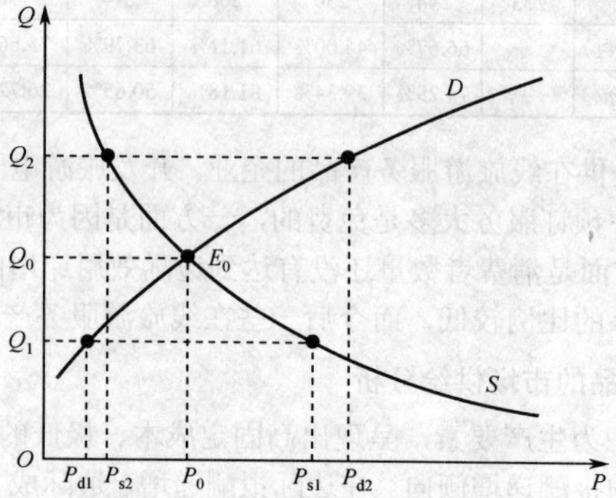

图 2-22　在线旅游市场均衡模型

在此模型中，Q 为自变量，P 为因变量，供求曲线交于 E_0 点。在市场规模 $Q_1<Q_0$ 时，消费者愿意接受的最高价格为 P_{d1}，而企业愿意接受的最低价格为 P_{s1}，$P_{d1}<P_{s1}$。由于在线旅游市场是以消费者主导的市场，旅游企业想要销售出去自己的产品，就不得不接受消费者愿意接受的最高价格，即使该价格低于企业所愿意接受的价格。此时，在小于 Q_0 的任何规模上，旅游企业处于亏损状态，但这种状态不可能长期存在。随着消费者数量的增加，旅游企业生产规模 Q 的增大，由于网络外部性的存在，根据梅特卡尔夫法则，消费者的效用会增加，其愿意接受的最高价格越来越高。而旅游企业由于边际成本递减，愿意接受的供给价格也会越来越低。在到达临界点 E_0 时，消费者愿意接受的最高价格和旅游企业愿意提供供给的最低价格相等。

但是，E_0 点不同于传统经济中的均衡点，它并不是一个稳态的点。因为随着消费者不断加入在线旅游市场，网络规模不断扩大，消费者愿意接受的最高价格就会提高，旅游企业就会意识到消费者预期的这种变化，就会按照消费者意愿接受的最高价格来定价。当 Q 到达 Q_2 点时，消费者愿意接受的最高价格为 P_{d2}，而旅游企业愿意接受的价格为 P_{s2}，显然 $P_{d2}>P_{s2}$。如果此时市场上不存在竞争，旅游企业依然会按照 P_{d2} 来定价，超过 Q_0 点的市场规模，旅游企业都会提供越来越多的服务产品，获得巨大的超额利润，在线旅游市场将会产生爆炸式增长。

由此分析可以看出，在线旅游市场中的供求曲线的交点 E_0 不是均衡点，而只是一个临界点，Q_0 也不是均衡产量或需求量，它只是一个临界数量，超过该市场临界，在线旅游企业才可能盈利。

2．在线旅游市场均衡的特性

（1）均衡的不可预测性。在线旅游市场均衡根据路径依赖理论，报酬递增会导致正反馈，在正反馈机制的作用下，市场中可能会出现多个均衡点。而最后的均衡结果选择是市场诸多因素作用下的结果，而这种结果的出现往往取决于某种随机的偶然事件。而且，该随机事件一旦选择了某条路径，这种结果就可能被锁定，即使这种结果并不是最优的。所以，在正反馈机制下的市场均衡具有不可预测性。

（2）均衡的非遍历性。在传统主流经济学中，遍历性是一个公理，而在网络经济中，经济过程更多地表现为非遍历性，即存在不确定性和历史时间。按照阿瑟的观点，一个动态经济系统中，不同历史事件及其发展次序无法以 1 的概率实现同一种市场结果。

（3）均衡的潜在非效率。由于均衡的不可预测性和非遍历性，均衡的形成往往由一些偶然的随机事件所决定，而非各种经济变量相互作用的结果。在线旅游市场选择的某条路径就其社会福利来说可能是劣等的，而不是最优的，但一旦选定就会形成锁定效应，很难摆脱，在路径依赖情况下，市场可能会出现失灵。

3．在线旅游市场均衡的实现途径

在线旅游市场在正反馈机制作用下，应尽快突破临界点 Q_0，这样才能进入正循环。进入正循环，才能使旅游企业获利，而正循环不能自动实现，需要一定的制度安排，包括产权制度、市场制度和企业制度的安排。

（1）产权制度保障。由于网络产品带有公共物品特性，具有可复制性、可共享性等性质，因此产权的界定存在一定困难。如果产权得不到有效界定，消费者无须付出任何代价就能获得产品的使用价值，也就没人愿意出钱购买旅游服务产品。例如目前在线旅游市场中的旅游线路信息、旅游网站建设技术、预订模式、旅游搜索引擎技术等都没有明确的法律保护，而且在法律上没有明确在线旅游服务的产权，因此，很多在线旅游网站都可能被竞争对手所模仿并超越。

（2）市场制度的保障。正反馈意味着在线旅游市场最终只能有一家企业成功，最后必然形成独家垄断，而垄断是正反馈的条件。在垄断条件下，到达临界点后，企业才能按需定价，而此时政府过度干预，使在线旅游市场成为完全竞争市场，一旦超过临界点有了超额利润，就会有新的企业加入，竞争使价格下降，市场价格回到临界点以下，旅游企业处于亏损状态，企业将失去生产积极性，市场出现萎缩。因此，在线旅游市场需要有一种竞争性垄断的市场结构作为保障，政府允许在一定条件下的垄断存在，以使企业能够按照需求定价。

（3）企业制度保障。在线旅游企业在达到临界点之前，将一直处于亏损状态，投资者得不到股息，管理者得不到应有报酬，因而无法筹集到资金和招募到优秀经理人，企业难以正常运行。解决办法就是：实行风险投资解决旅游企业资金问题；实行股票期权制度解决对经理人激励的问题；通过企业制度创新为在线旅游市场发展提供保障。

2.3.4 我国在线旅游市场效率分析

在线旅游市场效率的分析与传统旅游市场效率的分析是相同的，即从价格水平、价格弹性、菜单成本和价格离散程度 4 个指标来分析，但因网络经济改变了资源的结构和配置方式，使在线旅游市场效率比传统旅游市场有了较大的改善和提高。在线旅游市场，是一种“无摩擦市场”，表现为较低的搜索成本、较强的价格竞争力、较低的边际成本和较低的额外效率损失，较之传统旅游市场具有较高的市场效率。

1．在线旅游市场的价格水平

一般而言，网络市场的价格水平要低于传统市场的价格水平，主要原因如下：

（1）在网络市场上，生产商拥有较低的成本结构，使得商品能够以较低的价格但并不降低利润来销售。

（2）网络市场进入门槛比较低，促使更多的厂商进入市场，加剧了市场竞争，从而导致市场价格水平下降。

（3）网络市场上的广告等促销费用较低。

（4）网络市场比传统市场需要更少的人员来维持，降低了劳动力成本。

在线旅游市场属于网络市场，其提供的主要产品为电子契约，是在电子货币的基础上所提供的一种数字化产品。该市场的进入成本低，很多的旅游企业都能够进入该市场，产品生产的边际成本几乎为零，预订服务的价格为零，减少了中间环节，节约了大量人力物力，没有时空限制，从而使得旅游企业可以以较低的价格提供旅游服务。例如，全球最大的中文在线旅行网站“去哪儿网（Qunar.com）”发布了《2012 上海旅游及酒店预订趋势报告》。该报告显示，上海三星级及其以下的酒店数量占到 83.2%，而价格低于 300 元的酒店数量占到 73.7%，通过网络预订获得低价优质的酒店服务，已经成为消费者选择酒店服务的重要方式。低价是在线旅游市场竞争的结果，也是保持竞争优势的重要战略。

2．在线旅游市场的价格弹性

价格弹性是消费者对价格变动的敏感程度的测度指标。当市场很有效率时，消费者掌握更多的商品信息，有更多的选择，因此对商品价格的微小变化和差异都十分敏感，即价格弹性大。因为在线旅游市场拥有较低的信息搜索成本，从而降低了消费者和生产者之间商品信息的不对称程度。消费者可以通过互联网旅游搜索引擎、比价搜索工具、其他消费者的购买经验等手段，获得更多的商品信息、商家信息和价格信息，可以进行更多商品的比较。因消费者拥有更多、更全的商品和购买信息，所以消费者对价格的敏感度更高，价格弹性高于传统旅游市场。

3．在线旅游市场的菜单成本

菜单成本是指零售商对价格进行调整时所产生的成本负担，主要由调整价格时所必需的一些物质消耗所组成。如果菜单成本较高，零售商不会频繁调整价格，从而价格变化较小。一般认为，菜单成本越低，价格变动越频繁，市场的效率越高。

在线旅游市场中，商品主要通过虚拟的方式进行展现和销售，价格调整仅仅是对商品数据库和管理数据库进行一些数值的重新设定，即可调整商品价格。例如旅游行程的调整、定制，旅游服务价格的折扣调整，机票酒店价格的调整，这些无须花费大量的人力、物力，所以在线旅游市场可以比传统旅游市场具有更加频繁的调价空间，其菜单成本较低。但是，因为消费者对价格的敏感度高，商家每次的调价幅度比传统旅游市场要小得多。例如，我国航空电子客票系统通过与航空电子商务网站进行整合，提供了电子客票的销售服务，消费者可以通过电子客票销售网站预订各大航空公司的电子客票，而各航空公司可以根据公司的成本结构，调整机票价格，并且可以在一天之内进行多次调价，从而使得对于同一航班，不同消费者可以获得不同的价格，大大提高了航班座位的销售效率。

4．在线旅游市场的价格离散程度

价格离散程度指市场上同一种商品的价格分布偏离某一中心价格的程度。价格离散程度越大，表明对同一商品，不同商家销售的价格差异越大。价格离散程度越低，说明市场价格水平趋近于厂商边际成本，市场实现了资源的有效率配置，市场效率较高；反之，则市场效率很低。

在线旅游市场中，因消费者可以利用网络获得更多和更全的厂商、商品、购买等信息，并且信息搜索的成本很低，从而使两者之间的信息不对称程度得到降低，旅游服务价格离散程度低于传统市场。但是，旅游企业也通过网络掌握了关于消费者的更多信息，可以根据不同消费者需求实行歧视性价格策略，为每一个消费者制定不同的价格，从而又增加了价格的离散程度。

2.4　网络经济下的旅游企业管理

在网络经济背景下，信息技术的渗透，使旅游产业发生了巨大变化。例如，出现了网络旅游，出现了专业网络旅游公司，很多旅行社和政府部门也推出了旅游网站，对旅游景点和旅游方式进行详尽介绍。但是现在的网络旅游，网络与旅游是相互脱节的，网络仅仅为旅游提供了各方面的资讯，具体的旅游活动还需要旅行社组织实施。未来，网络旅游将进一步虚拟化，各在线旅游企业将进一步突破现有的商业模式，围绕消费者需求，利用网络为消费者提供个性化旅游服务，尽可能为消费者提供高度自由化的旅游服务定制，消费者可以借助旅游网络，就能够自己完成整个旅游活动。在此种网络旅游需求的情况下，旅游企业组织应改变原有的管理模式，才能适应和提供网络旅游服务，这是在线旅游市场突破现有发展模式的重要问题。

2.4.1　网络经济下的旅游企业组织

网络经济下的旅游企业组织，在对信息资源共享的基础上，形成了不同于传统旅游企业组织的特征，主要有以下三个特点：一是围绕提高企业应变能力、价值增值能力进行企业流程再造，使组织制度非层级化、组织规模小型化、具有更大的柔性；二是努力减少企业管理层级，加强部门间横向联系，建立虚拟企业和团队组织，使组织扁平化、网络化；三是重新调整企业与市场的关系，调整企业供应链，建立战略联盟，使企业组织不断优化。如何利用信息技术实现旅游资源的整合，提高旅游企业核心竞争能力，是旅游企业组织变革和创新的首要任务，虚拟企业的出现是旅游企业组织创新的重要手段。

1．虚拟企业的概念

虚拟企业是通过计算机网络技术，将实现某种机遇所需的若干企业资源集结而成的一种网络化动态合作经济实体。其中，每个企业都只保留其核心功能，而将其他常规功能虚拟化，由其他企业来完成。它是一种介于企业和市场之间的第三种组织，其本质是通过信息技术和网络技术对分散的资源进行整合，使其能够成为一种有机的、自我适应的和自我繁育的企业网络组织。例如我国旅游预订市场的第三方在线代理商，都属于虚拟企业形式，借助互联网对机票、酒店、景点门票等分散的旅游资源进行整合，从而成长为一种自我发展的旅游企业网络组织。

2．虚拟企业的形式

虚拟企业可以采取各种不同形式来实现，其中主要的有业务外包和战略联盟。

1）业务外包

业务外包是指企业整合利用其外部相对优秀的企业资源，将非核心的、次要的或辅助性的功能或业务外包给外部的专业服务机构，利用其专长和优势来提高企业整体的效率和竞争力，而企业自身仅专注于核心、主要的功能和业务。通过业务外包，企业可以获得并行运作模式，企业在组织和结构上具有更大的应变性和灵活性，可以使企业专注于核心竞争力的发展，有利于企业规避经营风险，有利于降低经营成本。

2）战略联盟

战略联盟是指两个或两个以上企业相互之间的合作安排，通过资源共享和优势互补，改进其竞争地位和绩效，进而实现其战略目标。战略联盟具有多种优势，如加速新产品的开发、降低产品成本、促进相互学习、方便进入其他市场等，从而使企业获得更大的竞争优势，提高组织的弹性和生产力。旅游企业可以发挥各自优势，通过战略联盟共享资源，实现旅游资源的最有效应用和分配。

3. 虚拟企业的优势

与一般企业相比，虚拟企业可以使优势资源在更大范围内得到整合，同时能够对市场机会和消费者需求做出快速反应，从而提高企业核心竞争力。

1）整合优势资源

虚拟企业是在信息网络基础上的企业合作，信息共享是虚拟企业运行的关键。采用通用数据进行信息交换，使所有参与联盟的旅游企业都能共享设计、生产以及营销的有关信息，从而能够真正协调步调，保证各方能够较好合作，从而使虚拟企业集成出较强竞争优势。由于虚拟企业集中了各参与方的优势，尤其是技术上的优势，因此在产品或服务的技术开发上更容易形成强大的竞争优势，使开发的产品和服务在市场上具有领先水平，这是任何单个实体企业难以比拟的。

2）快速响应市场需求

虚拟企业具有流动性和灵活性，各参与企业出于共同的需求、共同的目标集结在一起，一旦合作目的达到，这种联盟关系就可能宣告结束，虚拟企业就会消失。因此，虚拟企业可能是临时性的，也可能是长期性的，参与方也是具有流动性的。正是这种动态结构、灵活的方式，使虚拟企业可以快速响应市场上需求的变化。

2.4.2 网络经济下的旅游企业治理

网络经济中的企业跨越了科斯的企业边界理论，单个企业能够将其外部的大量资源纳入企业自我发展的轨道中，企业的边界变得越来越模糊，以企业内部资源配置效率为核心的传统企业治理理论，显然不适应网络经济的发展。例如，虚拟企业的外部协调比内部协调要重要得多，这直接影响到企业治理结构的安排。

1. 威廉姆森的契约治理理论

威廉姆森指出，不同交易单位固有的特征决定了不同交易活动组织的成本结构，也决定了选择不同治理结构的效率水平。人是有限理性的，任何契约都是不完全的，存在着漏洞，人又是具有机会主义倾向的，当违约有可能给对方造成重大损失时，他就可能以此要挟对方，以谋求最大的利益，因此有限理性和机会主义会导致契约的履行困难。企业必须通过一定的制度安排来防范机会主义行为，在不同的交易类型中采取不同的治理机制和方式。

判断交易单位特征的维度有三个：资产专用性、不确定性和交易频率，其中，不确定性和资产专用性是最重要的变量。契约关系的治理结构是指在降低交易成本或使交易成本为零的条件下，缔结的契约对交易效率没有影响，或者存在交易成本的条件下，人们可选择不同的契约来减少交易成本，提高交易的效率。为了研究每种交易关系及其相应的治理结构，威廉姆森把交易关系分为两横三纵的矩阵。由于交易属性的差异，交易存在多样性，用简单的治理结构解决复杂的交易问题会把事情搞乱，而用复杂的治理结构解决简单的交易问题会使成本太高。因此必须选择多样性的契约治理结构，其中包括四种治理结构，分别是市场治理、双边治理、三边治理和一体化治理①。交易的治理结构如表2-3所示。

表2-3　交易的治理结构

		交易资产		
		非专用型	混合型	专用型
交易频率	偶尔发生	多边治理（市场治理、古典合同）	三边治理（新古典合同）	三边治理（新古典合同）或单边治理（一体化治理、关系合同）
	重复发生		双边治理（关系合同）	单边治理（一体化治理、关系合同）

契约治理结构主要通过对违约人进行惩罚形成一种契约自我实施机制。惩罚包括两个方面：一是交易中止造成的专用性资本的损失，二是交易者在市场上声誉贬值造成的损失。按照“理性契约人”的假设，当中止契约时，如果违约人损失>收益，倾向于履约；而当违约人损失<收益时，倾向于违约。显然，在不同的交易形式下，契约的自我实现机制的作用强度是不一样的。一般来说，自我实施机制的作用越强，越倾向于市场治理，反之，越倾向于一体化治理。

2．网络经济中的企业治理理论

传统的两分法契约治理理论框架包括市场治理和企业治理，威廉姆森提出了三分法治理框架，分别是古典契约、新古典契约和关系契约。网络经济的发展，使原有的三分法治理框架受到了局限，一些学者提出了新三分法，即市场治理、网络治理和企业治理。网络治理是通过企业关系网络所内在的协同机制进行治理的方式。它既不同于市场价格机制，也不同于企业内部要素机制，而是由企业间的关系所控制。这种关系建立在企业之间相互依赖的基础上，抑制企业机会主义倾向，促使契约自觉履行。

市场治理是一只“看不见的手”，其调节机制是价格机制，调节形式是通过供求关系自我调节；企业治理是一只“看得见的手”，其调节机制是产权，其调节形式是通过计划强制调节；网络治理是“第三只手”，其调节机制是契约和隐合同，调节形式是通过谈判联合调整。市场、网络、企业治理机制的比较如表2-4所示。

表2-4　市场、网络、企业治理机制的比较

	市场治理	网络治理	企业治理
调节形式	自我调节	联合调节	强制调节
作用机制	价格	契约与隐合同	产权
调节力量	供求	谈判	计划
调节成本	营销成本	关系成本	管理成本

① 四种结构的具体含义，可以参考以下资料：http://baike.baidu.com/view/5502951.htm。

3. 网络经济下旅游企业的非一体化

在传统工业经济中，企业为了避免机会主义，降低交易不确定性，减少契约履行成本，采用非市场治理形式，出现了垂直一体化。但在网络经济下，企业采用业务外包、业务合作、战略联盟以及电子商务等形式，来抵消企业对于垂直一体化的关注，呈现出非一体化的趋势。非一体化即原来由企业内部通过管理来组织的部分活动外部化通过市场交易来进行。但这种交易不是纯粹的市场交易，它在企业之间又存在某种契约关系。非一体化的形成与发展，必然有其合理性，它适应了网络经济的特征和要求，具有一体化所没有的优势。

（1）分工组合。非一体化体现了劳动分工的原则，使各个旅游企业能够专注于自己的优势功能，但同时这种分工并不分家，解决了原来分工后的协调问题，从而产生了超分工组合优势。

（2）超组织管理。非一体化组织上不是一种层级式结构，而是一种网络化体系，它超越了一般组织形式的局限，使组织结构得以简化，从而避免了大型组织管理成本过高的问题，形成了超组织管理优势。

（3）超规模经营。非一体化解决了经营规模和组织规模的矛盾，一体化虽然扩大了经营规模，带来了规模经济，但过于庞大的组织结构又带来了过高的管理成本，导致规模不经济。而非一体化在总体经营规模扩大的同时，可以保持每个组织规模不变，形成超规模经营的优势。

（4）超资源配置。任何企业的资源都是有限的，一体化实质上就是为了寻求更大范围资源配置而进行的一种努力，但一体化企业作为一种组织，其资源的配置仍是有边界的。而非一体化突破了传统企业的边界，可以利用企业外部的各种资源，实现超资源配置，实现资源配置的优势。

（5）超市场交易。企业网络中的交易，与单纯的市场交易不同，其目的不仅是为了自身利益的最大化，而且还要保证整体利益的最大化，即在整体利益最大化前提下寻求自身利益的最大化，这种特殊的交易形式，被称为“超市场交易”。超市场交易的对象不是产品、要素和服务，而是一种利益交换；交易中没有价格，双方或多方根据自己的成本收益分析来决定是否接受交易以及以什么条件进行交易；从收益看，交易双方进行跨时期选择，不限于对短期收益的追求；此种交易实行隐含契约，这种契约不依赖法律可以自我实施；交易对象相对固定和稳定，交易发生在组织之间。

2.4.3 网络经济下的旅游企业间合作

在传统经济中，通常合作与竞争是两种不相容的企业行为，20世纪90年代以后，企业间通过相互合作实现“双赢”，从此，竞争中有合作，合作之中蕴含竞争。这种基于“双赢”基础上的“合作性竞争”已成为竞争的新形态。

1. 竞争与合作的关系

从社会学的角度看，合作比竞争好，反对利己主义，提倡利他主义；从经济学的角度看，主张竞争，反对合作，因为合作有可能导致垄断，使市场效率和社会福利水平降低。网络经济改变了企业间的竞争规则，出现了“合作竞争”，就像布兰登勃格所指出的“合作性竞争超越了过去合作与竞争的规则，并结合两者的优势，意味着在创造更大市场时合作，在瓜分市场时竞争”。

在传统经济下强调竞争，在网络经济下强调合作，其原因如下。

（1）资源性质的改变，使竞争中存在共同利益。传统物质资源是有限的、排他的，所以竞争就是对有限资源的争夺，而网络经济的资源是非排他的、可共享，同时存在网络效应，使合作比竞争更有利。

（2）科技快速进步，产品生命周期大大缩短，迫使企业在竞争中必须合作，通过合作加速产品开发速度，提高创新能力。

（3）高科技产业的高风险，使任何企业都难以独自承担，而合作可以将风险分散化，降低风险成本，使高风险投入成为可能。

（4）信息技术的发展，使原来不利于合作的一些障碍得以消除，强化了惩罚机制，抑制了道德风险，为合作创造了条件。

2．网络经济中合作的实现条件

合作需要条件，这些条件包括核心竞争力、互利和双赢、激励和惩罚机制。如果缺少这些条件，合作就难以实现。

（1）核心竞争力。波特认为企业不能具有所有方面的优势，但至少在某一方面比别的企业具有优势，这一方面就是核心竞争力。网络经济下的合作就是以核心竞争力为基础的合作，达到优势互补，合作才会有效，而缺乏核心竞争力的企业将被排除在合作阵营之外。

（2）互利和双赢。合作是以利他为出发点，但最终还是以利己为目的，互利是合作的动力，双赢是互利的结果。在合作中，不能以损害一方的利益来增加另一方的利益。

（3）激励和惩罚。为了维护合作竞争的均衡，必须保持必要的激励与惩罚。在合作竞争中，激励就是从合作中得到或可预期得到的收益，而惩罚就是不合作所带来的损失。要保持合作竞争的均衡状态，就要使合作收益大于合作成本，或者不合作成本大于不合作收益，只有达到以上任一条件，合作才能够维持并得到不断强化。

3．网络经济中的合作竞争

合作竞争①表达了一种既有竞争又有合作，在合作中竞争，在竞争中合作的企业行为。在信息化和全球化背景下，企业意识到利用损人利己的竞争方式，已经无法为企业获得最低成本、最好产品和最高利润，为了竞争必须合作。合作竞争的三要素②分别是贡献（建立合作关系后能否增加实际生产力及价值）、亲密（建立超越交易伙伴关系的亲密关系）、远景（合作关系所要达到的目标和达到的方法）。

企业要想有效地制定并实施合作竞争战略，需要考虑以下基本点。

（1）价值链。价值链是合作竞争战略的核心内容，波特的价值链包括供应商—制造商—经销商—顾客。在波特的价值链的基础上，增加竞争者和互补者，形成纵横交错的立体价值链，其中最重要的是由竞争者和互补者组成的横向价值链。

（2）竞争者与互补者。企业之间存在两种关系，即竞争关系和互补关系。如果顾客同时拥有你和参与者的产品时获得的价值，要少于单独拥有你的产品时获得的价值，这个参与者就是竞争者。如果顾客在同时拥有你和参与者的产品时获得的价值，要高于单独拥有你的产品时获得的价值，则这个参与者为互补者。

（3）参与者的多重角色。竞争者与互补者的身份不是截然分开的，某个参与者在不同情况下可能扮演不同角色，甚至同时扮演两种角色：在创造市场时，扮演互补者角色，在瓜分

① 合作竞争概念最早由 Ray Noorda 等在 20 世纪 80 年代末提出。
② 合作竞争三要素理论由尼尔・瑞克曼等在 1995 年提出。

市场时，扮演竞争者角色。

（4）合作博弈与附加值。附加值是每个参与者给博弈带来的价值，附加值等于参与者参与游戏时的市场大小与参与者不参与游戏时的市场大小的差值。合作博弈的前提是参与者的收益大于其附加值，参与合作，收益大于零，不参与合作，收益等于零。

（5）价值认知的差异性。合作的前提是价值认知的差异性。如果没有认知的差异性，博弈只能是非合作的，只有在存在价值认知差异的情况下，才可能有合作博弈。

2.4.4 网络经济下的旅游企业的竞争策略

在网络经济时代，市场更加以瞬息万变，甚至不可预期。非标准化生产方式兴起，消费者需求多样化、个性化，产品生命周期不断缩短，资源变得更加稀缺和分散。与之相对应的竞争优势要素已经转移到敏捷性上。旅游企业的竞争就表现在如何以最快的速度响应不断变化的消费者需求。另外，电子商务的无边界性为中小旅游企业的竞争提供了新的市场机会，通过电子商务能提高企业竞争力，使企业的经济效益得到最大的提升，从而获得一定的竞争力并快速成长。

（1）从完全竞争到协同竞争。旅游市场环境的变化决定了旅游企业竞争观念的转变。旅游市场的高度不确定性导致了旅游企业仅仅依靠自己的资源与能力难以适应快速变化的市场机遇。因此，以追求单赢为目标、零和博弈式的完全竞争观念逐渐被协同竞争观念取代。旅游企业更加强调相互信任、相互合作，以实现“双赢”甚至“多赢”的共同目标。此外，旅游企业还需要在更大范围内认识自己，它们要与更多的关联组织建立一种共生关系。

（2）从内部效率到外部效率。“实体化”的管理思想只考虑旅游企业内部资源的利用问题，一切优化工作均着眼于本旅游企业资源的最优应用。这种指导思想在旅游产品寿命周期不断缩短、旅游市场变化莫测的环境中显得很不适应。因为一切都以快速响应旅游者需求为目的，而要达到这一目的，仅靠一个旅游企业所拥有的资源是不够的，而且会丧失许多市场机遇。在这种情况下，人们自然会将资源延伸到本企业以外的其他地方，借助其他旅游企业的资源达到快速响应市场需求的目的。

（3）从多样化到专业化。自从20世纪80年代由波特发现有74%的收购非本行业的公司最终不得不亏本出售所收购的企业后，人们开始对多样化经营战略进行反思，并逐步将企业资源回归于核心业务，即转向专业化经营战略。进入20世纪90年代，企业开始比较理性地看待多样化与专业化的关系，收购和兼并大多发生在同一行业或相近行业中，大多数企业越来越关注企业核心能力的建立与培育。由于旅游消费过程的广泛关联性和旅游要素的分散性，决定了在网络经济下旅游企业要快速发展电子商务，就必须采取横向联合发展、走专业化协作之路，利用各方的优势，通过“合作式竞争”，实现双方或多方共赢，协同发展，以扩大企业旅游电子商务应用的范围和深度，获取更多的经营优势。

（4）旅游企业技术竞争策略。随着计算机网络技术尤其是Internet技术的出现和发展，由于其具有便捷、廉价、开放、受众广泛等特点，极大地促进了旅游企业内部、旅游企业之间的信息沟通，为旅游企业组织结构的变革提供了坚实的技术基础。首先，旅游企业利用完全充分信息资源自由选择合作伙伴，使旅游企业之间并行作业成为可能；其次，利用通信网络实现各工作模块之间既独立完成任务，又彼此协调配合；再次，利用高度发达的信息技术和通信手段，快速响应旅游市场需求，各个独立的参与成员可以应用信息技术更加接近顾客，同时实现各成员之间的信息共享，从而保持整个旅游企业组织的柔性。

（5）旅游企业市场锁定策略。通过网络强化旅游企业与消费者之间的沟通与交流，建立情感联系，提供个性化产品和服务，从而增强消费者的偏好，建立客户忠诚，以人工的方式对客户进行锁定。

本章案例

携程旅行网的网络经纪模式

1．携程旅行网的基本情况与功能结构

1）携程旅行网的基本情况

携程旅行网由携程计算机技术（上海）有限公司于 1999 年 5 月创建，并于当年 10 月正式开通。2000 年 7 月，为了更好地服务于会员，并拓展经营范围，网站创办人又投资设立了上海携程商务有限公司，共同参与携程旅行网的开发建设。携程旅行网（http://www.ctrip.com）自成立以来，不断改进自己的服务，实现快速增长，其业务范围由最初单纯提供旅游信息，转为涵盖酒店、机票、旅行线路的预订及商旅实用信息查询检索等。正是凭借着携程网的优质旅游一站式服务和不断变化、追求最好的精神，使得携程旅行网得到广大个体、企业客户的好评，著名的 Siemens、GE 等企业都是携程旅行网的主要客户。

携程旅行网自发展以来，公司的规模、交易额、毛利、会员数以及宾馆业务连年呈直线快速上升。目前，携程总部设在上海，2007 年年初，在北京、广州、深圳、成都、杭州、厦门、青岛、南京、武汉、沈阳等城市设立了分公司，并在全国数十个大中城市都设立了分支机构，员工超过 5000 人。同时，携程旅行网是国内最大的旅游电子商务网站、最大的商务及度假旅行服务公司、中国最大的旅游信息发布企业。携程旅行网通过 8 年多的发展，已拥有 1400 多万会员。2005 年 5 月，网站日浏览量达 800 余万次，其中仅首页的日平均访问量就为 80 余万次。在交易额及规模方面，携程旅行网在 30 个月内实现了盈利，2002 年 10 月的交易额突破 1 亿元人民币，其中酒店预订量达到了 18 万间，2002 年全年的交易额超过 10 亿元人民币，当年利润约为 5000 万元。

2）携程旅行网的功能结构

携程旅行网为客户提供全方位的商务及休闲旅行服务，包括酒店预订、机票预订、休闲度假、商旅管理、特惠商户和旅游资讯，其网站的功能结构如图 2-23 所示。

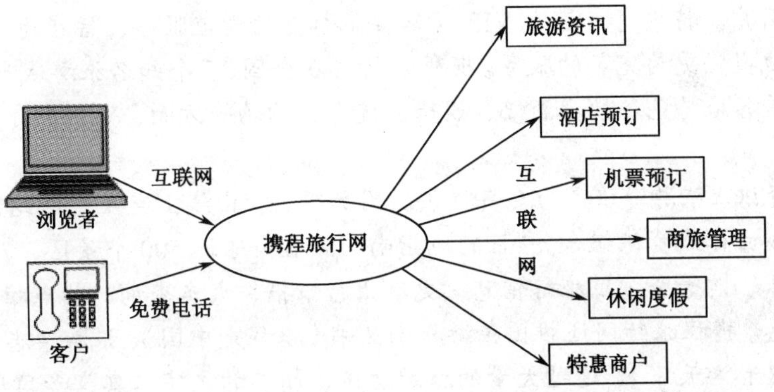

图 2-23　携程旅行网的功能结构

（1）酒店预订。携程旅行网拥有中国领先的酒店预订服务中心，为会员提供即时预订服务。其合作酒店超过28000家，遍布全球134个国家和地区的5900余个城市。携程旅行网不仅为会员提供2～7折的优惠房价，更有2000余家酒店保留房为会员出行提供更多保障。携程旅行网率先在业内推出酒店低价赔付承诺，保证客人以优惠的价格入住酒店。携程旅行网承诺：若会员通过携程旅行网预订并入住酒店，会员价高于该酒店当日相同房型前台价，携程旅行网将在核实后进行相应积分或差价补偿。携程旅行网的数千家酒店信息可供查询，为客户商务旅行或周游世界提供全面的资讯服务。

（2）机票预订。携程旅行网拥有全国联网的机票预订、配送和各大机场的现场服务系统，为会员提供国际和国内机票的查询预订服务。截止2007年3月，携程旅行网的机票预订已覆盖各大航空公司的绝大多数航线，实现国内47个城市市内免费送票，对于异地机票，实现本地预订、异地取送。机票直客预订量和电子机票预订量均在同行中名列前茅，业务量连续两年保持3位数的增长率，成为中国领先的机票预订服务中心。携程旅行网在机票预订领域首家推出1小时飞人通道服务承诺，以确保客人在更短的时间内成功预订机票并登机。携程旅行网承诺：在舱位保证的前提下，航班起飞前，客户只需提前1小时预订电子机票，并使用信用卡付款，即可凭身份证件直接办理登机。

（3）休闲度假。携程旅行网倡导自由享受与深度体验的度假休闲方式，为会员提供自由行、海外团队游、半自助游、自驾游、签证、自由行PASS等多种度假产品。其中，自由行产品依托充足的行业资源，提供丰富多样的酒店、航班、轮船、火车、专线巴士等搭配完善的配套服务，现已成为业内自由行的领军者；海外团队游产品摈弃传统团队走马观花的形式，以合理的行程安排和深入的旅行体验为特色，正在逐步引领团队游行业新标准。截至2007年3月，携程旅行网已开拓11个出发城市，拥有千余条度假线路，覆盖海内外200余个度假地，月出行人次过万，是中国领先的度假旅行服务网络。

（4）商旅管理。商旅管理业务面向国内外各大企业与集团公司，以提升企业整体商旅管理水平与资源整合能力为服务宗旨。依托遍及全国范围的行业资源网络，以及与酒店、航空公司、旅行社等各大供应商建立的长期良好稳定的合作关系，携程旅行网充分利用电话呼叫中心、互联网等先进技术，通过与酒店、民航互补式合作，为公司客户全力提供商旅资源的选择、整合与优化服务。主要是目的地指南，它涵盖了中国及世界知名旅游景点。其内容包括餐饮、交通、住宿、娱乐和天气等诸多方面的实用信息，是一本及时更新、日益完善的网上旅行百科全书。

（5）特惠商户。特惠商户是为VIP贵宾会员打造的增值服务，旨在为VIP会员的商务旅行或周游各地提供更为完善的服务。携程旅行网在全国15个知名旅游城市拥有3000多家特惠商户，覆盖各地特色餐饮、酒吧、娱乐、健身、购物等方面，VIP会员可享受低至5折的消费优惠。

（6）旅游资讯。旅游资讯是为会员提供的附加服务。由线上交互式网站信息与线下旅行丛书、杂志形成立体式资讯组合。"目的地指南"涵盖全球近500个景区、7000多个景点的住、行、吃、乐、购等全方位旅行信息，更有出行情报、火车查询、热点推荐、域外采风、自驾线路等信息。携程旅行网还推出旅游指南丛书《携程走中国》、旅游杂志《携程自由行》、会员游记汇集《私游天下》。通过大量的旅游资讯、精美的文字信息、多角度的感官体验，为会员提供周到体贴的出行服务，打造独具个性的旅游方案。

2．携程旅行网的商业模式

1）战略目标

携程旅行网从建立到现在，一直沿着一条路线发展，即要做中国旅游电子商务的龙头企业、中国最大的商务及度假旅行服务公司、中国最大的旅游信息发布企业。携程旅行网取得一系列荣誉、2006 年 12 月获 2006 年中国客户关怀标杆企业（旅游类），2006 年 11 月获中国上市公司 100 强及中国最大旅行服务公司称号，2006 年 9 月荣获“全国用户满意最佳旅行单位”称号，2006 年 3 月获艾瑞年度“最佳发展策略企业”和“最佳用户体验”两项大奖，2006 年 3 月获“2005 年中国旅游服务领航者”奖杯，2005 年 11 月获“2005 年中国客户关怀 80 强”称号，2005 年 8 月被评估为“2005 年中国 500 最具价值品牌”，品牌价值人民币 12 亿元，2005 年 5 月被评为“中国十大最具发展潜力企业”，等等。

携程旅行网在运行过程中时刻遵循“利用高效的互联网技术和先进电子资讯手段，为会员提供快捷灵活、优质优惠、体贴周到又充满个性化的旅行服务，从而成为优秀的商务及自助旅行服务机构”的原则，不断挑战自我，借助前瞻性的思考和持续性的创新为其快速成长提供保证；通过推陈出新的产品、服务和技术手段使其在日新月异的因特网时代能更好地满足日益多样化的客户需求。

2）目标客户

携程旅行网的三大核心业务主要是酒店预订、机票预订及旅游项目，涉及客户范围较广，可包括企业旅游者、集体旅游者及个体旅游者等。此外，携程旅行网通过广泛的合作和对传统预订、票务企业的并购活动，与全球 134 个国家和地区的 28000 余家酒店建立了长期稳定的合作关系，其机票预订网络已覆盖国内外绝大多数航线，送票网络覆盖国内 47 个主要城市。规模化的运营不仅可以为会员提供更多优质的旅行选择，还保障了服务的标准化，进而确保服务质量，并降低运营成本。携程旅行网和许多知名的传统旅行社的区别是：在产品形式上，定位在商务旅行、自助度假旅行上，主要面对散客；从服务手段来说，通过网络、电话进行。

3）收入和利润来源

酒店预订、机票预订等业务竞争的只是信息的传递，这对新生互联网公司来说相对较为容易，而且，这个行业的利润率在旅游行业中较为优厚。携程旅行网的收费方式很简单，实际上是扮演了中介服务公司的角色，它将客户与酒店互相引荐，并促成两者之间的生意，然后收取佣金。网上酒店预订的代理费约为 10%，订票为 3%。

虽然这两大业务的平均利润率都不算高，但它们充分发挥了网络经济的成本收入效应，网站及后台系统的建立只需要一次性的固定成本投入和很少的可变投入，用户也只需打一个电话或点击鼠标，携程旅行网后台系统的工作也只是对数据的自动变更。因此，旅游网站处理一个订单的成本比传统旅行社低得多，它的纯利润是旅游行业中最高的。在 2002 年全年超过 10 亿元的交易额中，订房业务约占 2/3，订票业务约占 1/3。携程旅行网逐渐定位为一个旅行行业的中介服务机构，这不仅为单纯的酒店预订、机票预订提出了一个更高层次的概念，也为自身的发展开拓了市场空间。此外，携程旅行网还开辟了其他的盈利渠道，如网络广告等。

4）营销策略

携程旅行网以客户为中心，不仅保证为客户提供便捷、周全、可靠、亲切、专业的服务，而且利用先进的技术提供网上、网下24小时服务。其免费会员注册的打折优惠及升级制度、生动活泼的虚拟社区在线论坛、携诚VIP专区为其营销成功提供了保障。

3．携程旅行网的技术模式

1）技术模式概述

总体来说，携程旅行网的整体技术模式较为先进，它不仅采用国际高端软、硬件产品，保证整个系统的正常运行，还针对自身的业务范围、运营特色进行设计，开发出独特的应用系统。鉴于携程旅行网的酒店预订、机票预订及旅游项目等业务在技术实现过程中集中表现在对信息的发布和双向互动沟通上，所以从技术手段上来讲主要侧重于以下几个方面：服务的先进性、高度互动性；信息传播的安全性、正确性；业务的信息化、数据化；交流的多样性、合作性。携程旅行网利用互联网和电话呼叫中心系统等先进技术平台及各类软、硬件，给客户提供全天候24小时的网上网下预订服务。携程旅行网拥有国内旅游行业最大的Call-Center（呼叫中心），采用先进的朗讯交换机和自行开发的应用软件，拥有500个座席，具有自动语音系统和独创的自动传真系统，并开发了先进的实时监控管理系统、先进的客户关系管理系统（CRM）、预订服务质量监控体系、独特的房态管理系统、E-Booking网络实时预订系统。

2）主要技术模块

携程旅行网一直将技术视为企业的活力源泉，在提升研发能力方面不遗余力。携程旅行网建立了一整套现代化服务系统，包括客户管理系统、房量管理系统、呼叫排队系统、订单处理系统、机票预订系统、服务质量监控系统等。依靠这些先进的服务和管理系统，携程旅行网为会员提供更加便捷和高效的服务。在携程旅行网的整个技术模式中以其呼叫中心最为突出，这不仅是因为其呼叫中心采用了全国最先进的软、硬件技术，更是因为携程旅行网为了使用方便，经大批技术精英的研制，对其进行改造，成为目前国内旅行服务行业中规模最大的呼叫中心，有70%左右的业务通过呼叫中心完成。

携程呼叫中心的底层开发是由上海寰讯信息系统有限公司负责的，而客户端应用却是由携程开发队伍根据业务需求“量体裁衣”的。如此一来，有效的结合使携程呼叫中心独具众多特色。

（1）预测等待时间。预测等待时间是朗讯的专利，朗讯的系统可以预测一个呼叫在队列中大概要等多长时间。携程旅行网结合自身应用特点做了二次开发，将预期等待转为“可视队列”，系统会告知客户前面有几个人在排队，可能还要等多长时间。

（2）座席系统。携程呼叫中心在规划设计时就考虑如何将座席员操作和电话功能有机地结合。携程旅行网的内部系统采用B/S结构编写，专门开发了一套有软电话功能的多窗口浏览器，除具备一般浏览器的全部功能外，还将软电话的操作功能（如登录、退出、暂停、工作等）做成按钮和功能键放在界面上方，将当前座席的工作状态和队列情况显示在界面下方，实现了一般软电话的所有功能，同时页面上显示的电话号码可以按右键直接拨出，操作起来非常便捷高效。

（3）数据统计。携程旅行网自行开发了一套基于数据库的呼叫记录管理系统，将每个呼入、呼出电话的详细情况全部记录在数据库中，并且结合报表生成系统，制作各种实时报表和统计分析报表，在方便数据的记录、查询和统计的同时，具备对数据分析、挖掘和处理的能力。

（4）监控管理。携程监控管理可以把每个座席的状态都看得非常清楚，对座席业务代表的考核不采用一般呼叫中心使用的“接通率”，而是采用国外流行的标准——Service Level，即规定时间内的接通率，最后定出的标准是必须有90%的电话在20秒以内接通。

（5）传真系统。目前，携程传真系统有10根线进来，16根线出去，26根线的接收、发送基本上是不停的，没有空闲时间，每天进出传真量平均在8000份左右，收发这些传真的工作只需一人花费半天的时间便可完成。这种新的传真系统发送和接收全都是自动的，操作步骤就像发送 E-mail 一样，只要稍微处理一下即可。传真系统能够自动识别出与接收传真相关联的订单号。

（6）座席业务代表是"机器"。在对一个订单处理的全部过程中，从接到订单到联系酒店到最后确认，计算机会把座席人员要说的话都显示出来，只要对着读就可以了。此程序的逻辑非常复杂，要根据客户的不同情况生成不同内容，比如对第一次预订的客户，系统要提醒客户如果想取消或修改则需打电话通知携程；如果想保留房，系统会提示没有问题；如果想当场现订，系统会提示在两个小时内答复客户。根据当时不同类型的客户、不同宾馆、不同时间状况，计算机讲的"话"都不一样，目的是在最短时间里给客户一个最确切的答复。

4. 携程旅行网的经营模式

携程旅行网的经营理念是"以客户为中心，以团队间紧密无缝的合作机制，以一丝不苟的敬业精神、真实诚信的合作理念，来创造一套"多赢"的伙伴式的合作体系，从而共同创造最大的价值"。携程旅行网的经营理念和服务理念如表2-5所示。

表2-5　携程旅行网的经营理念和服务理念

经营理念		服务理念	
Customer	客户（以客户为中心）	Convenient	便捷（不让客户做重复的事）
Teamwork	团队（紧密无缝的合作机制）	Thorough	周全（为客户做一切可能做到的事）
Respect	敬业（一丝不苟的敬业精神）	Reliable	可靠（不让客户担一点心）
Integrity	诚信（真实诚信的合作理念）	Intimate	亲切（让客户感受到贴心的服务）
Partner	伙伴（伙伴式的多赢合作体系）	Professional	专业（让客户感觉我们个个是专家）
		Sincere	真诚（全心全意地为客户着想）

在上述经营理念和服务理念的导向下，携程旅行网的经营模式主要有以下特色。

1）网上广告形式及收费标准

携程的广告分义务广告和非会员式的收费广告，其中前者是对签约酒店、合作伙伴等在特定栏目给予的信息介绍，后者是针对专项广告进行的收费广告。收费广告又分会员网络媒体和传统媒体，网络媒体包括网站的首页、栏目主业、内容主业等主页面，21CN旅游频道、上海热线旅游频道及Newsletter。Newsletter每月出一次，对一些好的旅行线路、宾馆进行推荐，以及报道携程的新闻信息。

与大多数网络广告一样，携程的网络广告没有地域限制、有效期长、内容涵盖量大且形式多样，有平面文字、图片，还有GIF、Flash等动画，甚至增加声音等多媒体效果。最主要的是它具有十分强的互动性。携程为其广告专门设立了美工，对图标和Flash动画等进行设计且由专业的技术工程师对数据进行维护和修改。目前，携程较成功的广告案例有IBM、Motorola、Nokia等IT类企业，中国银行、VISA、平安保险等金融类企业，屈臣氏饮品、凉可润、阿迪达斯等消费品企业和维珍航空、上海航空、海宁旅游局等旅游行业及各大酒店。

2）客户细分与协同发展

携程在经营过程中采用了客户细分策略。携程将客户主要分为携程会员、合作卡会员和公司客户。携程会员虽然又被细分为普通会员和VIP会员，但与客户直接挂钩，没有进行再次细分；合作卡却会因合作企业的不同对会员进行二次细分，目前有3000多家企业单位与携程达成联名卡或合作卡，同时也吸引了这3000多家单位的会员。应该指出的是，因为合作卡是合作单位与携程的一种契约关系，所以客户是间接的受益者，很多企业办理合作卡是为了更好地服务于其一定的客户群，所以这些合作卡可以是普通卡，也可以是VIP卡。公司客户则主要针对酒店、售票中心等集团性客户群体，可供其进行信息修改、查询等。普通卡和VIP卡在一些服务范围上都是一样的，主要包括机票预订、酒店预订、度假预订和积分奖励四个方面。但是，VIP卡用户享有在全国重点城市3000余家特约商户消费打折服务，享受服务优先权，参与积分奖励计划。目前，在网上可直接申请普通会员资格，在网下则通过非收费方式进行发放，但VIP卡却无法低成本地获得，可通过3000分的积分累计进行兑换或通过现金进行直接购买。

合作卡主要分为联名卡、航空公司卡和银行卡。按照享受优惠的幅度来说，携程合作卡分为普通卡和VIP卡。携程凭借其超过6000家的企业用户数据库资源、高度重视会员及在市场上巨大的竞争优势，赢得众多企业的青睐，与其进行合作。此举对携程来说无疑是增加客户资源，提高其知名度，有助于长远发展的一个有效途径；而对于合作企业来说，作用也很多，有利于线上、线下整体推广，方便促销，可有效维护、跟踪用户。正如携程所提出的那样，携程VIP卡对消费者有极高的吸引力，可作为促销产品在产品销售或服务过程发放，也可在促销活动中作为奖品提供给活动参与者，起到促销的作用；联名卡的发放更体现了企业对客户的关怀，独特的权益常让客户自豪，从而提高客户忠诚度；最主要的是通过携程记录的客户消费行为详细数据，企业可充分分析客户行为，为后期更细致的服务做好铺垫。

3）个性化经营与重质量管理

携程在发展过程中注重个性化，即给用户一个能自我选择、习性搭配的舞台。这个平台包括丰富的产品和准确的产品信息，如在宾馆预订中的宾馆位置、附近设施、至主要景点的距离、周围环境等，旅游项目中的景点介绍、附近旅馆、特色食品等。用户只需按照自己的品位和爱好进行选择，就可满足其个性化要求。携程在未来还将提供一些地面服务，如接机、看表演、潜水等，以满足自助游个性化的需求。

携程对待服务质量，就像制造企业对待产品质量一样细致。正如携程CEO梁建章所说的那样，“营销实际上是一个虚拟品牌，最关键是服务好客户”。

4）合作经营与优势互补

携程旅行网在发展策略上注重与多方合作，通过合作壮大自己的力量、填补自身的不足，共同发展网上旅游中介事业。携程旅行网曾先后与众多旅游单位结成良好合作伙伴关系。2000年10月，携程并购了国内规模较大的订房中心——北京现代运通商务旅游服务有限公司，成为一个大型的商旅服务企业和宾馆分销商。在业务经营上，携程旅行网也注重合作，除自身网站信息外，还主持、提供21cn（www.21cn.com）、上海热线（www.online.sh.cn）、央视国际（cctv.ctrip.com）等网站的旅游频道。同时，携程旅游网还提供多方面商务及信息服务，如800免费电话、24小时Call-Center信息咨询服务、网上订单处理和转发等。

5. 携程旅行网的管理模式

1）虚拟与扁平式的高效组织结构

携程在组织结构设计上充分利用网络的便利性，一改传统组织结构的烦琐冗长，使其变得扁平化、虚拟化。携程的总部设在上海，下有北京、广州、深圳、香港四个分公司，其余的全国 20 多个大中城市均采取办事处的形式设有分支机构。

2）优质的管理团队

携程对业内精英人士十分重视，不惜高薪进行聘请；同时，它也赋予这些精英们更多的挑战。在互联网的发展初期，携程 CEO 梁建章与他人合作创办携程旅行网；在互联网的发展加速期，他将携程旅行网改名为携程旅行服务公司。从单纯的旅行网站到今天的携程旅行服务公司，无不显示出他卓越的管理才能。惜才、爱才、用才是携程在管理团队发展中的秘诀。如此一来，携程的管理团队在资源合作、管理技能、业务经验上的完美组合和紧密无缝的合作，保证了公司迅速稳健的发展。其高层管理团队集合了美国、瑞士、中国的 IT 业、旅游业及金融业多年对业务运作与管理富有经验的人士；中层管理团队则汇集了中国 IT 业、酒店业、航空代理业及旅游业的精英；此外，还有众多热爱携程、与携程一起成长的忠诚员工，他们认真、负责的精神为携程的成长奠定了坚实的基础。

3）积分管理与激励机制

为了激励用户的消费行为，携程还制定了积分累计制，即用户的每次消费都会累计一定数目的积分，当积分达到一定额度（从 3000 分到 100000 分不等）足以兑换携程指定奖品、度假产品抵用券、免费酒店、机票及旅游路线，用户可申请进行兑换。

案例来源：http://www.doc88.com/p-416988866309.html，道客巴巴。

案例分析题：

（1）结合案例，分析携程旅行网提供了哪些服务产品？这些服务产品具有哪些信息产品的特征？

（2）携程旅行网所采用的技术为其创造了哪些经济效应及效用？请分析。

（3）请结合本章相关理论分析携程旅行网经营中的竞争与合作策略。

（4）结合本章相关理论分析携程旅行网的组织管理模式。

（5）携程旅行网对客户的锁定策略如何？请分析。

本 章 小 结

网络经济是伴随着计算机网络的产生和发展而出现的新经济形态，是以信息和网络为主导产业，是以信息和知识为主导资源的经济形态，是以计算机信息网络技术为基础，以各种计算机网络为平台所进行的各种经济活动及其在此基础上所形成的各种经济关系的总和。近几年网络经济的迅速发展，已经成为当代社会经济的重要组成部分，随着其进一步的发展，必将会对未来经济产生更大的影响。

本章介绍了网络经济和信息产品的概念，结合网络经济的特征及其运行规律，对消费者行为和厂商行为理论进行了分析。结合在线旅游市场需求、供给和均衡的分析，探讨了旅游企业组织结构的特点、合作竞争的关系与策略。随着网络经济的不断发展，未来旅游企业的发展无疑是机遇与挑战并存。

复 习 题

（1）网络经济有哪些特征？

（2）网络经济的主要发展阶段有哪几个？

（3）什么是信息产品？信息产品有哪些特征？

（4）信息产品的边际效用递增是什么？产生边际效用递增的原因有哪些？

（5）网络外部性对消费者行为有哪些影响？

（6）什么是正反馈？正反馈有哪些特征？

（7）网络经济中的垄断与传统经济中的垄断有何不同？

（8）当前旅游电子商务市场发展的现状如何？

（9）网络经济条件下的旅游企业间的合作需要具备哪些条件？

（10）网络经济下的旅游企业的竞争策略有哪些？

讨 论 题

（1）网络经济下的消费者选择旅游产品与传统经济条件下相比有哪些变化？

（2）在线旅游市场的均衡有哪些途径？

（3）网络经济下的竞争性垄断对旅游企业有何启示？

（4）网络经济下的旅游企业间如何实现合作与竞争？

（5）网络经济的发展对传统旅游业有哪些冲击？传统企业应当如何应对网络经济带来的机遇与挑战？

（6）在线旅游企业的组织结构模式与传统企业有何不同？

网络实践题

（1）选择一家在线旅游企业和一家传统旅游企业，比较它们在企业组织管理方面的不同与特点。

（2）收集当前热门的5家在线旅游网站，了解各网站所提供的服务内容和形式，比较其优劣。

（3）为自己设定一个旅游目的地，任意寻找热门在线旅游网站规划相应行程，了解当前在线旅游企业产品销售的基本流程及方式。

（4）结合对当前热门旅游企业网站的比较分析，我国在线旅游企业的组织管理需要注意哪些方面？

第 3 章　旅游电子商务的技术基础

【本章导读】

电子商务的发展已经影响到各行各业，旅游行业也不例外。大量的旅游企业已经意识到旅游产品与电子商务相结合，开展旅游目的地的营销活动，可以有效地创造企业的核心竞争力。有效地开展旅游电子商务，除应具有可靠的旅游电子商务模式设计外，关键是要选对技术工具加以实现，才能做到事半功倍，从而实现愿景到经济价值的创造。本章主要讲述了旅游电子商务中常用到的基本信息技术，同时也兼顾介绍了一些引用到旅游服务中的前沿技术，目的是帮助旅游企业管理者能够做出正确、科学的技术决策，选对技术，以创造价值。本章主要从技术概念、基本原理、功能和应用三个方面来诠释不同技术在旅游业中的价值。本章主要介绍网络技术、网络数据库技术、虚拟现实技术、多媒体技术、电子支付技术、物流网技术和移动商务技术等。

【学习目标】

- 了解互联网为旅游企业带来的价值。
- 了解网络数据库技术的应用架构和了解目前网站架构技术。
- 了解虚拟现实技术对改进用户体验的作用。
- 了解多媒体技术对于信息传递改进的作用。
- 了解多种电子支付技术，重点掌握信用卡支付技术。
- 了解物联网的架构和未来应用价值。
- 了解移动通信技术的基本原理，重点了解移动商务技术对客户的价值。

3.1　旅游电子商务中的网络技术

电子商务的发展离不开网络，旅游电子商务的发展同样需要网络的支撑。互联网技术的出现，使得全球的企业网络、政府网络等都实现了互联，而网络最主要的功能是资源共享和数据通信，Web 技术的出现使得资源共享能够跨越组织边界得以简单实现。本小节主要介绍互联网的发展和及其相关技术的组成。

3.1.1　互联网概述

计算机网络是实现数据通信和资源共享的重要手段，而互联网属于计算机网络，所以互联网主要的功能是资源共享和数据通信。随着互联网商业价值的发现，现在大多数企业都在网络上宣传自己的产品或服务，这些企业已经涵盖大部分的行业，旅游业也在其中。WWW（World Wide Web，万维网，简称Web）是互联网的一部分，它是一些计算机按照一种特定方式互相连接起来构成的互联网的子集，这些计算机很容易实现信息内容的互访。Web最重要的特点就是使用标准图形界面，从而使那些对计算机不很精通的人也可以通过Web页面访问大量的互联网资源。

1．互联网的起源

20世纪60年代初期，美国国防部担心核攻击可能对其计算机设施带来严重破坏，同时，国防部意识到将来的武器需要功能强大的计算机来进行协调和控制，但当时功能强大的计算机都是大型机，所以国防部就想把这些计算机连接在一起，并把它们和遍布全球的武器装置连在一起。国防部雇用了很多顶尖的通信技术专家，花了多年时间委托一些著名大学和研究所进行研究，目的是创造一种全球性的网络。即使该网络的一部分被敌人的军事活动或破坏活动所摧毁，整个网络依然可以运行。专家们研究各种可以建立独立运行网络的方法，即不需要一个中央计算机来控制网络的运行。

1969年，国防部用这种网络模型把四台分别位于加州大学洛杉矶分校、斯坦福大学国际研究所、加州大学圣巴巴拉分校和犹他大学的计算机连接到一起。在接下来的几年内，更多的专家进入该网络（ARPANet）进行研究，他们为网络的建设出谋划策，提高网络运行的速度和效率。与此同时，其他大学的研究者也在用同样的技术创建学校的网络。

2．互联网提供的新服务

20世纪70年代，ARPANet主要的目的还是控制武器系统和传输研究文件，但是人们发现了它的一些新用途。1972年，一个研究者编写了一段可以通过网络发送和接收信件的程序，电子邮件（E-mail）就诞生了，并得到了广泛的应用。随着军事、教育和科研领域用户的不断增加，很多用户都是用这项网络技术传输文件和远程登录（Telnet）其他计算机。

第一个邮件目录也出现在ARPANet网络，邮件目录是一个邮件地址，它可以接收任何收到的邮件，并把该邮件寄送给任何一个加入邮件目录的用户。1979年，杜克大学和北卡罗来纳大学的一群学生和程序员创建了用户新闻网（Usenet，User's News Network的简称），它可以让网络上所有用户阅读和张贴各种话题的文章。Usenet由很多专题区域所组成，每个专题区域称为一个新闻组。有些研究者甚至开发出在网络上玩的游戏。

虽然人们创造性地开发出很多网络用途，但网络使用者仍被限制在科研领域。1979—1989年，网络的新用途不断得到改进，用户规模不断扩大，随着科研机构对网络利益的认识的不断加深、网络软件的广泛应用、个人计算机的普及，到了80年代末，这些独立的学术和研究网络合并成为互联网（Internet是目前全球最大的互联网），互联网由若干个子网构成，所以也被称为万网之网。随着互联网应用的创新，Web服务（WWW）、文件传输服务（FTP）和其他的网络服务得到了广泛的应用，使互联网越来越具有商业价值。

3．互联网的快速发展

1989年，美国科学基金会允许两家商业性电子邮件服务商MCI Mail和CompuServe与互联网建立有限的连接，规定其只能和互联网交换电子邮件。这些连接使外部企业可以直接向互联网上的地址发送电子邮件，其他教育和科研工作者也可以直接把电子邮件发送到以上两家服务商的地址。从此，公司可以使用装有电子邮件软件的个人计算机，实现员工之间的信件收发，并和企业外部的人员进行信息交流。从20世纪90年代起，各行各业的人，开始把这些网络看成一种全球性共享资源。

1991 年，美国科学基金会进一步放宽了它对互联网商业活动的限制，并开始对互联网实施私有化，私有化工作到 1995 年基本完成。美国科学基金会将它对互联网的运营权交给了一批私营公司。互联网新的结构里包括四个网络访问点（NAP），分别位于旧金山、纽约、芝加哥和华盛顿，每个访问点由一个独立的公司来运营。随着互联网用户的不断增长，很多公司开始在更多的地点设立新的网络访问点，这些公司称为网络访问服务商，它们把互联网访问权直接销售给大客户，对小企业的销售则通过互联网服务商（ISP）来间接完成，个人用户通过附近的 ISP 获得互联网的访问权限。私有化进程、公司化运营，使得互联网的发展进入了快车道。在 2011 年 8 月的调查中，Netcraft 在侦测时收到了 463000317 个①站点的反馈信息。1995 年 11 月至 2011 年 8 月，全球互联网网站的数量统计如图 3-1 所示。

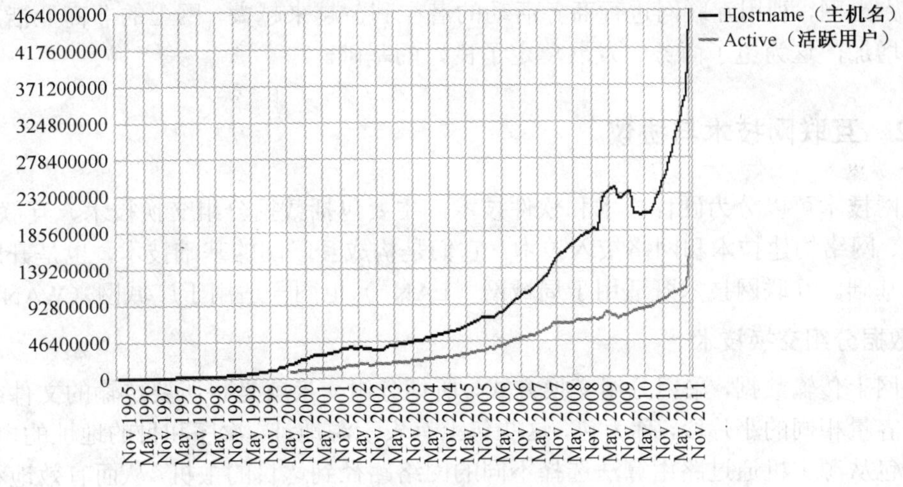

图 3-1　全球互联网网站的数量统计

1989 年 11 月，中关村地区教育与科研示范网络（简称 NCFC）正式启动，由中国科学院主持，联合北京大学、清华大学共同实施，作为中国第一个连入互联网的网络。经过 21 年的发展和建设，截至 2011 年 7 月，据 CNNIC 测算，中国网民规模为 4.89 亿人，互联网普及率为 36.5%；通用顶级域名注册量达到 4999346 个②，全球排名第三，仅次于美国和德国；中国大陆 IPv4 地址数量约为 3.32 亿个③，居全球第二位，仅次于美国。

4．Web 技术简介

互联网对商务活动的开放引发了互联网的高速发展，然而，随着互联网发展而出现的另一项技术大大加快了互联网的发展进程，这就是 Web 技术。Web 技术是对信息的存储和获取进行组织的一种思维方式，其最重要的两项创新分别是超文本和图形用户界面。

蒂姆·伯纳斯·李（Tim Berners-Lee）发明了超文本服务器程序代码，并使之能用于互联网。超文本服务器是一种存储超文本标记语言（HTML）文件的计算机，其他计算机通过互联网连入该服务器读取 HTML 文件，这些服务器也被称为 Web 服务器。HTML 是一种附加在文本上的一套标记代码，它用来描述文本元素之间的关系，其中有一个重要标记是超文本链接标记，超文本链接可以指向同一 HTML 文件的其他位置或者其他的 HTML 文件。

① 资料来源：http://news.netcraft.com/archives/web_server_survey.html。
② 数据来源：http://www.webhosting.info/domains/。
③ 数据来源：http://trace.twnic.net.tw/ipstats/statsipv4.php。

Web 浏览器是读取 HTML 文件的软件。最早的浏览器出现于 1993 年，伊利诺伊大学的马克·安德列森（Marc Andreessen）带领一群学生开发了 Mosaic。根据国外数据分析机构 Net Application①2011 年 11 月的统计，现在比较流行的浏览器软件是微软公司的 Internet Explorer 的浏览器、谷歌旗下的 Chrome 浏览器和 Mozilla 的火狐 Firefox，国内流行的浏览器大多是基于微软 IE 内核的浏览器，例如 360 安全浏览器。Web 浏览器是一种软件，可帮助用户读取或者浏览 HTML 文件，将 HTML 文件从远程服务器上下载，并进行解释执行后，显示出图形化的页面，这就是用户看到的网页，它显示在图形用户界面（GUI）中，网页中包括文本、图片、声音等多种媒体形式。通过超文本链接，用户可以通过浏览器定位互联网上任意的 HTML 文件，并进行下载和图形显示。

Web 技术的发明，使得网站数量的增长速度甚至超过了互联网自身的增长速度。随着越来越多的人上网，利用互联网进行商务活动的潜在利益越来越大，网上的非商业活动的种类也在大幅增加，这为电子商务的发展奠定了良好的基础。

3.1.2 互联网技术与协议

互联网技术可以分为硬件技术和软件技术，主要包括数据分组交换技术、互联网协议、网站技术、网络构建技术和网络接入技术，它们是构成互联网的基础技术，也是开展电子商务的技术基础。互联网技术既适用于局域网（LAN②）也同样适用于广域网（WAN③）。

1. 数据分组交换技术

互联网上传输数据，采用分组交换方式，所谓分组交换就是将所要传输的文件或信息分解成一些容量相同的小片段，称为包，这些包上有表示源地址、次序和目的地址的电子标签。这些数据包从源主机通过路由算法选择不同的网络路径到达目的主机，从而有效地利用了网络带宽，提高了数据传输的效率。

2. TCP/IP 协议

TCP/IP 协议④是互联网连接的标准协议，该协议主要由四层协议层构成，分别是网络接口层、网络层（IP 协议）、传输层（TCP 协议）和应用层。TCP 协议主要处理数据打包和重组，IP 协议主要处理数据包的寻址和传输路径选择。该协议可用于互联网，也可用于局域网，在目前各种个人计算机操作系统中都被支持。

3. IP 地址

IP 地址是用来唯一标识互联网计算机的二进制数，互联网上的计算机能够相互识别，必须拥有唯一的 IP 地址，目前有 IPv4 和 IPv6 两种版本。IPv4 由一个 32 位的二进制数构成（可以表示 4000 多亿个地址），为了方便人们记忆，将 32 位二进制数分成四组，每组 8 位，中间用小数点隔开，并将每组二进制数翻译为十进制，从而就有了人们能够直接识别的十进制 IP 地址的表示，如 202.203.208.33，每个十进制数的取值范围为 0～255。IP 地址被分为 ABCDE 五类，其中用于互联网的只有 ABC 三类，DE 用于广播电视网络。IPv6 用 128 位的二进制数表示主机地址，与 IPv4 地址兼容。

① 网址：http://www.netapplications.com/。
② 局域网是由距离较近的计算机所组成的网络，一般覆盖范围在 10km 以内。
③ 广域网是由距离较远的计算机互联在一起所组成的网络，一般覆盖范围在几百公里以上。
④ TCP/IP 协议由文森特·瑟夫和罗伯特·卡恩开发。

4．域名

虽然 IP 地址可以唯一来标识互联网中的计算机，但是并不方便人们记忆。于是，人们发明了域名（Domain Name），即利用层次命名法为互联网中的每一台计算机取一个唯一的名字。域名由字符构成，每一个层次称为一个域，两个域之间用小数点隔开。如 www.sina.com.cn，此域名的理解应从右到左，最右边的部分 cn 是顶级域名，表示中国，com 表示商业类网站，sina 表示公司名称，www 是服务器名字，这个域名完整的表述是“中国商业新浪公司中一台称为 WWW 的计算机”。利用层次命名法，可以唯一为网络中的计算机确定一个名称，但是所有域名必须先注册后使用①。域名是所有企业网站在网络中的品牌标识，具有品牌价值，好的域名将成为企业在网络中新的品牌形象，所以域名保护对于企业来说至关重要。

5．HTTP 协议

HTTP（Hypertext Transfer Protocol）为超文本传输协议，主要用来在互联网上传输 HTML 文档，网站由若干 HTML 文档组成，网站工作在远程的服务器上，客户端的浏览器输入远程服务器上所查找的 HTML 文档的地址（该地址利用统一资源定位符表示②），HTTP 协议就能将所请求的 HTML 文档从服务器上下载到客户端，再通过浏览器对该 HTML 文档进行解释执行，这样用户就看到了丰富多彩的网页。

6．电子邮件协议

电子邮件服务是互联网上使用最多的服务之一，用户通过远程电子邮件服务器来交换电子邮件，并可以利用邮件客户端软件和网页邮箱的方式来使用和管理邮件服务器上的电子邮件信息。SMTP（简单邮件传输协议）和 POP（邮局协议）是两个用于发送和检索电子邮件的常用协议。SMTP 规定了邮件信息的具体格式、邮件服务器上邮件的管理方式以及互联网上电子邮件传输方式，POP 完成邮件客户端软件向邮件服务器请求电子邮件，通知邮件服务器将电子邮件发送到用户计算机上并从服务器上删除该邮件（或者不删除），询问新邮件是否到达。IMAP（交互式邮件访问协议）是一种新的电子邮件协议，可以实现与 POP 协议一样的功能，同时还有很多附加功能，如只下载选中的邮件而不是全部邮件，查看邮件标题再决定是否下载全部邮件内容等。

3.1.3　企业网络的使用类型

并不是所有支持 TCP/IP 协议的计算机网络都要接入互联网，许多公司在组织内部建立了互联的网络，从而来实现公司多部门之间的信息共享，这样的网络称为内部网。通过对内部网进行外延，连接组织外部的业务伙伴、客户或供应商形成更大范围的信息共享，这样的网络称为外部网。

1．内部网

内部网是企业组织利用 TCP/IP 协议在企业内部建立的互联网，它是企业传播和共享信息的一种成本低廉的方法。内部网信息的获取采用客户机/服务器（Client/Server）模式，对文件、网页、文档和图表等请求和处理过程和互联网完全一样。公司通过内部网来实现不同部门之间信息的共享，同时也实现了内部信息在外部的共享，大大节约了纸张成本。公司还

---

① 我国域名注册和管理机构为中国互联网络信息中心，网址为 www.cnnic.net。
② 统一资源定位符 URL，是描述互联网上文件位置的一种方法，如 http://www.sina.com.cn/sport/index.asp。

利用内部网减少员工计算机上软件维护和升级的成本，在服务器上放置升级补丁，并制作一个脚本程序，使员工每次登录自己的计算机就可以实现自动更新。

2．外部网

外部网是将公司与供应商、业务伙伴或其他授权用户连接起来的网络。外部网的每个授权用户都可以访问外部网上的数据库、文件或其他信息，外部网可以用互联网来建立，也可以使用其他单独的网络来建立。

3．公共网络与专用网络

公共网络是公众可用的任何计算机网络或电信网络。互联网就是一个公共网络，虽然公司可以用公共网络来运营外部网，但很少有公司这样做，因为互联网安全风险很高。专用网络是两个企业间的专线连接，这种连接是两个企业的内部网之间的物理连接。专线是两点之间永久的专用电话线连接，其一直是连通的，只有用专线建立专用连接的双方才能接入网络，其最大的优点就是安全性高，最大的缺点就是成本太高，因为专线非常昂贵。

4．虚拟专用网

虚拟专用网（VPN）是外部网的一种特殊形式，它采用一种叫做 IP 通道或数据封装的系统，利用公共网络及其协议向贸易伙伴、顾客、供应商发送敏感数据，安全性等同于专用网络。IP 通道是互联网上的一种专用通路，可保证数据在公共网络上安全的传输，此通道由 VPN 软件创建，它对数据包加密，然后封装在一个 IP 包里进行传输。虚拟专用网实现了公共网络使用成本低和专用网络传输数据安全两大优点的组合，是大量企业构建外部网络常使用的方式。

3.1.4 互联网接入技术

为其他企业和个人提供互联网接入服务的企业称为互联网接入服务商（IAP）或互联网服务商（ISP），它们可以提供多种接入方式。ISP 为客户提供多种互联网接入方式，最常见的接入方式有电话、宽带、专线和无线。不同的 ISP 及其所提供服务的主要区别是每个服务商所提供的连接带宽①不同。接入方式主要有对称接入和非对称接入。在对称接入时，上行带宽（上载带宽）等于下行带宽（下载带宽）；在非对称接入时，上行带宽往往小于下行带宽。

1．语音级电话接入

与 ISP 建立连接常用的方法是计算机通过调制解调器连接本地电话服务商接入互联网，可提供 28～56Kbps 的带宽。有些电信公司提供更高级的服务，叫做数字用户回路（DSL）协议，使用类似网络交换机的网络设备实现连接。综合业务数字网（ISDN）是最早应用 DSL 协议的技术，可提供 128～256Kbps 的带宽。

2．宽带接入

超过 200Kbps 带宽的接入方式称为宽带接入。使用 DSL 协议提供宽带服务的最新技术是非对称数字用户回路（ADSL），提供 100～640Kbps 的上行带宽和 1.5～9Mbps 的下行带

---

① 带宽是指在单位时间内通过一条通信线路的数据量，一般用 bps（比特/秒）来衡量。带宽越大，数据传输速度越快，传输数据的时间越短。由于整个网络流量不均衡，所以实际带宽往往小于带宽上限。

宽。现在企业可以使用高速 DSL（HDSL）接入服务，提供 768Kbps 的对称接入带宽。连接有线电视同轴电缆接入互联网的方式可以提供上行 300Kbps～1Mbps，下行最高为 10Mbps 的带宽。DSL 是一条专用线路，没有竞争者争夺线路资源，而同轴电缆接入带宽会随着网络用户数量的增加而下降。

3．专线接入

那些在互联网上通信量很大的大公司与 ISP 建立连接时，可以从电信公司租用更高的带宽，这种连接技术很多（这些连接技术最初用来搭载海量通话），通常按等同电话线的数量来分类。用于搭载一路数字信号的电话线称为 DS0，带宽为 56Kbps，一条 T1 线路（称为 DS1）搭载 24 路 DS0，带宽为 1.544Mbps。有些电信公司提供部分 T1，带宽为 128Kbps，能以 128Kbps 的增量提高。T3 服务（称为 DS3）带宽为 44.736Mbps（等于 30 条 T1 线路或 760 条 DS0 线路）。如果公司需要更多的带宽接入互联网，网络访问服务商还可以使用帧中继、异步传输模式（ATM）或者光纤连接等技术。OC3（搭载 3 条光路）带宽达到 156Mbps，OC12 带宽为 622Mbps，OC48 带宽为 2.5Gbps，OC192 带宽达到 10Gbps。

4．无线接入

边远地区最早是通过卫星微波实现互联网接入，下载带宽约为 500Kbps，但上传需要通过 POST 调制解调器，速度很慢，虽后来有所改进，利用微波上传信息，可达到 150Kbps，但仍然不理想，并且安装设备的费用比较高。随着无线通信技术的发展，使得更快速、更方便的无线传输技术不断被发明。

1）蓝牙

蓝牙是最早的无线协议，是为个人用户短距离通信而设计的，其可靠工作距离为 10m，最多组成 10 个网络，每个网络有 8 个设备，这是一种低带宽（最高为 722Kbps）、低功耗技术，常用于移动设备间的数据无线传输。

2）无线以太网（Wi-Fi）

一台安装 Wi-Fi 网卡的计算机可通过连接局域网的无线访问点进行通信，无线接入局域网。无线访问点（WAP）是在一定范围内的 Wi-Fi 计算机同其他设备之间传送数据包的设备，其支持 802.11 系列协议。802.11b 协议支持 Wi-Fi 带宽为 11Mbps，工作范围最大为 90m；802.11g 协议支持 Wi-Fi 带宽为 54Mbps；802.11n 支持 320Mbps。

3）定点无线服务

一种定点服务是采用转发器将无线电信号从 ISP 发送给用户，转发器可以实现数据的接收和发送，它负责将接收信号再发送给用户的天线及下一个转发器，最大覆盖范围为 32km，用户天线连接的设备可以将无线电信号转换成 Wi-Fi 数据包，并传送给计算机或无线局域网。另一种定点服务是采用成百上千的短程转发器传输 Wi-Fi 数据包，这种方法也称为网格路由。

4）移动电话网络

手机通过 GSM 网络连接 WAP 网关接入互联网，实现数据通信。由于 GSM 手机主要用于语音通话，传输数据的速率很低，一般在 10～384Kbps。随着第三代通信网络的出现，3G 手机可以将数据传输速率提高到 2Mbps，从而可以实现移动通信网络多媒体应用，可以通过移动通信网络高速接入互联网。

3.1.5 互联网技术的新发展

1996 年，近 200 所大学和多家大公司的网络研究人员联合起来，开始研制第二代互联网（Internet 2）。1995 年，美国科学基金会将互联网主干网交给商业机构运营，很多科学家感觉失去了一个巨大的活性实验室。第二代互联网的目的是构建新的网络技术实验平台，其带宽能够达到 10Gbps。第二代互联网将成为互联网未来应用的新技术试验田，其中一个重要项目是 Abilene 计划，这是第二代互联网组织联合印第安纳州大学及 Juniper Networks、Nortel Networks、Qwest 三家公司共同建设的高带宽主干网。

第二代互联网项目主要注重技术，伯纳斯·李则提出要融合技术与信息创建下一代互联网，即语义网。语义网用 XML 标记网页上的词语，用户可以使用软件代理程序阅读 XML 标记以确定词语的语境含义。例如，用户要按特定条件检索机票，用软件代理在互联网上搜索，自动返回符合标准的电子机票，软件代理能自动完成检索、比较和购买，无须用户自己访问多个网站收集信息、比价、确定航程并做出购买决策。

3.2 旅游电子商务中的网络数据库技术

旅游电子商务网站的功能强大，其功能包括旅游信息管理系统、旅游产品信息管理系统、在线服务系统、营销管理系统、订单支付系统、客户管理系统、合同管理系统以及网站管理系统等多个功能模块。每一个模块都有大量的信息进行交互，而数据库是组织和管理这些信息的重要手段，同时也是旅游电子商务网站的重要组成部分。旅游电子商务网站主要依靠旅游信息集成实现业务增值，利用数据库技术实现旅游信息的集中管理，可以有效地整合旅游业务的相关资源，低成本、高效率地完成业务活动，从而创造经济价值。传统的层次数据库、网状数据库、关系数据库不能适应网络数据传输、数据类型变化大、非固定存储结构和定长存储空间等网络数据存储要求。将网络技术和数据库技术结合起来的网络数据库技术就此诞生了。

3.2.1 网络数据库结构

网络数据库的结构也属于 B/S（Browser/Server）结构的一种，即基于三层的浏览器/服务器模式。一个典型的网络数据库应用系统，有一个 Web 浏览器作为用户界面、一个数据库服务器作为信息存储和采集的平台和一个连接两者的 Web 服务器（该服务器运行网络应用服务程序）。网络数据库应用架构如图 3-2 所示。

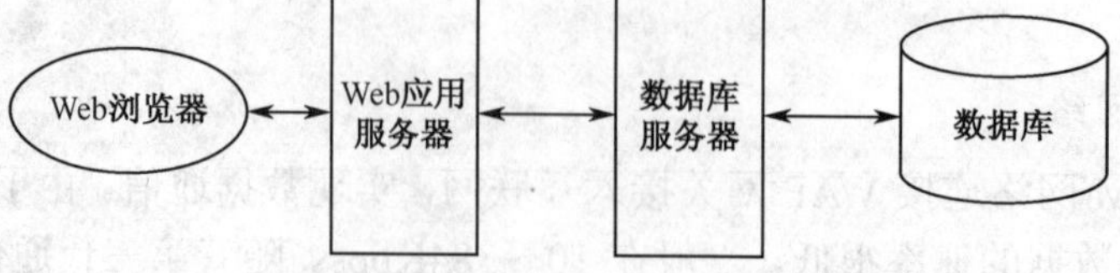

图 3-2 网络数据库应用架构

目前常用的数据库产品主要有以下几种。

1．SQL Server

SQL Server 是由微软开发的数据库管理系统，是 Web 上最流行的用于存储数据的数据库，它已广泛用于电子商务、银行、保险、电力等与数据库有关的行业。目前，最新版本是 SQL Server 2011，它只能在 Windows 上运行。并行实施和共存模型并不成熟，很难处理日益增多的用户数和数据卷，伸缩性有限。SQL Server 提供了众多的 Web 和电子商务功能，如对 XML 和 Internet 标准的丰富支持，通过 Web 对数据进行轻松安全的访问，具有强大的、灵活的、基于 Web 的和安全的应用程序管理等。而且，由于其易操作性及其友好的操作界面，深受广大用户的喜爱。

2．Oracle

Oracle（甲骨文）公司成立于 1977 年，是一家专门开发数据库的公司。Oracle 在数据库领域一直处于领先地位。1984 年，它首先将关系数据库转到了桌面计算机上。然后，Oracle 5 率先推出了分布式数据库、客户/服务器结构等崭新的概念。目前，Oracle 产品覆盖了大、中、小型等几十种机型，Oracle 数据库产品具有良好的兼容性、可移植性、可连接性和高生产率，使其成为世界上使用最广泛的关系数据系统之一。Oracle 应用产品包括财务、供应链、制造、项目管理、人力资源和市场与销售等 150 多个模块，荣获多项世界大奖，现已被全球近 7600 多家企业所采用。目前，Amazon 和 Dell 等全球 10 个最大的 Internet 电子商务网站、全球十大 BtoB 网站中的 9 个、93%的上市.COM 公司、65 家“财富全球 100 强”企业均不约而同地采用 Oracle 电子商务解决方案。

3．Sybase

1984 年，Mark B. Hiffman 和 Robert Epstern 创建了 Sybase 公司，并在 1987 年推出了 Sybase 数据库产品。Sybase 主要有三种版本：一是 UNIX 操作系统下运行的版本；二是 Novell Netware 环境下运行的版本；三是 Windows NT 环境下运行的版本。对 UNIX 操作系统，目前应用最广泛的是 SYBASE 10 及 SYABSE 11 for SCO UNIX。Sybase 数据库的特点：它是基于客户/服务器体系结构的数据库；它是真正开放的数据库；它是一种高性能的数据库。

4．DB2

DB2 是内嵌于 IBM 的 AS/400 系统上的数据库管理系统，直接由硬件支持。DB2 支持标准的 SQL 语言，具有与异种数据库相连的网关。因此它具有速度快、可靠性好的优点。但是，只有硬件平台选择了 IBM 的 AS/400，才能选择使用 DB2 数据库管理系统。DB2 能在所有主流平台上运行（包括 Windows），最适于海量数据。DB2 在企业级的应用最为广泛，在全球的 500 家最大的企业中，几乎 85%以上都用 DB2 数据库服务器。

5．Informix

Informix 是 IBM 公司出品的关系数据库管理系统（RDBMS）家族成员。作为一个集成解决方案，它被定位为 IBM 在线事务处理（OLTP）旗舰级数据服务系统。作为 IBM 信息管理软件组合中的一项战略要素，IDS 11.5 数据服务器可提供出色的快速在线交易处理（OLTP）性能、高可靠性和低成本管理能力。因此，IDS 一举成为众多细分市场上领先的集成数据服务器，这些市场包括零售、电信、政府/公共领域、旅游和娱乐等。IDS 持续受到众多客户的垂青和欢迎，越来越多的企业选择使用 IDS。例如，北美地区前十名的美国零售商中就有8家将其用于重要业务应用；全球有95%的电信公司均采用IDS支持本企业的数据管理。

3.2.2 网络数据库的特点

网络数据库是网络技术与数据库技术结合的结果，其在数据存储上能够满足互联网上不同类型数据的存储要求，支持结构化数据和非结构化数据的存储。同时，为了适应互联网技术的发展，网络数据库能够支持多种新的编程技术用于开发Web服务。

1. 数据的存储

网络数据库采用字表多维处理、变长存储以及面向对象等技术，使数据库应用转变为全面基于互联网的应用。这些技术方便了不同类型的数据存储，同时满足实时响应的要求。

2. 数据类型

网络数据库采用字表多维处理方式，支持结构化数据和非结构化的多媒体数据类型，使用户业务处理中的各种类型数据可以存储在同一个数据库中，使执行业务处理的时间缩短。

3. 支持新的编程技术

网络数据库支持新的编程技术，如ActiveX、XML等，将网络技术和数据库技术结合在一起，加快了对网络数据库的操作。同时，还支持能够快速开发复杂的事务处理系统应用程序，大大简化了系统开发和管理的难度。目前，网络和数据库互联的主要技术有CGI、API、ASP.NET、PHP和JSP，各连接技术都有其优缺点。目前，建立个人网站主要采用PHP网站，大多数电子商务网站采用ASP.NET和JSP技术，JSP的开发难度比ASP.NET大，但安全性和稳定性比ASP.NET好，ASP.NET开发速度快，服务器容易部署。选择合适的数据库连接技术，将有利于今后的数据库维护和网站升级。

3.2.3 数据库系统的选择

数据库系统的选择和应用直接体现旅游电子商务系统数据存储的效率和服务质量，因此，应根据旅游电子商务网站的规模、功能、应用环境、资金等因素，为网站选择合适的数据库系统。网络数据库所选择的数据库系统主要以关系型数据库为主，关系数据库是目前功能完善、运行可靠的数据库系统，目前大多数商业应用都依赖此类系统。现在比较流行的关系型数据库是IBM公司的DB2系列、Sybase公司的Adaptive Server系列、微软公司的SQL Server系列和Oracle公司的Oracle Server系列。选择数据库时，应考虑以下原则。

1. 易用性

旅游电子商务系统因其具有跨行业的特点，需要对多个行业部门的数据进行调用，并进行处理，按照用户需求进行信息的重新组织和显示，所以需要考虑多个行业部门信息数据库之间简单高效的对接，方便数据的传输，遵循统一的数据传输标准，即考虑数据库的易用性。

易用性是指数据库管理系统的管理语法应符合通用的 SQL 标准，要便于系统的维护、开发和移植；要有面向用户的简易开发工具；要有计算机辅助软件工程工具（CASE）来帮助开发者根据软件工程的方法提供各开发阶段的维护、编码，便于复杂软件的开发和维护；要有非过程语言的设计方法，用户不需要编写复杂的过程性代码，易学、易用、易维护；还要有对多媒体数据类型的支持。

2．分布性

旅游电子商务系统需要多方参与并交互才能完成旅游活动，其中涉及多种旅游信息的交换。这些旅游信息是旅游资源、旅游活动和旅游经济现象等客观事物的反映，包括旅游目的地、旅游企业信息、旅游产品信息、旅游者信息、旅游供求信息五大类。这些信息在物理位置上通常是分散存储的，选择数据库存储这些数据时，应考虑数据库对于分布性数据处理的能力。分布性指数据库管理系统应对分布式应用进行支持，因为大多数电子商务系统都属于多用户参与的分布式应用系统，包括数据透明和网络透明。数据透明指用户在应用中不需要指出数据在网络什么节点上，数据库管理系统可以自动搜索网络，提取数据；网络透明指用户在应用中无须指出网络所使用的协议，管理系统将自动转换数据包以适应通信协议。

3．并发性

对于分布式应用，数据库管理系统面临多任务分布环境，可能存在多个用户在同一时刻对同一数据进行读或者写的操作，为了保证数据的一致性，需要由数据库管理系统并发控制来完成以上的同时操作。能够控制的并发数越多，数据库的性能越高。例如电子客票系统，对于同一航班的座位数是固定的，每成功完成一张电子机票的预订，剩余座位数会减少 1 个，但同时会有很多客户订购机票，客户数量可能在某一时间点上会超过座位数，因此对于客户的请求，数据库系统应能公平处理这类数据业务。

4．数据完整性

旅游电子商务系统需要多种不同行业部门的数据库作为支撑，同时旅游信息的种类多种多样，用户会在不同的时间登录网站进行业务的处理，不同的业务需要调用的数据库不一样，对数据库的读写操作也不相同。保证用户业务过程中所涉及的数据库中的数据一致性，是数据库完整性的要求。数据完整性指对数据的正确性和一致性的保护，包括实体完整性、参照完整性、复杂的事务规则等。

5．可移植性

旅游电子商务系统是一个动态的系统，不是一次性或在短时间内就能建成，随着旅游业务的发展，可能会超过最初系统设计的容量和性能，这就需要对原有系统进行扩展，关键是需要对数据库进行升级，软件升级必然带来硬件性能的升级。将原来的旧数据库系统移植到新的数据库系统中，即数据库的可移植性。可移植性指垂直扩展和水平扩展能力。垂直扩展要求新数据库系统能够支持低版本的数据库，数据库客户机服务器支持集中式管理模式，保证用户以前的投资和系统可用；水平扩展要求满足数据库硬件上的扩展，支持从单 CPU 模式转换成多 CPU 并行模式等。

6．安全性

在旅游电子商务系统中，需要对五大类旅游信息进行处理，而这些信息的安全性关系到业务能否被处理成功以及旅游企业经营风险和旅游者消费风险的大小。如何能够以最小的成本控制住各参与方数据处理过程中的风险，是数据库安全性的要求。安全性指数据安全保密的程度，包括账户管理、用户权限管理、网络安全控制、数据约束等。

7．容错性

旅游电子商务系统在运行过程中，不可避免地会出现硬件或软件方面的故障。硬件故障主要依靠硬件的冗余来降低故障率，软件故障主要考虑数据的恢复能力。数据库系统包括硬件和软件两部分，数据库系统应能够支持数据在冗余硬件上的存储，以及在异常情况下的数据恢复。选择数据库系统时，应考虑这两个方面的容错性。容错性指在异常情况下系统对数据的容错处理能力。

3.2.4 网络数据库备份

网络数据库因需要全天候地提供用户实时的数据访问可能会出现系统故障，同时有可能遭到网络黑客的攻击，其中存放的电子商务信息可能涉及企业的商业机密，所以需要对数据库中存放的各类旅游业务信息进行定期的备份，以便在出现故障和攻击后能够快速恢复受损数据，保证电子商务系统能够可靠持续地提供服务，从而提高电子商务系统的可靠性和安全性。数据备份方式主要有完全备份、事务日志备份、差异备份和文件备份。

1．完全备份

这是常用的方式，它可以备份整个数据库，包含用户表、系统表、索引、视图和存储过程等所有数据库对象。但是需要花费更多的时间和空间，所以，一般一周做一次完全备份即可。

2．事务日志备份

事务日志是一个单独的文件，它记录数据库的改变，备份的时候只需要复制自上一次备份以来对数据库所做的改变，所以只需要很短的时间。为了使数据库具有可靠性，推荐每小时甚至更短时间进行事务日志备份。

3．差异备份

差异备份也称增量备份，它是只备份数据库的一部分的一种方法，它不使用事务日志。相反，它使用整个数据库的一种新映像。它比最初的完全备份小，因为它只包含自上一次完全备份以来所改变的数据库。它的优点是存储和恢复速度快，推荐每天做一次差异备份。

4．文件备份

数据库可以由硬盘上的许多文件构成。如果这个数据库非常大，并且一天也不能将它备份完，那么可以使用文件备份每天备份数据库的一部分。由于一般情况下数据库不会大到必须使用多个文件存储，所以这种备份不是很常用。

3.2.5 网络数据库在旅游电子商务中的应用

乐旅旅游网站系统[①]是一套面向中小型旅游企业一体化管理旅游系统，在稳定性、代码

① 乐旅旅游网站演示系统：http://www.lelvw.com/lv/。

优化、运行效率、负载能力、安全等级、功能可操控性和权限严密性等方面都居国内外同类产品领先地位。该网站帮助中小型旅游企业实现管理，应用了新一代的 B/S 结构，集酒店、机票、线路、景区、会员等多种功能于一体，它以浏览器进行软件界面的导航式操作，快速完成日常管理中的会员、订单等操作，并结合准确、高效的统计和业务分析功能，通过交互式的数据中心与一目了然的统计，使企业决策者最关心的往来订单、会员状况等能够即点即现。

该旅游网站系统由前台旅游信息服务系统和后台旅游业务管理系统组成，通过网络数据库实现前后台系统的信息共享和信息的动态更新，使得前、后台的信息可以实现无缝对接。其前台信息服务功能有会员注册、酒店餐饮信息发布、旅游线路信息发布、景区旅游信息发布、汽车租赁预订、航空机票预订、旅游新闻发布等。乐旅网网站前台信息服务系统界面如图 3-3 所示。

图 3-3 乐旅网网站前台信息服务系统界面

该网站后台管理系统主要由系统配置、用户管理、新闻管理、酒店管理、机票管理、线路管理、租车管理、景点管理等功能组成，如图 3-4 所示。

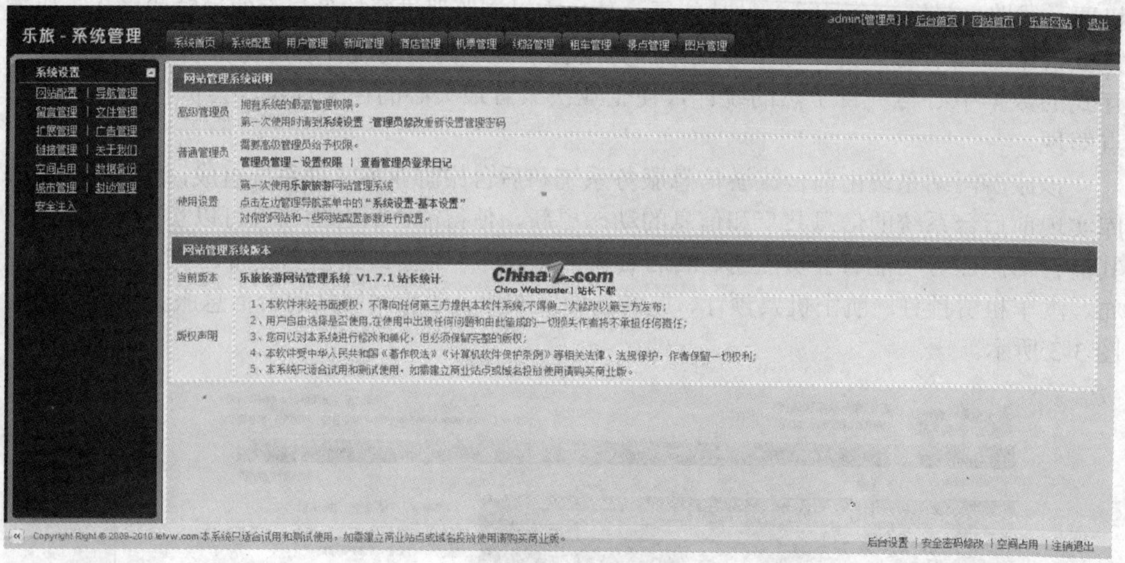

图 3-4 乐旅网网站后台管理系统界面

该网站的数据库包含 30 个表格，供对网站所涉及的各个栏目的信息内容及配置进行存储，其数据库的部分表格及表格字段的组成如图 3-5 所示。

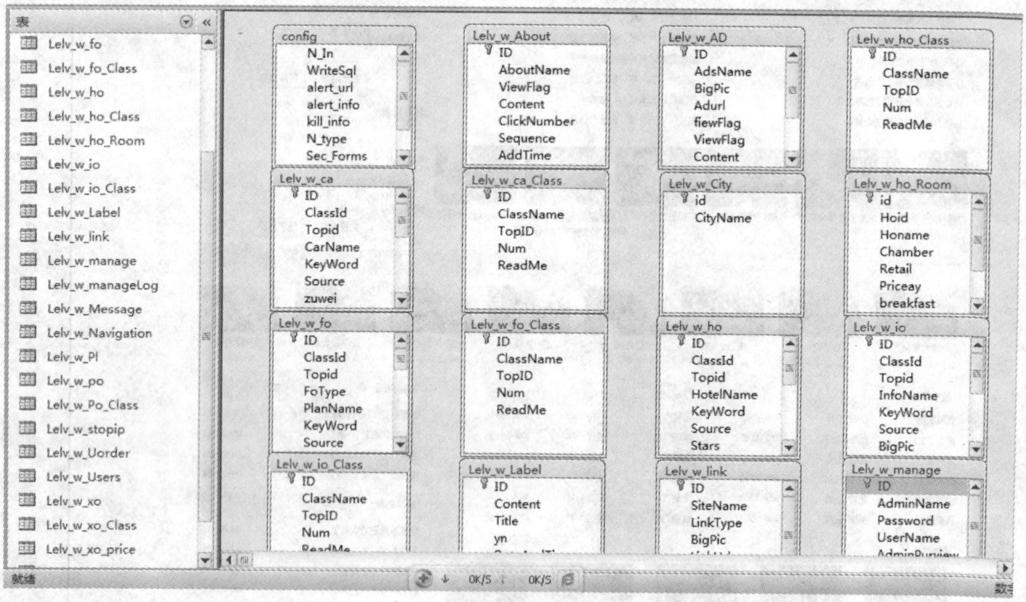

图 3-5 数据库的部分表格及表格字段的组成

例如，表格 lelv_w_xo 主要用于存储旅游线路信息，表格 lelv_w_xo_price 主要用于旅游线路报价信息的存储。后台管理人员可以通过线路管理功能对以上表格记录进行修改、添加和删除。旅游线路记录在数据库中的存储视图如图 3-6 所示。

旅游线路记录在后台管理系统中的编辑视图如图 3-7 所示。

图 3-6　旅游线路记录在数据库中的存储视图

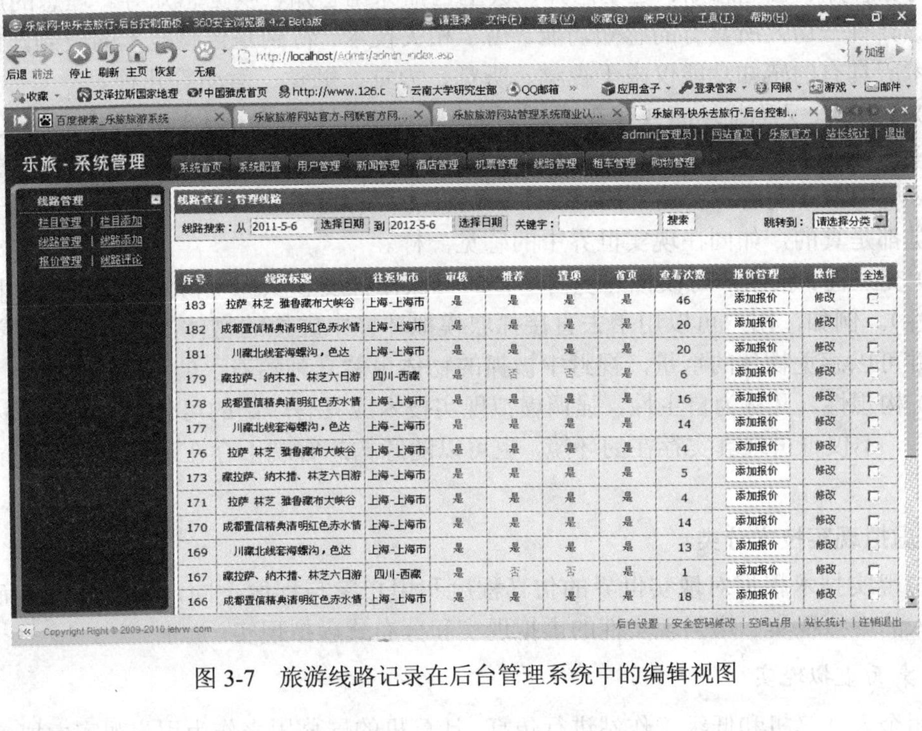

图 3-7　旅游线路记录在后台管理系统中的编辑视图

3.3　旅游电子商务中的虚拟现实技术

虚拟与现实是两个意思相反的词，把这两个词放在一起，似乎没有意义，但是科学技术的发展却赋予了它新的含义。对虚拟现实并没有明确的定义，按最早提出虚拟现实概念的美国VPL公司创建人拉尼尔（Jaron Lanier）在20世纪80年代初提出的说法，虚拟现实又称假想现实，意味着“用电子计算机合成的人工世界”。由此可以清楚地看到，这个领域与计算机有着不可分离的密切关系，而信息技术是合成虚拟现实的基本前提。在旅游电子商务中，主要利用虚拟现实技术实现景点的“画中游”功能、提供VR娱乐产品，为旅游者提供不同于传统旅游的新体验，通过提升客户的旅游体验，增加客户的满意度，从而提高客户价值，为旅游企业创造新的经济价值。

3.3.1 虚拟现实技术简介

虚拟现实技术（Virtual Reality，VR），又称灵境技术，是以沉浸性、交互性和构想性为基本特征的计算机高级人机界面。它综合利用了计算机图形学、仿真技术、多媒体技术、人工智能技术、计算机网络技术、并行处理技术和多传感器技术，模拟人的视觉、听觉、触觉等感觉器官功能，使人能够沉浸在由计算机生成的虚拟境界中，并能够通过语言、手势等自然的方式与之进行实时交互，创建了一种适人化的多维信息空间。

1. 虚拟现实技术的特征

（1）多感知性。所谓多感知是指除了一般计算机技术所具有的视觉感知之外，还有听觉感知、力觉感知、触觉感知、运动感知，甚至包括味觉感知、嗅觉感知等。理想的虚拟现实技术应该具有一切人所具有的感知功能。由于相关技术，特别是传感技术的限制，目前虚拟现实技术所具有的感知功能仅限于视觉、听觉、力觉、触觉、运动等几种。

（2）浸没感。又称临场感或存在感，指用户感到作为主角存在于模拟环境中的真实程度。理想的模拟环境应该使用户难以分辨真假，使用户全身心地投入计算机创建的三维虚拟环境中，该环境中的一切看上去是真的，听上去是真的，动起来是真的，甚至闻起来、尝起来等一切感觉都是真的，如同在现实世界中的感觉一样。

（3）交互性。指用户对模拟环境内物体的可操作程度和从环境得到反馈的自然程度（包括实时性）。例如，用户可以用手去直接抓取模拟环境中虚拟的物体，这时手有握着东西的感觉，并可以感觉物体的重量，视野中被抓的物体也能立刻随着手的移动而移动。

（4）构想性。又称为自主性，强调虚拟现实技术应具有广阔的可想象空间，可拓宽人类认知范围，不仅可再现真实存在的环境，也可以随意构想客观不存在的甚至是不可能发生的环境。

2. 虚拟现实技术分类

虚拟现实技术根据对现实世界的仿真程度和用户参与程度不同，主要分为桌面虚拟现实、投入的虚拟现实、增强现实性的虚拟现实和分布式虚拟现实。

1）桌面虚拟现实

利用个人计算机和低级工作站进行仿真，计算机的屏幕用来作为用户观察虚拟境界的一个窗口，各种外部设备一般用来驾驭虚拟境界，并且有助于操纵在虚拟情景中的各种物体。它要求参与者使用输入设备，如鼠标、追踪球等，坐在监视器前，通过计算机屏幕观察360°范围内的虚拟境界，并操纵其中的物体，很多旅游网站都采用此法来仿真景点环境。

2）投入的虚拟现实

高级虚拟现实系统提供完全投入的功能，使用户有一种置身于虚拟境界之中的感觉。它利用头盔式显示器或其他设备，把参与者的视觉、听觉和其他感觉封闭起来，并提供一个新的、虚拟的感觉空间，并利用位置跟踪器、数据手套、其他手控输入设备、声音等使得参与者产生一种身在虚拟环境中、并能全心投入和沉浸其中的感觉。常见的沉浸式系统有基于头盔式显示器的系统、投影式虚拟现实系统、远程存在系统。

3）增强现实性的虚拟现实

增强现实性的虚拟现实不仅是利用虚拟现实技术来模拟现实世界、仿真现实世界，而且要利用它来增强参与者对真实环境的感受，也就是增强现实中无法感知或不方便感知感受。这种类型虚拟现实典型的实例是战机飞行员的平视显示器，它可以将仪表读数和武器瞄准数据投射到安装在飞行员面前的穿透式屏幕上，它可以使飞行员不必低头读座舱中仪表的数据，从而可集中精力盯着敌人的飞机和导航偏差。

4）分布式虚拟现实

如果多个用户通过计算机网络连接在一起，同时参加一个虚拟空间，共同体验虚拟经历，虚拟现实则提升到一个更高的境界。

3.3.2　虚拟现实关键技术

虚拟现实是多种技术的综合，其关键技术包括以下五个方面：环境建模技术、立体声合成和立体显示技术、触觉反馈技术、交互技术、系统集成技术。

1．环境建模技术

这是指虚拟环境的建模，目的是获取实际三维环境的三维数据，并根据应用的需要，利用获取的三维数据建立相应的虚拟环境模型，生成类似于真实环境的计算机影像。

2．立体声合成和立体显示技术

立体声合成是在虚拟现实系统中消除声音的方向与用户头部运动的相关性，保证在任何位置听到的声音是一致的；立体显示技术是在复杂的场景中实时生成立体图形。

3．触觉反馈技术

在虚拟现实系统中，让用户能够直接操作虚拟物体并感觉到虚拟物体的反作用力，从而产生身临其境的感觉。

4．交互技术

虚拟现实中的人机交互是利用数字头盔、数字手套等复杂的传感器设备，利用三维交互技术与语音识别、语音输入技术等实现。

5．系统集成技术

由于虚拟现实系统中包括大量的感知信息和模型，因此系统的集成技术包括信息同步技术、模型标定技术、数据转换技术、识别和合成技术等。

3.3.3　虚拟现实关键设备

虚拟现实技术具有超越现实的虚拟性，虚拟现实系统的核心设备仍然是计算机，因它的一个主要功能是生成虚拟境界的图形，故又称为图形工作站。图像显示设备是用于产生立体视觉效果的关键外设，目前常见的产品包括光阀眼镜、三维投影仪和头盔显示器等，其中高档的头盔显示器在屏蔽现实世界的同时，提供高分辨率、大视场角的虚拟场景，并带有立体声耳机，可以使人产生强烈的浸没感。其他外设主要用于实现与虚拟现实的交互功能，包括数据手套、三维鼠标、运动跟踪器、力反馈装置、语音识别与合成系统等。

3.3.4 虚拟现实在旅游中的应用

虚拟现实技术在旅游业中被大多数景区官方网站所使用，通过在网站上建立桌面级虚拟现实场景，将旅游景区景点通过静态图像或者动态影视放入虚拟情境中，使游客可以通过鼠标、键盘来操作场景中的信息点，实现游客与景点的互动，从而使游客能够进行网上旅游体验，从而激发游客购买旅游服务的冲动，并且可以使游客在旅游结束后，通过虚拟现实技术体验没有到达的景点，观看不同季节（如春夏秋冬）、时间段（如白天、夜晚、日出、日落、雨季）的风景，从而激发游客再次购买旅游服务。下面将介绍虚拟现实技术在石林风景区的应用。

（1）打开石林旅游网①，选择“体验石林”栏目，选中“三维全景”选项。选择所要前往的景区，选择“石林风景区”，进入石林风景区导游图，可以放大、缩小、移动、复位导游图。

（2）选择所要体验参观的石林景点，随即进入该景点的虚拟现实场景，如选择“阿诗玛夜色”，场景如图3-8所示，可通过鼠标360°旋转场景，观看阿诗玛周围景色，同时可以放大和缩小场景，可以从一个场景过渡到另一个场景。这是利用VXML在网页中生成三维场景，可以360°视角观察阿诗玛周围景色，这是桌面级虚拟现实场景，通过鼠标和键盘就可以操作其中的场景。另外，在这个桌面级虚拟现实场景中，还缺乏可以调节不同时间段内的不同景色的时间系统、季节系统。

图3-8 石林景区“阿诗玛夜色”场景

① 石林旅游网，网址：http://www.chinastoneforest.com/。

3.4　旅游电子商务中的多媒体技术

媒体（Medium）在计算机行业里有两种含义：其一是指传播信息的载体，如语言、文字、图像、视频、音频等；其二是指存储信息的载体，如 ROM、RAM、磁带、磁盘、光盘等，目前，主要的载体有 CD-ROM、VCD、DVD、网页等。多媒体技术在旅游中的应用，主要是通过旅游网站、旅游企业的服务终端、移动设备等，以多种媒体的形式实现对旅游目的地的营销，宣传旅游目的地，吸引游客到该目的地进行旅游消费，从而增加旅游企业的收入。

3.4.1　多媒体与多媒体技术

1．多媒体

多媒体技术中的媒体主要是指传播信息的载体，多媒体就是利用计算机把文字、图形、影像、动画、声音及视频等媒体信息数字化，并将其整合在一定的交互式界面上，使计算机具有交互展示不同媒体形态的能力。能够同时处理多种媒体信息的计算机称为多媒体计算机。

2．多媒体技术（Multimedia Technology）

多媒体技术是利用计算机对文本、图形、图像、声音、动画、视频等多种信息进行综合处理、建立逻辑关系和人机交互作用的技术。多媒体技术广泛应用于工业生产管理、学校教育、公共信息咨询、商业广告、军事指挥与训练、家庭生活与娱乐等领域。其应用的意义是：使计算机可以处理人类生活中最直接、最普遍的信息，从而使得计算机应用领域及功能得到极大的扩展；使计算机系统的人机交互界面和手段更加友好和方便，非专业人员可以方便地使用和操作计算机；使音像技术、计算机技术和通信技术三大信息处理技术紧密地结合起来，为信息处理技术发展奠定新的基石。

多媒体技术发展已经有多年的历史，到目前为止，声音、视频、图像压缩方面的基础技术已逐步成熟，并形成了产品进入市场，现在热门的技术（如模式识别、MPEG 压缩技术、虚拟现实技术等）正在逐步走向成熟。

3．多媒体技术的特点

多媒体是由两种以上媒体所构成的人机交互系统，其主要特点如下。

（1）信息载体的多样性：指可以利用多种信息媒体来承载信息。

（2）多媒体的交互性：指用户可以与计算机的多种信息媒体进行交互操作，从而为用户提供更加有效地控制和使用信息的手段。

（3）集成性：指以计算机为中心综合处理多种信息媒体，它包括信息媒体的集成和处理这些媒体的设备的集成。

（4）数字化：多媒体以数字化形式存在，即在计算机中表示为 0 和 1 组成的数据。

（5）实时性：声音、动态图像（视频）随时间即时变化。

多媒体技术能够完成在内容上相关联的多媒体信息的处理和传送，如声音、活动图像、文本、图形、动画等；交互式工作，而不是简单的数据单向或双向传输；网络联结，即各种媒体信息是通过网络传输的，而不是借助 CD-ROM 等存储载体来传递的。

4．多媒体相关技术

多媒体技术的研究主要针对数据的压缩，尤其是在互联网上的应用，需要对多种媒体数据进行压缩，以方便传输。多媒体技术的发展主要体现在音频、视频和图像的压缩技术上，所以多媒体技术主要包括音频压缩技术、视频压缩技术和图像压缩技术。

1）音频压缩技术

音频压缩技术发展较早，一些技术已经成熟并产品化，并进入了家庭，如数字音响。音频压缩技术主要包括四个方面：音频数字化、音频处理、语音合成及语音识别。

（1）音频数字化目前是较为成熟的技术，多媒体声卡就是采用此技术而设计的，音频数字化的主要技术是音频采样。音频采样包括两个重要的参数，即采样频率和采样数据位数。采样频率即对声音每秒采样的次数①。采样频率越高，音质越好，存储数据量越大。采样数据位数即每个采样点的数据表示范围②，不同的采样数据位数决定了不同的音质。采样位数越高，存储数据量越大，音质也越好。

（2）音频处理包括范围较广，网络应用方面主要集中在音频压缩上，目前最新的 MPEG 音频压缩算法可将声音数据体积压缩为原来的 1/6。

（3）语音合成是指将文本合成为语言播放。目前，国外几种主要语音的合成水平均已到实用阶段，汉语合成近几年来也有突飞猛进的发展，实验系统正在运行。

（4）在音频技术中难度最大最吸引人的技术当属语音识别，通过声音识别出信息内容，目前只是处于实验研究阶段。

2）视频压缩技术

虽然视频压缩技术发展的时间较短，但是产品应用范围已经很大，与 MPEG 压缩技术结合的产品已开始进入家庭。视频压缩技术包括视频数字化和视频编码技术两个方面。

（1）视频数字化是将模拟视频信号经模数转换和彩色空间变换转为计算机可处理的数字信号，使得计算机可以显示和处理视频信号。目前，采样格式有两种：Y∶U∶V4∶1∶1 和 Y∶U∶V4∶2∶2。前者是早期产品采用的主要格式。

（2）视频编码技术是将数字化的视频信号经过编码成为电视信号，从而可以录制到录像带中或在电视上播放。对于不同的应用环境可以采用不同的技术。

3）图像压缩技术

图像压缩是计算机处理图像、视频以及网络传输的重要基础。目前，ISO 制订了两个压缩标准，即 JPEG 和 MPEG。JPEG 是静态图像的压缩标准，它包括两个部分：一是基于 DPCM（空间线性预测）技术的无失真编码，二是基于 DCT（离散余弦变换）和哈夫曼编码的有失真算法。第一种算法的图像压缩无失真，但是压缩比很小，目前在网络应用中主要应用的是

① 目前常用的采样频率为 11kHz、22kHz 和 44kHz 几种，人耳听觉上限在 20kHz 左右，CD 唱片采样频率为 44.1kHz，达到了目前最好的听觉效果。

② 目前常用的采样数据位数有 8 位、12 位和 16 位三种，CD 唱片采用了双声道 16 位采样，采样频率为 44.1kHz，达到了专业级音效水平。

第二种算法，其图像有损失但压缩比很大，在压缩 20 倍左右时基本看不出失真。

MJPEG 是指 MotionJPEG，即按照 25 帧/秒速度使用 JPEG 算法压缩视频信号，完成动态视频的压缩。MPEG 算法是适用于动态视频的压缩算法，它除了对单幅图像进行编码以外还利用图像序列中的相关原则，将帧间的冗余去掉，这样大大提高了图像的压缩比例。通常保持较高的图像质量而压缩比高达 100 倍。MPEG 算法的缺点是压缩算法复杂，实现很困难。

3.4.2　多媒体技术在旅游中的应用

旅游电子商务网站集中体现了多媒体技术在旅游行业中的应用。现在，旅游网站大多采用文字、图片、动画、音乐和视频来传递营销信息，并且采用多媒体技术制作广告和网页，来增加客户对于网站的关注度，以及对旅游企业品牌价值的注入，多媒体是旅游网站营销的重要工具和手段。利用多媒体技术传递信息将会突破原来传统媒体对于信息的单一传递，将会建立一个立体、多层次、多方位的传递通道，使用户能够最大限度地了解旅游目的地，从而做出购买旅游服务的决策。下面以云游网来展示多媒体技术在网站营销中的应用。

（1）访问“云游网”[①]，打开主页（如图 3-9 所示），首先映入眼帘的是一幅巨大的旅游照片和网站 Logo，以及网站的栏目菜单，给人以简单、明快的感觉。旅游照片和网站 Logo 采用的静态图像使用 JPEG 格式的图片，采用了图像压缩技术。

（2）点击图片，进入网站主要内容页面，网页顶端是旗帜广告（如图 3-10 所示），采用 Flash 动画制作，循环展示旅游线路，具有吸引游客眼球的效果。Flash 技术可以将声音、图片、动画、文字等媒体信息组合在一起，提供多媒体信息。

图 3-9　“云游网”主页

① 云游网网址：http://www.innyo.com/。

图 3-10 旗帜广告

（3）在网页中，主要采用文字、静态图片和动画来共同展示旅游目的地信息和旅游服务产品销售信息。旅游网站的详细信息，主要采用文本和图片信息组合来传递。网络广告，采用 Flash 动画制作，能够传递的信息大于传统平面广告。网站主要结构如图 3-11 所示。

图 3-11 网站主要结构

（4）进入“云游视频网”主页（如图 3-12 所示），可以观看经过压缩以后适合网络点播的视频信息，这些视频信息主要与旅游目的地的营销有关。视频信息主要采用动态图像压缩算法 MJPEG 进行压缩，这是一种有损压缩算法，会丢失一些非重要信息，从而减少视频数据量。目前，又出现了很多新的压缩算法，压缩率和解压缩效率更高，从而保证视频质量和在线播放速度。VOD 是目前网页上播放视频的主流方式，节目源的压缩算法的选择很关键，它关系到视频的传输速度和播放视频的质量。

（5）进入“云游摄影网”主页（如图 3-13 所示），可以欣赏各地旅游目的地的精美照片，并供游客在此分享旅游心得和交流摄影心得，以及游客的旅游体会等，是非常重要的游客参与互动环节。在网页中所使用的图片格式主要有 GIF、JPEG、PNG，JPEG 图像质量有所损失，但图片信息不会丢失，而 PNG 是针对网页图片进行过优化的无损压缩算法，可以以高质量的画质和较小的图像文件字节数来显示图片。

图 3-12　“云游网视频网”主页

图 3-13　“云游摄影网”主页

3.5　旅游电子商务中的电子支付技术

随着商业社会的发展，由交易所引起的支付行为已经从“一手交钱，一手交货”的原始支付手段转变为以银行作为信用中介的支付结算方式。这种转变使得现代社会的商业活动越来越频繁，交易效率大大提高，而商业的迅速发展需要更加有效率的结算方式，银行需要提供更加方便和快捷的支付工具和手段。随着电子商务的发展、IT 技术在银行的广泛应用，导致更多的电子支付方式出现，它以其快捷、安全、简单、方便等优势越来越受到个人和企业的青睐。目前，我们所能用到的电子支付方式从所用电子货币来划分可以分为电子现金支付、信用卡支付、电子支票支付和电子资金划拨。由于旅游业的发展，对支付提出了及时、在线、随时随地的要求，电子支付方式将成为旅游消费者使用的一种新型支付方式，它能满足消费者在任何时间、任何地点，以任何方式完成资金转移。

3.5.1 电子支付的概念

支付结算就是通过银行提供的金融服务，清偿商务交易双方由于商品交换和劳务活动引起的债权债务关系的经济行为。从该定义可以看出，支付结算必须通过中央银行批准的金融机构进行，不同于一般的货币支付，而且是一种必须使用一定法律形式而进行的行为。在本章中对支付、支付结算、结算不做区分，都统一称为支付。

1．电子支付定义

电子支付，顾名思义就是利用电子货币所进行的支付活动，是以金融电子化网络为基础，以商用电子化工具和各类交易卡为媒介，以计算机技术和通信技术为手段，将货币以电子数据形式存储，并通过计算机网络系统以电子信息传递形式实现流通和支付。其本质是支付手段和支付方法的电子化，例如电子现金支付属于支付手段的电子化，信用卡支付属于支付方法的电子化。两者的主要区别在于电子货币的形式不同，支付手段的电子化指表示电子货币的数据本身具有货币价值，而支付方法的电子化指表示电子货币的数据本身代表支付指令，需银行后台执行以后才具有货币价值。

2．电子支付形式

电子支付目前存在五种常见形式：

（1）银行利用计算机处理银行之间的业务，办理结算。

（2）银行与其他行业之间的资金结算（如代发工资）。

（3）利用网络终端向客户提供各项银行服务（ATM 服务、自助银行）。

（4）利用银行销售点终端（POS）向客户提供自动扣款服务。

（5）网上支付（信用卡、电子现金网上支付等）。

网络支付是指以电子商务为商业基础，以商业银行为主体，参与电子商务活动的一方向另一方使用安全电子支付手段通过公共网络（特别是 Internet）进行的货币支付和资金流转的过程。网络支付是电子支付发展到目前的一种高级形式，它主要利用互联网和无线通信网络来完成支付。我国网络支付主要的形式有电子现金支付、信用卡支付、第三方支付和手机支付等，电子商务的发展将促进网络支付方式的变革，网络支付工具的成熟与丰富，将开辟更加广阔的网上交易市场和应用，如 3G 技术的普及，移动支付方式将会越来越受到企业和个人的重视。

3.5.2 电子支付方式

在电子商务活动中，消费者常用的电子支付方式主要有电子现金支付、信用卡网上支付、电子支票支付、网络银行支付、第三方支付和手机银行支付。这些支付方式所都是在互联网出现以后才开始使用的支付方式，属于网络支付方式。

1. 电子现金支付

电子现金（E-Cash），也称数字现金，是利用由 0 和 1 排列组合成的能通过网络传递的一系列加密数据序列来表示现实中的纸币现金，并用这些数值来表示现实中的币值。在电子商务过程中，客户利用银行发行的电子现金在网上直接传输交换，发挥类似纸币的一般等价物职能，实现即时、安全可靠的在线支付形式。电子现金支付流程如图 3-14 所示。

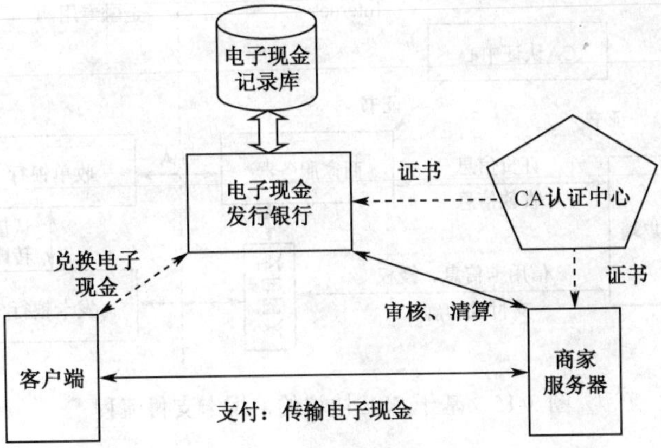

图 3-14　电子现金支付流程

支付流程如下。

（1）购买数字现金，从网上的货币服务器或电子现金银行购买电子现金。在该银行建立一个账号，将足够的资金存入该账号，银行根据存入资金兑换成相应电子现金，并进行数字签名。

（2）存储电子现金。使用计算机电子现金终端软件（一般是电子钱包软件），从电子现金银行下载一定数量的电子现金存储到客户计算机硬盘上。

（3）用电子现金购买商品或服务。商家同意接收电子现金，客户订货并用商家的公钥加密所需支付的电子现金，传送给商家。

（4）资金清算。接收到电子现金的商家与发行该电子现金的银行结算，银行将客户所支付金额划拨给商家账户。

（5）确认订单。商家获得付款后，向客户发送订单确认信息，支付过程结束。

电子现金使用中最大的问题就是电子现金的重复使用。由于电子现金可能在全世界使用，所以电子现金的重复使用问题就成为一个焦点。银行为了检验电子现金是否重复使用，将商家得到的电子现金与已经使用的电子现金数据库进行比较，通过一个全球唯一的序列号来标识，通过比对序列号是否一致来检验电子现金的有效性。这种方式十分费时，尤其对于小额交易，显得十分不经济。由于我国并未从法律的角度规定电子现金合法的发行主体，从理论上任何掌握电子现金发行技术的企业和个人都可以发行电子现金，所以我国目前能看到的电子现金主要是各大商家自行发行的电子代币，不是完全意义上的电子现金，并且使用范围有限，如腾讯的 Q 币。我国各大银行现今还没有发行电子现金。

2. 基于 SSL 协议的信用卡支付

信用卡最早诞生于 1915 年的美国，它是银行或其他财务机构签发给资信状况良好人士的一种特制卡片，是一种特制的信用凭证，它具有现金的作用，是现金的替代品。我国 1985

年由中国银行发行了大陆的第一张信用卡，到目前为止，据统计，我国已有 27 亿张银行卡，持卡人超过 7 亿人。银行卡支付已经成为我国主要的电子支付方式。

该模式主要是利用 SSL 协议的安全通信与控制机制，通过 SSL 协议实现信用卡信息、支付金额等信息即时、安全可靠的在线传输，最终通过 Internet 完成交易支付和资金的划拨。基于 SSL 协议的信用卡支付流程如图 3-15 所示。

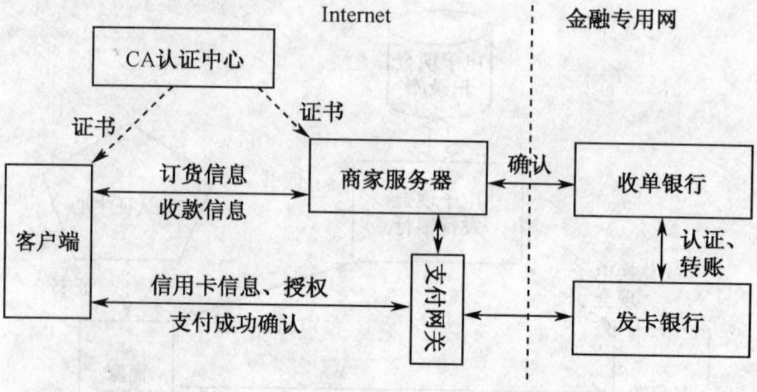

图 3-15　基于 SSL 协议的信用卡支付流程

支付流程如下。

（1）买方在网上或直接到发卡银行进行信用卡注册，得到发卡银行的网络支付授权，下一次网络支付不需要再注册。

（2）买卖双方在网上达成交易，买方填写订单信息。

（3）买方确认订单信息和资金金额，提交订单至商家服务器。

（4）商家服务器向买方回复收到的订单查询 ID，但不确认发货；商家服务器将订单生成相应的订单号，加上其他的支付信息，发送到发卡银行。

（5）订单由商家服务器提交后，客户端和发卡银行网络服务器进行安全连接。

（6）客户端自动验证发卡银行网络服务器的数字证书。

（7）验证完数字证书后，SSL 握手协议完成，客户端与服务器端之间的安全连接已经建立，可以进行加密通信。

（8）出现发卡银行的支付界面，显示从商家服务器发来的订单号及支付金额信息，买方填入信用卡号和密码，确认支付。

（9）支付成功，发送支付成功信息到客户端，买方确认后，SSL 安全连接结束。

（10）发卡银行进行转账，发送付款成功信息给商家；商家收到付款信息后，发送收款信息给买方，承诺发货；买方监督订单执行情况。

3．基于 SET 协议的信用卡支付

在 Internet 上基于 SET 协议的信用卡支付涉及多个参与方，包括持卡客户、商家、支付网关、收单银行、发卡银行和 CA 认证中心。持卡用户、商家和支付网关通过 Internet 进行交易通信，支付网关通过网络专线与收单银行之间传递交易信息，收单银行与发卡银行通过银行后台专用网络传递支付信息。该模式的安全核心为 CA 认证中心，它通过 Internet 向持卡客户、商家、支付网关发放数字证书并负责身份认证。可以看出，该模式涉及的参与方较 SSL 多，并且需要进行身份认证，系统开销大，流程复杂，支付速度较 SSL 慢，但比较安全。基于 SET 协议的信用卡支付流程如图 3-16 所示。

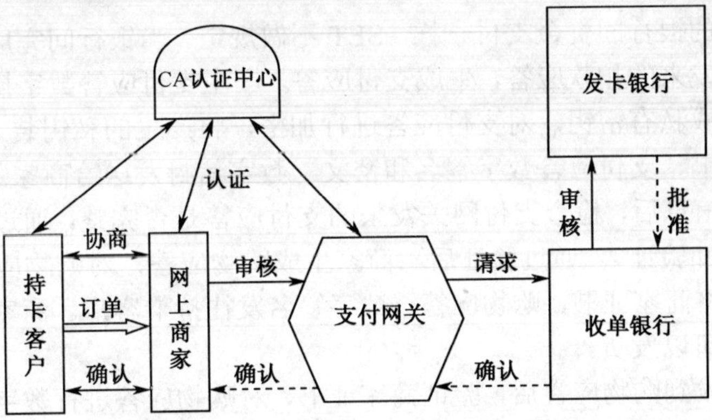

图 3-16　基于 SET 协议的信用卡支付流程

支付流程如下。

（1）持卡客户在选好商品后选择在线网络支付，持卡客户客户端计算机自动激发支付客户端软件（一般由信用卡发行银行提供），向商家发送初始请求。初始请求指定交易环境，包括持卡客户所使用的语言、交易 ID、使用何种交易卡等信息，SET 协议开始介入。

（2）商家服务器接收持卡客户发来的初始请求，产生初始应答（不包括机密信息），并对初始应答生成数字摘要，对此数字摘要利用私钥进行数字签名。商家将产生的初始应答及其数字签名，连同商家数字证书、支付网关证书一并发送给持卡客户。

（3）持卡客户受到初始应答后，检查商家和支付网关的数字证书。然后用商家公钥解密数字签名得到预期数字摘要，用 Hash 算法对收到的初始应答进行计算得到实际数字摘要，比较二者，相同表示数据在传输中未被修改，否则丢弃。

（4）持卡客户通过认证商家真实身份后，向商家发出购物信息，包括订货单（发往商家）和支付通知（通过商家发往银行）。利用双重签名技术将购物信息进行签名，生成双重签名。持卡客户随机生成私有密钥，对支付通知进行对称加密，在用支付网关的公钥对该私钥和信用卡账号进行非对称加密，形成数字信封，订货单可以采取相同处理方式。最后，将持卡客户数字证书、订货单和支付通知密文、数字信封、双重签名发送给商家。

（5）商家收到持卡客户发来的信息，检查购物信息，认证持卡客户的数字证书，验证双重签名，如果数据完整，则处理订货单，产生支付请求。将支付请求用 Hash 算法生成数字摘要，签名后发送给支付网关，支付网关收到后用商家公钥解密，验证支付请求的完整性。之后，商家生成私钥对支付请求加密，并用支付网关的公钥加密该私钥形成数字信封。最后，商家将其数字证书、支付请求密文、商家数字签名、数字信封和持卡客户通过商家转发的双重签名、订货单数字摘要、持卡客户支付通知密文、持卡客户数字信封、持卡客户数字证书发往支付网关。

（6）支付网关分别检查确认商家发来的数据和持卡人发来的数据。首先，支付网关认证商家证书，用其私钥打开商家数字信封，获取商家私钥，再利用私钥解密支付请求密文，用 Hash 算法计算支付请求的数字摘要，与商家发来的支付请求摘要进行比较。其次，支付网关检查持卡客户数字证书，用其私钥打开持卡客户数字信封，得到持卡客户的账号和私有密钥，用私有密钥揭开支付通知密文，得到支付通知。再次，验证双重签名，生成支付通知的摘要，与订货单摘要连接，再次生成数字摘要，将其与解双重签名所得数字摘要进行比较。通过审核后，将支付通知发往收单银行。

（7）在支付网关和收单银行之间、收单银行和发卡银行之间，通过金融专用网络相连，期间的业务与传统的银行间资金支付一样，SET 不做规定。当银行间完成支付结算后，支付网关收到收单银行发来的扣款应答，生成支付应答，产生支付应答数字摘要，对其进行数字签名。支付网关生成私有密钥，对支付应答进行加密，将产生的私钥装入数字信封，最后，将支付网关数字证书、支付应答数字签名和密文、数字信封发送给商家。

（8）商家收到信息后，检查支付网关发来的支付应答是否完整，通过验证其数字签名实现（过程同支付通知验证）。通过验证后，商家生成购物应答，对购物应答生成数字摘要，并且签名；最后，将商家证书、购物应答、数字签名发往持卡客户。商家收到支付应答，表明交易成功，商家可以发货。

（9）持卡客户收到购物应答后，验证商家证书，对购物应答进行数字签名验证，查看数据的完整性。如果数据完整，表明交易与支付流程结束。

4．电子支票支付

电子支票（Electronic Check）是将纸制支票变为带有数字签名的电子报文，或利用其他数字电文代替传统支票的全部信息所得到的电子数据。电子支票具有与传统支票相同的支付功能，只是其表现形式不同而已。电子支票支付流程如图 3-17 所示。

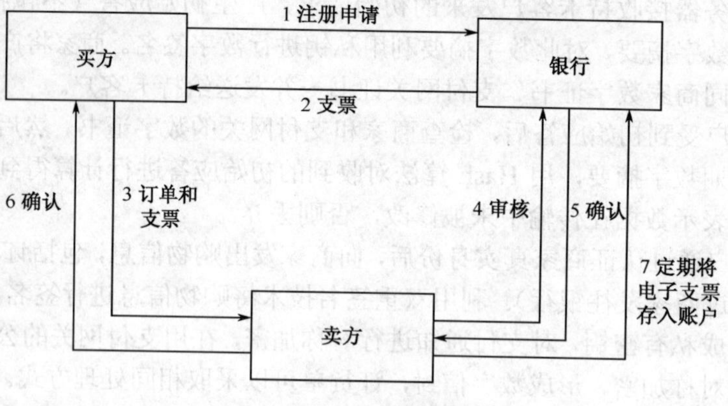

图 3-17　电子支票支付流程

支付流程如下。

（1）购买电子支票。买方首先在提供电子支票服务的银行进行注册，开具支票，注册时可能需要输入银行卡和账户信息以支持开设支票。电子支票应具有银行的签字。

（2）电子支票支付。买方和卖方达成交易协议，买方用自己的私有密钥在电子支票上进行数字签名；使用卖方的公钥加密电子支票；使用 E-mail 或其他方式向卖方支付；只有卖方可以收到以卖方公钥加密的电子支票、以买方的公钥确认买方的数字签名；向银行进一步确认电子支票；卖方发货给买方。

（3）清算。卖方定期将电子支票存到银行，并且允许转账。

我国没有开通电子支票支付方式。目前，国际上常用的电子支票系统有 NetBill、NetCheque[①]及 Echeck[②]。

5．网络银行支付

网络银行（Internet Bank）是指银行利用网络技术，通过 Internet 或其他公用信息网，将

① 详情可参见网站：http://www.netcheque.com。
② 详情可参见网站：http://www.echeck.org。

客户的计算机终端连接至银行网站，实现将银行金融服务直接送到客户办公室或家中和手中的金融服务系统。按照其服务对象可以大致分为个人网络银行和企业网络银行，并通过互联网实现银行 3A[①]金融服务。

个人网络银行是指银行利用 Internet 技术，通过建立自己的 Internet 站点和 Web 页面，提供银行服务项目，并将该服务延伸到个人用户的桌面，它是虚拟的银行柜台。个人网络银行有两种支付模式：一种是基于信用卡账号的网络支付，另一种是基于网络银行独立账号的网络支付。前者和信用卡支付方式类似，在网络银行 Web 页面上输入卡号即可；后者需要开设银行独立账号，在银行页面上输入独立账号和密码。

企业网络银行支付模式在客户前台是基于 Internet 平台，采用数字签名、数字证书等安全技术，以保证支付表单的真实性和有效性；后台则是基于金融专用网，类似于电子汇兑系统的后台处理。企业网络银行支付流程如图 3-18 所示。

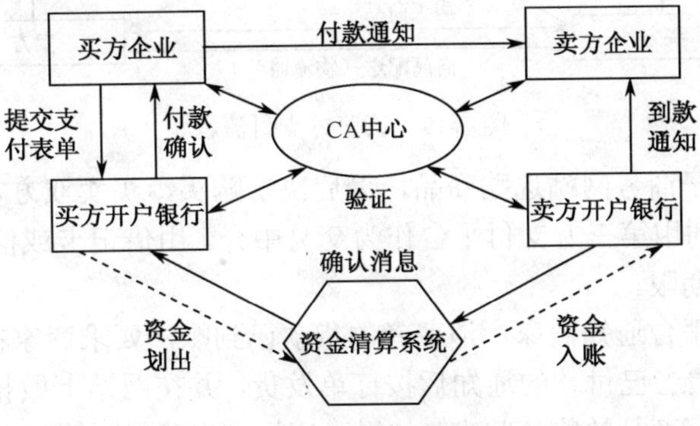

图 3-18　企业网络银行支付流程

在进入企业网络银行的网络支付模式流程前，买方企业首先需要申办网络银行服务的客户手续，配置企业网络银行客户端软件，安装数字证书，可能还需要做企业内部财务软件数据接口配置等预备工作。具体支付流程如下。

（1）买方企业完成购买以后，向买方开户银行提交支付表单，买方开户银行收到买方企业提交的支付表单后，通过 CA 中心对买方身份、支付表单内容的真实性与有效性进行认证。如果验证不能通过，则回送买方拒绝处理消息。

（2）通过验证后，买方开户银行向买方企业发出支付表单确认通知，利用后台资金清算系统，向卖方企业开户银行划入相应资金进入卖方账号。

（3）卖方开户银行确认卖方账户有相应资金入账后，向买方开户银行回送收款确认消息，同时向卖方企业发出到款通知。

（4）买方开户银行收到卖方开户银行的收款确认通知后，向买方企业发出付款确认通知，网络支付流程结束。

6．第三方支付

第三方支付是具备一定实力和信誉保障的独立机构，采用与各大银行签约的方式，提供与银行支付结算系统接口的交易支持平台的网络支付模式。在第三方支付模式中，买方选购商品后，使用第三方平台提供的账户进行货款支付，并由第三方通知卖家货款到账、要求发货；买方收到货物，并检验商品进行确认后，就可以通知第三方付款给卖家，第三方再将款

① 3A 服务：在任何时候（Anytime）、任何地方（Anywhere）为客户提供任何形式（Anyhow）的金融服务。

项转至卖家账户上。第三方支付公司通过与银行的商业合作，以银行的支付结算功能为基础，向政府、企业、事业单位和个人提供中立的、公正的面向其用户的个性化支付结算与增值服务。目前，我国第三方支付模式包括独立的第三方支付网关模式（如云网支付）、有电子交易平台且具备担保功能的第三方支付网关模式（如支付宝）和有电子商务平台的第三方支付网关模式（易宝支付）。第三方支付流程如图 3-19 所示。

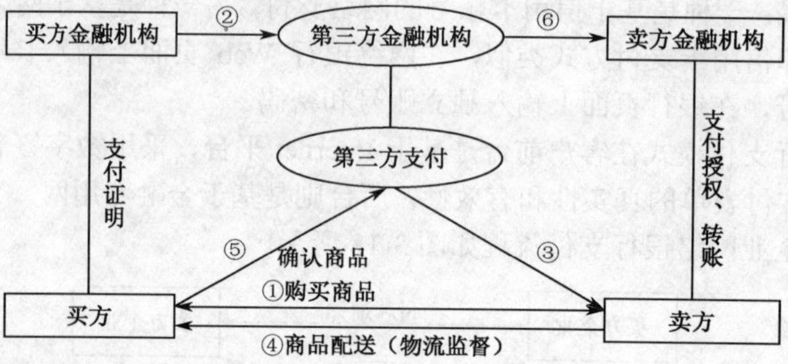

图 3-19　第三方支付流程

（1）消费者在电子商务网站选购商品，最后决定购买，买卖双方在网上达成交易意向。

（2）消费者选择利用第三方支付平台作为交易中介，用借记卡或信用卡将货款划到第三方账户，并设定发货期限。

（3）第三方支付平台通知商家，消费者的货款已到账，要求商家在规定时间内发货。

（4）商家收到消费者已付款的通知后按订单发货，并在网站上做相应记录，消费者可在网站上查看自己所购买商品的物流状态；如果商家没有发货，则第三方支付平台会通知顾客交易失败，并询问是将货款划回其账户还是暂存在支付平台。

（5）消费者收到货物并确认满意后通知第三方支付平台。如果消费者对商品不满意，或认为与商家承诺有出入，可通知第三方支付平台拒付货款并将货物退回商家。

（6）消费者满意，第三方支付平台将货款划入商家账户，交易完成；顾客对货物不满，第三方支付平台确认商家收到退货后，将该商品货款划回消费者账户或暂存在第三方账户中等待消费者下一次交易的支付。

7．手机银行支付

移动银行（Mobile Banking Service）也称为手机银行，是利用移动通信网络及终端办理相关银行业务的简称。作为一种结合了货币电子化与移动通信的崭新服务，移动银行业务不仅可以使人们在任何时间、任何地点处理多种金融业务，而且极大地丰富了银行服务的内涵，使银行能以便利、高效而又较为安全的方式为客户提供传统和创新的服务，而移动终端所独具的贴身特性，使之成为继 ATM、互联网、POS 之后银行开展业务的强有力工具，越来越受到国际银行业者的关注。目前，我国移动银行业务在经过先期预热后，逐渐进入了成长期，如何突破业务现有发展瓶颈，增强客户的认知度和使用率成为移动银行业务产业链各方关注的焦点。

手机银行是由手机、GSM 短信中心和银行系统构成。在手机银行的操作过程中，用户通过 SIM 卡上的菜单对银行发出指令后，SIM 卡根据用户指令生成规定格式的短信并加密，然后指示手机向 GSM 网络发出短信，GSM 短信系统收到短信后，按相应的应用或地址传给相应的银行系统，银行对短信进行预处理，再把指令转换成主机系统格式，银行主机处理用户的请求，并把结果返回给银行接口系统，接口系统将处理的结果转换成短信格式，短信中心将短信发给用户。

移动银行的实现技术，从最先采用的基于 STK 卡的短消息方式到 WAP 方式、基于信令通道的 USSD 方式，移动通信网络发展到 2.5 代又出现了 KJava、BREW 方式，甚至普通的短消息，采取一定业务安全控制以后也可以实现银行交易。

3.6　物联网技术概述

物联网是继计算机、互联网与移动通信网之后的世界信息产业第三次浪潮。物联网概念的问世，打破了之前的传统思维。过去的思路一直是将物理基础设施和 IT 基础设施分开：一方面是机场、公路、建筑物，而另一方面是数据中心、个人计算机、宽带等。在物联网时代，钢筋混凝土、电缆将与芯片、宽带整合为统一的基础设施，在此意义上，基础设施更像是一块新的地球工地，世界的运转就在它上面进行，其中包括经济管理、生产运行、社会管理乃至个人生活。

3.6.1　物联网定义及技术

1．物联网定义

1999 年，美国麻省理工学院 Auto-ID 中心最早提出物联网概念，将其定义为：把所有的物品通过射频识别（RFID）和条码等信息传感设备与互联网连接起来，实现智能化识别和管理功能的网络。实质上，等于 RFID 技术和互联网的结合应用。

2005 年，国际电信联盟（ITU）发布了《ITU 互联网报告 2005：物联网》，正式提出了物联网内涵：通过 RFID、传感器、全球定位系统和激光扫描器等信息传感设备，使得“物”具备自动标识、智能感知能力，实现物理世界与虚拟的数字世界的互联；通过“物”的智能接口实现了信息网络的无缝结合，进行信息交换与通信，从而达到智能化识别、定位、跟踪、监控和管理的目的；最终实现任何时刻、任何地点、任何物体之间的互联，成为无所不在的网络并进行无所不在的计算。

欧盟关于物联网的定义：物联网是未来互联网的一部分，是基于标准和交互通信协议具有自配置能力的动态全球网络设施；在物联网内，物理和虚拟的“物件”具有身份、物理属性、拟人化、使用智能接口，并且可以无缝地综合到信息网络中。

在 2010 年我国的政府工作报告所附的注释中，对物联网有如下的说明：是指通过信息传感设备，按照约定的协议，把任何物品与互联网连接起来，进行信息交换和通信，以实现智能化识别、定位、跟踪、监控和管理的一种网络。这有两层意思：第一，物联网的核心和基础仍然是互联网，是在互联网基础上的延伸和扩展的网络；第二，其用户端延伸和扩展到了任何物品与物品之间，进行信息交换和通信。

2．物联网关键技术

2005 年，国际电信联盟（ITU）发表了一份关于物联网的报告[①]，报告中对于物联网提出了四大关键技术：标识事物的 RFID、感知事物的传感网络技术（Sensor Technologies）、思考事

① 可参考 ITU 报告《ITU Internet Report 2005：Internet of Things》。

物的智能技术（Smart Technologies）、微缩事物的纳米技术（Nanotechnology）。

1）射频识别技术

RFID（Radio Frequency Identification，射频识别）是一种非接触式的自动识别技术，它通过射频信号自动识别目标对象并获取相关数据，识别过程无须人工干预，可工作于各种恶劣环境。RFID 技术可识别高速运动物体并可同时识别多个标签，操作快捷方便。RFID 技术与互联网、通信等技术相结合，可实现全球范围内物品跟踪与信息共享。

RFID 主要由电子标签、阅读器和天线三大部分组成。电子标签进入磁场后，接收阅读器发出的射频信号，凭借感应电流所获得的能量发送出存储在芯片中的产品信息，或者主动发送某一频率的信号，阅读器读取信息并解码后，送至中央信息系统进行有关数据处理。

目前，RFID 的技术标准主要由 ISO 和 IEC 制定。可供射频卡使用的几种射频技术标准有 ISO/IEC10536、ISO/IEC14443、ISO/IEC15693 和 ISO/IEC18000，应用最多的是 ISO/IEC14443 和 ISO/IEC15693。

2）传感网络技术

（1）传感器与传感器网络。

传感器是机器感知物质世界的“感觉器官”，可以感知热、力、光、电、声、位移等信号，为网络系统的处理、传输、分析和反馈提供最原始的信息。随着科学技术的不断发展，传统传感器正逐步实现微型化、智能化、信息化、网络化，正经历着一个从传统传感器（Dumb Sensor）到智能传感器（Smart Sensor）再到嵌入式 Web 传感器（Embedded Web Sensor）的内涵不断丰富的发展过程。

传感器网络是由大量部署在作用区域内、具有无线通信与计算能力的微小传感器节点通过自组织方式构成的能根据环境自主完成指定任务的分布式智能化网络系统。传感网络的节点间距离很短，一般采用多跳（Multi-hop）的无线通信方式进行通信。传感器网络可以在独立的环境下运行，也可以通过网关连接到 Internet，使用户可以远程访问。传感器网络体系结构如图 3-20 所示。

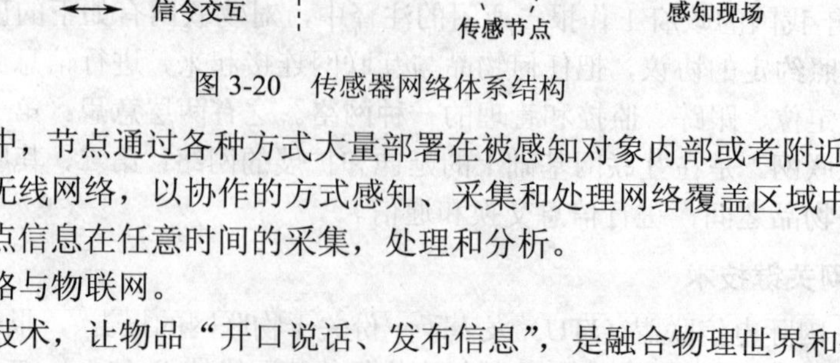

图 3-20　传感器网络体系结构

在传感器网络中，节点通过各种方式大量部署在被感知对象内部或者附近。这些节点通过自组织方式构成无线网络，以协作的方式感知、采集和处理网络覆盖区域中特定的信息，可以实现对任意地点信息在任意时间的采集，处理和分析。

（2）传感器网络与物联网。

通过感知识别技术，让物品“开口说话、发布信息”，是融合物理世界和信息世界的重要一环，是物联网区别于其他网络的最独特的部分。物联网的“触手”是位于感知识别层的大量信息生成设备，包括 RFID、传感器网络、定位系统等。传感器网络所感知的数据是物联网海量信息的重要来源之一。

3）智能技术

智能技术是为了有效地达到某种预期的目的，利用知识而所采用的各种方法和手段。通过在物体中植入智能系统，可以使得物体具备一定的智能性，能够主动或被动地实现与用户的沟通，这是物联网的关键技术之一。智能技术主要包括人工智能技术、先进的人机交互技术与系统、智能控制技术与系统和智能信号处理。

3.6.2　物联网应用体系架构

目前，物联网还没有一个广泛认同的体系结构，最具代表性的物联网架构是欧美支持的 EPCglobal 物联网体系架构和日本的 Ubiquitous ID（UID）物联网系统。EPCglobal[①]和 UID 中心（Ubiquitous ID Center[②]）都是为推进 RFID 标准化而建立的国际标准化组织。我国也积极参与了上述物联网体系，并正在积极制定符合我国发展情况的物联网标准和架构。

1．EPCglobal 物联网体系架构

EPCglobal 是由美国统一代码协会（UCC）和国际物品编码协会（EAN）于 2003 年 9 月共同成立的非营利性组织，其前身是 1999 年 10 月 1 日在美国麻省理工学院成立的非营利性组织 Auto-ID 中心。Auto-ID 中心以创建物联网（Internet of Things）为使命，与众多成员企业[③]共同制订一个统一的开放技术标准。

1）EPC 系统结构

EPC 系统是一个非常先进的、综合性的复杂系统，其最终目标是为每一单品建立全球的、开放的标识标准。它由全球产品电子代码（EPC）的编码体系、射频识别系统及信息网络系统三个部分组成。EPC 系统构成如表 3-1 所示。

表 3-1　EPC 系统构成

系统构成	名　称	注　释
EPC 编码体系	EPC 代码	用来标识目标的特定代码
EPC 射频识别系统	EPC 标签	贴在物品之上或者内嵌在物品之中
	读写器	识读 EPC 标签
EPC 信息网络系统	EPC 中间件	EPC 系统的软件支持系统
	对象名称解析服务（Object Naming Service，ONS）	
	EPC 信息服务（EPC IS）	

2）EPC 编码体系

EPC 编码体系是新一代的与 GTIN 兼容的编码标准，它是全球统一标识系统的延伸和拓展，是全球统一标识系统的重要组成部分，是 EPC 系统的核心与关键。EPC 代码是由标头、厂商识别代码、对象分类代码、序列号等数据字段组成的一组数字。EPC 编码结构如表 3-2 所示。

① EPCglobal 组织网站：http://www.epcglobal.org.cn，可获得更多 EPCglobal 标准信息。
② UID Center 组织网站：http://www.uidcenter.org，可获得更多 UID 标准信息。
③ EPCglobal 将系统成员大体分为两类：终端成员和系统服务商。终端成员包括制造商、零售商、批发商、运输企业和政府组织。系统服务商是指那些给终端用户提供供应链物流服务的组织机构，包括软件和硬件厂商，系统集成商和培训机构等。

表 3-2 EPC 编码结构

	标头	厂商识别代码	对象分类代码	序列号
EPC-96	8	28	24	36

3）EPC 射频识别系统

EPC 射频识别系统是实现 EPC 代码自动采集的功能模块，主要由射频标签和射频读写器组成。射频标签是产品电子代码（EPC）的物理载体，附着于可跟踪的物品上，可全球流通并对其进行识别和读写。射频读写器与信息系统相连，是读取标签中的 EPC 代码并将其输入网络信息系统的设备。EPC 系统射频标签与射频读写器之间利用无线感应方式进行信息交换，具有非接触识别、可以识别快速移动物品、可同时识别多个物品等以下特点。EPC 射频识别系统为数据采集最大限度地降低了人工干预，实现了完全自动化，是物联网形成的重要组成部分。

4）EPC 信息网络系统

EPC 信息网络系统由本地网络和全球互联网组成，是实现信息管理、信息流通的功能模块。EPC 信息网络系统是在全球互联网的基础上，通过 EPC 中间件、对象名称解析服务（ONS）和 EPC 信息服务（EPC IS）来实现全球"实物互联"。

2. UID 物联网系统架构

日本在电子标签方面的发展，始于 20 世纪 80 年代中期的实时嵌入式系统 TRON。T-Engine 是其中核心的体系架构。在 T-Engine 论坛领导下，UID 中心设立在东京大学，于 2003 年 3 月成立，并得到日本政府经产省和总务省以及大企业的支持，目前包括微软、索尼、三菱、日立、日电、东芝、夏普、富士通、NTT、DoCoMo、KDDI、J-Phone、伊藤忠、大日本印刷、凸版印刷、理光等重量级企业。UID 中心建立的目的是建立和普及自动识别"物品"所需的基础技术，最终实现"计算无处不在"的理想环境。

1）UID 物联网体系建立的目的

普适计算（Pervasive Computing 或 Ubiquitous Computing，也称泛在计算）是一种支持更好的生活方式的技术，该技术为生活空间中的不同实体（例如，墙壁、家具、地板，以及家用电子电器）提供计算能力，并且能够在这些实体上装备自动控制，从而使它们能够相互交换信息和协同操作。普适计算室内环境如图 3-21 所示。

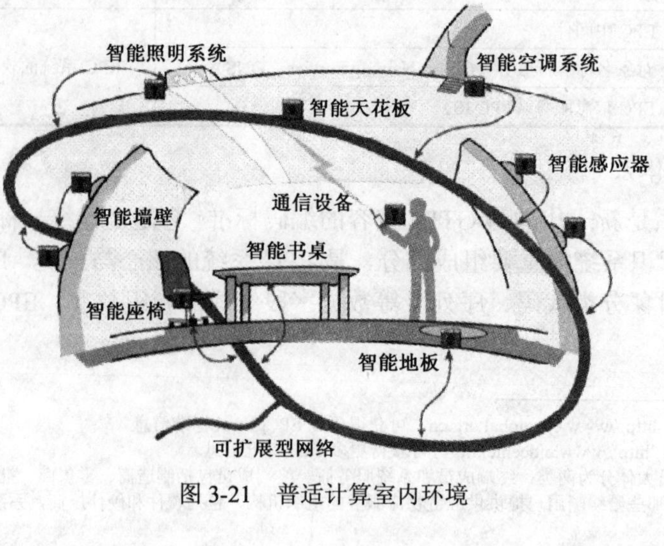

图 3-21 普适计算室内环境

此外，这项技术提供的计算能力支持更好的生活方式不仅在室内，而且还有室外对象，包括电线杆和招牌等设施，这些设施装备上自动控制器，能够进行相互信息交换和协同操作。普适计算室外环境如图 3-22 所示。

图 3-22　普适计算室外环境

为了实现这种无处不在的计算环境，重要的是要识别现实世界的环境，这就是所谓的环境认知。为了实现环境认知，必须识别现实世界中的各种对象、地点和概念，但是事前不可能列举所有在现实世界中的环境。

因此，由固定长度的整数作为唯一标识符用来确定现实世界中的对象、空间和概念。同时提供一个框架，该框架能够映射现实世界和它的环境成为一种可接收的数字化信息，这些信息展示了这些用唯一标识符确定的对象、空间和概念之间的联系。被标识的对象称为实体，标识实体的唯一标识符称为 UCODE（泛在编码）。总之，UCODE 模型是一种将现实世界环境表示为数字化信息的描述性模型。该模型将 UCODE 分配给单独的实体，并且使用 UCODE 之间的关系将现实世界和它的环境映射成为一种可以接收的数字化信息。UID 架构是一个为了实现 UCODE 模型而存在的系统体系结构。

UID 架构是一个通用的平台，该平台可以获得一个设备的状态并且控制设备，并通过使用 UCODE 标识提供信息和服务，这些标识作为触发器来确定现实世界中的实体。UID 是一种连接用实体表示的现实世界和用网络设备、信息服务表示的虚拟世界之间的基础设施。

2）UID 体系架构的基本原则

（1）标识一个实体。用 UCODE 标识现实世界中一个单独的实体，并且唯一标识。

（2）假定网络环境。只将 UCODE 标识分配给不同的实体，已经分配 UCODE 标识的实体之间的信息通常存储在网络中的服务器上。通过分离来自信息管理中的实体标识，可以实现特定对象最新信息和相关对象信息的获取。

（3）提供一种安全机制。一个安全的广域分布式系统，能够确实考虑用户隐私的保护，它可以通过 eTRON 架构作为安全基础设施来建立。

（4）提供一个开放的平台。公开发布 UID 架构规范，使更多的企业可以应用此规范来构建无处不在的计算。

3）UID 体系的基础技术

（1）UCODE 标签：存储泛在识别码的媒介。

（2）Ubiquitous Communicator（泛在通信器，简称 UC）：泛在通信器是用户终端设备，能够读取UCODE标签，向用户提供基于UCODE标签的各种服务。

（3）UCODE相关数据库（UCODE Relation Database）：该数据库管理着UCODE标签所标识的实体对象的相关信息，数据库可以工作在分布式环境中。

（4）UCODE信息服务（UCODE Information Server）：UCODE信息服务管理着UC显示的信息以及提供给UC的所有数据服务。

基于UID架构的信息存取机制如图3-23所示。

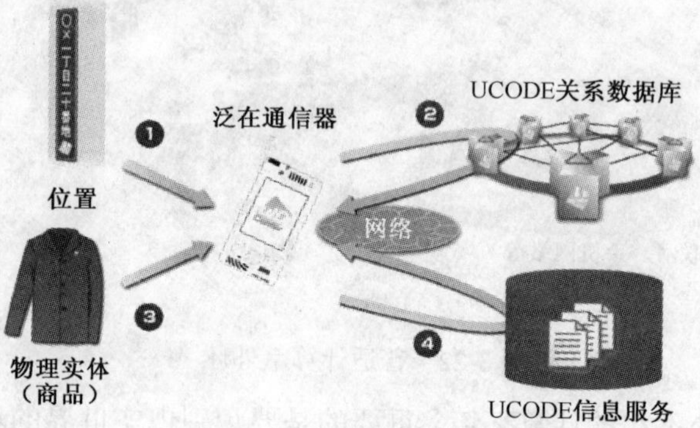

图3-23 基于UID架构的信息存取机制

3.6.3 物联网情景感知技术及应用

1．情景感知定义

情景（Context）是被用来标识一个实体状态的任何信息。实体可以是一个人、一个地点或者用户与应用之间相关的对象，包括用户和应用本身（DEY，2000年）。情景的概念，强调了以计算机为中心的计算模式正在向以用户为中心转变，应以人为本。以人为中心，对情景进行划分，可以划分为计算情景（Computing Context）、用户情景（User Context）、物理情景（Physical Context）、时间情景（Time Context）、社会情景（Social Context）。情景感知定义为：无论是用桌面计算机还是移动设备，普适计算环境中使用情景的所有应用。情景感知是获取情景信息并对其进行信息处理的操作。情景感知可以分为直接的显式感知和内部的蕴含感知，前者有位置信息、时间信息和设备环境信息等，后者有用户的特点、知识层次、行为习惯和喜好等。

例如，在旅游方面，应用了情景感知技术的导游助手可以根据游客的位置进行景点推荐、路线导游；在购物方面，可以根据顾客的位置进行商品推荐，等等。随着传感器技术的不断发展，传感器的种类不断丰富，获得的情景信息也随之丰富起来，情景感知处理的信息不再局限于用户的位置。

2．情景感知处理流程

情景感知是利用环境中的情景信息辅助决策优化的一种计算模式，需要解决的问题主要是：信息采集、信息建模和信息处理。

1）情景信息的采集

情景信息的获取可以分为用户主动输入和通过传感器采集等方式。情景感知的目标是通过普适的计算资源在用户较少参与或者根本不需要用户参与的情况下实现对用户的服务推荐。因此，情景感知系统需要用户个性化信息，如生活习惯、日程表等，来辅助系统做出正确的决策。此外，系统还需要通过部署在环境中的传感器和其他设备自动获取其他情景信息。

2）情景信息建模

物联网的特性之一是海量设备，不同的传感器采集到的信息不同，如位置、时间或者光强等，表示方式也千差万别。为了达到语义互操作的目的，需要对这些多源异构信息进行有效的表示、传输和存储。因此，需要为这些数据进行统一形式的描述，或者称为定义标准的数据格式及协议，以方便计算机处理情景信息。

3）情景信息处理技术

物联网环境下信息采集为多传感器协同感知，需要解决的主要问题是信息的预处理。信息预处理面临的问题是数据关联，即建立某一传感器量测与其他传感器测量数据的关系，以确定它们是否是关于同一个目标的测量的处理过程。选择的结果不仅可以减少信息处理的计算量，还可以提高信息处理的精确度。因此，得到传感器的底层信息还需要将其转化为应用可理解的高层信息。发现隐藏的知识涉及数据挖掘技术，即通过存储预处理后的传感器数据得到有关物联网环境信息的海量数据，从中可以挖掘出有用的知识，能够处理不确定信息。

3．情景感知系统结构

在现有研究中，有两种常见的情景感知系统结构：直接访问传感器和基于中间件技术。对于物联网来说，随着规模的扩大及应用的增多，采用直接访问传感器的结构会造成感知系统的复杂化，限制了系统的灵活性及可扩展性。由于物联网使用的传感器数量巨大且种类繁多，同时传感器自身故障及网络传输问题导致信息空缺及噪声数据，多传感器协同感知不可避免会出现大量冗余和不确定信息，而基于中间件技术的情景感知系统结构，不能完全处理信息冗余和不确定性的问题。将以上两种架构结合起来，提出如图 3-24 所示的适合物联网环境的情景感知系统结构。

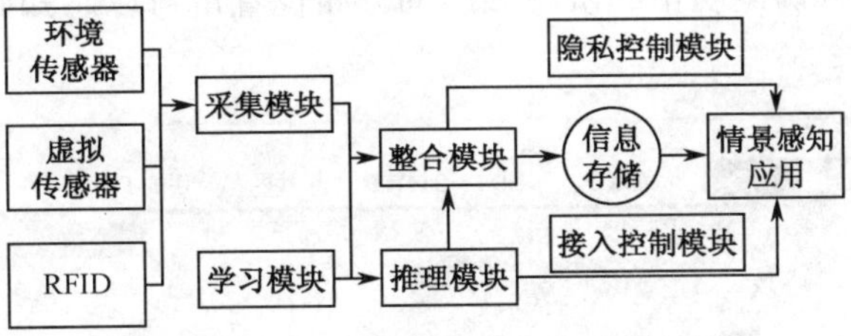

图 3-24　适合物联网环境的情景感知系统结构

采集模块，用来驱动底层传感器进行信息采集，同时实现对底层传感器的管理；整合模块，对采集模块获得的情景信息进行预处理，包括去冗余和冲突处理等；推理模块，由采集模块得到的数据集挖掘出隐藏的知识，推理出应用可理解的高层情景信息，识别当前情景，并由此决定提供什么服务；学习模块，根据用户反馈，优化推理模块和整合模块；接入控制模块，用于传感器、应用及用户等的接入控制；此外，还应该包括存储情景信息和注册信息的数据库，物联网中情景信息的瞬时性、关联性特征等使得情景信息存储管理有其固有的特点，如情景信息的时效性。隐私控制模块，必须给予使用者定义隐私策略的机会，根据定义的规则控制数据是否发送以及发送到哪里，做到合理的隐私保护。

4．情景感知在旅游中的应用

通过手机签到，将用户的位置信息发送至网站服务器，从而根据位置信息提供周围酒店的打折信息、旅游景点、门票优惠等信息，为人们的吃穿住行提供极大的方便。这是很多网站正在兴起的基于情景感知技术所提供的电子商务服务，如大众点评网等。基于手机用户位置的情景感知应用如图 3-25 所示。

图 3-25 基于手机用户位置的情景感知应用

当外出旅游到一个陌生地方的时候，具有情景感知计算能力的应用会起到旅行指南的作用。根据用户所在的地理位置和偏好，通过手机确定位置，将该地点邻近的酒店、景点、特色小吃等与旅行相关的信息提供给用户，还会结合当地的导航图为用户提供相应的交通指引。如图 3-26 所示，查询昆明市经济型酒店的分布位置，可以感知到离用户最近的酒店位置，并给出导航路径。

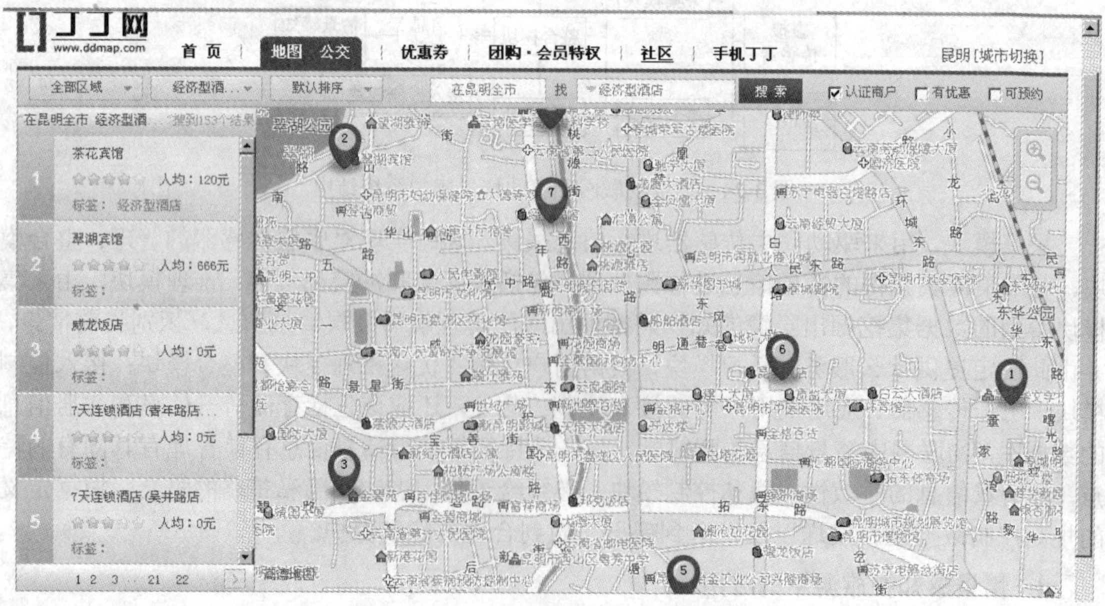

图 3-26 基于地理位置的情景感知应用

3.7　旅游电子商务中的移动商务技术

移动通信技术的发展再一次将人类交流的距离拉近（零距离），人们可以随时随地与任何通信终端发生信息交换，而这种信息交换可能是通过无线网络或者有线网络来实现。无线通信技术使得人们可以利用手机、PDA 等智能设备与任何网络上的信息源发生无缝对接，并延伸到商业活动领域。旅游活动是在旅游者参与下不断进行时空转换中完成的一项服务，它是在旅游过程中由消费者参与创造的产品。如今，自驾游和体验旅游逐年升温，人们越来越追求一种个性化的旅游体验。在没有固定信息接入点的户外获得基于位置的旅游信息服务和情景感知服务，越来越成为消费者在旅游活动中的个性化需求。

3.7.1　移动商务的定义、商机及功能应用

1．移动商务的定义

对于移动商务的定义，可以参照电子商务的定义来理解，目前并没有统一的定义。移动商务就是通过移动或无线设备获取信息，并通过无线网络（如 GSM/GPRS/TDMA/CDMA\PDC/PHS/Mobitex/Reflex/UMTS）交换信息，实现以商品交换为核心的一切经济活动。移动商务用户接入无线网络的途径可以有 SMS、WAP、PDA 上的标准 HTML 浏览器、具有网络功能的移动电话、与移动电话连接的笔记本等。移动商务用户可以利用手持式设备、移动设备、智能手机、PDA 等设备使用无线网络，并与远程服务器实现数据交换。

2．移动商务带来的商机

移动商务的发展，给商务活动带来了三大机会：一是通过新的和拓展的渠道与现有客户沟通；二是通过新老渠道在新的市场领域与新客户进行沟通；三是提供新的功能更强的移动商务应用和服务。企业通过对以上三个方面的商业机会的把握，可以采用电子商务接入服务、短信息服务、新客户介绍费、基于无线广告的收入、基于订单服务的收入和与无线网络运营商分享收入等方式，增加企业的利润，提高企业价值。

3．移动商务的基本功能及应用

大多数移动商务服务都提供五种基本功能，分别是无线信息服务、无线网络接入服务、语音提示服务、基于位置信息的服务和数字化内容服务。

1）无线信息服务

早期，移动设备之间的信息传递，在欧洲使用 SMS 服务，在美国使用呼机来完成。无线 SMS 服务于 1991 年在欧洲已经出现，当时欧洲的数字无线网络标准从一开始就包含了短信息服务，该标准就是现在知名的 GSM（Global System of Mobile Communication，全球移动通信系统）。

近年来，电子邮件已经成为互联网上重要的信息交换方式，移动通信服务上将此种有用的信息交换方式引入到移动设备上。例如，当用户通过 Web 页面发送一封电子邮件给收件人时，该邮件就会以文本的方式发送到收件人的手机上，用户的移动邮箱也可以通过设置

POP账号来接收电子邮件。现在，掌上PDA可以通过无线调制解调器发送或者接收电子邮件，或者通过Backflip设备[①]直接进入电子邮件邮箱。SMS可以提供各种各样的服务，包括天气预报、交通信息、娱乐信息、金融信息、导向服务等。

2）无线网络接入服务

随着很多公司参与到无线网络的竞争中，大多数公司都充当了无线应用服务提供商或者WASP的角色，这些公司的职能类似于互联网中的ISP。例如，GoAmerica公司所提供的无线互联网服务，可以用无线的方式访问任何网站，并提供多种有效渠道为用户提供网上内容，同时用户可以任意访问无线Email及公司的局域网。以上的访问方式是通过公司的NOC（Network Operation Center，网络操作中心）来架设移动设备和网站之间的桥梁，只要移动设备中安装有公司的浏览器，就能随时随地访问互联网。另外，在移动设备上安装浏览器，可以将桌面计算机上的网站内容同步到移动设备上，从而可以在移动过程里阅览网站内容。在移动设备上显示网页的技术有多种，如WML（Wireless Markup Language，无线标记语言）。

3）语音提示服务

为了把语音控制功能带入无线网络，使网络具有语音导航和语音识别功能，AT&T、Lucent、Motorola、IBM等公司制定了VoiceXML标准。具有语音导航功能的网络直接面向大众市场，移动电话或PDA用户无须任何专业设备或技巧，便可轻松访问此网络。例如，Retrieve公司是一家向用户提供语音接入的电子商务公司，该公司每月向用户提供一次服务，用户可以拨号登录到公司网站，利用手机读取电子邮件。Mapquest公司提供有语音驱动的导向服务，他们在导向地图上增加语音功能，使导向服务更加直观。

语音导航功能对于当前移动商务来说，存在较大的局限性。用户通过具有自动语音应答的系统，执行一系列复杂的操作和输入之后，才能得到想要的服务。用户要么记住一长串复杂的功能选项，要么就是反复聆听语音提示菜单。这种服务方式，不适合功能复杂的移动商务。今后利用语音提示服务完成商务活动，应采用语音识别系统来对用户的提问进行响应，从而有效减少用户操作，提高交易效率。

4）基于位置信息的服务

在美国，利用移动商务技术，网上销售商可以知道用户的具体位置。因为FCC（Federal Communications Commission，联邦通信委员会）发布了一条强制性命令，要求所有的蜂窝电话、PCS和SMR通信公司必须以67%以上的精确度测定出用户的具体位置，以便处理一些紧急情况，位置确定的误差不得大于50m。通信公司可以充分地利用这种位置信息，将此类信息出售给网上销售商或者ASP（Application Service Providers）。网上销售商或者ASP可以利用这些位置信息开发出一些有价值的服务，如汽车导航、查询购买机票、预订餐位、预订宾馆等。

只要无线设备处于开机状态，利用现代跟踪定位技术，就可以精确地定位无线设备的位置。移动设备的位置信息目前由通信公司和网络运营上所垄断，并且可能将这些信息提供给执法部门或紧急服务部门，从而来协助这些部门完成相应任务。同时，WASP也可能从通信公司得到这类信息，以便有针对性、更好地改进他们的服务，但这极有可能触犯个人隐私。

① 由PocketMail公司生产的能把调制解调器信号翻译成声音信号的设备，可以让用户通过语音电话进入电子邮箱。

目前，用于跟踪定位移动设备的技术有基于手持式 GPS 接收器的定位、基于通信基站的网络定位以及基于蓝牙网络的定位技术。这些定位技术可以相互作用、互相协调和转换，从而方便地确定移动设备的位置。多种定位技术相互作用如图 3-27 所示。

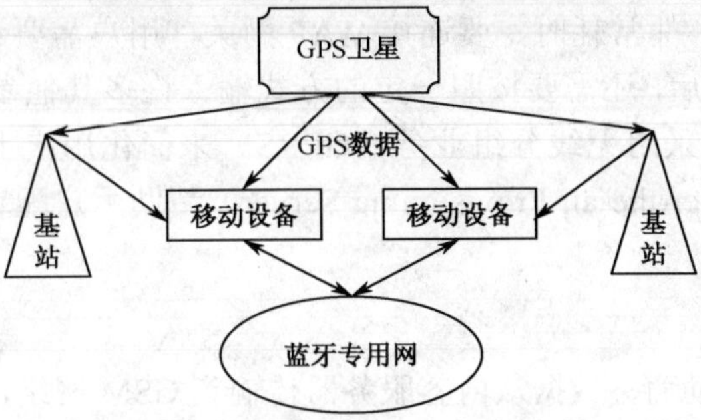

图 3-27　多种定位技术相互作用

5）数字化内容服务

电子书籍是影响移动商务发展的关键因素，只要有了移动的电子图书阅读设备，就可以在任何地方阅读电子图书，这使得电子图书使用起来比较方便。因为电子图书容易获取、删除和回收，促使了电子图书市场的迅速发展。电子图书向移动消费者所开辟的一条全新渠道，影响了数字音乐的销售发展。虽然受到无线网络带宽较窄这样的局限性约束，但人们还是发明了一些新的技术，向 PDA 用户提供视频信号。例如，人们就可以在 PDA 上安装 ActiveSky 的播放器，或者播放原子力公司①的电影。

3.7.2　移动商务应用架构

支持基本的移动商务服务正常工作的模块包括软件组件、设备的组织过程、网络和服务器等。移动商务应用系统如图 3-28 所示。

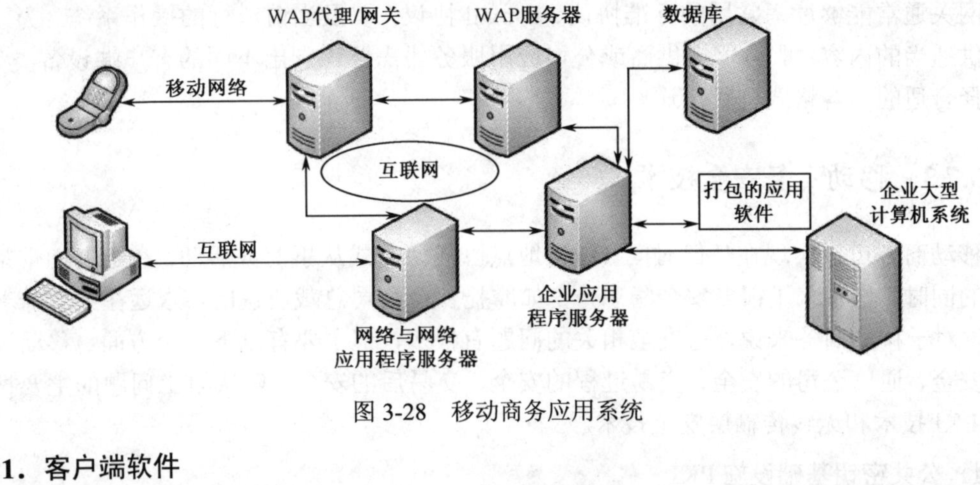

图 3-28　移动商务应用系统

1. 客户端软件

大多数类型的 PDA 或手机都可以从互联网上下载浏览器软件。移动浏览器由诺基亚、OpenWave、爱立信等公司开发。这些移动浏览器软件具有不同的图形用户界面，可满足个

① Atom Files 正在致力于制作一些短小的动画节目，并与 Shockwave 公司合并，以使 PDA 可以播放视频节目。

性化设置要求。

2．客户端服务设置

目前，消费者要接受移动商务需要一个较长的时间，其中一个主要的原因就是设置新的 WAP 电话非常麻烦，非常耗时，要连接 WAP 网关，用户需要设置太多参数。另外，在用户建立起无线连接以后，还需要按照一定的方式输入许多其他参数，才能进行内容访问。因此，为了吸引用户，采用无线分组业务（GPRS）来简化用户上网的操作，同时采用空中接口支援服务器（Over-the-air Provisioning Server）帮助用户配置他们的手机，以便尽快访问特定网站。

3．网络

在移动网络上，移动商务数据从内容服务器传输到 GSM 网络，然后，GSM 网络负责将数据传送到指定的移动设备。只要无线网络是联通的，服务提供商无须担心无线网络的问题。如果数据通过短消息业务（SMS）传送，服务提供商需要通过 SMS 网关进行网络访问，这个过程涉及的部件通常有 BS（Base Station，基站）、HLR（Home Location Register，归属位置寄存器）、MSC（Mobile Switching Center，移动交换中心）、VLR（Visiting Location Register，访问位置寄存器）以及计费和收费系统。其中，HLR 为移动网络中永久用户信息的主要数据库；MSC 用于处理和控制电话的交换；VLR 用于临时存放用户信息，以便管理漫游用户的请求。在欧洲，GSM 网络非常庞大；而在美国，CDPD、Mobitex、CDMA、DataTAC 等网络更加普及一些。

4．服务器软件组织

移动软件服务通常是基于一定版本的 HTML 或者 XML。HTML 只是处理数据的显示问题，而不处理数据本身的内容；而 XML 不仅能够显示参数，解释信息，而且允许信息提供商定义信息的外观及功能属性。例如，如果使用 XML 将信息传送到一个无线手机屏幕上，可以通过 XML 删除所传送信息中的所有图像[①]。

网关通常能够读写常用的标准协议、E-mail 协议，以及当前流行的操作系统。为了向用户提供适当的内容，服务器提供商或公司应用服务器需要识别出不同的客户端设备类型，才能选择合适的内容格式进行投送。

3.7.3 移动商务安全技术

移动商务可以实现在任何时间、任何地点以任何方式从事商务活动，在给人们带来交易方便的同时，也带来了很多安全隐患，正如摩托罗拉公司总裁所说的，永远在线意味着永远恐慌。对于移动商务来说，与安全相关的问题有很多，但主要有以下四个方面：移动设备的物理安全、通信公司的安全、交易过程的安全、交易后的安全。解决以上问题的主要技术手段有 PKI 技术和无线传输层安全技术。

1．公共密钥基础设施 PKI

利用 PKI 可以有效地解决交易过程中的数据机密性、完整性、身份真实性认证和交易不

① 移动网络上传送的信息，在从内容服务器上传送到具有 WAP 功能的设备时，无线网关对传送的内容进行加密，并压缩成二进制形式。

可否认性，能够对交易过程留下足够的交易凭证，从而保证交易的事后可审查性。PKI 是有线电子商务中常用的安全技术，可以保障交易的安全性，但它也不是万能的，它仅能解决部分安全问题。

PKI 是一种遵循既定标准的密钥管理平台，它能够为所有网络应用提供加密和数字签名等密码服务及必需的密钥和证书管理体系。简单来说，PKI 就是利用公钥理论和技术建立的提供安全服务的基础设施。完整的 PKI 系统必须具有权威认证机构（CA）、数字证书库、密钥备份及恢复系统、证书作废系统、应用接口（API）等基本构成部分，构建 PKI 也将围绕着这五大系统来着手构建。PKI 技术是信息安全的核心，除此以外，PKI 还需要制定安全策略和相关法律来共同支撑 PKI 的运行，因为技术不能解决所有安全问题。PKI 的基础技术包括加密、数字签名、数据完整性机制、数字信封、双重数字签名等。PKI 最基础的技术是公开密钥加密技术，该技术主要的关键是对公钥和私钥信息的管理。对公钥信息进行集中管理和保护，目前常采用数字证书来进行。

2．无线传输层安全技术

使用 PKI 技术，要求设备拥有较强的计算能力，而由于移动设备本身的局限，为了节约空间和电源消耗，要使用有线网络的标准 PKI 证书是不现实的。因此，人们提出了无线传输层安全（Wireless Transport Layer Security，WTLS）的概念。同时，为了解决移动设备显示空间小的问题，采用无线应用协议（WAP）①，WTLS 嵌入在 WAP 协议中。但 WAP 协议在使用中，给无线设备的应用带来了一系列的安全问题。有线设备和无线设备，因其处理速度和存储容量的差异，使得两者对于密钥的生成、保存以及认证都存在差别。移动设备不能直接与 SSL 协议直接协作，在互联网中利用 SSL 协议传输的数据，必须通过 PKI 网关实现转换，翻译为 WTLS 协议，才能识别和处理。

由于传统有线网络中应用的 PKI 系统无法完全移植到无线网络上，所以无线 PKI 系统结构应在有线 PKI 系统的基础上进行修改后形成。无线 PKI 组件包括 RA（Registration Authority，注册机构）、CA（Certification Authority，认证机构）、EA（End Entity Application，最终申请者）、存放证书的目录、PKI 端口。无线 PKI 体系结构如图 3-29 所示。

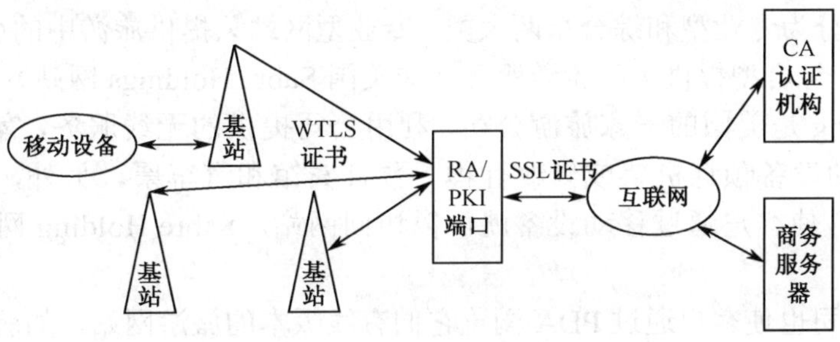

图 3-29　无线 PKI 体系结构

传统的 PKI 系统基于 ASN.1 标准②处理请求，对移动设备来说，这些标准算法的计算量

① WAP 技术可以将 Internet 的大量信息及各种各样的业务引入移动电话、PALM 等无线终端之中，无论用户在何地、何时，只要需要信息，就可以打开 WAP 手机，查找网上信息或者网上资源。具体详情可以参考 WAP 论坛官方网站：www.openmobilealliance.org。

② ASN.1 抽象语法标记（Abstract Syntax Notation One）：ASN.1 是一种 ISO/ITU-T 标准，描述了一种对数据进行表示、编码、传输和解码的数据格式。

太大，因此无线PKI使用WML和WML脚本符号函数进行计算。在传统PKI领域，人们认为1024位的密码就足够安全了，在同样的安全性能下，无线PKI利用ECC技术①的163位密码就可以实现，降低了加解密的计算量。同时，无线PKI证书只选取了X.509标准证书的一部分内容，并缩短了证书字段长度，从而有效节约移动设备存储容量。

3．WAP与SIM工具箱

GSM网络利用SIM STK来支持通信服务、人机接口控制、菜单管理、应用程序空间和附件管理等功能。通过STK卡可以使用户使用通信公司提供的个性化菜单。目前，不同通信公司的SIM卡之间还没有较强的交互能力，但STK具有处理公用密钥的能力。

WAP1.2定义了一种支持WAP识别模块（WIM）的方法，利用WIM可以对移动用户进行身份验证，与WTLS相结合，可以提供较强的身份验证功能。WIM是一种具有抗破坏能力的计算机芯片，可以嵌入到WAP设备或智能卡中，许多移动设备都设有WIM卡插槽。WIM卡可以存储一些关键的信息，如初始化网络连接和进行安全身份验证的私钥和公钥等信息。WIM的应用取决于WAP功能移动设备的市场应用广度，虽然目前STK非常流行，但由于WAP提供了跨越不同类型网络的标准，基于WAP技术的WIM将会得到越来越多的应用。

3.7.4 移动商务技术在旅游业中的应用

随着移动商务在旅游业中日益得到广泛应用，大多数旅游服务公司都会在原有的网站功能的基础上拓展出移动应用，如地图服务、导航服务、各类旅游信息服务，使得游客在到达一个新的地区时，可以通过手机无线接入获得上述各种服务。除了以上这些静态的旅游指导外，移动商务已经在旅游行业的许多方面得到了应用，从而提高了工作效率，增加了对游客提供的服务和服务价值。

1．旅游移动商务网站

旅游移动商务网站的构成一般分为两种：一种是在原来传统网站的基础上，通过WAP网关来拓展其服务；另一种是通过WML来开发全新的适合移动用户的网络应用界面。旅游移动商务网站主要是针对旅游的吃、住、行、游、娱、购等要素来提供信息服务和商务服务。网站提供的功能分为专业型和综合型两大类，专业型网站只提供旅游中的少数服务（如点评网、去哪儿等），综合型提供多种旅游服务（如美国Sabre Holdings网站）。

Sabre Holding是美国的一家旅游公司，利用公司提供的无线服务，客户可以通过具有WAP功能的移动设备预订机票或修改行程，预订宾馆和汽车票。另外，公司通过对公司网站②进行修改，使客户通过移动设备就可以访问网站。Sabre Holding网站主页如图3-30所示。

许多旅游公司也使客户通过PDA浏览它们有线版本的旅游网站，如航空旅游公司（the Air Travel Center），通过使尽可能多的旅游信息和服务能够满足WAP标准，游客的无线设备就可以轻松访问在线旅游信息和服务。Expedia公司也向客户提供无线WAP访问功能，客户可以查看个人旅游信息，如日程安排、航班起降时间、宾馆预订情况、旅游方向、飞行状态、固定飞行账号、地图等。

① 椭圆加密算法（ECC）是一种公钥加密体制，最初由Koblitz和Miller两人于1985年提出，其数学基础是利用椭圆曲线上的有理点构成Abel加法群上椭圆离散对数的计算困难性。

② Sabre Holding公司网站网址是www.travelocity.com。

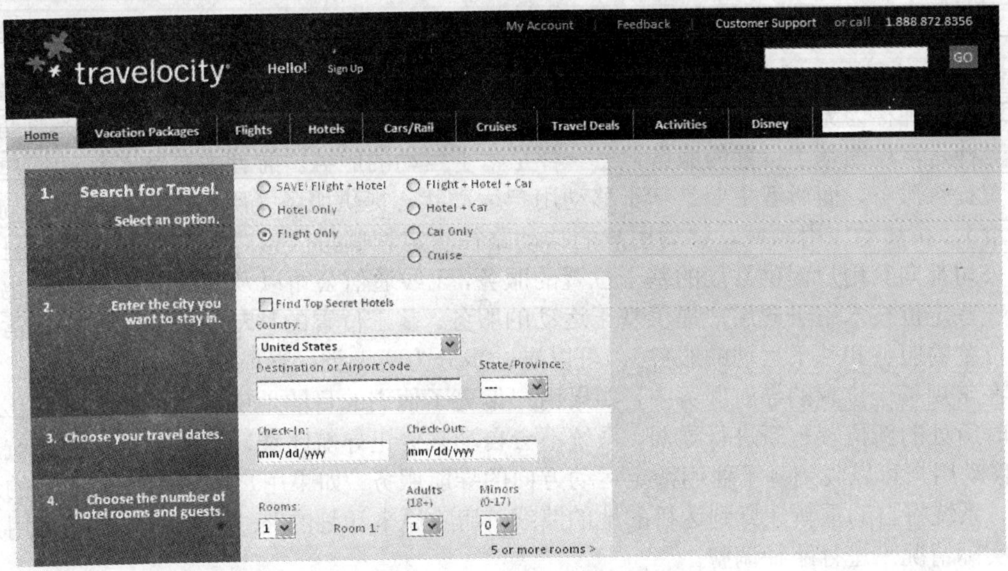

图 3-30　Sabre Holding 网站主页

利用同步工具，有些网站向客户提供无线同步技术，使客户的在线网络配置文件与移动设备相一致。例如，Expedia 公司与其交互式合作伙伴 AvantGo 提供了一种 Expedia To Go 服务。Pocket PC、Palm、Windows CE 等用户可以把个性化旅游信息下载到无线或与桌面计算机相连的 Pocket PC 上，或者安装有 HotSync Manager 的 Palm 设备上，以及安装或没有安装调试解调器的 Windows CE 设备上。对于网络电话用户来说，利用 AT&T pocketNet 网络电话，游客可以通过 AT&T pocketNet Travel 菜单访问 Expedia To Go 服务；或者利用 Sprint、Verizon 和 Nextel 网络电话，通过 MSN Mobile 访问 Expedia To Go 服务；或者利用 Cingular 网络，在浏览器中输入 expedia.com/daily/html/default.asp 地址直接访问 Expedia To Go 服务；或者在一些使用 WML 的网络电话中，在浏览器中输入 expedia.com/daily/wml/default.asp?tpid=1 地址访问 Expedia To Go 服务（如图 3-31 所示）。

图 3-31　Expedia To Go 服务

2．旅游中的导航服务

在旅游过程中，开车或者走路都可以使用移动设备或移动服务来实现对旅游线路的规划，这是一种称为无线的基于运动的服务（Wireless Motion-based Service）。此服务有两种类型：一种是常规的基于位置的服务；另一种是基于运动的服务。前者主要针对移动用户的静止位置提供服务，而后者主要是基于移动用户运动状态提供服务（所在地点、运动方向、运动速度）。在移动应用领域，移动用户的移动路径决定着哪些信息对用户比较重要。目前，许多公司都向其用户提供常规的基于位置的服务，无线通信公司以及其他的一些公司也正在开展一些定位技术用于向用户提供基于运动的服务。基于位置的移动交通服务（包括常规的基于位置的服务和基于运动的服务），可以进一步分为两大类：导航和交通信息。

在常规基于位置的导航服务中，如果用户偏离了他们的目的地或方向，就必须从移动用户当时所处的新位置重新进行导向，系统不会自动来修正导航路线。在基于运动的导航服务中，移动用户可以收到基于他们特定运动方向的导航服务。如果用户偏离了他们的目的地或方向，系统将自动重新计算到达目的地的路线，清除原来计划的路线，从而根据移动用户所处的实际情况来进行路径调整。

在交通信息服务中，基于运动的交通信息服务只会向用户发送他们行车路线前方的交通信息；而常规基于位置的交通信息服务会扫描移动用户周围的交通情况，有时候会发送一些对移动用户没有任何意义的信息，如刚刚走过的道路交通情况。

大多数基于位置的交通和导航应用既支持瘦客户端也支持胖客户端，还有的移动设备嵌入了由基于位置的服务向基于运动的服务切换的功能。许多基于位置的导航服务利用标准的 XML 和基于声音、WAP 或 SMS 的用户界面的 Java API 进行开发，并通过安全连接与在线电子地图和国家地名数据库相连，提供地名智能提示，访问当地黄页，和一些广告系统连接。同时，基于位置的导航系统提供了强大的搜索功能，方便用户找到目的地和行车路线，同时用户还可以将搜索结果保存在移动设备或远程服务器上，以方便下次搜索。目前，很多智能手机生产商（如诺基亚①、苹果等）都将导航服务集成到了智能手机上，并提供多种定位技术（如 GPS、蓝牙网络、基站定位等）来确定移动用户的位置，同时配合强大的电子地图搜索功能，使手机的应用得到了扩展。诺基亚导航服务如图 3-32 所示。

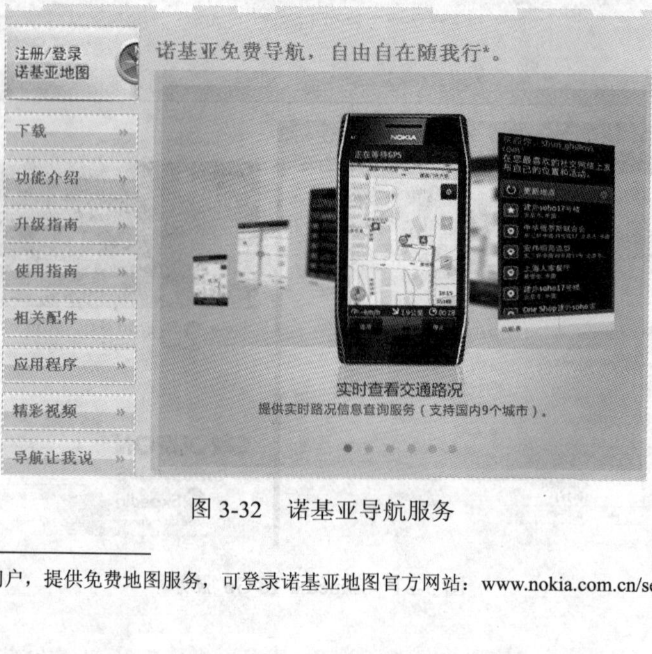

图 3-32　诺基亚导航服务

① 诺基亚 OVI 网络应用门户，提供免费地图服务，可登录诺基亚地图官方网站：www.nokia.com.cn/services-and-apps/ovi-maps 了解应用详情。

3．移动客户关系管理

CRM 已经成为移动企业应用中最热门、增长速度最快的一个市场，许多已经认识到 CRM 的重要商业价值的企业正在寻求把无线技术应用于他们的客户管理。例如，Aberdeen 公司自 1998 年以来在 CRM 方面的投资已超过 300 亿美元；Siebel 等公司利用关键的 CRM 使得经济业绩成倍增长，获得了巨大的成功。由于所有的企业都想留住老客户，吸引新客户，因此，现代的商业模式越来越强调以客户为中心，并围绕客户来改进公司的商业模式。

由于移动客户关系管理（Mobile Customer Relationship Management，MCRM）具有极其重要的商业价值，也逐渐受到企业的关注和应用。MCRM 的商业模式就是客户利用 PDA 等无线移动设备通过无线网络访问公司敏感的产品、金融数据。利用 MCRM，销售人员有了更强的移动性，显然这将增强销售的优势，增加客户满意度，但同时也带来了一定的安全问题。避免出现 MCRM 应用中的安全问题的安全策略主要有三个方面。

（1）CRM 数据属于公司所有，对销售人员和客户访问数据的权限应该进行明确划分，限定访问数据方式，在销售人员和客户离开公司，应对其对应访问权限进行撤销，明确客户对与数据的保护职责。

（2）采用安全的同步技术和工具实现公司统一的数据同步工作，不允许整个公司网络的数据同步。

（3）实行有效的开机保护标准，如开机身份验证、有限次的密码尝试，开机不会泄露用户个人信息等。

手机是移动商务应用，如客户关怀、客户关系管理以及基于信息、广告、交易、支付的一个无线接入点。对 MCRM 应用来说，移动设备已经成为客户和公司进行全天候接触的一个重要接触点，由于移动设备的私有性，所以可以根据移动设备对用户的身份进行验证和确认。在旅游业，MCRM 已经得到很多公司的重视，在旅游行业价值链的大多数方面都有移动商务应用的支持。例如，移动商务应用可以帮助消费者选择一条旅游线路或者参观一条旅游线路。从 CRM 的角度看，移动商务之所以能够在旅游业得到广泛应用，就是因为很多旅游公司能够在旅游者结束旅游之后，继续与旅游者保持联系，只有那些能够实时发送游客现场观光体验的旅游公司才能吸引游客，使游客得到最大程度的满足。旅游行业的 MCRM 价值链如表 3-3 所示。

表 3-3　旅游行业的 MCRM 价值链

	旅游管理							
	旅游前	去机场	到达出发机场	在飞机上	到达目的机场	返回原出发地	旅游后	下一次旅游前
移动商务应用	市场开拓、客户预订、旅游日程 安排 销售	把游客及行李运往机场 运输车辆、火车、出租车	检票、候机 安全检查 护照管理 游客购物 退税服务 登机	安全和建议 食物和饮料 娱乐休息 购物服务 通信档案	行李 丢失行李跟踪 运送游客 购物	把游客送到家或办公室或旅店	考核程序 保持与游客的联系 收集客户反馈的信息	下一次旅行 为下一步的市场开拓提供指导
用户界面	手持、掌上型或袖珍型个人计算机	移动设备	机场休息厅（移动设备）	带靠背的显示屏	机场休息厅（移动设备）	移动设备	手持设备	手持设备

4．基于位置的服务

基于位置的服务（Location Based Service，LBS），是通过电信移动运营商的无线电通信网络（如GSM网、CDMA网）或外部定位方式（如GPS）获取移动终端用户的位置信息（地理坐标或大地坐标），在GIS平台的支持下，为用户提供相应服务的一种增值业务。LBS包括两层含义：一是确定移动设备或用户所在的地理位置；二是提供与位置相关的各类信息服务。

从总体上看，LBS由移动通信网络和计算机网络结合而成，两个网络之间通过网关实现交互。移动终端通过移动通信网络发出请求，经过网关传递给LBS服务平台；服务平台根据用户请求和用户当前位置进行处理。并将结果通过网关返回给用户。其中，移动终端可以是移动电话、个人数字助理（Personal Digital Assistant，PDA）、手持计算机（Pocket PC），也可以是通过Internet通信的台式计算机（Desktop PC）。服务平台主要包括Web服务器（Web Server）、定位服务器（Location Server）和LDAP（Lightweight Directory Access Protocol）服务器。

Web服务器的作用（中心管理单元）如下。

（1）用户接口。包括静态WML页面及动态ASP页面。

（2）与定位服务器通信，建立定位请求并将其发送给定位服务器，然后从定位服务器接收定位回复。

（3）与LDAP服务器通信，Web服务器根据位置信息和用户的选择形成LDAP服务请求并发送给LDAP服务器，并接收LDAP的响应。

定位服务器的功能如下。

（1）甄别合法用户访问。

（2）提供用户位置信息。

LDAP服务器的功能如下。

（1）保管所有LBS服务所需的信息，这些信息可以分布式存储于多个服务器中，每个服务器可能只负责管理某一商场或某一区域的信息。

（2）中心服务器等待由Web服务器根据位置信息和用户选择所形成的LDAP请求。在数据库中查找处理后返回Web服务器。

LBS的服务流程如下。

（1）移动终端用户以WAP协议通过WAP网关向Web服务器发出请求，包括用户代码、密码和电话号码。

（2）Web服务器将这些信息送到定位服务器，如果是合法用户，则接受请求并记录用户当前位置送回到Web服务器。

（3）Web服务器通知用户已经成功登录并允许用户进一步提出想要查找的内容。

（4）Web服务器根据位置信息和用户的选择形成LDAP服务请求并发送给LDAP服务器，LDAP服务器在数据库中搜寻满足用户请求的信息，并通过Web服务器将相关信息发送给用户。如果LDAP服务器在用户所在蜂窝范围内没找到满足条件的内容，则搜索相邻的蜂窝，如果仍未找到，就向用户回复相关信息。

旅游具有明显的移动特性和地理属性，LBS和旅游的结合十分切合。在旅游业应用中，LBS可以实现信息查询、旅游救援、旅游地营销、旅游公共信息服务和旅游车船管理等功能。LBS在旅游中的具体应用如下。

（1）旅游信息查询。旅游者可以查询旅游地的最佳游览线路、景点信息以及周边的宾馆信息、餐馆信息、银行信息、公交信息等。例如一个自助游客想知道离景区最近的宾馆，就可以利用 LBS，通过智能手机终端查询到最近的宾馆地址、房间图片、收费情况、服务态度、用户评价等信息。在选定了具体的宾馆后，又可以查询到达的公交线路以及周边的餐馆信息等。

（2）旅游救援。目前，我国人身安全和紧急救助报警只能依靠固定电话，这给急需报警而附近又无固定电话的报警人带来极大的不便，甚至使突发病人和人身受到突然攻击时的报警变得不可能。移动位置服务手机的持有者只需按下几个按钮，警务中心和急救中心在几秒内便可知报警人的位置，从而提供及时的救助。美国已规定，至 2001 年 10 月，所有手机必须具有定位报警功能。事实上，LBS 在美国的最初发展，正是为了解决用户在拨打救援中心电话紧急求救时因无法说清自己所处的位置而带来的难题。如今，移动通信网络会在将该紧急呼叫发送到救援中心的同时，将该游客的具体位置一并传送给救援中心，这就大大提高了救援的成功率。

（3）旅游地营销。旅游地营销是 LBS 的增值服务之一。手机短信息就是一种初级的 LBS 服务形式。如今，在手机用户跨越省界时，都能在第一时间收到“××地区欢迎您！”的问候。手机短信适合传播短小精悍的信息，范围广，速度快，对用户有选择性。如今，有的地区在手机短信问候中结合了旅游宣传语，并将当地官方旅游信息中心、旅游问讯中心的电话号码、当地旅游广播的频率等告诉游客，对游客进一步使用这些信息服务设施起到导航作用。

（4）旅游公共信息服务。作为公共信息服务，旅游黄金周预报信息、天气信息、特殊提示信息等都可以通过手机短信传递给游客，引导游客的安全出行和合理流动。在旅游危机管理中，手机媒体由于用户广泛，可作为突发情况下紧急启动的媒介系统。无论是自然灾害（如台风、海啸、特大冰雹、沙尘暴、大雨、山洪、地震等），还是社会危机如恐怖活动、袭击旅游者事件等，LBS 都能在危机状态下，将真实、准确的信息及时传递给每一个受到潜在影响的游客，有利于安抚旅游者的情绪。

（5）旅游车船管理。同样，LBS 也可以用于车船管理、车辆跟踪等企业应用。通过移动定位，旅游车船公司可以明确知道自己每一辆车、船的确切位置，以方便调度管理。

本章案例

同　程　网

1. 背景

同程网（www.17u.cn）创立于 2002 年，总部设在中国苏州，经过数年的艰苦创业，该公司目前拥有员工 270 多名。2007 年，同程网已成为国内最大的旅游 B2B 电子商务平台，目前 B2B 平台 www.17u.net 拥有旅游企业注册会员 4 万名，月增加注册会员 2000 名，在全球 ALEXA 排名中名列中文旅游网站前五名，旅游资讯类网站第一名。2005 年 11 月，同程网开通了基于 Web 2.0 的大众旅游平台同程旅游网 www.17u.com，力图打造全新的旅游网站模式。目前该网站拥有国内最好的目的地指南、23000 多条旅游点评、35000 多条旅游问答、36000 多个旅游博客、20 万普通游客注册会员。

2. 公司定位

1）目标市场

同程网是“国内最大的旅游电子商务平台之一，也是目前中国唯一拥有双平台的旅游电子商务平台。”同程网的两个平台的运营目标客户不同，战术方法不同，自然战略定位也不同。同程网的目标只定位在B2B和B2C上，也就是同程网的行业商务和社会商务。

（1）同程网的行业商务（www.17u.net）。同程网是中国最大的旅游交易平台，同程网搭建了包括旅行社、酒店、景区、交通、票务在内的近10万余家旅游企业间的信息、交易平台，在全球中文旅游网站中排名前三，旅游B2B交易网站排名第一。

（2）同程网的社会商务（www.17u.cn）。同程网在2005年正式启动大众旅游市场，向超过300多万注册会员提供包括在线酒店机票预订、景区门票折扣与预订、旅游线路比价搜索、特惠餐馆、旅游资讯及博客服务在内的全方位旅行及旅游相关服务，并成功打造成为以旅游点评、旅游问答、旅游询价、旅游博客为特色的Web 2.0时代的新旅游旗帜网站。

2）收费方式

对于行业商务是B2B方式，同程网主要通过会员费和广告费获取收入；而对于社会商务是B2C方式，同程网主要通过与相关酒店、景区、餐馆等获取一些中介费用。

3. 商业模式

1）旅游服务

全国连锁式的旅游服务是同程网旅游服务的特色。同程的目标是，对于任何一个城市的游客，看到“同程旅行全国连锁”的标志就知道这里可以提供酒店机票预订、租车、门票预订、线路预订等服务。这是一种模式的建设过程，也是一种新的信任关系的建设过程。“同程旅行全国连锁”并不改变旅行社原有经营体制，从表面看，旅行社只是多挂了一块牌子，有点像一个旅行社联合体，只不过这是一个巨大的旅行社联合体。但和传统旅游联合体不同的是，几千家旅行社不仅在同程旅游网（www.17u.com）拥有自己的“网店”，而且都可以接入同一个分销平台，进行散客的酒店、机票、门票、旅游线路的分销。

2）旅游用品的零售

传统旅游业和在线旅游业各具优势，在目前的市场上，除相互竞争外，更多的是相互补充。而同程旅行连锁计划最希望达成的效果就是将传统分销和在线分销结合起来，更大限度地满足普通消费者的需求。

（1）普通旅行社门市在客户接待上的优势将被充分发挥，消费者可以方便地进入旅行社中，与服务人员进行面对面的交流，更细致地了解旅游产品各方面的情况，服务人员也可以记录每一位客户的特殊需求，及时为客户设计更加人性化的产品。当然，面对面的交易最重要的特点就是大大提高消费者的信任度，以保证有更好的“售后服务”。

消费者可以从任何一家同程旅行连锁店中购买到全国任意地区的旅游和旅行产品，无论是单项产品还是打包产品。进入一家旅行社就如同进入了一个巨大的旅游超市，对于需求多样的消费者来说，这是最具吸引力的一点。适应人们各种空余时间的旅游产品也可以刺激旅游市场进一步发展。

（2）对于习惯于在线预订的消费者来说，无论是上网的方式还是电话的方式，同程旅行连锁店都给出了相应的解决方案，每一家旅行社就是一个电话中心，随时提供服务，而各个旅行社也在同程旅游网上拥有自己的网上门市——旅游网店，满足喜欢足不出户的消费者的需求。

3）特有的 Web 2.0 模式

2007 年，同程旅游网完成了一次彻底的改版。改版之后的同程网将实际的旅游产品（如线路、酒店机票、门票等），与时下正流行的 Web 2.0 模式成功结合，创造性地建立了一种新型的旅游门户网站。致力于为出行者提供最贴心服务的同程旅游网，不同于传统的旅游资讯网站，不同于时尚的旅游出行社区，也不同于纯粹的在线预订网站，而是三者合理的结合与发展。

在资讯方面，同程旅游网摒弃了原始的资料添加和堆积，更多地利用了网友的自主分享，极大地实现了互动式的资讯和信息传递。

在网友体验上，同程旅游网则专注于旅游博客的建设，目前已经成为中国最好的旅游博客服务商，为网友记录旅游经历，分享行走感悟，为更多人出行提供了非常好的平台支持，尤其是旅游博客大赛的成功开展大大推动了旅游信息的分享和传播，让网友获得最大的满足。

在产品预订上，同程旅游网更是充分发挥了其在旅游 B2B 电子商务上的领先优势，尽力展示推广数千个旅游企业的实际产品，这一突破为同程旅游网建立了一个非常好的行业壁垒，使得其他同类网站的模仿复制永远无法落实到最终的服务上。

4. 核心优势

1）独特 Web 2.0 模式的优势

（1）信息收集的高速性：Web 2.0 的信息提供者是分散的个体，而个体的巨大数量提高了信息收集的速度。

（2）信息形式的个性化：信息传播者的差异性使不同提供者的信息形式也存在一些差异，而这种差异会满足信息获取者的个性化需求。

2）优势资源

同程网经过长期酝酿，利用拥有 4 万旅游产品供应商的资源优势，于 2005 年 1 月推出面向普通游客的 B2C 平台。游客可以通过旅游点评、旅游提问，旅游询价、旅游博客等互动形式参与到网站中，并可直接与旅行社、酒店、景区、交通等旅游供应商进行沟通，进行旅游采购，降低旅游者采购风险与采购成本。随着 B2C 平台的推出，同程网成为目前中国唯一拥有双平台（B2B 旅游企业间平台和 B2C 大众旅游平台）的旅游电子商务平台。

3）网络优势

同程网利用网络优势，将流行的 Last Minute 概念加以推广，整合酒店中突然取消的团队房、No Show（预订酒店或机票，人却未到场）的散客房等瞬间积压的资源，以超低价的优势在极短的时间内为其寻找新的买家。虽然看起来是偶然性资源，但是当这种偶然性积累到一定数量，达到相当的规模，就变成了必然。而只有网络这种工具，才能让这种瞬间资源的规模化变成现实。

案例分析题：

（1）访问同程网网站，归纳该网站业务功能的实现应用到哪些技术。

（2）Web 2.0 是什么技术？对同程网创造了哪些价值？

（3）同程网的支付流程如何？用到了哪些支付技术？请分析。

（4）下载同程网手机客户端，分析其移动商务功能依赖哪些技术来实现。

本章小结

本文介绍了旅游电子商务中常用的信息技术，同时也结合信息技术的发展，介绍了物联网和移动商务技术，旨在使旅游电子商务能够选用不同的新技术来实现在原来传统旅游经营中无法实现的应用目标。信息技术还在发展，将来还有多少新技术会被旅游电子商务所容纳，我们不得而知，但信息技术的发展将会给旅游电子商务带来更多的商业机会，极大地改变现有旅游企业的商业模式。本章主要对旅游电子商务中所用到的互联网技术、数据库技术、多媒体技术、虚拟现实技术、电子支付技术、物联网技术以及移动商务技术进行了简要介绍，并对以上技术在旅游活动中的应用进行了分析，在此基础上阐述了信息技术在旅游电子商务活动中所创造的经济价值。以上内容的介绍，仅仅是对应用于现代旅游业中大量信息技术的一瞥，主要关注了旅游电子商务中信息流、资金流、物流、客户体验、商务安全等方面的技术内容，使我们能够从技术原理、功能和应用三个角度去审视一项技术所能创造的经济价值，这对于旅游企业的管理者在开展旅游电子商务计划时，具有非常重要的现实意义。

复习思考题

（1）简述Web技术的含义及其组成。

（2）简述互联网接入方式有哪些。

（3）简述网络数据库的选择原则及其主要的数据备份方式。

（4）简述虚拟现实的含义及其特征。

（5）简述多媒体技术的含义及其主要组成技术。

（6）简述基于SSL协议的信用卡支付流程。

（7）简述基于互联网的第三方支付流程。

（8）简述情景感知的概念及其系统的构成。

（9）简述物联网概念及其关键技术。

（10）简述移动商务的概念及其主要应用。

讨论题

（1）互联网具有哪些商业价值？并举例说明。

（2）一家小型旅行社想要接入互联网，如何选择接入方式？考虑的因素主要有哪些？

（3）选择两款主流的数据库软件，比较这两款数据库产品的优势和劣势，并给出比较结果。

（4）与基于 SET 协议的信用卡支付方式相比，为什么基于 SSL 协议的信用卡支付方式更受到用户的欢迎？请分析。

（5）物联网两大体系 EPC 和 UID 有何不同？

（6）物联网技术在未来如何应用于旅游行业？请阐述你的设想。

网络实践题

（1）登录乐旅网网站内容管理系统（http://www.lelvw.com/），利用演示系统实际操作后台业务管理，从而实现对前台旅游信息服务内容的管理。

（2）访问北京中天灏景网络科技有限公司网站，体验双峰山虚拟漫游（网址：http://vip.converse3d.com/index.php?m=content&c=index&a=show&catid=97&id=197），同时访问石林风景区景点漫游（网址：http://shilin.microthink.net/flash/），描述虚拟现实技术给你带来的旅游新体验。

（3）访问淘宝网（www.taobao.com），参加淘宝新手学堂（http://www.taobao.com/help/buy_step1_01.html?spm=1.1000386.220662.10.KwWAJ4），模拟网上购物，操作信用卡支付流程和第三方支付流程，比较两者的区别。

（4）利用自己的手机，分别通过 GPRS 和 WLAN 方式连接进入互联网，并访问谷歌网站（http://www.google.com.hk/intl/zh-CN/mobile/maps/）；和你的同学利用手机蓝牙功能构建蓝牙网络，相互交换电话名片。

（5）访问谷歌网站，下载谷歌手机地图（http://www.google.com.hk/intl/zh-CN/mobile/maps/），安装地图软件到自己的手机上，操作谷歌地图定位自己目前的位置，找到离自己最近的购物商店，规划从当前位置到达购物商店的行车路线。

第 4 章　旅游电子商务网站的建设

电子商务网站是企业对外宣传的门户和窗口。一个成功的电子商务网站能够为企业带来良好的宣传效果并产生直接或间接的经济效益。如何建好一个企业网站是一项复杂的系统工程，需要面对商务、技术和社会等一系列的复杂问题，要用系统化的方法去组织网站的实施建设。目前，大多数企业网站的建设是通过技术外包，或将待发布信息通过虚拟主机网页生成器对外自动发布。由于涉及经济能力、技术实力和实际应用等多方面的问题，这两种方法都存在各自的优势和不足。随着网络经济的不断发展，网络必将成为企业竞争的又一主战场。因此，电子商务网站的建设必须组织专门的人力资源团队有计划、按步骤地进行。电子商务网站建设必须考虑以下因素：硬件结构、软件、通信容量、网站设计、人力资源和组织能力。旅游电子商务网站以网络为主体，以旅游信息库、电子化商务银行为基础，利用最先进的电子手段运作旅游业及其分销系统的商务体系，整合相关资源，建设网络上的旅游资源平台，更好地拓展和发展旅游业。

4.1　旅游电子商务网站的规划设计

网站是互联网的表现平台，而制作这个平台的过程就是网站建设。网站建设是应用各种网络设计技术，为企事业单位、公司和个人在国际互联网上建立自己的站点并发布信息。当前，绝大多数旅游网站建设的目的是为旅游企业对外设立一个开放的窗口，将旅行社可以提供的旅游线路、旅游报价、旅游咨询等所有需要对外传播的信息全面展示在世界面前，以期得到外界的反馈和咨询，同时赢得更广泛的客户资源。也有的企业除了提供信息展示、查询，还开展了网络订购业务，提供相对丰富的功能。旅游企业涉足电子商务，一定希望通过建立电子商务网站展示自身形象、发布产品信息、把握市场动态，为企业提供新平台、新天地，进而可以通过电子商务开拓新的市场，以较少的投入获得极大的收益和利润。这就需要明确旅游电子商务网站建设的目标、要求和期望，根据企业的需要对网站进行规划和设计。

4.1.1　旅游电子商务网站规划的任务与步骤

网站的规划设计是企业为了实现网上商业目标，规划网站实施步骤的具体计划安排。其主要内容包括制定企业实现商业目标的行动计划，确定行动过程中的人员组织、任务、时间及安排。电子商务网站规划是以完成企业核心业务转向电子商务应用为目标的，网站设计能够实现企业的未来商业模式，设计支持该模式的电子商务体系结构，并选择相应的技术方案，给出具体的建设步骤及时间安排，说明网站建设时的人员组织，网站测试、维护、评估所需的必要开支以及未来收益。规划目标是制定电子商务网站的发展蓝图，决定网站在整个企业电子商务系统建设中的发展方向、发展规模和进程。

1. 旅游电子商务网站规划的任务

旅游电子商务网站规划的任务主要包括以下4个部分。

1）旅游电子商务网站的定位和发展方向

不同类型的电子商务网站，其功能、内容、设计等方面都有着非常明显的区别。旅游企业应根据实际需要进行选型，确定网站的定位，并制定网站的发展方向，这对于旅游电子商务网站的建设、使用和管理都是非常重要的。

2）旅游电子商务网站的用户需求分析

不同类型的旅游电子网站，其用户有不同的消费类型和消费群体，并且有不同的消费需求和期望。因此，如何更好地的了解、分析、明确用户需求，并且能够准确、清晰地在旅游电子商务网站的建设过程中以按照满足用户需求为目的正确项目开发方向进行，是旅游电子商务网站是否成功的关键问题。

3）制定旅游电子商务网站的总体开发方案

在对企业自身进行初步调查和分析的基础上，根据旅游电子商务网站的定位和发展方向，确定旅游电子商务网站的总体结构，以及网站各组成部分的结构和组成，制定建设网站的总体开发方案。

4）可行性研究

根据旅游电子商务网站的环境、资源等条件，评估系统建设的投资和收益，并根据数据判断网站建设的可行性。

5）制定网站实施的具体计划

根据旅游电子商务网站开发方案具体确定各阶段需要完成的任务，制定一个可执行的建设进度表。在建设进度表中，应规定各个任务的优先次序和完成任务的时间安排，给项目组成员安排具体的任务和时间要求。

2. 旅游电子商务网站规划的步骤

旅游电子商务网站规划的步骤包括以下9个方面。

（1）确定网站建立的目的。

（2）根据旅行社目标确定网站的类型。

（3）确定网站的主要内容和功能。

（4）研究制定网站所需要的技术及技术方案。

（5）设计网站内容。

（6）制定网站测试和发布计划。

（7）制定网站的维护及管理计划。

（8）确定网站建设日程表。

（9）提出财务方案，并审核。

3. 旅游网站规划的方法

旅游网站规划的方法有很多，如关键成功因素法、企业系统规划法、目的/方法分析法和投资回收法等。常用的是关键成功因素法和企业系统规划法，下面将简略介绍这两种方法。

1）关键成功因素法

1970年，哈佛大学威廉·泽尼（William Zani）教授在LMIS模型中使用了关键成功变量，这些变量确定了模型成败的因素。过了10年，由麻省理工学院的约翰·罗克特（John Rockart）教授把关键成功因素（Critical Success Factors，CSF）提高成为LMIS战略。关键成功因素是指在一个组织中的若干能够决定组织在竞争中获胜的区域（或部门），如果这些区域（或部门）的运行结果令人满意，组织就能在竞争中获胜；否则，在这一时期内的努力将达不到效果。利用关键成功因素法，可以分析出构建旅游电子商务网站的关键因素，然后根据各关键因素逐一解决，确定网站的设计方案。

运用关键成功因素法建设旅游电子商务网站可分为以下4步。

（1）了解旅游企业（建立电子商务网站）的战略目标。

（2）识别所有的成功因素。可以采用鱼刺因果图画出各类因素以及影响这些因素的子因素。

（3）确定关键成功因素。

（4）确定关键成功因素的性能指标，并根据这些性能指标对所有关键成功因素进行评价，确定旅游电子商务网站建设的优先级。

由于企业的关键成功因素是由众多工作人员汇集起来的，而在这些关键成功因素中可能存在冲突的目标，因此那些不能有效沟通自身战略的企业目标与规划的矛盾非常突出。在企业中，知识工作者和管理人员可能并不知道如何将自己的工作与组织的战略结合起来，这最终会导致企业可能选择了并不支持企业整体目标的个别关键成功因素，设计出的网站根本不能满足企业需求。

2）企业系统规划法

企业系统规划法（Business Systems Planning，BSP）是IBM公司于20世纪70年代初创建并逐步发展起来的，是一种对企业管理信息系统进行规划和设计的结构化方法，适合对企业电子商务网站系统的规划。利用这种方法能够确定出电子商务网站的总体结构，明确网站中各功能模块组成和开发的先后顺序；可以对数据进行统一规划、管理和控制，明确各功能模块之间的数据交换关系，保证信息的一致性。

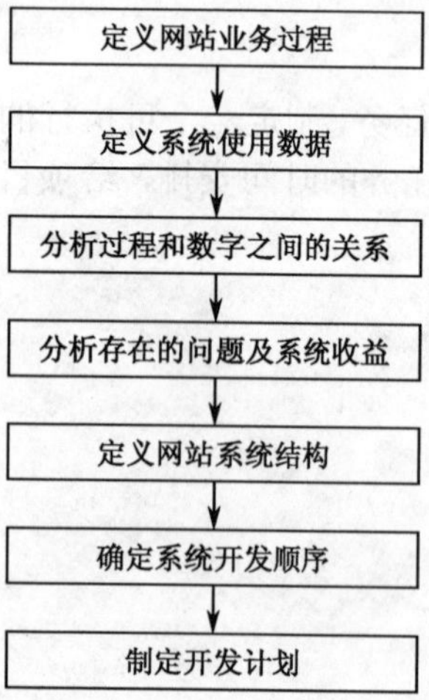

图4-1　企业系统规划法开发流程

图4-1是利用企业系统规划法开发企业电子商务网站的流程。根据旅游企业的实际情况，可以把每一个步骤具体细化，得到更为具体的步骤目标。

企业系统规划法也有一些不足之处，它虽然强调目标，但是却没有明显的目标引出过程，把企业目标过渡为网站系统目标，有时候会出现混淆不清的现象。

4.1.2　旅游电子商务网站建设的基本问题

在旅游电子商务网站的建设中，必须考虑并明确几个基本的问题，包括网站建设的目的、网站的功能定位以及网站策划、域名选择等一般性问题。

1. 旅游电子商务网站建设的目的

旅游电子商务网站应该结合旅游企业的营运目的，并真正能为该网站的使用者服务。一般来说，建设网站大致需要达到以下几个目的。

（1）树立企业形象。通过网站，宣传企业的文化理念，介绍企业的产品和服务所具有特点和市场定位，提供行业发展最新信息等。让浏览者了解企业的规模、结构、产品、理念、经营宗旨、经营目标、远景规划、发展趋势，通过文字资料、图片等资料使企业更真实、更具有说服力地展现在客户面前。尽可能让客户对企业有更全面、更细致的了解。增强企业的竞争力和知名度，最大限度地展示企业的形象，以便加强企业的行业影响力。

（2）增强客户服务。企业通过企业网站，一方面，建立统一的客户资料发送和接收系统，增强客户资料的安全性、稳定性、及时性，维护客户的利益；另一方面，以快捷、方便的方式提供企业及其产品的信息和客户所需的服务，提高服务质量。同时，运用先进的传播扩展手段，拉近了企业与客户的距离，增强了与客户的关系。

（3）实现网络营销。好的旅游电子商务网站不仅可以宣传企业的形象，还能够帮助企业实现网络营销。网站可以缩短旅游企业推出新产品和打开新市场的周期，最大限度地满足客户需求，以达到开拓市场、增加盈利的目的。旅游企业将自己的产品信息及经销商信息发布在网站上，客户根据情况可申请加入该企业的销售网，也可直接通过网站预订系统向企业预订；企业收到预订信息后对其进行确认，然后为客户提供资料。

（4）建立信息数据库。信息数据库对内主要是旅游产品信息，旅游企业将销售的旅游产品在网站进行宣传介绍，并按照旅游产品结构进行分类，以利于客户查阅购买，进行对信息的保存、搜索、查看、再利用等；对外主要是客户信息，用于收集和管理客户的相关信息，便于对客户的推荐和跟进，让客户尽可能多地了解企业性质和业务特征，以促进企业的营销活动。

2. 功能定位

（1）地区性：成为中国旅游门户性网站。

（2）权威性：通过与各行业协会的合作，成为行业权威性网站。

（3）范围：集成新闻发布管理、网站内容管理、酒店预订管理、旅游线路系统线路管理、会议预订管理、机票预订、留言簿管理、广告发布管理、自助友情链接、天气预报、注册（代理）会员、旅游论坛、订单管理等多套系统。

（4）风格：根据定位的主题、风格，或大众化，或特殊性。由于主题的特殊性，网站设计风格应结合网民的浏览习惯，功能上以大众化方式进行操作，页面设计上应当在具备大众化的同时，加以特色设计，让网站与一般网站不同，刺激网民的感官。

3. 网站建设的一般性问题

（1）网站的策划。一个实用、有价值的网站应该具有一定的功能，是网络技术与企业的实际相结合的产物。网站的建设过程，实际上是企业的营销过程，因此需要专业的策划。网站设计者要了解企业的各种需求，包括了解企业的市场状况、竞争状态、营销渠道、方式及方法等，与互联网技术相结合，把适合网上操作的过程移到网上进行。因此，企业网站的建设需要一个完整的策划，它包括市场分析、可行性分析、目标群体分析、网站的主要栏目设置、网站的主要功能、网站的整体结构等。

（2）网站空间的选择。网站建设需要有自己的空间，即选择合适的服务器。空间的大小是由企业的规模、网站的功能来决定的。一般来讲，实力雄厚的大型旅游企业，出于自身庞大的数据库和安全的考虑，首选独立架设服务器；中型企业可选择服务器托管服务，节省管理、维护服务器的成本；小型企业可与人共同分享虚拟主机，即空间租赁。

（3）域名的选择。选择一个与企业名称和形象相符的域名，是企业进行网络营销的前提。由于域名具有唯一性，一旦注册成功，其他任何机构都无法注册相同的域名。因此，域名是企业重要的网络商标，在网络营销中起到企业标志的作用。在选择域名时，要考虑到域名与企业的名称、标志相统一。好的域名首先应具有简洁性，避免过长的字符导致记忆的困难。此外，域名还应该考虑到互联网的国际性，兼顾国际用户。一个好的域名，决定了企业网络品牌形象能否成功树立。如果一个域名不便被潜在用户记忆应用，就是一个失败的选择。

4.1.3 旅游电子商务网站建设的设计要素

网站的设计建设风格和结构直接影响网站使用者的感受，进而关系网站今后的用户数量和网站的推广。因此，在进行网站设计的时候，要注意相关要素的设计和安排。

1. 基本要素的设计

1）美观大方且兼具合理性、系统性、逻辑性的网页

首先应充分考虑网页的美观度；其次可运用多媒体技术，在网页中加入Flash、3D片头动画、三维实景演示及MP3、AVI等音视频播放下载，加强旅游信息展示的直观性。此外，应处理好首页打开速度与网页美观度之间的矛盾，如可将图片以较小尺寸在首页上显示，通过点击放大浏览原图。

2）网页结构设计必须注重科学性

在首页上设置网站信息的总目录，尽可能将主题内容放在首页，减少游客点击进入下层网页查阅的次数。首页上的内容应定期更换，以提供最新最快的旅游资讯，更换的内容可放入下层网页。

在开放的网络中，国内旅游电子商务网站所面对的也是全球旅游市场，来自世界各地的游客都可能成为旅游电子商务网站的浏览者和客户。目前，我国大多数旅游电子商务网站只有中文简体一种语言版本，无法满足全球不同地域游客的需要，应根据我国现有的主要国际客源市场，增设其他语言的网页版本，如中文繁体、英文、日文、韩文、法文、德文等，以满足不同语种和区域游客的需要。此外，还可根据需要，单独开设面向不同国家、不同民族的外语板块，有针对性地提供相关信息。

3）设置各种类型的交互性栏目

互动设施的建设也是旅游网站必不可少的。有实力的大型旅游电子商务网站，可以提供完整的社区服务，如语音聊天室、BBS论坛、留言板、个人免费邮箱、用户意见调查表等。中小型旅游电子商务网站若不能建设完整社区，也应在选择一些功能（如BBS论坛）进行设置。旅游电子商务网站的论坛可以根据旅游业的特点，在论坛中分设旅游法律法规、旅游交通、旅游餐饮、旅游商品、景区景点、旅游住宿、旅游常识、游记等各类主题板块，让游客在相应讨论区发表意见或咨询相关问题，吸引游客踊跃参与讨论。

4）设置旅游网站的管理系统、安全防护系统及其他设施

由于旅游信息尤其是旅游商务信息变动较快，旅游网站内容的更新也应是较为频繁的，因此应设置可利用浏览器进行网站管理的管理系统。由于目前网络操作系统和不少应用软件

存在一些漏洞和不够完善之处，而旅游管理业务尤其是旅游电子商务对网络的依赖程度越来越高，网站数据的稳定、安全和在线交易中客户资料的保密都要求网络管理者高度重视网络安全与防护。为尽量完善旅游网站的功能，还应该在网站中安插一些辅助设施，如网站全文检索、网站地图等。此外，为使网站的独家旅游信息或图片、音视频等资料不被别人盗用，网站版权的说明也是不能忽略的。

2．不同类型旅游网站的特殊构建要素

1）专业旅游网站的设计要素

对于专业旅游网站，提供交通、食宿及旅游产品等的查询、预订是最主要的功能。目前，专业旅游网站大多能提供机票及酒店宾馆的查询预订服务。在网站的客房预订中加入客房的最新销售情况和促销折扣情况，预订功能会更加完善。火车票和出租车的预订是当前专业旅游网站预订功能中的薄弱环节。专业旅游网站若能与铁路运输部门联合，开通火车票的网上预订服务，可以给游客提供更加优质、方便的服务。同时，自驾旅游的预订服务、出租车的预订服务必然会受游客欢迎。此外，提供酒店、机票、出租车、门票等的组合预订服务以及门票或导游的预订服务也是目前专业旅游网站设计不足的地方。

鉴于网上用户中包含不同层次收入者，而低收入者更是占了相当比例，因此专业旅游网站提供的产品服务应该是多层次、全方位的。商务旅游近年来在我国发展较快，但针对商务旅游的特别服务在专业旅游网站中却极其少见，开辟商务旅游的专项服务也是值得专业旅游网站考虑的重要问题。

2）政府旅游网站的设计要素

政府旅游网站应侧重于充分提供政策性服务信息，如旅游法律法规，旅游政策文件；旅游业规划、计划；旅游外事信息；旅游新闻及政府的相关通知公告；旅游审计、监察；旅游科学研究；年度旅游统计数据以及旅游黄金周数据统计；旅游行业相关信息；涉及食、住、行、游、娱、购的相关旅游企业信息。

3）旅游目的地网站的设计要素

旅游目的地网站应将旅游目的地的详细信息提供给游客，同时进行旅游目的地旅游促销，因此以下的构成要素是必不可少的。

（1）在网站的首页，应设置能简明而生动地反映目的地形象或文化内涵的网站标志。

（2）对旅游目的地的简要文字描述。

（3）旅游目的地的地理、地形、气候及着衣等注意事项的说明。

（4）旅游目的地的照片、图像。

（5）网站地图或内部链接的列表。

（6）旅游目的地浏览日程的建议安排。

（7）旅游目的地文化风俗及当地重大活动的介绍。

（8）根据目的地的主要境外客源市场提供不同语言版本。

（9）可供联系的电子邮件地址。

（10）网站的访问人数统计。

（11）网站最后更新日期。

（12）在线调查或在线注册的功能。

而信息的详尽程度直接影响着游客对旅游目的地的选择以及对旅游目的地的满意程度，

因此建设旅游目的地信息数据库是旅游目的地网站义不容辞的责任。

还有一些功能也是不容忽视的，如根据一年四季旅游目的地景观的变化及淡旺季的交替，对旅游目的地网站发布的信息进行调整的功能；设置自动安排旅游行程的智能数据库，使游客只需填入出发地、目的地、旅游天数和费用等信息，就自动生成旅游行程安排表；利用计算机网络通信、多媒体数据库、虚拟现实技术、地理信息系统等现代信息化技术，开发设计旅游景区虚拟漫游展示系统，全方位、多层次地展示和介绍旅游目的地的自然和人文景观，以满足游客远程网上虚拟旅游的要求。此外，还应提供以旅游目的地为背景和内容的精美图片、壁纸、精品游记的电子书、Flash、屏保、视频等的免费下载服务。

4.1.4 旅游电子商务网站的需求分析

旅游电子商务网站的需求分析可以分为 3 个阶段：第一阶段是系统调查阶段；第二阶段是网站的功能描述阶段；第三个阶段是评审阶段。

1．系统调查阶段

系统调查由一些有经验的网站开发人员来完成，主要调查旅游企业的概况、旅游网站的目标、旅游网站的风格要求、企业人员的素质、现行旅游信息管理系统的设备和软件系统使用情况、新网站开发具有的条件及存在的问题。

2．网站的功能描述阶段

系统调查结束后，结合本企业的特点和系统调查的结果，确定旅游电子商务网站的功能。首先确定构建旅游电子商务网站的类型，如构建基本型旅游电子商务网站或专业旅游电子商务网站。选型确定后，再分析具体的网站应具有的功能。以基本型旅游电子商务网站为例，旅游电子商务网站需要具备旅游企业的宣传、旅游产品的介绍、在线旅游产品订购、网络客户服务、用户的注册登录、用户信息统计、合作伙伴之间链接等功能。得到主要网站功能后，再将功能逐步细化，形成最终的网站功能清单。

3．评审阶段

将前两个阶段得到的结果写成文档交由专家或主要负责人进行审核，对前面工作的正确性、完整性和清晰性进行评价。需求分析是系统设计的第一步，也是最重要的一步。在做需求分析时不要怕耽误时间，一定要深入、细致，多次研究、反复探讨得到要设计的旅游电子商务网站的真实要求。在需求分析完成以后，分析整理形成最终的需求分析报告，指导后面的旅游电子商务网站的设计和开发工作。

根据规划的结果首先要对旅游电子商务网站进行定位，确定旅游电子商务网站的类型，并就其可行性进行分析。

4.1.5 旅游电子商务网站的定位及可行性分析

网站定位就是在目标客户的心目中为旅游企业和旅游产品及服务创建特色，赋予一定的形象，以满足和适应客户一定的需求与偏好。成功的定位往往奠定了成功的基础。网络的出现虽然拉近了游客和旅游企业的距离，为双方提供了一个媒介。但是，旅游企业在提供具体的旅游产品、服务以及营销之前，首先要对旅游产品在市场上处于何种位置、市场中竞争对手的状况、产品的市场份额，以及目标客户的心理进行全面的了解和分析，掌握市场动向，做到知己知彼、百战不殆。如果不进行定位，很有可能导致投资不能换回相应的收益，并损坏企业的形象和声誉。

网站定位分析的内容主要包括以下几个方面。

1．确定目标客户群

网络中有众多用户，但是不可能每一个人都成为旅游企业的消费者，旅游电子商务网站也不可能达到使每一个在线旅游用户满意。在这样的情况下，需要确定企业最有价值的客户群，设定他们为网站的目标客户群，了解他们的需求，规划与设计符合目标客户群的专业旅游电子商务网站，为他们提供所需的旅游产品或服务，满足他们兴趣与爱好，吸引他们对网站的注意力。

对网上目标客户进行分析，不仅要找到其表面的、内在的、具有可塑性的各种需求，而且要挖掘出客户在需求信息方面的各种要求，如信息来源、信息数量、信息内容、信息记录和表达形式、信息浏览和检索习惯、信息链接的层次、信息结构与功能、信息传递与反馈等。在网络中，点击率就能决定企业利润，对目标客户的定位准确就会直接决定网站的使用率和使用者满意度，进而增加点击率，提高企业利润。

2．竞争对手的调查与分析

在进行企业定位时还需掌握竞争对手的相关情况，这是进行旅游电子商务网站规划设计不可缺少的内容。竞争对手的旅游产品和经营管理方式、营销策略都会对企业经营管理、旅游产品和服务造成直接的影响。特别是在网络上，先入为主是非常重要的规律。因此，很多旅游企业即使在条件不成熟的情况下也开展各种网络商务活动。如果竞争对手的业务已经涉及网络，那么就更应该了解它的各方面的情况。

1）首先要确认网上的竞争对手

在现实生活中，行业和行业之间的界限是很明显的，并且往往存在行业准入门槛，要想实现跨行业经营是十分困难的。但是在网络中却不同，除了现实中的竞争对手在网络中可能继续成为竞争对手，其他行业的企业也可以成为竞争对手。在网络中，行业的界限越来越模糊，而且在网络中行业的准入门槛也几乎不存在，这就导致很多旅游企业可以经营多种类型的产品。网络中一站式的网络经营被普遍使用，如在同一个网站中可以实现发布旅游信息、网上公关促销、旅游市场调研和实现旅游交易的电子贸易活动；网上旅游企业洽谈、售前咨询、网上旅游交易、网上支付等。因此，企业可以利用网络重组和整合旅游企业内部的经营管理活动，实现旅游企业内部电子商务，包括旅游企业建设内部网，利用饭店客账管理系统、旅行社业务管理系统、客户关系管理系统和财务管理系统等旅游企业内部信息化管理等。

寻找网上竞争对手的方法主要有 3 种：一是直接将原来竞争对手的企业名称或主导产品名称作为主要域名进行模糊查找；二是利用搜索引擎从分类或关键词入手进行查找；三是利用行业协会网站的链接进行查找。

2）了解竞争对手旅游电子商务的战略和所开展的主要网上业务

可以通过进入竞争对手的网站浏览网站信息，通过网络查找竞争对手的资料，并通过行业网站了解竞争对手的相关信息，将收集的信息进行整理分析，确定其旅游电子商务网站的定位、旅游电子商务活动策略及企业主要开展的网上业务。

3）了解竞争对手网站的设计构架与运行效果

可以通过查看对手的用户数量统计、网站的更新速度、网站的设计风格和业务流程分析、网站硬件的升级速度等方面的信息，确定竞争对手的旅游电子商务网站的运行效果，并以此为借鉴设计建设自己的旅游电子商务网站。

3．网站的可行性分析

在实现网站的设计之前，还需要对规划的网站进行可行性分析。可行性是指在当前组织内外部条件下，信息系统的研制工作是否已经具备必要的资源及其他条件。网站实施的可行性分析包括技术可行性分析、经济可行性分析和人力资源可行性分析三大部分。

1）技术可行性分析

对于旅游电子商务网站来说，其构建和运行需要多种计算机技术的支撑与配合，包括通信技术、数据存储技术、产品识别技术等。

（1）WWW技术。这是超媒体文档传输体系，主要应用在互联网上，用于信息发布、信息浏览、查询和信息处理。WWW技术的存在实现了无差异文档传输，方便了网络中的信息交互和电子化交易，现在的大多数网站都采用 WWW 技术进行文档的传输和管理。网站也配置了 WWW 服务器。

（2）条形码及射频技术。这两种技术主要用于商品的识别和判定，也可以作为用户身份识别的手段。这两类技术对于电子商务物流是非常重要的，也可以实现网络用户对在线购买旅游产品实时跟踪的要求。

（3）电子邮件与OICQ技术。这是现在最流行的普通消费者、企业员工及合作伙伴之间的沟通方式，通过视频、语音输入可实现长距离的面对面交流。对大型传输文档可以通过附件的方式发送给对方，使销售和协作更加快捷方便。

（4）数据仓库和数据挖掘技术。在旅游电子商务中，数据仓库和数据挖掘技术主要用于各种大量繁杂数据信息的存储与分析，并提高数据处理的效率，降低企业信息成本；协助旅游企业发现旅游交易中存在的问题，寻找未展现出的未来竞争机会，为企业旅游战略决策提供服务。

（5）动态网页技术。在企业旅游网站中，动态网页技术是必不可少的，在企业旅游产品的宣传上、对旅游者的服务、网上预订、旅游目的地促销等都离不开动态网页的制作。而且，动态网页还能吸引网民的注意力，创造更多的销售机会。

上述是实现网站的常用技术类型。在对每一类技术进行选择时，还应考虑到和原有技术的衔接问题。旅游网站的建设是旅游业实现信息化改造的一部分，当网站建设成功后，会替代原有企业信息系统的一部分。因此，在设计上要注意新、旧系统的衔接，特别是原有技术衔接。如果技术之间的兼容性好，就可以减少系统更新过程中的混乱和操作者的不适应。反之，就可能会造成恶劣的结果。此外，对于技术的选择还要有利于旅游网站功能的实现，在网站的设计编写时，技术人员往往根据自己熟悉的技术对网站进行操作，采用的技术可能不适合旅游网站最终实现的功能，这时要及时阻止设计人员的行为，采用适合旅游网站功能的技术。

2）经济可行性分析

经济可行性分析主要是对旅游网站开发的资金投入和网站将会获得的效益进行分析。现在建设网站方式有很多种，如自己投资进行建设、租用硬件提供商的服务器建设、由服务商进行建设并管理等。不同的建造方式，价格差距很大，效果也会有明显的不同。旅游企业应根据自己的实际情况、拟达到的目标综合考虑网站的投资及回报的问题。

在这里，以旅游企业出资建造自己的电子商务网站为例进行分析。企业对网站的投资主要包括硬件设备和软件系统的购买成本，开发成本，培训成本，网站投入使用后的管理成本、维护成本，网站技术和设备的升级成本等几个部分。企业网站建成以后，可以提高信息处理的速度，降低管理成本，降低库存数量，加大企业之间的合作，提高客户的服务水平。从达到的目标看，对得到的收益多数是不能直接用货币进行衡量的，因此，在收益和投资方面要进行正确的分析。

一个功能完备的旅游电子商务网站投资较大，特别是后期的系统维护、网站更新、宣传成本都需要一定的资金支持，而且在网站带来企业管理水平的提高、对客户服务水平的提高等方面也不是马上就都见效的，需要一定的时间周期，对此，在投资过程中也应充分考虑。但是，不能因此就判断长时期看不到回报是比较正常的事情。如果旅游电子商务网站的规划方案没有明确的盈利时间表，或投资回报的周期太长，这样的方案也是不成功的。

3）人力资源可行性分析

旅游电子商务网站创建需要技术人员，投入使用后需要网站的维护和管理人员，网站的内容更新需要信息提供人员，而日常的网站使用也需要使用者有一定的知识和技能。创建人员可以由专业企业的人员充当，日常管理和维护人员也可以专门聘用，但是网站的内容更新则需要旅游企业信息部门的人员处理；网站的使用者主要是企业员工，如果员工的素质不足以从事日常工作的话，那么再好的商务网站也只是一个装饰品，根本起不到应有的作用。因此，在进行网站规划时要对企业的人力资源进行调查，并使企业管理模式与网络管理相适应，这样才能发挥网站的真正效用。网站规模不同，需要的组成人员也不同，大的网站可能有几十人，小的网站可能只有一个人。一个大型网站的技术人员构成如图 4-2 所示。

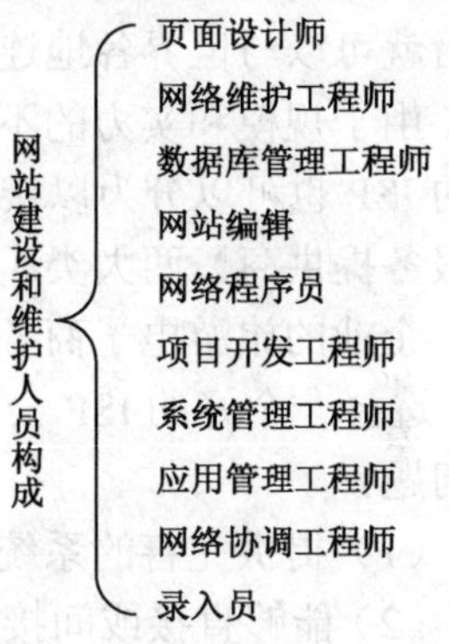

图 4-2　大型网站的技术人员构成

网站建设需要多种技术人才，除上述人员外，传统媒体（报纸、广播、电视）工作人员和各方面的管理人员也是网站需要的人才。

完成可行性分析后，要形成可行性分析报告，用以指导网站的建设及后续工作。当决策层决定投资建设旅游电子商务网站以后，网站的实施工作正式开始。一方面，需要组织硬件设备的建设、软件系统的操作；另一方面，还需要进行网络资源的准备。网站最终要放在网络上，成为互联网的一部分，因此，需要注册域名，找到合适的 ISP 提供商。

4.1.6　域名及 ISP 选择

在旅游电子商务网站的建设过程中，要注意域名及 ISP 的选择。旅游企业域名是旅游电子商务网站的一个重要标志，取一个好的域名，能为企业赢得更多的客户，获得更多的经济利益。一个合适的 ISP，能够为网站今后的日常使用和长久发展提供良好的基础保障。

1．域名的选择

旅游企业的市场定位是起域名的依据。若市场定位面向国内，则采用汉语拼音或组合数字的方式较为适宜。英文域名适合国外市场，但是国内市场可能会受到影响。两者如何权衡，要看经营者的决策。当然，也可以注册两个或多个域名，一个面对国内，另一个面对国外，这样可以同时兼顾。

在给旅游企业选择域名时需要注意以下几点。

（1）域名应尽可能与企业的名字完全一致。

（2）域名应该朗朗上口且让人过目不忘。如果能让人们看到域名就能够想到企业，则再好不过了。

（3）域名不要太长，避免写错或者记错，这对企业网站的访问量是十分不利的。

（4）域名中不要出现怪字符，这些字符也不利于记忆和使用。

一个好的域名应该经过多次的论证，不要随心所欲。域名将对旅游网站的成功与否产生深远的影响。

2．ISP 选择

ISP 的成功选择会给企业旅游电子商务网站的日常使用和长久发展奠定坚实的基础。域名注册成功之后，下一步要选择一个合适的 ISP。ISP 是互联网服务提供商的简称，是指专门从事互联网接入服务、相关技术支持及咨询服务的公司或企业，是众多企业和个人用户进入互联网空间的驿站和桥梁。ISP 服务商通过自己拥有的服务器和专门的线路 24h 不间断地与互联网连接。当企业需要进入互联网时，只要先通过网络设备与 ISP 端的服务器连接好，然后就可以与世界各地连接在互联网上的计算机进行数据交换。

由于规模和实力的不同，各个 ISP 提供的服务也是有区别的。目前在国内，提供增值服务的 ISP 也可以分为以接入为主的 IAP（接入服务提供商）和以信息资源服务为主的 ICP（信息服务提供商）两大类。

企业的旅游电子商务网站必须通过 ISP 接入网络，而且需要通过 ISP 完成网站的诸多功能。选择一个好的 ISP 会直接决定旅游电子商务网站的成功与否。在选择时需要考虑以下几个问题。

（1）提供完善的系统化服务。

（2）能够直接或间接提供强大而稳定的电信上网服务。硬件线路的通畅是网站实现的现实基础，在选择 ISP 时要考虑其硬件接口。如果不能提供良好的硬件通路，那么不能选用这样的 ISP。

（3）具备权威机构授权的域名代理机构，如 CNNIC 授权的 ISP，能够提供在网上 24h 为企业注册网上商标——域名，并形成多年的延续性服务。

（4）能够根据企业的需要，量身打造网上公司，提供虚拟主机服务，提供性能价格比合理的网站空间、网站电子信箱服务、域名自动指向等一体化服务，并提供多项免费服务和网页制作等。

（5）能够为企业提供网上商务的后台支持解决方案。好的 ISP 在软件系统的设计、维护和技术支持方面的实力应非常雄厚，其应该具有强大的专业技术人员队伍，能够对旅游电子商务网站进行日常的维护和管理，并能进行技术升级和网站的可扩展性操作。

（6）能够为企业提供有效且超值的网站宣传服务台。企业在选择 ISP 时，还应注意它在同业内的声望和地位。一个好的 ISP 可以给企业提供网上营销，并与强大的搜索引擎和知名网站相连，拥有庞大的网民群体。这样，对于企业的宣传是非常重要的。

4.2　旅游电子商务网站的开发技术

在网络中，信息的处理过程与采用的技术有很大关系。只有采用适当的技术，才能实现企业电子商务网站的目标。本节就数据库技术、视频技术、电子邮件技术等网站必备的技术进行简单的介绍。

4.2.1　Web 数据库技术

强大的旅游电子商务网站，由以下多个系统构成：企业信息管理系统，包括旅游信息的汇集、传播、检索和导航；旅游产品信息管理系统和在线服务系统，包括网站提供旅游产品（服务）及相关产品（服务）的各种优惠、折扣，航空、饭店、游船、汽车租赁服务的检索和预订等；营销管理系统，包括从网上预订车票、预订酒店、查阅电子地图，到完全依靠网站的指导在陌生的环境中观光、购物。另外，它还包括定制支付系统、客户管理系统、合同管理系统以及网站管理系统几个模块。每一个模块都要有大量的信息进行交互，数据库是旅游电子商务网站非常重要的一个组成部分。传统的层次数据库、网状数据库、关系数据库已经不能适应网络市场的需求。

在这种情况下，网络技术和数据库技术相结合的 Web 数据库技术随之诞生。

与 WWW 和数据库的应用结构模式一样，Web 数据库也属于 B/S 结构的一种，即 Browser/Web Server。一个典型的 Web 数据库应用系统由用户界面——Web 浏览器、信息存储和数据采集——数据库服务器、一个连接前两者的 Web 服务器和应用服务三个部分构成。Web 数据库结构如图 4-3 所示。

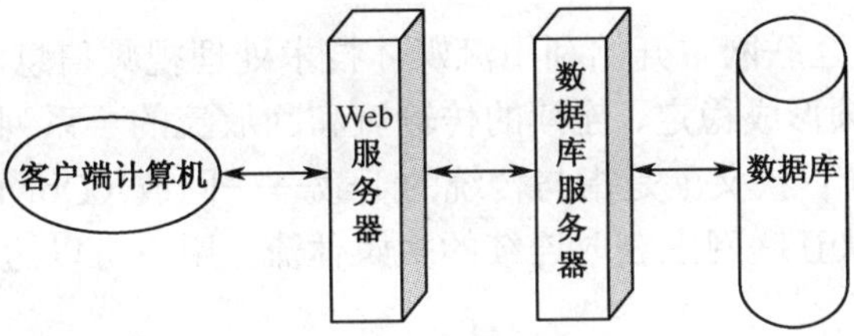

图 4-3　Web 数据库结构

Web 数据库的特点表现在以下几个方面。

1．数据处理

数据库采用字表多维处理、变长存储和面向对象等新的网络技术和数据库技术，使数据库应用转为全面基于以互联网为基础的应用。这方便了不同类型的数据存储，在将数据存储于数据库的基础上，减少了占用的服务器硬盘空间。

2．数据类型

复杂的数据类型一直是数据库创建和使用过程中的难题，声音和图形数据占用空间大，调用的时间长，并且处理结构也与结构数据明显不同。Web 数据库采用字表多维处理方式，支持包括结构化数据以及大量非结构化的多媒体数据等多种类型的数据，使组成用户业务的各种类型数据能够存储在同一个数据库中，使执行复杂处理的时间大大缩短。

3．支持新的编程技术

Web数据库支持新的编程技术，如ActiveX、XML等，将网络技术与数据库技术完美地结合在一起，加快了对网络数据库的数据操作。同时，还支持并能够快速开发复杂的事务处理系统应用程序，大大简化了系统开发和管理的难度，对于初级网络使用者来说很容易学习。这个特点使网络数据库的发展非常迅速。

目前，Web和数据库互联的主要技术有CGI、API、.NET、ASP、PHP和JSP。各连接技术有其优缺点。目前，在国内，PHP、ASP、.NET应用广泛。然而在国外，JSP是比较流行的一种技术，尤其是电子商务类网站，多数采用JSP技术。

数据库系统的选择和应用直接体现电子商务系统数据存储的优劣和服务质量的好坏，因此，应根据电子商务网站的规模、功能、应用环境、投入资金等因素，选择适当的数据库系统。

4.2.2　视频信息服务平台开发

互联网本身就是一个巨大的多媒体数据库，包含了丰富的视频信息，它们给网络增添了色彩，也给人们提供了更多的信息。在旅游电子商务网站中，适量的视频信息有利于用户了解网站内容。视频信息使网站的可看性更高，内容介绍更加全面。然而，传统的视频需要先完成所有的内容传输、处理后才能够使用，因此，采用这些信息使网站的浏览速度、下载速度都非常慢，反而影响了用户对网站的访问。对于旅游电子商务网站来说，需要利用新的技术构建新的视频信息服务平台。

1．流媒体及其特点

1）流媒体

20世纪90年代，在互联网中开始利用流媒体技术处理视频信息。流媒体包含两种含义：广义上是指使音频和视频形成稳定、连续的传输流和回放流的一系列技术、方法和协议的总称，通常称为流媒体系统；狭义上是指与传统的下载——回放（Download-Playback）方式相对的一种媒体格式，能从互联网上获取连续的多媒体流，用户可以边接收边播放，延时大大缩短的一种技术。

流媒体是一种可以使音频、视频和其他多媒体在互联网上以实时、无须下载等待的方式进行播放的技术。流媒体传输方式是将动画、视音频等多媒体文件经过特殊的压缩方式分成一个个压缩包，由视频服务器向用户计算机连续、实时地传送，用户需经过几秒或几十秒的启动延时后，在用户计算机上对压缩的流媒体文件进行解压，就可以播放和观看，流媒体文件的剩余部分将在后台的服务器内继续下载。

2）流媒体的特点

流媒体传输方式的特点是启动延时缩短，对系统缓存容量的需求低，并且已经形成了世界统一的通信传输标准协议。

流媒体的优点有以下几个方面。

（1）与文本相比，流媒体允许交互使用，使用户可以学会以最佳的方式展示信息。研究表明，学习同一个课题，用户每秒从一个精心制作的流媒体中吸收的信息量要比阅读文字大很多。

（2）全球性和通用性。流媒体具有全球性通用视频标准，不需要和广播、电视一样从PAL 向 NTSC 转换，流媒体接收器可以实现全球漫游。

（3）点播收看。流媒体能够在白天或夜晚任何时间提供以往制作的节目，因而可以实现用户的点播收看。

（4）交互性。在创作较好的流媒体中，观众可以通过快进、超文本链接等功能设置来进一步搜索信息，用户掌握着叙述顺序、速度以及信息的详细度等。

（5）立即可测量的反应。通过反向信道载体传送的流媒体内容，可以立即对每个用户的流点击进行分析，不仅用户可以许可广告商推销产品，广告商也可立即了解广告的投资回报。

2．视频信息服务平台的构建

旅游企业利用流媒体技术构建视频信息服务平台可以节省空间，加快浏览速度，实现实时点播等，这些都有利于旅游企业的宣传和服务。

视频信息服务平台的构建对于企业来说，需要专业的技术人员进行管理维护，同时，对网站的服务器处理速度和容量也提出了要求。在构建视频信息服务平台时，还需要注意以下几个方面的问题。

（1）视频信息的服务适合于保留时间相对较长的信息，对于时时交互的内容，不需要进行视频信息服务。

（2）视频信息平台应该包括以下功能模块：企业的宣传模块、产品的宣传模块和客户售后服务模块。

（3）在展示视频信息的同时，还应该用文字信息进行解释性描述，这样可以更清晰地介绍所要展示的内容。同时，对于那些不支持视频浏览器的用户来说，也可以通过别的渠道了解相关内容。

（4）视频在网站中的比例不宜太多，否则，不仅容易使人忽略网站的其他功能，还会直接降低网站的浏览速度。

虽然视频信息服务平台对于旅游电子商务网站是必要的组成部分，但是也要根据企业和网站的实际情况量力而行。

4.2.3　Web-mail 信息服务平台

传统的电子邮件为用户提供基础服务，在使用过程中，其缺点日益显现，已经不能满足企业网站的需求。Web-mail 信息服务平台应运而生，由于其便于操作，能够节约成本而被企业广泛使用。

1．传统电子邮件系统的局限性

电子邮件系统对于一个企业来说是非常重要的。通过邮件系统，企业内部可以进行公文流转、协同。企业利用邮件系统完成下发日常管理文件、提交报表、安排生产计划等工作，还可以与用户进行交流，如售前咨询（将新产品的宣传材料发给消费者）、售中服务（在销售的过程中指导销售活动的进行，帮助消费者了解产品和资金支付体系等）、售后服务（在销售完成后可以定期对消费者进行追踪服务、给产品升级等）。电子邮件系统也是一种非常好的企业营销渠道，如新产品的市场调研、宣传，企业的活动通知，产品定价宣传等。当然，用户也可以通过 E-mail 直接完成订货服务。E-mail 是互联网提供的基础性服务。然而，传统电子邮件在使用过程中的缺点也日益暴露出来。

首先，传统电子邮件系统采用普通邮件系统（如 Sendmail），该系统不能支持大容量用户，对于企业网站来说，多个部门要同时收发电子邮件，传统电子邮件系统不能满足要求。其次，普通邮件系统不具有高可用性，存在多处单点故障的可能性，无法提供一年 365 天、一天 24 小时的不间断服务；普通邮件系统的可管理性差，不能提供基于浏览器的管理方式，用户收取邮件必须从服务器上下载。这样做会增加受病毒侵害的概率，也降低了收发邮件的速度。现在，大多数企业多采用 Web-mail 信息服务平台收发邮件。

2．Web-mail 信息服务平台的特点

1）节约企业成本

Web-mail 信息服务平台的维护、管理、升级可以由 ISP 服务提供商负责，为企业节约了大量管理费用，减少了维护服务人员。

2）提供邮件系统方案

ISP 服务提供商可以为企业提供更好的信息服务平台解决方案，更加专业化、标准化。

3）便于操作

Web-mail 信息服务平台的操作简便，用户界面良好，适合没有专业基础的普通员工使用，可以进行大范围的推广，并减少了专业人员的管理。

3．Web-mail 技术

Web-mail 是指基于 Web 的信息服务平台，Web-mail 不需要进行 SMTP（邮件接收服务器）、POP3（邮件发送服务器）、IMAP 服务器的设置，即使是以前没有接触过 E-mail 的用户，也可以通过访问 Web 的方式得到和使用完整的邮件服务，Web-mail 给用户构造了一个相对独立的空间。Web-mail 信息服务的其典型结构，如图 4-4 所示。从图 4-4 中可以看出，Web-mail 是以普通的邮件服务器作为后台，利用 SMTP、IMAP 等标准的协议接口与之通信，而通过 Web 服务器向用户提供一套在普通浏览器中使用的邮件操作界面。它的界面直观、友好，免除了用户使用 E-mail 时需要配置客户软件的不便，深受大多数用户的青睐。Web-mail 给用户构造了一个相对独立的空间。

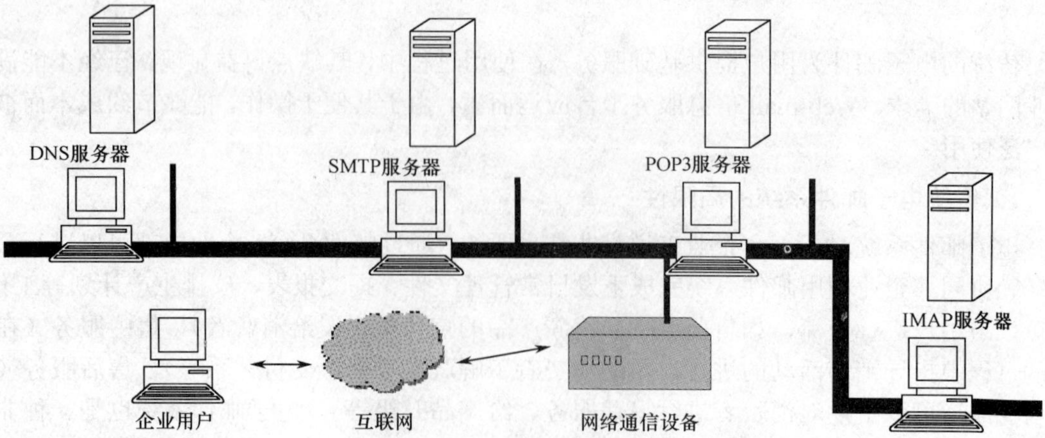

图 4-4 Web-mail 信息服务平台

Web-mail 技术是 Web 技术与电子邮件技术的结合，并且可以利用高级语言设计出个性化的邮件服务体系。

利用 Web-mail 的设置，可以解决企业特别是中、小企业的电子邮件的保密性的问题。

Web-mail 信息服务平台包括三大部分。

（1）邮件系统的收发功能模块。它是基本的处理模块，具有邮件的接收与发送，邮件分类，邮件的删除、复制和移动这些基本功能。

（2）用户需求信息收发模块。这个模块可以实现信息定制接收。由于用户不同，需求也会不相同。利用这个模块可以根据用户的需求进行定制。

（3）用户邮件信息管理模块。实现邮件用户信息管理，包括用户的账号、密码和特殊设定信息。

4.2.4　组建 ISP 信息服务平台

旅游电子商务网站建成以后，网站就会成为企业最重要的信息交流平面。旅游电子商务网站不仅是旅游企业进行销售、客户关系管理、物流信息交互的窗口，也是旅游企业收集外部信息、掌握市场动态、了解国家政府相关政策的通道。因此，应该在电子商务网站上组建 ISP 信息服务平台。ISP 信息服务平台应该包括以下几个模块。

1．全文信息检索体系

旅游电子商务网站中的检索系统主要是对网站内提供的信息进行检索。用户可以在查询条件编辑框中输入关键字或词语进行信息检索。

完整的信息检索功能还应包括模糊检索、特殊条件检索、数据分类等，通过不同方式，可以对已存在的数据从不同的角度进行查询，这对企业商务数据开发利用是有好处的。

2．信息发布系统

信息发布系统采用 B/S 与 C/S 两种模式相结合，对旅游的各种发布信息进行管理。旅游企业每天都会根据实际情况更新一些信息，如旅游动态、旅游新闻、行业管理动态、产品在线信息等。这些内容的更新频率比较高，同时，它们也是旅游企业的重要日常管理信息。利用信息发布系统对经常更新的内容进行管理，将它们输入到数据库中，控制对它们的访问级别、发布时间、审查机制等。这样，就可以有效地管理这些信息，即有利于客户了解，又可以节省大量的人力和物力。

3．专家库的建立

对于普通用户来说，具有专业旅游知识人士的推荐比企业的广告“轰炸”更有意义。在网络中设立在线专家咨询系统帮助客户解决旅游产品选择、旅游纠纷等问题，不仅可以获得更多网络人气支持，还可以把更多的旅游产品介绍给消费者，是一件一举两得的事情。企业的专家库需要经常更新，并应请一些知名的专家在网络中进行现场咨询，由工作人员对现场内容进行实时记录，然后存储到数据库中。

4．实现呼叫中心——网络信息服务系统

好的客户服务就是在用户利用任何一种方式与企业进行沟通时，企业都可以给用户以满意的答复。呼叫中心利用计算机服务器把电话、邮件、网络、传真机等多种通信设备互联，利用人工和计算机智能回复系统共同完成与用户的沟通。网络信息服务系统是其重要的组成部分，当然也是信息服务平台的一部分，包括计算机网络的呼叫服务、E-mail 咨询服务、在线咨询服务等多个功能模块。网络信息服务系统建立专门的客户服务数据库，以用户的咨询问题作为搜索条件对数据进行检索，并予以及时的答复。

5．安全验证系统

由于网站的内容对企业是非常重要的，因此，需要保证网站的信息安全。信息服务平台是企业与消费者交流的重要“场所”，所以要设立安全验证系统减少恶意用户对网站的破坏。

（1）建立用户登录系统进行登录延迟处理。通过延迟处理可以防止恶意尝试平台用户密码（字典式猜测密码方式攻击），在用户登录时进行登录延迟、暂时禁止用户等操作。如果用户在登录过程中连续登录失败，则在下次登录前，系统自动延时若干秒。若连续几回登录失败，则暂时禁止该用户登录。如果超过一定的数量限制，就永久禁止该用户的使用。

（2）在与消费者沟通的会话管理中采用安全设计。要求消费者验证登录信息，数据库内的数据信息不要存放在客户端，保证服务平台用户客户端不会泄露信息。

（3）限制非授权用户对信息服务平台的访问。通过设定 WWW 系统页面的有效期，保证非授权用户无法在服务平台客户端通过缓存来访问已经访问过的页面。

（4）SSL 管理[①]。使用 SSL 可以对通信（包括 E-mail）内容进行高强度的加密，以防止黑客监听用户的通信内容或盗窃用户密码。当已经注册的用户进入页面后，在信息传输时采用 SSL 管理，可以保证数据在传输时的安全性。

6．信息服务管理系统

信息服务管理系统是对信息服务平台的日常管理和维护功能的集成，包括后台数据库系统的更新、统一的日志监测系统、信息传输管理、用户信息管理等。

（1）后台数据库的更新是网站日常管理的重要工作。网站在使用的过程中会有新数据不断出现，对旧数据的清理和对新数据的插入是数据库的维护工作，还要保证数据的真实可用，这是信息服务平台的重要管理功能。

（2）日志监测系统对每天企业网站的所有操作进行统一的记录。通过查询日志监测系统可以对网站每天的运行情况、用户的登录情况、用户在网络中的活动情况进行统计。统计数据可以使管理者更加清楚地了解网站的运转情况和使用情况，以便进一步管理和改进。

（3）信息传输管理是对网站的出入信息检查和统计。这便于企业的管理者了解网站信息的使用情况、员工的工作情况、消费者对网站提供信息的满意程度，还可以对有问题的信息进行监控，减少网站遭受攻击的可能性，降低内部员工泄露企业重要信息的发生率，保证企业商务网站的安全。

（4）用户信息管理主要对注册、登录用户的个人信息进行管理。具体包括账号、密码、个人用户信息、用户统计等内容。对于用户信息的管理既保证了网站的安全，还能保证用户在网站上得到个性化的服务。

信息服务管理系统为信息服务平台的正常使用创造了条件。对于一个企业来说，组建信息服务平台管理系统对于提高企业影响、保护网站安全、更好地为客户服务是非常重要的。

① SSL 是 Security Socket Layer 的缩写，技术上称为安全套接字，可以简称为加密通信协议。

4.3　旅游电子商务网站的建设

网站是企业电子商务应用的重要组成部分，是企业的网络门户。网站是企业提供产品及服务信息的窗口，也是开展电子商务的基础设施和信息活动平台。应该将企业电子商务网站打造成企业对外宣传和进行信息共享与交流的窗口，应建立与拓展企业与企业、企业与客户相互联系的新型渠道，创建为企业增加利润来源的商务活动应用平台。

4.3.1　网站设计的基本内容

网站是企业的网络门户，是开展电子商务的阵地，是向消费者提供产品与服务信息的窗口，网站建设如同企业的品牌建设一样重要。网站设计是关键，主要包括以下内容。

（1）明确建站目标，了解用户需求。电子商务网站需要实现的一个目标是增加贸易机会，促进贸易效率，提高经济效益，使企业获得长期竞争优势。在企业网站建设之初，必须明确建站目标，了解设立网站的实际需求，根据需要量身定制企业网站；掌握消费者对企业网站的期望与需求，综合分析市场的状况、同业竞争对手的情况，切实可行地制定网站实施细则。

（2）确定网站总体设计方案，主题鲜明。在明确建站目标以后，开始着手网站的创意构思，也就是制定网站的总体设计方案。总体设计方案是对网站的整体风格和特色的定位，也是对网站规划的组织结构调整。网站的用户来自多个层面，既有机构，也有消费者个人。网站要有满足用户的个性化与定制化需求的柔性能力。企业网站的页面应简单明了、画面优美，只有这样，才能办出主题明确、特色鲜明的商业网站。网站主页的基本成分主要包括首页抬头、企业信息、联系信息、版权信息等。

在网站页面的链接过程中，应注意利用网站已有的信息，如客户手册、公共关系文档、技术手册等，通过页面内容的链接，可以轻而易举地将这些信息扩散到企业 Web 站点的其他地方。

（3）网站的版式设计。网页设计是一种视觉表现艺术，讲究文字内容和图片内容的编排和布局，应充分利用和借鉴平面设计的创作方法。版式设计主要通过文字图形的空间组合，展现一种和谐与美。为了使视觉效果表现最佳，应注意整体布局的合理性，使网页浏览者有视觉快感体验。

（4）网页的色彩设计。色彩是艺术表现的要素，网页设计中的色彩搭配要以和谐、均衡、重点突出为原则。将不同的色彩按照一定的原则进行组合，通过渐近、羽化和拼接等手法实现色彩组合搭配，形成一幅幅美轮美奂的网页。通常，应根据网站页面的总体风格定出一两种页面主色调。如果有企业形象识别系统（CIS），应该按照 CIS 的颜色识别系统要求运用色彩。

（5）网页形式与内容的统一。网页的设计要保持内容和形式的统一，注意将含义丰富的内容和多样化的表现形式有机地结合，组成统一的页面结构。语言描述的形式必须符合页面内容的具体要求。要善于运用对比与调和、对称与平衡、节奏与韵律、留白等表现手法与技巧，综合运用空间、文字、图片相互关联的页面表现手法，以达到页面整体表现效果的均衡，产生一种错落有致的和谐美。

（6）三维空间与虚拟现实的运用。网上的三维空间是一个假想的视觉空间，这种空间关系需借助动静变化、图像的比例关系等空间表现要素产生一种视觉效果。页面中的图片、文字位置前后叠加，或者页面位置变化所产生的视觉效果带来的空间感各不相同。随着网页制作方法的推陈出新，人们不再满足于利用HTML语言编制的二维Web页面的单一表达方式，通过VRML虚拟现实建模语言构造三维空间的视觉效果的页面受到人们的普遍欢迎。

（7）多媒体功能的利用。网页的内容可用二维动画、Flash等多种形式加以表现，唯一需要注意的是，浏览用户由于其自身网络带宽的限制，不能使多媒体网页的效果得到充分的体现。这就需要网站设计者在设计制作网页时，使系统能够实时检测用户的使用带宽，让用户选择适合自己的页面形式，浏览可选的页面内容。例如，新浪网站的新闻主页既提供多媒体网页，也提供纯文字网页，选择哪种页面形式浏览由访问者根据网速情况自行决定。

（8）网站测试和改进。网站测试事实上是模拟网络用户访问已经建好的网站，并通过使用网站提供的各种功能与服务测试网站是否达到设计要求的过程。网站测试有三种：单元测试、系统测试和验收测试。通过网站测试，可以发现网站存在的问题和不足，并针对问题提出改进意见。网站测试不仅要有实施人员参加，还要邀请网站企业、消费者和系统开发人员等不同类型的用户参与到这个环节并提出宝贵意见。

（9）内容更新与沟通。企业网站建好以后，面临的问题就是运营。一个网站能否成功地运作，既要看它的整体规划的意图能否实现，又要关注它能否不断更新内容。为了树立企业的网络品牌，必须重视网上的形象宣传，应该设立一些内容配合这个整体目标的实现。例如提供“用户园地”、“自动应答系统”（FAQ）、“在线技术咨询”等直接面对最终用户的服务，做到有问必答、有求必应。同时，企业也可以将网络作为获取市场需求的第一手资料的新途径，用户利用电子邮件、BBS、论坛等新型商务沟通工具，就像在传统方式下用电话、传真沟通一样方便，而且可以做到无人值守、自动应答与回复，这个网络信息更新与沟通的形式是实现客户营销战略的主要手段。

（10）恰当地运用新技术。网页制作的技术日新月异，企业网站要以商务应用为本，网站表现和技术应用都是以实现这个目标为宗旨。不应当将网站演变成网页制作技术的展示窗口和新技术应用的试验田。应该时刻牢记，网站所用的一切技术都应该是先进成熟的，以满足客户服务需要为宗旨。方便客户快速地获取商务信息并实现商务逻辑应用是第一位的。

4.3.2 网页设计与制作方法

1. 网页设计制作思路

网页设计制作是一个设计与实现的过程。网页成功与否，重点在于网页的构思与创意，当全新的创意与丰富的内容有机结合时，网页便焕发出勃勃生机。网页设计制作一般需要以下几个步骤。

（1）网页的选题。在网页制作之前，首先要确定网页的内容以及网页表现的目的。

（2）网页的组织结构。在网页表现主题确定以后，接着就要进行网页的组织结构设计。网页的组织结构设计也就是网站的总体结构设计，是直接关系到网站能否成功的关键步骤。在设计过程中要着眼全局，对内容了如指掌，做到布局安排合理、胸有成竹。

（3）资料的收集与整理。网页经过初步构思以后，需要不断地充实和丰富表现内容。构成网页的基本元素有三个，即文字内容、图片影像和超链接。互联网能够在较短的时间内风靡世界的一个主要原因是，丰富的信息、内容配上多媒体表现形式。由此可知，吸引人的是内容，而多媒体仅是表现形式。因此，网页核心是内容的组织与安排，其次才是在内容的基础上进行外观设计。要注重对资料的收集与整理，对收集到的资料去粗取精、去伪存真。

（4）编程脚本语言的选择。一个网站的建立离不开网页编程脚本语言的选择，目前能够用来设计网站的编程语言主要有 HTML、ASP、JSP、PHP 等。也可以使用网页制作工具（FrontPage、Dreamweaver 等）来设计网站。

2．网页设计布局类型

网页设计的布局大致可分为“同”、“匡”、“回”、“川”、“吕”等多种字型，另外拐角型、标题正文型、左右对称型、上下框架型、综合框架型、封面型、Flash 型、变化型等都是常用的布局类型。

（1）“同”字型网页结构。从整体布局上来看，该网页的格式像一个大的“同”字（如图 4-5 所示）。网页具有以下特点：页面的顶部为主导航条（主菜单），页面的左右两侧分别列出二级栏目或热点问题链接。采用这种页面版式时，需要注意页面色彩的整体搭配与协调。

图 4-5 “同”字型网页结构

（2）“匡”字型网页结构。“匡”字型网页结构和“同”字型网页结构有些相似，其实就是将“同”字型网页结构布局逆时针旋转 90°，或者将“同”字型网页结构布局中右侧的布局内容取消所得到的一种结构布局。这种布局结构克服了“同”字型网页结构中色彩难以搭配的缺陷，所列的信息量基本相同，如图 4-6 所示。

（3）“回”字型网页结构。所谓“回”字型网页结构，就是以“同”或“匡”字型网页结构为基础，在其页面的底部或右部添加了一个内容区块（如广告或链接等），使之形成一个较封闭的区间。这样设计的目的是能更充分地利用有限的页面空间，更大限度地增加主页面中的信息量；方便客户的访问，人为地缩短标题和正文之间的链接；使需要访问的信息比较直观。但是这种版式显得较拥挤、四面封闭，如图 4-7 所示。

图 4-6 “匡”字型网页结构

图 4-7 “回”字型网页结构

（4）“川”字型网页结构。如图 4-8 所示，这种页面的结构布局比较特殊，将整个页面大致分成三列，主页的内容分布在这三列中。其优点是可以增加首页显示的内容；不足是当页面太长时，色彩不易协调。

（5）“吕”字型网页结构。“吕”字型网页结构来源于上述几种结构，主要是将页面从上到下分成几个单独的模块。其实，这种结构布局也包含前几种布局风格，如图 4-9 所示。

图 4-8 “川”字型网页结构

图 4-9 “吕”字型网页结构

（6）左右对称型网页结构。这类布局采用等分屏幕的办法，是一种较为简单的网页结构布局，一般来说，页面的左半部多设置栏目导航，右半部则列出多篇重要的文章的概要或头条新闻的详细内容。这有利于访问者直接浏览。这种结构布局较灵活、简洁，多用于动态链接，一般用框架来构建，如图 4-10 所示。其不足是网页中所展示的信息量少，不太适合较大型网站。

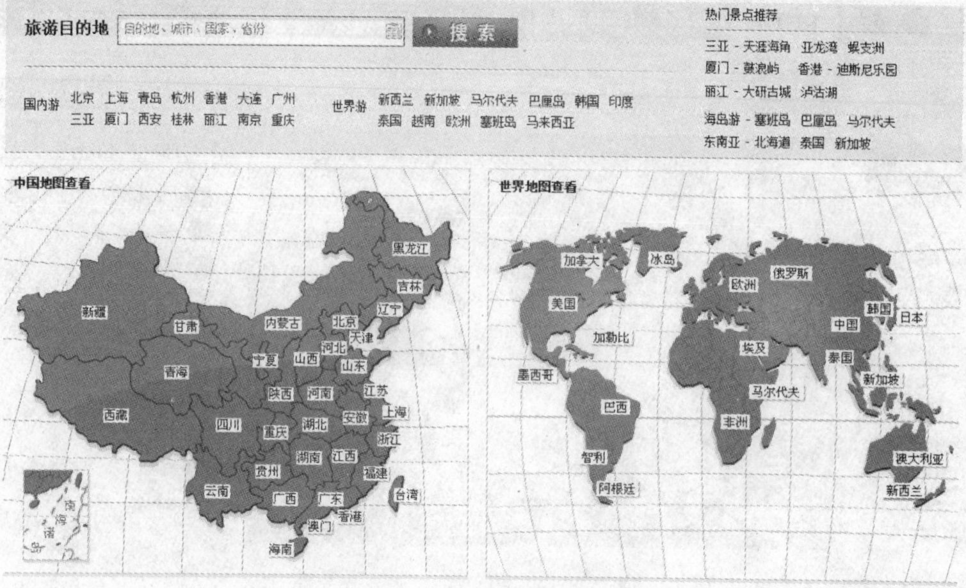

图 4-10 左右对称型网页结构

（7）自由格式型网页结构。自由格式型网页结构的风格较为随意，完成后的网页如同一张精美的图片或一则极具创意的广告，设计较为自由（如图 4-11 所示），多用于时尚类网站。这类网站的优点是风格鲜明、节奏明快。缺点是下载速度较慢，文字的信息量少，链接的周期长。

图 4-11 自由格式型网页结构

4.3.3 网站界面与功能设计

1．网站的栏目与板块设计

网站的栏目实际上是网站的大纲索引，应该明确无误地展现网站的主题。在规划网站栏目时，要对网站内容仔细斟酌、合理安排。如果网站内容比较多而且繁杂，还需要设立板块对内容进行分类索引。板块的概念比栏目大，每个板块都有自己的栏目设置。比如新浪、网易等大型门户站点，都建有新闻、体育、财经、娱乐、教育等多个板块，每个板块上面都有各自的主栏目。设计网站栏目与板块时，应注意以下问题。

（1）目标紧扣主题。通常的做法是将主题按一定的方式进行分类，并将分类好的结果设计成网站的主栏目，主栏目个数在总栏目中要占绝对优势。这样处理以后，网站表现出专业化水平，主题突出，能够给人留下深刻印象。

（2）设立网站最近更新栏目和导航栏目。最好在网站的首页上设置“最近更新”内容，如果首页没有安排版面放置最近更新的内容信息，就有必要设立一个“最近更新”的栏目来安排这些内容。当首页内容过于庞大，链节的层次较多时，如果没有站内的搜索引擎，容易使用户迷失在网页信息中。因此，建议设置类似于“网站导航”的栏目，帮助初访者快速找到他们想要找的内容。

（3）设定双向交流栏目。企业网站的栏目不宜太多，但一定要有一些基本的栏目，比如论坛、留言簿、邮件列表等，可以让访问者在浏览完信息以后留下他们的意见和建议。

2．网站的目录结构与链接结构设计

（1）网站的目录结构设计。网站的目录是指建立网站时创建的目录。对于一个网站的目录结构好坏，访问者也许感觉不到什么，但对于网站的运营维护技术人员来说意义重大。就站点信息上传维护来说，一个好的目录结构的网站信息上传效率就高，差的目录结构的信息上传效率就低。在设计目录结构时，层次不宜太多，最多不超过三层。因为如果文件目录层次太多，则维护管理起来难度较大，导致网站效率降低。建议不要使用中文名称，也不要将目录的名称起得过长，中文目录名可能给网址的正确显示造成不必要的麻烦。另外需要注意的是，要尽量使用有明确含义的名称。

（2）网站的链接结构设计。网站的链接结构是指在网站页面之间建立的交互链接的拓扑结构，通常有树状链接结构（一对一）和星状链接结构（一对多）两种。设计网页的链接结构是网页制作中的重要环节，具体采用什么样的链接结构会直接影响到版面布局的整体效果。设计网页的链接结构不仅要考虑用户浏览网页的方便程度，还要注重客户个性化服务和提供相关性内容的服务。

3．网站首页设计

网站首页又称主页（Homepage），实际上是整个网站内容的一个总目录索引。如果主页仅仅是目录索引的罗列，就没有体现出首页的重要地位，首页设计直接关系到网站是否成功。网站首页给人们的印象往往能够代表人们对整个网站效果的总体印象。成功的首页能够吸引访客的注意力，使网站的人气指数大增，并激发访问者继续阅读其他网页的兴趣。

（1）首页的功能设计。首页的功能设计是指规划在首页上需要体现的内容和功能，即首页功能模块的确定。几乎所有的网站都需要确定功能模块，如网站标识、广告条、主菜单、新闻、搜索、友情链接、计数器、版权信息等。究竟选择哪些模块，实现哪些功能，是否需要添加其他模块，都是首页功能设计应该考虑的内容。

（2）首页的版面设计。在首页功能模块确定以后，接着要开始规划首页的版面内容。如同搭积木一样，每个功能模块视同一块积木，将一块块积木按照设计要求组合起来，就搭成了一座漂亮的房子。在搭房子的过程中，需要设计人员具有丰富的创造力和想象力。版面设计的主要方法是，先将心目中构思的首页草图画出来，再绘出效果图，然后选择一种网页制作工具软件，按照草图和效果图设计要求逐步实现草图的设计思想，并不断修正调整直至满足要求。

（3）对技术细节的处理。在技术细节的处理上，需要注意以下内容。

① 布局。以最适合浏览的方式，将图片和文字排放在页面的不同位置。

② 草案。新建的页面就像一张白纸，没有任何表格、框架和约定俗成的规范。设计者可以尽可能地发挥自己的想象力，将脑海中的“景象”描绘在页面上，进行构思创意。此时，不必追究页面显示内容的细腻工整以及考虑过多的细节功能的实现，而是以一个粗略的线条勾画出创意的轮廓即可。首页草案尽可能多绘制几张以备选用，等最终选定一个草案作为定稿时，继续以此为脚本进行再创作。

③ 粗略布局。在草案形成的基础上，开始确定各项内容及功能的摆放位置，使功能模块内容在页面上安排合理。粗略布局时，必须遵循重点突出、协调平衡的原则，需要将站点的标志、主菜单等最重要的模块放在首页最突出的位置，然后考虑其他模块的位置摆放。

④ 定案。将粗略布局精细化、具体化，并经美工绘制成效果图。在版面布局过程中，需要遵循一些设计原则，使设计的效果达到理想的状态。

4.4 旅游电子商务网站的推广

网站建设好以后，首要的工作就是网站的营销与推广。若是把网站当做实体公司运作的话，必须制定长期战略目标和推广策略，只有这样，网站才能走上良性循环的发展轨道。

4.4.1 网站营销的一般策略

网站的发展不仅仅是提高网站知名度，还要在综合考虑成本、收入、利润率等财务指标的前提下，采用合理有效的网站营销策略，实事求是地进行广告宣传。我们主要采取一种称为“步枪+鼠标”的营销策略。“步枪+鼠标”并不是指将鼠标引入传统营销策略之中，而是强调鼠标的动作“点击”。点击特别是有效点击是“步枪+鼠标”营销策略所要表达的核心内容，也就是用有限的资源取得最佳的营销效果。具体而言，网站营销的一般策略主要有以下9个方面。

（1）同行业网站的竞争状况分析。知己知彼，百战不殆，这一古代军事思想的精华早已成为现代商战中的基本战略。由于行业千差万别，没有针对特定行业的网络市场分析的成熟理论，只有通过调查、咨询、分析、比较的方法，充分认识企业的网站，明确自己在行业中所处的地位，了解竞争对手及竞争产品的状况，才能制定成功的网站营销战略。

（2）确定网站营销目标。网站营销目标是企业营销战略的重要组成部分。对于中小企业网站来说，不要指望“满足80%的网民80%的需要”，营销目标的确立一定要客观、现实，更要明确、具体，比如“注册用户在3个月内达到1万人”或者“通过网站促成几万元的订单”等。要取得有效点击率，首要条件是认清目标。

（3）确定营销策略组合。在制定详细的网站营销计划以后，再决定选用哪种营销策略组合达到的效果最优，将多少资源用于传统营销活动，多少资源用于网络营销，哪些营销推广活动需要付费，如何控制营销策略的实施，如何评价营销效果。

（4）确定媒体组合。DoubleClick 的副董事长哈里斯·米里亚德（Harris Miliard）对媒体组合战略的描述非常精辟："顾客是一个多面体，受多种媒体形式的影响，我们需要采取正确的媒体组合，成功的广告就是通过正确的媒体、在正确的时间将正确的信息传递给正确的受众。"在选择宣传媒体时，要充分了解媒体对目标客户的影响，并针对各种媒体的特点、影响力、价格等因素进行权衡。另外，不要把有限的资金分散在很多媒体上，尽可能在同一媒体上增加广告的投放次数。

（5）创造新闻价值。你的网站有什么独特之处？是否在某些方面领先？在互联网不断创造新概念的时代，你的网站是否赶上了某些潮流？如果有新闻价值，不要忘记告诉新闻媒体，包括网络媒体和传统媒体。即使实在没什么特别之处，如果可以举行一个简短的新闻发布会，也不要错过这种机会。

（6）充分利用内部资源。不要错过网站内部任何可能的宣传机会。让网站的管理者、支持者向外部发送电子邮件时，在签名档写上网站的 URL；在我们所用的公文纸、信封、传真纸、发票、名片、宣传册等任何具有宣传作用的媒介上，印上网站的 URL。

（7）巧用外部资源。一个新发布的网站如果没有特别的新闻效应或者庞大的广告宣传，淹没在信息海洋中是再正常不过的事情，不过，对此并非没有对策。你可以加入所在行业的信息网或者相关的网站联盟，可以请求已经拥有一定访问量的相关或互补的网站做链接，甚至可以与其他网站合作，为其提供内容，作为交换条件，在每篇文章下面附上自己网站的信息。事实上，这类方法很多，关键是要选定目标，主动出击。

（8）利用免费资源。除了免费登录搜索引擎之外，免费公告板、免费分类广告等都是可以利用的宣传机会，这些大型网站的游击战术，有时会取得意想不到的营销效果。注意，在商业宣传中，尽量不要使用免费电子邮件和免费网页空间。

（9）病毒式营销。病毒式营销不是传播计算机病毒。它描述的是一种扩散信息的传递战略，这种战略像病毒一样，利用快速复制的方式将信息传向数以千计、万计、百万计的网络信息受众，通过提供有价值的产品或服务，"让大家告诉大家"，通过别人为企业的网站及产品宣传，实现营销杠杆的作用。

4.4.2　网站的宣传推广方法及步骤

网站建成后，需要进行有效的宣传和推广。一般来说，可以通过召开新闻发布会，发送商业性宣传电子邮件，与其他网站交换链接，在 BBS 或新闻组中发送信息，在大型搜索引擎中注册登记网站地址和网页，通过微博、视频插入广告等方式进行旅游电子商务网站的宣传和推广。

（1）开新闻发布会，在大型的网站上制作横幅广告。前者有较强的时效性，但难以保持站点持续推广的效果；后者的实际效果令人担忧，研究表明，在线广告的点击率在 0.5%以下，而且还在不断下降，这两种推广方法的共同缺点是成本太高。

（2）商业性宣传电子邮件。通过电子邮件进行宣传是一种常见的宣传推广方法。但是，大量未经收件人许可的商业邮件与垃圾邮件仅一步之遥，不请自到的电子邮件是烦人的，在广而告之的同时也损害了企业的商业形象和网络品牌效应。因此，应当注意电子邮件的发送和推广，谨慎选择电子邮件接收对象，尽可能减少和避免电子邮件宣传带来的负面效应。

（3）与其他站点设置交换链接。该方法的关键是交换链接的相关性，究竟能为企业网站带来多少访问量取决于网站内容与交换链接网站内容的关联程度。

（4）在BBS或新闻组中发消息。与（3）一样，相关性很关键，此方法需投入相当多的人力，且时效非常短，需要不断跟踪客户反馈信息并对发布信息内容及时更新。

（5）在邮件组中制作插入式广告，回应率一般在3%左右。该方法的关键是提高回应率，缺点是成本高且时效短。

（6）在人气较旺的网站或邮件组中投稿，提供有价值的信息内容取悦访问者。该方法在短时间内有效。

（7）在大型搜索引擎中注册登记网站地址和网页，让有需要的人快速找到企业网站。该策略的使用效果最理想，值得网站设计人员高度重视。由于该业务是免费的，访问者又具有极强的针对性，不需要花费多少时间，就能给电子商务站点带来最直接的目标访问者。现在，大多数搜索引擎都提供这样的链接服务，建立一整套完善而且全面的网络线上宣传和网络线下宣传策略。

（8）通过微博、视频插入广告和流媒体等进行宣传和推广。作为新兴的热门应用，微博的出现为企业和商家的网络推广和宣传提供了新的平台和手段，其迅速、广泛的宣传效应能够有效为旅游网站进行推广。

本章案例

澳大利亚中心海岸旅游度假区的电子商务预订系统

中心海岸旅游度假区开发了一套功能完备的电子商务预订系统（http://www.visitcentralcoast.com.au/），系统的设计是建立在对旅游行业运作方式的深刻理解基础上的。它能处理复杂的旅游产品管理、组合、报价和预订，为度假区内的旅游企业向全球范围内的旅游者和旅游中间商销售旅游产品提供了综合的解决方案。

1．背景综述

澳大利亚中心海岸旅游度假区（The Central Coast）是靠近悉尼市区的一个综合性海滩旅游度假胜地，被宣传为距离悉尼只有“一步之遥”（a step away）。度假区重要的旅游资源包括风光优美而绵延的海岸线，以及森林茂密、山谷、溪流和瀑布交错的国家公园。度假区内有众多的旅游饭店、餐馆、旅游纪念品商店，以及提供骑马、游船、租车、会议组织、水上运动、探险旅游和夜间娱乐等的旅游服务机构。整个中心海岸旅游度假区有一个类似度假区管理委员会的综合性协调管理机构，度假区内的全体旅游企业都作为会员参与这个管理委员会。

管理委员会的一项重要职能是负责在国内和国外市场上推广该旅游度假区。它非常重视旅游信息化技术的应用，建设了电子商务网站和能接受来自全球范围预订的旅游预订系统，并在度假区入口处建设了游客信息中心，通过网络向游客提供信息。

1999—2000年，度假区管理委员会投资旅游电子商务的费用约为220万美元。其中80%来自度假区内旅游企业的集资，另外20%的资金由联邦政府赞助。

2．功能完备的电子商务预订系统

电子商务预订系统的主要功能如下。

可供旅游者预订包价旅游、一日游、住宿、交通、租车、会议、参加节事活动等；支持 B2B 和 B2C 旅游电子商务；提供搜索预订系统，供预订者实时查询的产品目录，包括哪些饭店有客房、剩余量是多少、价格是多少，以及度假区内有哪些旅游服务项目和活动项目；可对不同对象进行不同报价；多种促销功能；当旅游经营商和旅游者预订产品时，系统能提供即时确认服务（通过传真和 E-mail），系统能为每一个旅游企业提供自动生成的统计报表，如月预定量、在线销售收入统计等。中心海岸旅游度假区电子商务预订系统最有特色的功能如下。

1）动态产品目录

电子商务预订系统最主要的功能是，提供实时查询的产品目录，包括旅游度假区内有哪些服务项目、价格是多少，以及是否被订满。旅游者就是根据这个产品目录交接度假区、查询并预订旅游产品的。

由于度假区内有众多独立经营的旅游企业，电子商务预订系统设计了这样的机制：它给度假区内每个旅游企业分配了一个账户和密码，旅游企业用它的账户和密码登录到它们的产品管理界面上，可以自行登记其旅游产品的类别和子类别（系统支持按类别检索）、产品名称、产品介绍、是可以提供还是已经订满、余量、价格、联系方式、公布时间和过期时间等。这些由旅游企业登记的信息被汇总到数据库中，并被公布在预订网站上，浏览者在分类查询时就可以看到所有旅游企业发布的产品信息。

2）复杂的报价系统

在现实旅游操作中，旅游产品的价格是一个复杂的体系。旅游产品的单个销售与批量销售，对旅游者直接销售和对旅游中间销售，报价各不相同。价格是旅游经营中最容易灵活调整的、影响利润最大化的重要因素。

（1）中心海岸旅游度假区的电子商务预订系统对旅游产品的分类非常详细，有的产品大类中有 72 种可区分的产品子类。对有细微差别的旅游产品，旅游企业可制订不同的价格，产生差别的情形包括：产品类别，如“豪华型”、“经济型”；数量相关，如“双程、两人、多人、家庭票”；特殊利益，如海景客房、河边客房；在旅游组合产品中，如果组成项目的等级不同，整体价格也会不同，如旅行团住宿标准客房或豪华客房、飞机乘坐经济舱过头等舱，报价都会不同。

（2）旅游企业可以向不同的销售对象报出不同的价格。可区分的销售对象如下。

① 旅游者：单人、多人（达到一定人数给予优惠）、忠诚顾客（有一定累计购买量给予优惠）。

② 旅游中间商（对旅游零售商、旅游批发商等不同的业务伙伴提供不同的报价）。

③ 根据地理细分市场报价，如对本国市场和对欧美市场的报价不同。

④ 全球分销系统，如 Sabre、Galieo、Abacus、Amadeus 或 Worldspan。

（3）旅游产品可在不同的销售环境下有不同报价，例如：

① 工作日。

② 周末。

③ 圣诞节。

④ 特殊事件时期。

⑤ 旅游淡季。

⑥ 旅游旺季。

在电子商务预订系统中，面向不同对象的报价是通过浏览权限来实现的。一般浏览者在网站上看到公开的散客价格，同业买家须首先通过账户和密码登录网站，待登录被准许后，才能看到针对它的特殊报价和订购界面。这样，度假区内的旅游企业可以让众多的买家获知信息，但买家相互之间并不了解每个买家知道些什么信息。

利用同样的原理，度假区内的旅游企业还可以给予不同的客户购买旅游产品的优先权。例如在旅游旺季时，旅游饭店在对公众的产品目录中标注为“客房已满”，而在面向特定旅游代理商的界面中标注为“仍有剩余客房”，旅游饭店就可以实现对特定合作伙伴的优先供应。

3）完善的旅游促销支持功能

中心海岸旅游度假区的电子商务预订系统设计了支持旅游产品促销的多种功能，这些功能可使度假区的网上销售和促销更加灵活和具有吸引力。

（1）促销折扣旅游产品。在中心海岸旅游度假区网站的首页，有一个专门展示折扣促销旅游产品的区域，称为“产品热卖区”。是否对产品打折销售由旅游企业自行决定。在旅游业的产品管理界面上，企业人员可方便地把某种产品调整价格设定为“热卖商品”。激活这个选项后，该产品将自动出现在度假区网站的首页“产品热卖区”中。旅游企业对一定时期内预订量较小的旅游产品进行这种方式的促销。

（2）供游客在网上自行设计“优惠产品组合”。例如，度假区可设计一项组合产品，其中含有诱人的低价客房，而顾客必须在购买豪华正餐、温泉按摩和香槟早餐中至少选择其一，这三项皆为度假地的高盈利项目。旅游者可通过简单的网上操作设计符合自己喜欢的“优惠产品组合”并进行预订。

（3）提供有限制条件的优惠价格。经营者可提出对应于优惠价格的限制条件。例如，在新年假日里至少待三天，周末至少停留两天等。也可以要求顾客在某特定日期入住，并有最短停留约束。例如“星期天入住，最少停留五夜”。

3．预订系统的建设和推广

该系统由一家专业的旅游电子商务服务商 World.net 建设，它是一家全球知名的具有旅游行业专业经验的服务商。系统建成后，World.net 还负责系统的维护、升级和对应这套系统的旅游企业的培训。

这个基于互联网的电子商务预订系统，外在的表现形式是一个网站。为提升网站的知名度和访问率，中心海岸旅游度假区管理委员会通过各种形式推广网站，包括在搜索引擎上注册、与门户网站建立链接，还通过大量的出版物、商业卡和热线电话中心推荐网站，宣传度假区的网上形象。

预订系统的运行也需要度假区内各旅游企业的积极参与。开始时，度假区管理委员会强制性地要求度假区内所有旅游企业通过预订系统发布产品信息，而约有 15%的企业不愿意应用该系统。管理委员为各旅游企业提供培训和额外的鼓励，并在 12 个月内使各旅游企业接受了这一系统。从根本上说，旅游企业接受这一系统的真正动力来源于系统能否带来预订量的增加和交易效率的提高。目前，这一点正在变为现实。

访问该网站的人数在持续增加。2000 年 6 月和 7 月，度假区网站点击次数达到了 15 万次，平均每天的访问量达 2500 次。在来到度假区的旅游者中，有 5%～10%的人事先访问过其网站。在线预订量虽然较小，但在 2000 年已比上一年增长了 37%。总的来说，这一网站的推广程度和带来的效益尚未能达到收回投资的水平，但电子商务预订系统的完善性和先进性仍是被同行一致推崇的。2000 年，澳大利亚工业技术和资源部在国家网上旅游策略报告中，将中心海岸旅游度假区电子商务预订系统赞誉为“网上旅游业的最佳实践”。

中心海岸旅游度假区的电子商务预订系统是一个信息化技术和旅游运营特点充分结合的应用系统。它开发的“面向不同客户区别报价”和“优惠产品组合”功能非常符合旅游业的特点和旅游企业的切实需要。这得益于其规划者 World.net 对旅游行业的深刻了解。World.net 曾提出的目标之一是使旅游电子商务系统预订的功能“Mirror Offline Operation”，即我们在现实生活中所有复杂的旅游操作，都能通过电子商务系统实现。

当然，复杂的电子商务预订系统需要较大的资金投入，使用也比较麻烦，需要专门培训。因此该类系统一般只使与大型旅游企业、企业集团或旅游企业联合体采用。同时，电子商务的成功是多种因素共同作用的结果，包括网站的有效推广、企业的积极参与、开展电子商务的社会认同程度等。电子商务系统设计的完善性只是成功因素之一。

（资料来源：http://ec.yidaba.com，一大把网站）

案例分析题：

（1）澳大利亚中心海岸旅游度假区的电子商务预订系统具备哪些功能？解决了哪些问题？

（2）澳大利亚中心海岸旅游度假区的电子商务预订系统是如何建设的？

（3）澳大利亚中心海岸旅游度假区的电子商务预订系统采用了哪些推广策略？

（4）该预订系统的功能设计、建设和推广给我国旅游电子商务的发展提供了哪些经验和借鉴？

本章小结

旅游电子商务网站是旅游企业开展商务活动的基础平台，是旅游电子商务系统的重要组成部分。旅游电子商务网站的建设是一个比较复杂的过程，并不仅仅是制作若干网页，将网站发布到 Web 服务器那么简单。实际上，网站建设包括需求分析调查、总体结构设计、系统开发选择、域名和 ISP 商的选择等多方面的内容。一个好的旅游网站要充分反映旅游业的特点，满足消费者需求，可以实现旅游信息传输、用户管理、物流信息传输、销售信息处理、网络售后服务等多重功能。本章从旅游网站的设计理念开始，对旅游网站开发中涉及的问题进行分析和讲解，以帮助学生建立完整的旅游网站开发思路。

复习题

（1）旅游电子商务网站的规划任务有哪些？

（2）旅游电子商务网站的规划步骤是什么？

（3）旅游电子商务网站的规划方法有哪些？不同的方法是如何对电子商务网站进行规划的？

（4）旅游电子商务网站规划包含哪些内容？

（5）旅游电子商务网站建设的目的是什么？

（6）分析旅游电子商务网站设计的要素。

（7）选择域名时应注意什么问题？

（8）电子商务网站的页面结构有哪些类型？为什么要强调网站的设计风格？

（9）旅游网站建设过程中涉及哪些基本技术？

（10）在旅游网站设计过程中，色彩的使用应该注意什么问题？

讨 论 题

（1）旅游电子商务网站建设中，最重要的环节和内容是什么？

（2）旅游电子商务网站与其他网站相比，在内容、功能和设计上具有哪些特点？

（3）是不是所有的旅游企业都适合建立电子商务网站？旅游企业建设电子商务网站应当具备哪些条件？

（4）旅游业的电子商务发展会不会完全取代传统的旅游业？如果不会，你认为在当前电子商务快速发展的环境下，传统的旅游企业应当如何发展？

（5）你认为一个好的旅游电子商务网站应当具备哪些功能？

（6）如果你要为一家旅游企业建设电子商务网站，会按照什么步骤和方法来建设，其中要注意哪些问题？

网络实践题

（1）收集国外优秀旅游电子商务网站的信息，分析这些网站的内容、风格设计和功能设置上都有哪些特点，有哪些地方是值得我国旅游网站借鉴的。

（2）查找10个我国知名的旅游网站，比较它们的设计风格，分析它们各属于哪种网站结构。

（3）试为一家旅游电子商务网站制定营销策略。

（4）选择一个旅游电子商务网站，体验网站功能，思考该网站有哪些地方是可以改进的，并为其做改进方案。

第二部分

电子商务与现代旅游业

第 5 章　电子商务环境下的现代旅游业

【本章导读】

由于互联网技术的飞速发展，电子商务的应用已经渗透到各个经济领域。旅游业与电子商务的结合，已经成为旅游业的必然选择。为适应这种发展趋势，旅游业必须适应环境要求，增加旅游服务方式，促进旅游电子商务的发展。通过本章学习，我们希望达到以下学习目标。

【学习目标】

- 了解现代旅游业的服务特性。
- 理解旅游业与电子商务的天然适应性。
- 了解国内外旅游电子商务的发展现状。
- 掌握旅游电子商务的发展趋势和面临的问题。

5.1　现代旅游业的服务特性

旅游业是现代服务业中最为活跃的产业。旅游业不仅可以拉动诸多相关产业的发展，还可以推动传统服务业向现代服务业的转型，并能催生出许多现代服务业的新业态，为现代服务业注入新的活力。

5.1.1　产业的高关联度和促进性

现代服务业的典型特征之一，是明显拉动经济增长和社会发展，表现出广泛的渗透性和影响力。旅游业涉及行、游、住、食、购、娱六大方面，形成相对独立的交通、旅行社、景区景点、饭店宾馆、餐饮、商业、娱乐等产业群，再加上一些相关支撑性、依托性或关联性产业，如工业、农业、金融、保险、医疗、咨询、环保和信息等，形成一个庞大的产业集群。相关产业为旅游提供基础和支撑条件，旅游发展则为相关产业创造和拓展市场需求。旅游业通过整合、统筹各业的集成产业或动力产业，形成更高的关联度和拉长产业链，从而产生较高的增值性和附加值。这种广泛而密切的依存和促进关系，构成现代旅游业的一个重要特征。据统计，2000—2007 年 21 个黄金周期间，全国累计实现旅游总收入为 8082 亿元，其中，旅游带动民航增收 394 亿元、带动铁路客运增收 263 亿元[①]。2010 年“十一”黄金周期间，

① 资料来源：新华网，《中国旅游市场发展空间巨大相关设施需求增加》，2007.10.31。

实现旅游收入 1166 亿元。其中，民航客运收入为 56 亿元，铁路客运收入为 25.2 亿元①。而 2011 年“十一”黄金周期间，全国实现旅游收入 1458 亿元，比上年同期增长 25.1%。其中，民航客运收入为 65.0 亿元，铁路客运收入为 27.5 亿元②，全国零售和餐饮企业销售额为 6962 亿元左右，比 2010 年“十一”黄金周增长 17.5%③。因此，旅游与相关产业不仅有着很密切的依存度，而且有巨大的拉动力和市场规模，这是传统服务业所没有的。

5.1.2 依托信息资源和科技运用

充分依托或运用新技术、新业态、新理念和新的服务方式，是现代服务业区别于传统服务业的界线性标志，也是现代服务业具有广阔发展前景的根本性因素。旅游业是高度借助、依赖和运用信息的产业，在一定意义上，旅游业属于信息资源密集型和信息技术依赖型的产业。首先，信息是旅游业的基础性资源。旅游企业为旅游者服务的过程，是以收集需求信息和掌控供应信息为起点，通过信息渠道实现资源的采购、调配和整合，最终满足旅游者的消费需求。旅游产品的开发、旅行社的经营、旅游市场的营销、旅游行程的预订等，也都依赖信息或信息渠道。商务旅游、会展旅游、游轮旅游、科技旅游等业态，本身就是信息、科技和专业门类共同催生的。同时，旅游业也是广泛运用现代科技的行业。在旅游业的各产业要素中，信息技术、现代科技、高新技术往往被最先或最广得到运用，例如全球旅游预订系统、酒店预订系统、民航机票预售系统等。此外，高速公路、快速铁路、磁悬浮列车、豪华邮轮、游乐设施、大型观光电梯等科技含量密集的设施设备，也被广泛应用于旅游领域；极地旅游、太空旅游、海底旅游、虚拟景观、高新科技园区等旅游业态，也依托或运用了最新科技成果；在旅游器械装备、旅游讲解系统、景区安全监控、旅游应急救援等方面，也都充分运用了现代科技。这些科技技术不仅提升了旅游产业的现代化水平，也促使旅游产业与传统服务业告别，使旅游者享受到信息化手段和现代科技的便利与舒适。

5.1.3 高创新性要求

旅游业被喻为经济文化型产业、市场创意型产业、满足人类较高层次精神消费的产业。文化在旅游业的发展中发挥着灵魂式的作用，而要较好地开发和体现文化资源，需要借助系统性的策划、创意以及高新技术等手段的运用。随着居民旅游消费的不断更新换代，与现代生活紧密相关的旅游新业态加速出现，旅游资源已由传统的山水风光、民俗风情延展到利用多种社会资源，旅游产业的内涵也在不断扩大，旅游产品也必须推陈出新。旅游服务主体也已不再是传统旅行社，旅游住宿由宾馆、饭店扩大到家庭旅馆、乡村客栈、青年旅馆、汽车旅馆和旅游宿营地。无论是旅游资源开发、旅游产品配套，还是市场营销策划、旅游氛围营造等，都必须时时创新，即使同属一种类型的山岳、湖泊、森林等旅游资源，也要求避免在开发思路上的模仿、雷同。因此，旅游业强调资源开发坚持“以市场为导向”，关注旅游消费者的心理需求。随着经济的快速发展，创新性作为现代服务业的特征将更明显，并在促进经济社会发展中发挥更加重要的影响。

---

① 资料来源：国家旅游局网站，《2010 年“十一”黄金周旅游统计报告》，2010.10.8。
② 资料来源：国家旅游局网站，《2011 年“十一”黄金周旅游统计报告》，2011.10.8。
③ 资料来源：中国新闻网，2011.10.8。

5.2 旅游业与电子商务的天然适应性

电子商务在旅游产业中的应用具有其天然适应性。旅游业是一个综合性经济服务业产业，为旅游者提供食、宿、行、游、购、娱等多种服务。与其他产业相比，电子信息手段在旅游业中的地位和作用尤为突出。

5.2.1 旅游业的信息依托性

信息在旅游业中至关重要，旅游促销、旅游者预订、确认旅游产品，都是信息传递的过程。为更好地组织设计旅游产品，适应市场需求，旅游经营机构也希望尽可能多地了解旅游者信息，如旅游者的偏好、旅游者对产品的看法、旅游需求的发展趋势等。具体体现在以下方面。

1. 旅游决策对信息的依赖性

旅游业的核心是信息，在旅游市场流通领域活动的是有关旅游产品信息的传递所引起旅游者的流动。现代社会，综合文字、声音、图形和影像的多媒体电子信息技术，交互式的网络，已逐渐成为人们获得旅游信息的最重要来源之一。旅游产品不能移动，也不同于实物产品可以被消费者预先试用、观察并检验质量。无形的旅游服务在销售时无法展示产品信息，而且通常在远离消费地点被预先销售。游客到陌生的旅游目的地之前，总希望对旅游地的自然文化环境、旅游资源、旅游设施与服务有所了解。游客试图通过信息搜寻手段、减少有关的不确定性因素来提高旅游质量，这种事前了解只可能靠无形的信息传递来实现这就体现出旅游产品的产地消费性和事前决策性。

旅游者决策前对信息的要求是多方面的，涉及构成旅游生产力体系的“行、住、食、游、购、娱”六要素的各个方面及相关部门。随着旅游者的日趋成熟和要求日趋多样，客观上就使得旅游信息的提供越来越重要，也越来越困难。如果旅游信息容易获得，就可以降低旅游者在计划旅游行程时所需的成本，从而也使得旅游市场交易容易达成。因此，信息的传递在旅游业中有至关重要的地位。无论是静态的纸介、光盘媒体、电视，还是以交互为特征的网络，它们传递旅游信息的功能都是旅游业顺利运行的基础保证。

从旅游产业运行来看，旅游业会受到外部自然因素、政治因素和经济因素的影响和冲击。在产业内部，由于构成旅游商品的成分多种多样，它们之间的比例关系错综复杂，这就要求旅游业内部各组成部分之间以及旅游业同其他行业之间必须保持协调，否则，任何一部分脱节都会造成整个旅游业的失调。因此，不管是对旅游管理部门还是旅游企业，有效地获取信息以辅助科学决策都显得特别重要。

2. 旅游业务对互动信息流的依赖性

旅游服务包括从一个地理位置到另一个地理位置为旅客所提供的涉及交通运输、住宿、娱乐等诸方面的服务。在实际运作过程中，各种服务必须根据旅游者复杂多变的需求加以包装和组合。然而，旅游住宿、汽车出租、航空预订不是简单地在物质上传送给旅行代理商，将它们储存并出售给游客，而是体现在其间交流和加工的有关服务的可获得性、价格、质量、位置、便利性等方面的信息。在电子货币应用广泛的国家，真正的付款通常不是通过旅游代理商传送给供应商，佣金也并非从旅游供应商直接传送至旅游代理商，而是通过信用卡或其他电子货币支付手段将借贷的信息传输出去。旅游经营管理者之间的联系也不是通过产品，而是通过信息流，同时伴随着数据流和资金流，信息就成为旅游业内部各环节得以联结的纽带。

旅游业对信息的依赖性说明迅速准确地获取、加工、传播、利用信息至关重要。现代旅游业所采纳的信息技术的种类繁多，如计算机预订系统、电视会议、可视图文、电子小册子、计算机管理信息系统、航空电子信息系统、电子货币交易系统、数字化电子网络、移动通信等，其中计算机预订系统占据着支配地位。因此，离开信息和信息技术的利用，旅游业将难以为继。

3. 旅游业动态性对信息的持续性需求

旅游业的动态性进一步增加了旅游业对信息传递、加工、更新的持续性需求。从旅游产品信息来看，旅游产品的特征和价格会因时间的不同而发生变化。夏季的避暑旅游、冬季的冰雪旅游都是典型的时令性旅游产品，旅游产品的价格常常处于变化之中。各地定期或不定期举办的旅游节事活动丰富了目的地旅游产品的内容，增强游客吸引力。旅游产品的动态性使向市场及时传递、更新信息成为旅游企业日常性的工作，旧的旅游信息会很快失效，需要处理的新信息量极大。

旅游业的信息密集性和信息依赖性，正是现代信息技术手段在旅游业中迅速普及运用的基础。旅游电子商务的发展：信息平台、沟通平台、交易平台、支付平台的建构，改善了传统旅游业中信息流的多层分流及断裂状况。旅游在更大程度上实现了信息畅达，运行效率得到提高。而那些旅游资源及适时服务信息不能及时传播的旅游目的地和旅游企业，其吸引力和竞争力将受到限制。

5.2.2　跨国旅游对电子商务应用的需求

随着世界经济的发展以及国际交流合作的扩大，跨国旅游业迅速发展。在欧美发达国家，信息技术的产业应用常在旅游业中得到率先实践。通信和运输手段的现代化以及世界经济的发展，改变了人们出国旅游的时空感，为跨国旅游产生的三大因素（充足的时间、方便的交通、可供自由支配的收入）提供了保证。国际国内市场趋于统一，无国界经济的发展带来旅游活动的国际化和资本流向的国际化，这使得世界各国的旅游业越来越相互依赖、紧密联系，呈现一体化的无国界旅游状态。

国际化的旅游业，需要解决旅游产品信息和旅游交易信息的跨国传递、资金的跨国结算等问题。它涉及众多的单位、相关的业务、两国以上的语言和法律等，操作中的票据、票证，文件繁多，处理过程繁杂。自 20 世纪 80 年代以来，跨国旅游业迅速增长，跨国旅游消费提出的快速反应和产品灵活机动的要求，使传统的操作方式和技术已经远远跟不上旅游消费需求。信息技术应用于跨国旅游已经是必然的选择。

5.2.3　适应并满足旅游者的个性化需求

传统旅行社在散客接待上力不从心，其根本原因是单个旅行社的客源量和信息流量有限，造成购买个性旅游线路的旅游者无法聚集到发挥旅行社规模经营优势的程度。尤其是散客旅游带给传统旅游经营者的咨询业务量庞大，使得效率低下，成本高昂。而旅游电子商务可以依托容量巨大的旅游信息库为消费者提供目的地预览和决策参考信息，并实现全天候跨地域的服务。

通过网络可以方便地完成不同喜好的旅游预订者的组合工作，将团队接待委托给旅行社，将批量客人信息传递给饭店，简化传统旅游操作流程。通过互联网提供可视的、可查询、可实时更新的信息平台，通过旅游经营者和旅游消费者对市场的参与，网上成团和网上拼团得以实现。一些生僻的旅游线路可以在网上设计，在网上聚集客源，然后由旅行社组织线路，商议价格，通知预订者确认，形成旅行团。这样既能满足消费者的个性化需求，又不增加消费者的消费成本，从而提高旅行社的竞争力。在旅游需求个性化的今天，旅行社通过这种操作满足原来无法满足的需求，就是开拓了客源市场。旅游业垂直专业网的中介功能也使旅游包机公司一类的旅游单项产品提供者，通过开拓散客市场而成长起来。从宏观角度来说，电子商务的出现丰富了旅游产品结构，在更大程度上匹配了旅游供需，激发了潜在的购买，扩大了整个行业的市场。

5.3 旅游电子商务的概念

旅游电子商务是一个涉及旅游企业、旅游服务提供商、旅游机构以及旅游者等多方参与、多层次、复杂又相互关联的网状系统，需要将涉及旅游电子商务的所有参与方都纳入一个体系中进行研究，这就是我们提出的旅游电子商务体系概念的目的。

5.3.1 旅游电子商务的基本概念

对旅游电子商务可以从以下两个方面来理解：一是狭义上的理解，即互联网上在线销售方式，旅游网站通过即时的在线服务，对每一位旅游者提供专门的服务；二是广义上的理解，即以整个旅游市场为基础的电子商务，泛指一切与数字化处理有关的商务活动。因此，旅游电子商务不仅是通过网络进行旅游者所需的劳务服务买卖活动，还包括传统市场的方方面面。除了在网络上寻求旅游者，企业还通过计算机网络与供应商、财会人员、结算服务机构、政府机构建立业务联系。

近年来，世界各国的院校、专业公司和咨询机构提供了大量从不同角度研究旅游电子商务的文献和报告，国际上被认同和沿用较广的是世界旅游组织对电子商务的定义："通过增进信息交流改进商务流程"和"利用互联网科技改进或变革核心商务流程"。

世界旅游组织对旅游电子商务的定义如下。

世界旅游组织在其出版物《E-Business for Tourism》中提出，电子商务被定义为"通过增进信息交流改进商务活动"（PriceWaterhouseCoopers，普华永道）和"利用互联网科技改进或变革核心商务流程"（IBM）。综合这两个定义，对于旅游目的地管理机构和旅游企业而言，电子商务就是通过先进的信息技术手段改进内部（通过内部网）和对外（通过互联网）的连通性（Connectivity）。

从外部来说，旅游业中，旅游机构间电子商务能改进旅游企业之间、旅游企业与上游供应商之间、旅游企业与旅游者之间的交流与交易。其中，包含电子旅游营销、电子旅游销售、旅游企业电子采购。

- 电子旅游营销：通过网络信息手段，增进与目标市场时间的信息传递与交流，同时增进营销机构之间的合作。
- 电子旅游销售：通过电子分销渠道进行旅游销售活动。
- 旅游企业电子采购：企业将其库存和采购系统与其供应商的销售和报价系统相连，通过自动流程简化采购操作，并便于企业选择供应商，从而提高旅游企业采购过程的效率。

旅游企业内部电子商务则能改进企业内部的业务流程，通过应用一整套管理系统，增进内部协调配合，具体包括：

- 尽量应用网络手段进行内部和外部沟通。
- 使用统一的计算机管理系统、协议和标准。
- 产品信息与客户信息共享。
- 增强企业的团队协作。
- 增进企业内的资源共享。

在国内的研究文献中，杨春宇（2002 年）将旅游电子商务定义为“是旅游业基于 Internet 提供的互联网络技术，使用计算机技术、电子通信技术与企业购销网络系统连通而形成的一种新型商业活动。其中，包括网上传递与接收信息：网上订购、付款、客户服务等网上销售，网上售前推介与售后服务；以及利用 Internet 开展市场调查分析、财务核算及生产安排等多种商业活动内容。这是一种基于信息网络综合技术的信息流程与商务运作程序的结合形式。①”

在分析已有研究成果的基础上，本书将旅游电子商务定义为：旅游电子商务是指通过先进的网络信息技术手段实现旅游商务活动各环节的电子化，包括通过网络发布、交流旅游基本信息和旅游商务信息，以电子手段进行旅游宣传促销、开展旅游售前售后服务；通过网络查询、预订旅游产品并进行支付；也包括旅游企业内部流程的电子化及管理信息系统的应用等。

首先，从技术基础的角度来看，旅游电子商务是指采用数字化电子方式进行旅游信息数据交换和开展旅游商务活动。它是在互联网的广阔联系和现代信息技术系统的丰富资源相互结合的背景下应运而生的一种相互关联的动态旅游商务活动。其次，从应用类型和环境来看，旅游电子商务可分为三个层次。一是面向市场，以市场活动为中心，包括促成旅游交易实现的各种商业行为——网上发布旅游信息、网上公关促销、旅游市场调研和实现旅游交易的电子贸易活动——网上旅游企业洽谈、售前咨询、网上旅游交易、网上支付、售后服务等。二是利用网络重组和整合旅游企业内部的经营管理活动，实现旅游企业内部电子商务，包括旅游企业建设内部网，利用饭店客账管理系统、旅行社业务管理系统、客户关系管理系统和财务管理系统等实现旅游企业内部管理信息化。三是基于 Internet 开展的旅游经济活动还需要相关环境支持，包括旅游电子商务的通行规范、旅游行业管理机构对旅游电子商务活动的引导、协调和管理，旅游电子商务的支付与安全环境等。第三个层次是第一个层次和第二个层次的支撑环境。只有三个层次的电子商务协同发展，才可能拥有旅游电子商务发展的良性循环。

---

① 杨春宇，《中国旅游业电子商务发展前景初探》，贵州师范大学学报（自然科学版），2002（2）。

5.3.2 电子商务与旅游活动的关系

对旅游电子商务的理解，应从“现代信息技术”和“旅游商务”两个方面考虑。一方面，辅助旅游商务活动的“现代信息技术”应涵盖各种以电子技术为基础的通信方式。旅游电子商务主要在计算机网络上展开，同时，随着现代移动通信技术的发展，人们也开始通过WAP移动电话、PDA移动信息终端等开展商务活动。信息技术的发展将不断创造出更便捷、可靠的旅游商务活动方式，为旅游者旅行前、旅行中和旅行后提供便利的商务服务。另一方面，对“旅游商务”一词应做广义的理解，它包括契约型或非契约型的以商业为目的的种种事项，包括旅游市场营销活动、市场交易活动和旅游企业运作等。如果将“现代信息技术”看成一个集合，将“旅游商务活动”看成一个集合，“旅游电子商务”就是这两个集合的交集，是现代信息技术与旅游商务活动的结合，是旅游商务流程的信息化和电子化，如图5-1所示。

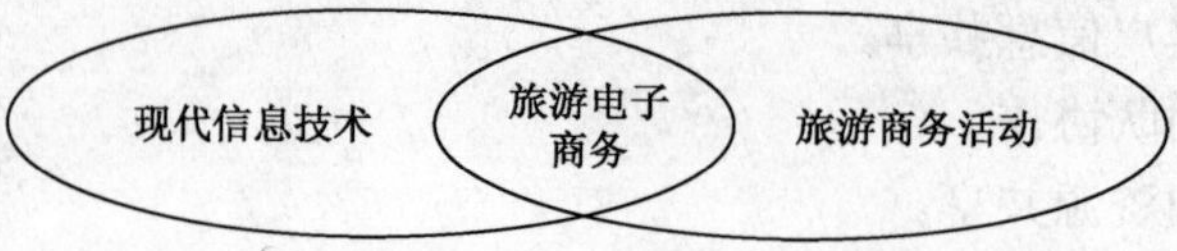

图5-1 旅游电子商务是现代信息技术与“旅游商务活动”的结合

5.3.3 旅游电子商务的特点

旅游产品具有信息性、无形性、不可储藏等特点，产品包括食、住、行、游、购、娱等诸多要素，它的销售过程实际上是产品信息的传递过程，消费者必须到产品供应商的场所进行消费。旅游产品对电子商务有天然的适应性，发展旅游电子商务更具广泛的实用性和舒适性。旅游与互联网同样具有跨地区、跨时间、无形无质的特性，两者的完美结合，将促成旅游产业的加速发展，成为对传统旅游业的革命性推动力量。

旅游电子商务促进旅游企业的转型，为旅游企业提供电子商务应用操作平台。在这个平台上轻松完成旅游产品的设计和供应商采购，同时对外进行宣传推广和在线销售报名，还可以进行内部的业务交流与合作，保持旅游业务高效顺畅地运营。旅游电子商务具有以下三个特性：

（1）聚合性。旅游产品是一个纷繁复杂、由多个部分组成的结构实体。旅游电子商务像一张大网，把众多的旅游供应商、旅游中介、旅游者联系在一起。景区、旅行社、旅游饭店及旅游相关行业，如租车业，可借助同一网站招徕更多的顾客。新兴的“网络旅游公司”即将成为旅游行业的多面手，它们将原来市场分散的利润点集中起来，提高了资源的利用效率。

（2）有形性。旅游产品具有无形性的特点，旅游者在购买这一产品之前，无法亲自了解，只能从别人的经历或介绍中寻求了解。随着信息技术的发展，网络旅游提供了大量的旅游信息和虚拟旅游产品，网络多媒体给旅游产品提供了“身临其境”的展示机会。这种全新的旅游体验，使足不出户畅游天下的梦想成真，并且培养和壮大潜在的游客群。因此，旅游电子商务使无形的旅游产品慢慢变得“有形”起来。

（3）服务性。旅游业是典型的服务性行业，旅游电子商务也以服务为本。据CNNIC报告，用户认为一个成功网站必须具备的最主要的因素，就是信息量大，更新及时，有吸引人的服务（占 63.35%）。因此，旅游网站希望具有较高的访问量，能够产生大量的交易，必须提供在线交易的平台，提供不同特色、多角度、多侧面、多种类、高质量的服务来吸引各种不同类型的消费者。在国外，travelsource.com、travel.com、travelweb.com 等旅游网站以提供大量的旅游信息资源、完善的在线预订，被广大网民和游客所钟爱。

5.4　旅游电子商务发展的现状

旅游产业以其持续增长的消费需求、快速扩张的市场规模和普遍看好的发展前景，成为促进现代经济社会繁荣和发展的新兴产业。根据世界旅游组织的统计，全球国际旅游人数从 1950 年最初的 2500 万人次增加到 2005 年突破 8 亿人次，2005 年国际旅游收入达到 6820 亿美元，年增长速度分别为 6.5%和 11.2%，超过同期世界经济增速。世界旅游业收入已占到世界服务业总收入的 33%。2006 年，全球旅游收入为 7350 亿美元，平均每天游客要消费 20 亿美元。2007 年国际入境旅游者人数达 8.98 亿人，比 2006 年增长 6%。2010 年国际旅游人数达到 9.4 亿人次，国际旅游收入为 9190 亿美元，分别比 2009 年增长 6.6%和 4.7%。2010 年新兴经济体的旅游人数平均增幅达 8%，超过发达经济体的 5%。中东和亚太地区增幅分别为 14%和 13%[①]。在全球的旅游市场中，亚太地区已成为最活跃的旅游市场和旅游业发展最快的地区。

5.4.1　国外旅游电子商务发展状况

世界旅游电子商务呈现快速发展的态势，进入 21 世纪，全球旅游电子商务出现连续 5 年以 350%以上的速度持续增长。在欧美等发达国家，旅游电子商务已经成为整个电子商务领域中发展最快、最突出的部分。

1．美国旅游电子商务发展概况

美国是现代电子商务战略思想的倡导者。1994 年 1 月，美国政府宣布国家信息基础设施计划。1997 年 7 月 1 日，克林顿政府正式颁布《全球电子商务纲要》(Framework For Global Electronic Commerce)，标志着美国政府系统化电子商务发展战略的形成[②]。截至 2008 年，美国现代信息服务业占整个服务业的比重已经超过 1/3。美国政府致力于发展电子商务战略促进了美国旅游电子商务的快速发展。

早在 1997 年，美国就有 600 万旅游者通过 Internet 进行旅游在线预订，包括航空机票、酒店、汽车租赁和其他旅游产品的在线预订。在线旅游（Online Travel）是旅游消费者通过 Internet 获得旅游目的地信息、旅游产品价格、旅游计划安排等相关旅游信息，进而进行在线旅游咨询、旅游预订、旅游产品购买的旅游活动。进入 21 世纪，美国旅游电子商务市场高速发展，旅游电子商务销售额从 2001 年的 240 亿美元上升为 2007 年的 640 亿美元。受金融危机的影响，2009 年美国在线旅游销售规模较 2008 年下降 6.7%，2010 年美国在线旅游销

① 资料来源：中国经济网，《经济日报》，2011.7。
② 张秦，电子商务应用通论，1998。

售规模增长 4.6%，达到 925 亿美元。据 eMarketer[①]预测，美国在线旅游销售规模在 2011—2014 年将继续平稳增长，到 2014 年预计达到 1190 亿美元，如图 5-2 所示。

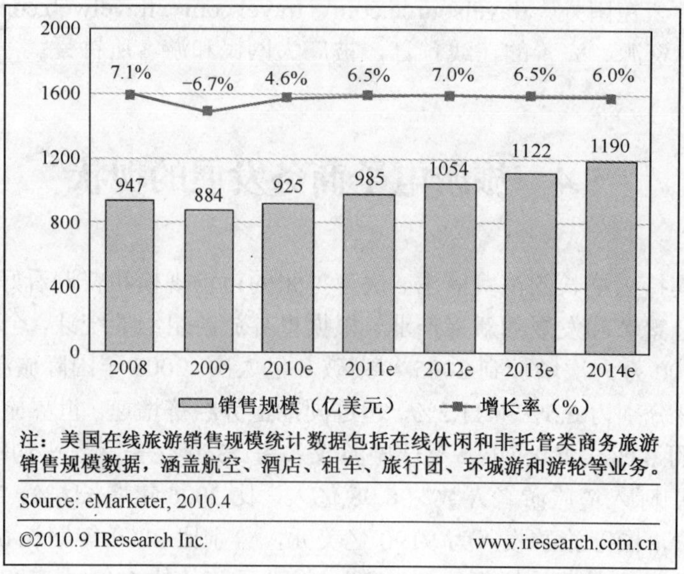

图 5-2 2008—2014 年美国在线旅游销售规模及增长情况

资料来源：www.iresearch.com.cn，艾瑞咨询，2010.9。

美国旅游电子商务市场表现出几个明显的特点：家庭假日旅游者使用 Internet 获得旅游信息的比例快速增长；美国旅游产品在线价格投标广泛出现；旅行社的全面信息化。几乎美国所有的旅行社都与 Internet 相连接，并拥有自己特色的旅游营销网站，有的旅行社还实行了网上预订、结算和售后服务等业务；美国的旅游业是由美国旅游业联合会 TIA（Travel Industry Association of America）协同领导发展的，TIA 的旅游目的地信息化战略要求美国的所有州、城市旅游局的旅游信息网站包括所有的旅游目的地、所有旅游企业的网站链接，以方便旅游者充分了解美国的旅游资源信息和旅游目的地信息。

2．欧洲旅游电子商务发展概况

旅游电子商务是欧洲经济一体化中一个非常重要的战略。2007 年欧洲个人在线旅行预订市场规模已达到 48.5 亿美元，2008 年为 59.5 亿美元，较 2007 年增长 22.7%。至 2011 年，欧洲个人在线旅行预订市场规模将达到 80.7 亿美元，复合增长率（一项投资在特定时期内的年度增长率）将达到 10.7%[②]。欧洲作为全球在线旅行预订市场的重要组成部分，其市场规模的增长能够反映出全球在线旅行预订市场的发展趋势。2007—2011 年欧洲个体旅游者在线旅行预订市场规模示意图如图 5-3 所示。

欧洲旅游电子商务的发展，表现出以旅游电子商务为基础的旅游企业合并经营的趋势，这与欧盟政治经济一体化发展战略相一致。例如，英国最大的旅游信息门户网站 www.lastminute.com 和法国最大的旅游酒店集团 Accor Group，通过全球酒店分销系统 GDS 联盟了世界范围内 90 余个国家的 3200 家酒店，成为欧洲最大的酒店分销商。

① 美国市场调查数据统计公司。
② iResearch，艾瑞咨询根据 eMarketer 发布的欧洲个人在线、旅行预订市场数据整理。

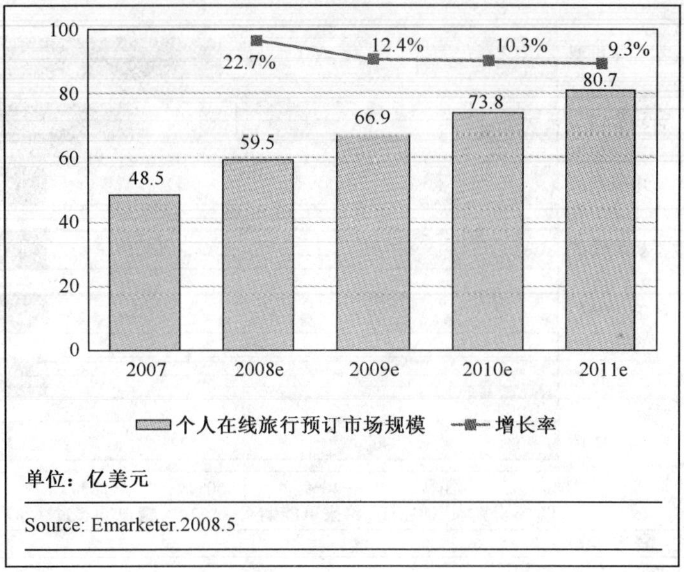

图 5-3　2007—2011 年欧洲个体旅游者在线旅行预订市场规模示意图

资料来源：www.iresearch.com.cn，艾瑞咨询，2008.7。

3．亚太地区的旅游电子商务发展状况

根据旅游行业权威研究机构 PhoCusWright 的一份新报告，亚太地区旅游市场在 2010 年增长 17%，超过美国成为世界第二大区域旅游市场。受经济复苏的刺激以及主要新兴经济体的快速发展，亚太地区比其他地区的发展速度更快，2010 年达到 2558 亿美元。PhoCusWright 的亚太在线旅游展望第 4 版（www.phocuswright.com/store/1608）显示，多样化的亚太地区旅游市场已经为在线市场的迅猛增长做好了准备。随着互联网覆盖面的扩大，以及转向网上购买的趋势，有助于 2012 年亚太地区在线休闲/自由商务旅游市场实现两位数的增长，总预订额将达到 706 亿美元。PhoCusWright 的高级研究主管 Douglas Quinby 表示："亚太地区在线旅游市场已不是新生事物，2010 年销售额超过 530 亿美元。中国和印度等在线旅游新兴市场正在推动该地区的发展。"

印度旅游电子商务的发展：印度电子商务市场的主要有在线旅游、网络零售等，如表 5-1 所示。印度旅游产业发展推动网上旅游预订市场的快速成长。据统计，2005 年印度网上旅行预订市场规模仅为 3 亿美元，2006 年增长 172%，达 8 亿美元；2007 年再增长 66%，达到 13 亿美元的规模。2008 年印度的网上旅行预订市场规模达到 20 亿美元。eMarketer 于 2011 年 8 月发布的数据显示，42%接受调查的印度网民通过网络购买过旅游的来回火车票、飞机票，33%的网民认为虽然没购买过，但是将来可能购买。2011 年印度网民网购品类分布示意图如图 5-4 所示。

表 5-1　印度旅游电子商务市场的主要类别

类　别	细　分
在线旅游	旅行聚合网站、旅行社、旅馆和铁路运输
网络零售	网上零售、网上拍卖
分类交易	网络招聘、网络婚介、在线地产、在线汽车、综合分类等
付费内容	研究报告、付费文章、光盘、数据下载等

资料来源：《2007 年印度电子商务市场研究报告》，慧典市场研究报告网，http://www.hdcmr.com。

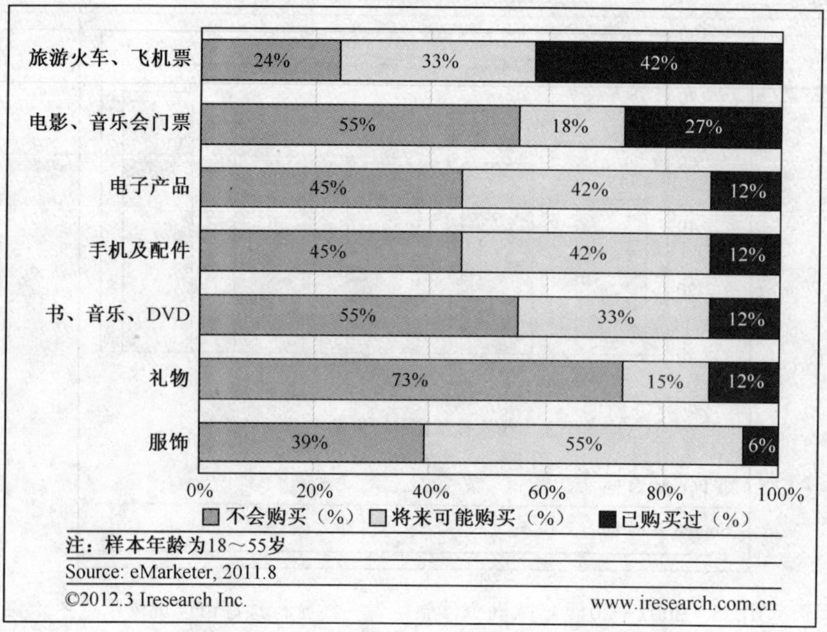

图 5-4 2011 年印度网民网购品类分布示意图

资料来源：http://ec.iresearch.cn，艾瑞咨询，2011.8。

根据调查，印度大约有 53%的网民通过互联网搜索旅游资讯，如表 5-2 所示。

表 5-2 印度在线旅游网站的访问目的调查

		收集信息	将要收集信息	过去 6 个月已订购	未来将订购
在线旅游	火车票	31.62%	18.06%	8.25%	15.76%
	飞机票	16.16%	7.13%	2.39%	5.21%
	旅馆预订	5.41%	1.46%	0.26%	0.99%
	总计	53.19%	26.65%	10.90%	21.96%

资料来源：同上。

印度的网络零售市场是仅次于在线旅游的 B2C 市场。2006—2007 年，印度网络零售市场规模在 85 亿卢比左右，2008 年年末达到 110.5 亿卢比的规模。

印度互联网和移动网络协会（IAMAI）发布的一份研究报告称，到 2011 年年底，印度电子商务市场规模预计将达到 4652 亿卢比（1 美元约合 45 卢比），较一年前增长 47%。包括铁路和航空售票、酒店住宿和旅游等在内的在线旅行业务占印度电子商务市场的 77%，预计该业务市场规模于 2011 年年底将达到 3789 亿卢比①。

日本旅游电子商务的发展：日本电子商务起步较晚，但发展异常迅速。1996 年，日本成立了电子商务促进委员会（ECOM），加强同美国在电子商务的合作。1998 年，日本的 B2C 贸易量为 86850 亿日元，占全体家庭开支的 0.02%。2000 年日本电子商务市场规模为 47.8 万亿日元。其中 B2B 交易的市场规模为 21.6 万亿日元（约为 1860 亿美元），B2C 市场规模为 8240 亿日元（约 70 亿美元）。日本电子商务的发展得益于网络通信基础环境的迅速发展、

① 环球旅讯，2011.8。

具有鲜明特色的移动通信和移动上网的快速发展以及拥有众多的便利店。日本政府于 2000 年 6 月推出了《数字化日本之发端行动纲领》，该纲领将与信息产业革命有关的政策问题分成三类，并从日本国家战略的高度提出了方向性的意见。

近年，日本通过立法提出“旅游立国”的口号，发展入境旅游。从国家到地方、从政府到各相关运营商都在积极探索。因此，旅游电子商务在日本虽然起步较晚，但也发展成一定规模。从经营模式上看，日本旅游电子商务已经形成了比较成熟的 B2B 模式（网站对交通、住宿、景点等企业）、B2C 模式（对游客），以及旅游电子商务相对比较发达的 C2B 模式（游客“点菜”，企业竞标接盘）、C2C（游客发起招募相同爱好者自行组团）等模式。

针对入境游，日本开设国际观光振兴机构官方网站。该网站是日本向海外进行旅游宣传的综合性旅游门户网站，网站使用英语、汉语、韩语、德语、法语等语言提供各类信息，使用这 5 种语言的旅游者占访日旅游者的 9 成。该网站包含了非常丰富的旅游信息，从气候、出入境手续等旅游出行必要的基本信息，到交通、住宿、餐饮、文化、祭祀等其他活动以及日本全国 400 多个旅游胜地的具体信息。

5.4.2　国内旅游电子商务发展状况

旅游电子商务作为信息技术和电子商务在旅游产业的运用，是以国内产业信息化的整体环境和发展状况为背景的。

1．国内旅游企业的信息化状况

综合比较，中国旅游业在信息化方面与国际水平尚存在较大的差距。DCCI（DCCI Data Center of China Internet）互联网数据中心发布的 2007 年信息显示，中国在线旅游和预订市场规模为 22.5 亿元人民币，较 2006 年增长 65.4%[①]。2009 年中国在线旅行预订市场营收规模达到 38.9 亿元，同比增长 32.3%。在市场结构方面，2009 年订房市场规模比重为 45.4%，订票市场规模比重为 44.1%，订票市场规模逐渐接近订房规模[②]。而根据艾瑞咨询统计，2010 年中国在线旅行预订市场规模为 61.6 亿元，相比 2009 年增长 58.4%，如图 5-5 所示。

2010 年中国在线旅行预订市场规模高速增长，国内的在线航班、饭店和旅行团预订等服务的收入达到 47.5 亿元人民币（6.598 亿美元），比 2009 年增长 27%[③]。其原因是：第一，持续回暖复苏的宏观经济，政府对旅游市场的扶持政策，是 2010 年中国旅游市场发展的大前提；第二，上海世博会及广州亚运会的召开，大幅度地激发了居民的出游意愿，如世博期间华东地区的旅行预订曾出现井喷式增长；第三，核心运营商纷纷推出各种优惠促销活动，低价吸引越来越多的用户从传统线下转向线上预订。

由于旅游企业经营类别不同、经营规模不同，国内旅游业信息化基础建设和应用水平差异很大。具体呈现以下特点。

（1）旅游业中的若干行业（如高星级饭店）对外开放程度比较高，并且大多由海外资本投资建设，其内部管理基本采用了饭店信息管理系统（Hotel Information System，HIS），与外界有高速的信息通道。在国际旅行社中，大多部分或全部采用了信息管理系统和业务管理系统，与国外同业有网络连接。

① 数据来源：DCCI 互联网数据中心，《Netguide2008 中国互联网调查报告》。

② 数据来源：艾瑞咨询，《2009—2010 年中国在线旅行预订行业发展报告》。

③ 数据来源：赛迪网。

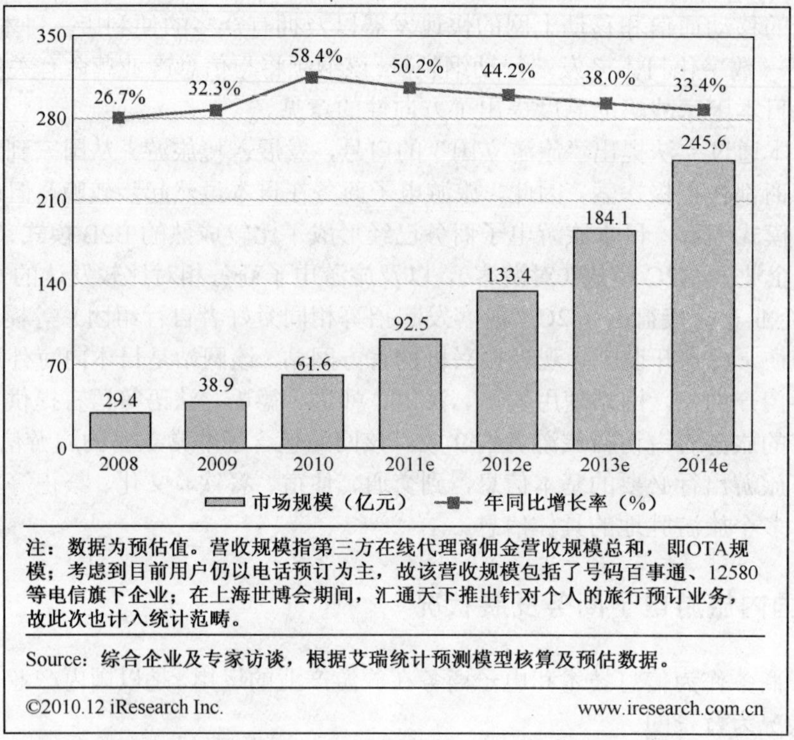

图 5-5　2008—2014 年中国在线旅行预订市场规模

资料来源：艾瑞网，2011.1。

（2）在旅游业各个分行业中，信息化程度呈现出明显的差异。饭店业中高星级饭店（四、五星级饭店）由于与国际建立联网，普遍建立了饭店中央预订系统（Central Reservation System，CRS）和饭店管理系统（Property Management System，PMS），部分饭店参加了全球预订系统（Global Distribution System，GDS）。但数量占旅游饭店总数 43%的未评星饭店和占住宿设施总数 96%的国内饭店和招待所在饭店综合信息化系统方面仍基本处于初级或空白状况。旅行社的情况与饭店大致相同，少数大型企业建立了信息管理系统和网络，并且应用规模和深度发展较快；中小型企业仍处在信息化的起步阶段，发展较为迟缓。车船公司和旅游景区（点）的综合应用水平比上述各分行业更低。

（3）少数具有较强经济实力的旅游企业实施全面信息化战略。例如四川峨眉山风景名胜区，是我国最早实施信息化战略的旅游景区之一。其建设的旅游企业资源管理系统（tERP），计划投资 3000 万元人民币，主要功能模块包括景区监控系统、车辆 GPS 监控跟踪系统、环境数字化监控、生态环境数据库。该系统将应用卫星数据通信技术，实现景区内无线网络连接。在旅行社方面，国旅总社、中国青年旅行社、春秋国际旅行社等是我国旅行社实施信息化战略较早、较成功的企业。

（4）实现信息行业共享和社会化共享更为迫切。初步建立起信息管理系统的企业基本属于信息孤岛，这些企业具备了信息的收集、整理、分析和应用等基本功能，但由于分散在各个企业，这些信息是零碎的、不完整的、欠系统的和缺乏标准化的。

与欧美国家相比，我国旅游业目前还是粗放型的，效益比较低，与世界水平的差距还是很明显的。世界中等以上发达国家旅游产业占国民经济的比重已经达到 8%以上，我国旅游业与世界旅游业发达国家的差距主要在资源整合、营销手段、企业竞争力等方面。2009 年，Amadeus 在 ASTA（American Society of Travel Agents，美国旅行社协会）旅行社中的市场份额从 17.8% 增长到 26.8%。在法国已有 85%的旅行社拥有 GDS，在整个欧洲有 40%左右的旅行社拥有 GDS。在国内，拥有 GDS 的基本上是三星级以上的饭店，大约占 17%的比例，而这还不包括三星级以下的饭店。我国旅游业的信息化水平至少落后于国际水平 10～15 年，我国旅游行业信息化尚需大力加强。

2．我国旅游行业电子商务建设状况

截止到 2010 年 12 月月底，国内共有各类旅游网站 5.23 万家，商旅类网站 1242 家，景点机构企业网站 4.48 万家，旅游论坛社区的行业网站 6198 家。从数量上讲，我国的旅游网站已具备一定规模而且发展迅速。总体来讲呈现以下特点。

（1）在旅游业的各个子行业中，电子商务发展的水平不同。旅游总社在电子商务领域建立系列的网站群，分别处理面向欧美、机票代理、国内旅游者的商务网站。青旅在线成为中国最具实力和最具影响力的旅游电子商务公司之一。不过从总量来看，旅行社企业建立独立网站的数量十分有限，绝大多数旅行社选择在门户网站和旅游专业综合网站建立数量有限的网页的方式。

（2）旅游交通和旅游区的电子商务程度总体不高。在交通体系，民航建立了比较完善的全球预订系统，并通过在中国香港的上市公司建立了信天游航空旅游商务网（www.travelsky.com.cn），以全球预订系统为电子商务网的后台支撑，以信天游网站为机票和旅游产品销售的服务前端。铁路系统由于建立了全国性的车票销售预订系统，开始具备跨地区和长时间跨度的票务处理能力。公路和水运系统的电子商务状况则远远达不到前面两个系统的程度，旅游车、船运输的电子商务服务水平很低。就市场条件而言，旅游景区（点）具备市场规模，通过电子商务形式发展市场应该具有条件，可以扩大旅游景区（点）信息的传播。我国旅游景区（点）由于基本上是作为旅游产品的一部分进入市场的，旅游景区（点）所处的地理位置一般在电子商务基础设施和人力资源方面比较薄弱。

（3）专业的旅游信息服务网站和旅游电子商务预订网正在兴起。它们是新型的在线旅游分销商，例如，微软 Expedia 公司是世界上最大的在线旅游分销商之一。在我国，广东易网通商旅资讯服务有限公司（www.ct-china.com）、中国携程旅游网（www.ctrip.com.cn）是我国较早应用现代网络信息技术的在线旅游分销商，开办了在线客房预订、机票预订、旅游线路预订和在线支付等业务。

和发达国家相比，我国旅游业和信息业都存在差距，但这种差距是相对的。旅游企业由传统营销模式向网络营销转变是历史发展的趋势，旅游企业与信息技术的结合将推动我国旅游业的大发展。在未来 10～20 年内，包括中国在内的大部分国家的许多人将生活在互联网生活方式之中，对他们来讲，借助于网络获取旅游信息、选择旅游目的地，制订旅游计划，安排旅游行程将成为一种习惯，旅游电子商务中蕴藏着无限的商业机会。

3．我国旅游信息化的“金旅工程”建设

我国旅游业信息化工程“金旅工程”是国家信息化工作在旅游部门的具体体现，也是国家信息网络系统的一个组成部分。“金旅工程”由两个基本的部分组成：一是政府旅游管理电子化，利用现代化技术手段管理旅游业；二是利用网络技术发展旅游电子商务，与国际接轨，最大限度地整合国内外旅游信息资源，建设和完善政府系统办公自动化网络和面向旅游市场的电子商务系统。“金旅工程”将建立电子旅游的行业标准，提供一个全球范围的电子商务运作平台。一方面，它帮助国内旅游企业建立起自己的旅游电子商务，通过互联网络吸引国外用户进入中国进行旅游消费；另一方面，建立与国际电子旅游行业的数据接口，加速我国旅游产业的现代化发展。

“金旅工程”的一个重点是建设我国的旅游目的地信息系统。中国旅游目的地营销系统是一个“国家—省—市—旅游企业”四级互联系统，建设重点在省市层面。它按照国家“金旅工程”的总体规划进行设计，将帮助中国各旅游城市建立权威的政府旅游网站，为消费者提供高质量的旅游信息服务；建立全方位的旅游宣传营销渠道，包括全国性的网络宣传渠道、旅游宣传册和宣传光盘联机出版和全国发布渠道、Call Center 旅游声讯服务系统以及对其他宣传营销渠道的扩展，为宣传推广目的地旅游提供高效的手段；建立完整的旅游电子商务平台，利用现有的电子商务基础平台（如网上支付平台等）积极发展旅游行业 B2B、B2C 电子商务模式；建设完善的目的地旅游信息数据库，全面开发旅游目的地信息资源，提供交互式、快速、准确的数据访问和全文检索服务。

4．中国民航全球分销系统建设

全球分销系统（GDS）是为代理人提供航空和旅游产品分销服务的计算机技术及网络服务系统。1999 年 6 月，GDS 项目正式立项，中国民航在“十五”期间集中人力、财力，重点建设全球分销系统、电子客票、机场离港系统等八大信息化工程，其中全球分销系统建设工程总投资达 16.9 亿元，已投入使用的有航空联盟技术支持项目、电子客票、通用网络前端平台和电子商务等。航空联盟技术支持项目由“代码共享”和“对外连接增强”两个部分组成。中国民航全球分销系统是中国民航唯一拥有国内所有航空公司及绝大部分国外航空公司的票务信息的全球分销系统。中国民航全球分销系统的建设目标是能够支持国内 20 多家航空、5000 家旅行社、130 个机场的 2.8 万个用户终端的全球机票在线预订/购买业务。

5.5 旅游电子商务发展中面临的问题

随着信息技术的快速发展，势必对我国旅游经济的发展产生巨大的推动作用。但当前国内旅游电子商务发展尚存在一些问题，制约了电子商务在旅游业的运用，给旅游业电子商务的发展带来挑战。

5.5.1 网络消费环境安全性低

网络商务应用的迅速发展滋生了网上交易诈骗、犯罪等问题。安全的网络消费环境，不仅是提高现有用户使用频率、吸引新用户的重要因素，也是行业良性发展、企业有序经营的重要保障。网上消费欺诈造成了用户对互联网商务类应用的担忧、抵制和排斥情绪，影响了商务类应用的可持续发展。交易的安全性是影响旅游电子商务发展的主要因素。在开放的网络上处理交易，如何保证传输数据的安全成为旅游电子商务能否普及的最重要的因素之一。

目前，交易安全成为旅游电子商务发展中最大的障碍：计算机病毒与非法闯入等威胁电子商务网络系统；用户的大量隐私被暴露在网上；信用卡等资料被黑客盗取，造成损失；网上交易、网下支付的模式大量存在，使得电子支付成为网上交易的瓶颈问题。此外，我国目前还没有建立起完善的信用制度，消费者对电子商务信用存在疑虑。例如，存在旅游企业景点描述不符、旅游团队组成夸大宣传、纪念品以次充好等问题。

5.5.2　难以体现个性化服务

个性化在线定制主要是根据每位顾客的不同需要，利用网络平台，实行一对一的全套旅游方案的在线定制。当前大部分企业的在线旅游市场将商务、团队业务集中在以广大自助行游客为目标顾客。旅游网站的主要访问者是商务旅游者，而商务旅行和私人旅行这两类旅游在对交通工具、住宿餐饮、旅途活动等方面的需求都不尽相同，在旅行时间方面更是差异很大。国内旅游电子商务与国外旅游相比，普遍存在内容陈旧、没有明显的旅游标志、景点介绍单调、缺乏图片和动态演示等内容上的问题。旅游信息管理系统也不完善，存在地域不完整、内容不完整等问题。目前国内的大部分网站提供的服务内容都是针对私人旅游（包括自助旅游）的，如机票、饭店的预订服务，很少提供旅游路线的设计、自助旅游安排等服务项目。很多旅游网站在规划时因缺少对旅游行业的全面、深刻认识而未能找准切入点，缺乏特色与“卖点”。其结果是：无法形成规模经营，网上促销、预订的成功率低，服务项目单一，旅游线路、景点介绍以及网上订票、订房、租车等模块几乎成为固定的内容。游客面临在异地人生地不熟、零散客户无法得到专业全程服务的困扰，根本无法满足个性化旅游的需求。

5.5.3　经营模式雷同

旅游网站主营的电子商务业务有机票、酒店、旅行团预订三大项，这也是每个旅游网站都有的。很多旅游网站留恋于传统旅游业的经营模式，服务项目单一。多数“在线”旅游网站仍然严重依赖于以电话呼叫中心、线下派发会员卡等传统方式实现销售。旅游线路、景点介绍、网上订票等服务模块几乎相同。而体现个性化的旅游线路设计、自助旅游服务很少，无法显现出竞争优势。作为一个综合性的行业，没有明确的、更佳的发展模式。现实中，没有建立起旅游企业的供应链网络，行业与相关部门的协作不强，行业间的营销方式缺乏协作，使得旅游电子商务缺乏资源整合，难以形成共赢的局面。因此，旅游网站必须提供一种更好的服务、更好的产品，或者寻求新的立足点与发展契机，或使销售额迅速地扩大，才有可能盈利。

5.5.4　市场细分不明确

目前，国内能够提供旅游咨询服务的网站有上千家，大体上可分为三种类型：一是以机票加酒店销售的在线旅游企业，如携程、艺龙，也称为携程模式类；二是垂直搜索服务，如去哪儿（www.qunar.com）；三是旅游内容服务，如悠哉（www.uzai.com）、途牛（www.tuniu.com）等。还有一种新的模式正在快速发展，冲击着在线旅游行业市场，如淘宝旅游、真旅网等B2C 旅游预订网站。但是，市场细分不明确仍然是国内旅游网站中普遍存在的一个问题。大多是简单的旅游咨询发布、线路预订、酒店预订和机票预订，能够提供旅游过程中不同环节及相应电子商务服务的能力偏低。网络访问者多种多样，不同访问者的兴趣爱好、文化背景、经济能力、职业和年龄不一样，访问者的旅游需求也就千差万别。如果不顾不同层次的需求有针对性地进行市场细分，很难引起访问者的旅游欲望，旅游网站的供给与消费者的个性化需求便难以实现有效对接。

5.6 旅游电子商务发展趋势

从旅游业的现实情况和未来发展来看，旅游业的持续增长趋势、旅游电子商务与传统旅游业的互补性、旅游机构和旅游企业应用电子商务的微观动力将使旅游电子商务拥有持久而广阔的发展空间。

5.6.1 旅游电子商务的发展空间分析

旅游业与电子商务具有优越的适应性，使旅游电子商务成为传统产业与信息技术结合的一个代表性领域。

1. 全球旅游业的发展空间分析

第二次世界大战以后，西方发达国家经历了一个持续稳定的发展和增长时期，国际政治环境的相对稳定、科技的高速发展、人们生活和消费观念的改变、交通运输业的发达、人们收入的大幅提高、带薪休假的产生和兴起，使得人们的旅游需求日益高涨，旅游业得到蓬勃发展。从1950年开始，世界旅游业便以每年7.1%的速度增长，从1950年接待2530万人次增长到1998年的6.35亿人次，国际旅游收入也从21亿美元增加到4394亿美元，增长了208.2倍，年均增长达11.8%。1992年，世界国际国内旅游收入超过了石油、汽车工业，成为世界上第一大产业，1996年旅游总产值（包括国内旅游收入）已经达到3.6万亿美元，占世界国内生产总值的10.7%；旅游总投资为7660亿美元，占世界总投资的11.9%；旅游业总税收为6530亿美元，占世界税收总额的10.4%；旅游业就业人数达2.55亿人，占世界总就业人数的1/9，旅游业的发展规模已经在世界经济的发展中占据了相当重要的地位。

20世纪90年代，全球经济增长放缓，国际旅游仍取得年均6.39%的增长，2004—2007年，年均增长7%，国际旅游业已经成为世界经济中不可或缺的一部分。据世界旅游组织统计，2007年上半年全球旅游人数超过年初预期，同比增长6%，其中亚太地区的增长幅度达到9%，为全球之最，非洲和中东增长8%，欧洲增长6%，美洲增长了4%。2007年，世界旅游业收入总量超过8450亿美元，实现6.5%至6.8%的增幅。2008年，虽然受金融危机的影响，全球共接待国际旅游者9.24亿人次，比上年增加1600万人次，全年依然实现增长2%①。2010年国际旅游出游人数比2009年增加6.7%，达到9.35亿人次②。从全球各大地区所占世界旅游市场份额变化的情况可以看出，经济越发达、经济增长率越高，旅游业的发展规模和水平也越高③。

虽然说，国际旅游业的发展已经由快速发展走向缓慢增长，但世界旅游市场仍拥有相当大的发展潜力和广阔空间。据预测，即使到2020年，国际旅游人口只占世界潜在旅游人口

① 资料来源：中国旅游报，2009.2.10。
② 资料来源：环球旅讯，2011.1。
③ 资料来源：经济日报，2008.1.4。

的 7%，欧洲为 14%，美洲为 8%，东亚太为 10%，南亚为 1%，整个旅游市场仍然拥有广阔的空间。联合国世界旅游组织公布数据显示，与 2009 年相比，2010 年国际旅游出游人数增长了 6.7%，达到 9.35 亿人次[①]。世界旅游组织预测 2015 年将达 12 亿人次，2020 年达 16 亿人次。2000—2020 年国际旅游活动的年平均增长率为 4.4%，其中，2000—2010 年的平均增长率为 4.0%，2010—2020 年的平均增长率为 4.8%。2020 年全球国际旅游消费收入将达到 2 万亿美元，国际旅游年均增长率为 6.7%，远远高于世界财富年均 3%的增长率。届时，国际旅游人口将占世界总人口的 3.5%。欧洲将继续保持世界最大的旅游目的地的地位，但是其国际旅游年增长率（3.1%）将低于世界旅游年增长率。东亚太地区将成为世界第二大国际旅游目的地，而在 2010 年中国已经超过了西班牙成为全球第三大旅游目的地国，接待入境旅游者达到 5600 万人次[②]。在未来，世界旅游业将呈现如下特点。

- 市场格局发生变化。世界旅游市场将由过去传统的“北美到西欧，欧洲到美洲”两大主流逐渐转移到欧洲、东亚太和美洲三足鼎立的市场格局。
- 旅游模式将发生变化。散客旅游逐渐多于团体旅游；短线旅游多于长线旅游；地区性旅游和中程旅游将成为旅游的主体；自助、半自助旅游将代替包价旅游；商务、会议旅游将成为团体旅游的主体；人们外出旅游的次数将增多。
- 地区合作加强。由于旅游资源的局限和价格竞争等因素的影响，一个国家或地区难以单独成为长期对旅游者具有吸引力的旅游目的地。在这种情况下，必须加强同周边国家或地区的合作，优势互补和资源互补，以策略联盟的方式共同开拓市场，广招客源，共享利润。
- 信息技术的发展将极大地促进旅游业的发展。互联网、通信技术将会极大地促进旅游信息的传播，节约消费者的时间，降低旅游业的成本。

2．国内旅游业的发展空间分析

改革开放为中国的旅游业发展提供了前所未有的良机，丰富的旅游资源、独具特色的旅游产品以及旅游配套设施的不断完善，已使中国成为世界上旅游业发展最快的旅游目的地之一，并逐渐跨入旅游发达国家行列。1978—2010 年中国旅游业接待入境旅游人数统计如表 5-3 所示。1978—2010 年中国入境旅游人数和旅游（外汇）收入的世界排名如表 5-4 所示。

表 5-3　1978—2010 年中国入境旅游人数统计

单位：万人次

年　份	总　计	外　国　人	港澳台侨胞		
			同胞	港澳同胞	台湾同胞
1978	180.92	22.96	157.96	156.15	
1979	420.39	36.24	384.15	382.06	
1980	570.25	52.91	517.34	513.90	
1981	7767.1	67.52	709.19	705.31	
1982	792.43	76.45	715.98	711.70	
1983	947.70	87.25	860.45	856.41	

① 资料来源：新加坡《联合早报》，2011.1.18。
② 资料来源：新华国际，2011.1.19。

（续表）

年份	总计	外国人	港澳台侨胞		
			同胞	港澳同胞	台湾同胞
1984	1285.22	113.43	1171.79	1167.04	
1985	1783.31	137.05	1646.26	1637.78	
1986	2281.95	148.23	2133.72	2126.90	
1987	2690.23	172.78	2517.44	2508.74	
1988	3169.48	184.22	2985.26	2933.56	43.77
1989	2450.14	146.10	2304.04	2243.09	54.10
1990	2746.18	174.73	2571.45	2467.54	94.80
1991	3334.98	271.01	3063.97	2955.96	94.66
1992	3811.49	400.64	3410.85	3262.57	131.78
1993	4152.69	465.59	3687.11	3517.79	152.70
1994	4368.45	518.21	3850.24	3699.69	139.02
1995	4638.65	588.67	4049.98	3885.17	153.23
1996	5112.75	674.43	4438.32	4249.47	173.39
1997	5758.79	742.80	5015.99	4794.33	211.76
1998	6347.84	710.77	5637.07	5407.53	217.46
1999	7279.56	843.23	6436.33	6167.05	258.46
2000	8344.39	1016.04	7328.34	7009.93	310.86
2001	8901.29	1122.64	7778.65	7434.46	344.20
2002	9790.83	1343.95	8446.88	8080.82	366.06
2003	9166.21	1140.29	8025.92	7752.73	273.19
2004	10903.82	1693.25	9210.57	8842.05	368.53
2005	12029.23	2025.51	10003.71	9592.79	410.92
2006	12494.21	2221.03	10273.19	9831.84	441.35
2007	13187.33	2610.97	10576.36	10113.57	462.79
2008	13002.74	2432.53	10570.20	10131.64	438.56
2009	12647.59	2193.75	10425.84	10004.44	448.40
2010	13376.22	2812.69	10763.54	10249.48	514.06

资料来源：中华人民共和国国家旅游局。

表5-4 1978—2010年中国入境旅游人数和旅游（外汇）收入的世界排名

年份	过夜旅游者人数（万人次）	世界排名	旅游（外汇）收入（亿美元）	世界排名
1978	71.60	—	2.63	—
1979	152.90	—	4.49	—
1980	350.00	18	6.17	34
1981	376.70	17	7.85	34
1982	392.40	16	8.43	29
1983	379.10	16	9.41	26
1984	514.10	14	11.31	21
1985	713.30	13	12.50	21
1986	900.10	12	15.31	22
1987	1076.00	12	18.62	26

（续表）

年份	过夜旅游者人数（万人次）	世界排名	旅游（外汇）收入（亿美元）	世界排名
1988	1236.10	10	22.47	26
1989	936.10	12	18.60	27
1990	1048.40	11	22.18	25
1991	1246.40	12	28.45	21
1992	1651.20	9	39.47	17
1993	1898.20	7	46.83	15
1994	2107.00	6	73.23	10
1995	2003.40	8	87.33	10
1996	2276.50	6	102.00	9
1997	2377.00	6	120.74	8
1998	2507.29	6	126.02	7
1999	2704.66	5	140.99	7
2000	3122.88	5	162.24	7
2001	3316.67	5	177.92	5
2002	3680.26	5	203.85	5
2003	3297.05	5	174.06	7
2004	4176.14	4	257.39	7
2005	4680.90	4	292.96	6
2006	4991.34	4	339.49	5
2007	5471.98	4	419.19	5
2008	5304.92	4	408.43	5
2009	5087.52	4	396.75	5
2010	5566.45	3	458.14	4

资料来源：中华人民共和国国家旅游局。

在 1978—2010 年的 30 多年期间，中国旅游业实现跨越式发展，国内旅游已经发展成为中国旅游市场的主体；出境旅游和有关产业要素历经从无到有的发展。旅游业作为国民经济的重要产业，对国民经济和社会发展的贡献不断增大。2010 年全年共接待入境游客 1.34 亿人次，入境过夜旅游者人数为 5566.45 万人次，实现国际旅游（外汇）收入 458.14 亿美元；国内旅游人数为 21.03 亿人次，收入 12579.77 亿元人民币；出境旅游 5738.65 万人次；旅游总收入为 1.57 万亿元人民币，旅游直接就业人数为 1150 万人。旅游产业规模不断扩大，旅行社达到 22784 万家，全国旅行社资产总额为 666.14 亿元，星级饭店有 13991 家，全国县级以上旅游景区有 2 万多个，优秀旅游城市有 339 座，高中等旅游院校有 1968 所①。

按照《国民经济和社会发展第十二个五年计划纲要》的要求，把旅游业培育成为国民经济的重要产业，是“十二五”时期我国旅游业发展的首要任务。目前，随着我国国民经济持续健康的发展，我国人均 GDP 已经达到 3000 美元。旅游发达国家的发展实践表明，一个国家人均 GDP 达到 3000～5000 美元，将进入旅游消费的爆发性增长期②。随着我国人均 GDP 达到 3000 美元，旅游消费需求将大幅度提升，这是我国旅游业持续兴旺的重要动力。预计

① 资料来源：中华人民共和国国家旅游局，http://www.cnta.gov.cn，2011.11。
② 资料来源：人民网，旅游消费将爆发性增长，http://www.people.com.cn，2007.9.7。

“十二五”期间旅游收入年均增长12%以上，到2015年，国内旅游人数将达33亿人次，年均增长10%，旅游业增加值占全国GDP的比重提高到4.5%，占服务业增加值的比重达到12%①。2020年，中国将成为世界第一大旅游目的地国和第四大客源输出国，旅游业总收入将达到25000亿元人民币以上，年均将增长7%，占GDP的比重将提高到8%左右②。我国旅游业已经进入长期快速增长的时期。

5.6.2 旅游电子商务的发展动力分析

以微电子为基础的信息技术、信息网络尤其是Internet的形成，给国际旅游业的发展又提供了一次动力。Internet完全不同于传统媒体，它是互动、开放、多媒体结合、不受时空限制的。尤其是基于Internet的电子商务的兴起，更为传统的国际旅游业的优化和创新提供了动力和机会。

首先，全球化的电子商务的发展，营造了利用信息化手段改造产业的大环境。旅游企业认识到电子商务的发展是大势所趋，认识到推行电子商务战略的必要性。电子商务技术的进步也为旅游业提供了更完备和更人性化的解决方案，使旅游企业获得了提高效益和效率的突破性契机，这是旅游电子商务发展来自企业方面的基础和动因。

其次，网络信息时代的到来，同时也在影响着现代人的生活方式和个性。旅游者对互联网信息渠道的依赖，对电子商务购买方式的逐步接受，是旅游电子商务发展来自需求方面的基础和动因。

1．有效降低跨地域信息交流成本

国际旅游业通过互联网直接传递、处理电子单证，既节约了纸质单证的制作费用，又可以缩短交单结汇的时间，加快资金周转，节省利息开支。旅游企业利用互联网跨国交流信息的平均成本和边际成本极为低廉，通过电子商务处理跨国旅游业务，大约可以减少90%的文件处理费用。互联网与地理因素毫无关系，一个网址，无论是1万人还是1000人访问，其制作和维护的成本都是一样的，在全球宣传、销售的成本与在本地销售的成本并无差别。参与交易的各方只需支付较低的网络通信和管理费用就可以获得、存储、交换和处理信息，节省资金，降低成本。通过网络进行信息传递的成本相对于信件、电话、传真的成本是很低的，距离越远，成本的节约就越明显。

2．有效提高跨地域信息交流效率

信息技术作为生产力中最活跃的因素日益渗透和改变着现代旅游业，加速了旅游业的国际化发展趋势。Internet是一个全球性媒体，集合了宣传册的鲜艳色彩、多媒体技术的动态效果、实时更新的信息效率和检索查询的交互功能，成为宣传旅行和旅游产品的一个理想媒介。许多旅游电子商务网站都具有多语言版本，旅游者能毫不费力地访问世界各国的旅游网站，获取大量的、纵深的信息，是国际旅游信息交流的理想渠道。

通过电子商务方式处理国际旅游业务，交易双方可以采用标准格式文件，如标准化的合同、单据、发票等进行即时传递和自动处理，在网上直接办理预订，进行谈判、签约、支付结算等手续，从而缩短交易时间。

---

① 旅游业“十二五”规划。
② 赛迪网，2006—2007年中国旅游市场研究报告，http://www.ccidnet.com，2007.3.9。

5.6.3　国内旅游电子商务发展趋势分析

国内旅游电子商务经过十几年的探索，已形成一批具有资讯服务实力的旅游网站，主要包括地区性网站、专业网站和门户网站三类。这些网站可以提供比较全面的服务，涉及旅游的食、住、行、游、购、娱等方面的网上资讯服务，成为旅游服务的重要媒介。随着国内旅游市场逐步向国外开放，国际旅游企业将携带观念、管理、网络、资金、人才等多方面的优势，以各种方式进入中国旅游市场。旅游市场竞争的日益激烈，旅游者的需求越来越高，传统旅游市场必须转向以互联网技术为核心服务的旅游电子商务。

1．网上旅行预订市场规模不断增大

网上旅行预订市场规模是指在线旅游服务提供商在网络旅游资源分销过程中所获得的分销佣金提成及其他旅游服务收入。在国内，从运营商角度看，中国的网上旅游市场会向综合型与垂直型的两端发展，综合型如携程，垂直型如途牛、去哪儿网。但无论是何种模式，品牌、产品、服务都是赢得用户的关键。从市场发展看，2011 年上半年代理网站和服务商官网发展迅速，垂直型旅游搜索在市场上的地位有所增加，旅游团购成为团购市场上的热门领域。团购模式对酒店、旅游线路的冷热不均起到了良好的分流作用，这一服务形式已经在主要的旅游代理网站、门户以及论坛普遍应用，有利于培养用户预订习惯，促进旅游消费日常化。iResearch 艾瑞咨询推出的《2009—2010 年中国网上旅行预订行业研究报告》统计显示，2009 年中国网上旅行预订市场规模为 37.4 亿元，相比 2008 年的 29.4 亿元同比增长 27.2%，如图 5-6 所示。

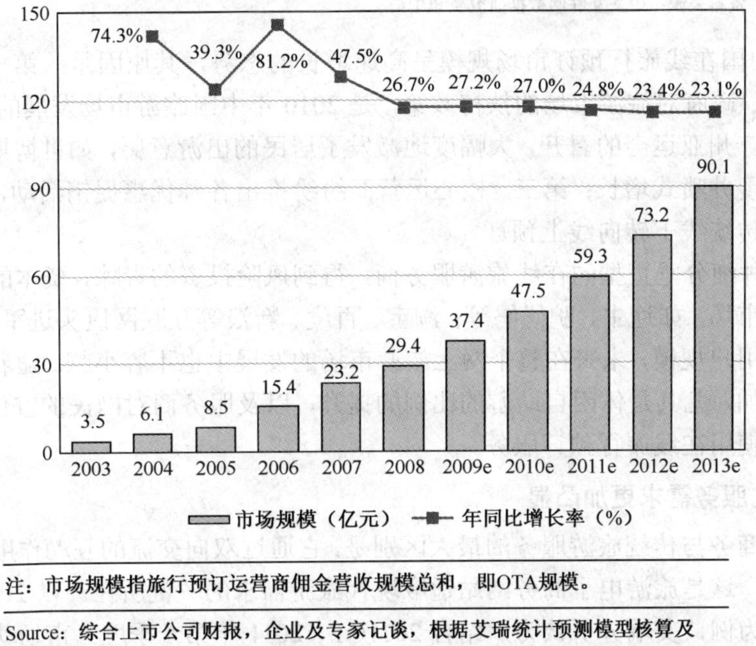

图 5-6　2003—2013 年中国网上旅行预订市场规模

资料来源：艾瑞咨询。

2010 年中国在线旅行预订市场规模为 61.6 亿元，相比 2009 年的 38.9 亿元同比增长 58.4%，如图 5-7 所示。

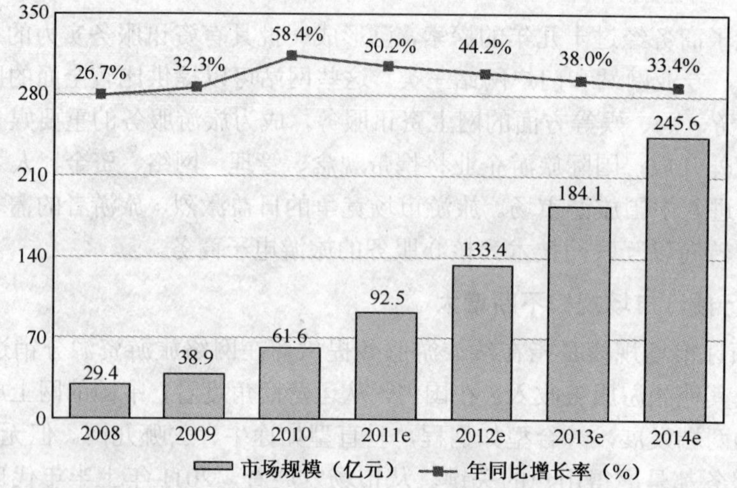

注：数据为预估值。营收规模指第三方在线代理商佣金营收规模总和，即OTA规模；考虑到目前用户仍以电话预订为主，故该营收规模包括了号码百事通、12580等电信旗下企业；在上海世博会期间，汇通天下推出针对个人的旅行预订业务，故此次也计入统计范畴。

Source：综合企业及专家访谈，根据艾瑞统计预测模型核算及预估数据。

©2010.12 iResearch Inc. www.iresearch.com.cn

图 5-7 2008—2014 年中国在线旅行预订市场规模

资料来源：中文互联网数据研究资讯中心。

2010 年中国在线旅行预订市场规模呈高速增长的态势，其原因是：第一，持续回暖复苏的宏观经济、政府对旅游市场的扶持政策，是 2010 年中国旅游市场发展的大前提；第二，上海世博会及广州亚运会的召开，大幅度地激发了居民的出游意愿，如世博期间华东地区的旅行预订曾出现井喷式增长；第三，核心运营商纷纷推出各种优惠促销活动，低价吸引越来越多的用户从传统线下转向线上预订。

另外，各种细分垂直型的在线旅游服务商，得到风险投资的青睐，资本的力量助推其快速发展以抢占市场，如途牛、驴妈妈等；淘宝、百度、新浪等互联网巨头进军在线旅游市场，借助其庞大的用户规模，未来在整个网上旅游市场的发展中也不容小觑。随着人们旅行出行需求频次的增加，尤其是休闲自助游的比例的提升，以及服务商对网民的宣传和引导，会更多地推动用户使用在线旅行预订服务。

2．个性化服务需求更加凸显

旅游电子商务与传统旅游服务的最大区别是，它通过双向交流的互动作用提供各种个性化的定制服务，这是旅游电子商务网站适应现代旅游需求的关键所在。以 2011 年国内在线旅行预订市场为例，艾瑞分析认为，结合 2011Q1（2011 年第一季度）市场动态来看，在线旅行预订的竞争将会更加激烈。第一，以携程为代表的核心运营商，开始将多年积累的经验和模式移植到其他领域，如美食订餐频道；第二，以去哪儿网为代表的新兴服务商开拓了团购、秒杀的新兴营销模式，并快速得到了其他运营商的纷纷效仿，该活动可通过价格扩展并活跃其用户群；第三，淘宝旅游频道借助其庞大的用户规模发展迅速，迎来了很多旅游厂商的入驻，如同程网在淘宝上开设官方店铺。可以看出，各运营商在渠道和竞争的双重压力下，或者采取差异化发展，或者开拓新的销售渠道，以期抢占更多的市场。2011Q1（2011 年第一季度）中国网上旅行预订 OTA（在线旅行社）市场营收规模达 20.1 亿元，同比增长 76.3%，如图 5-8 所示。

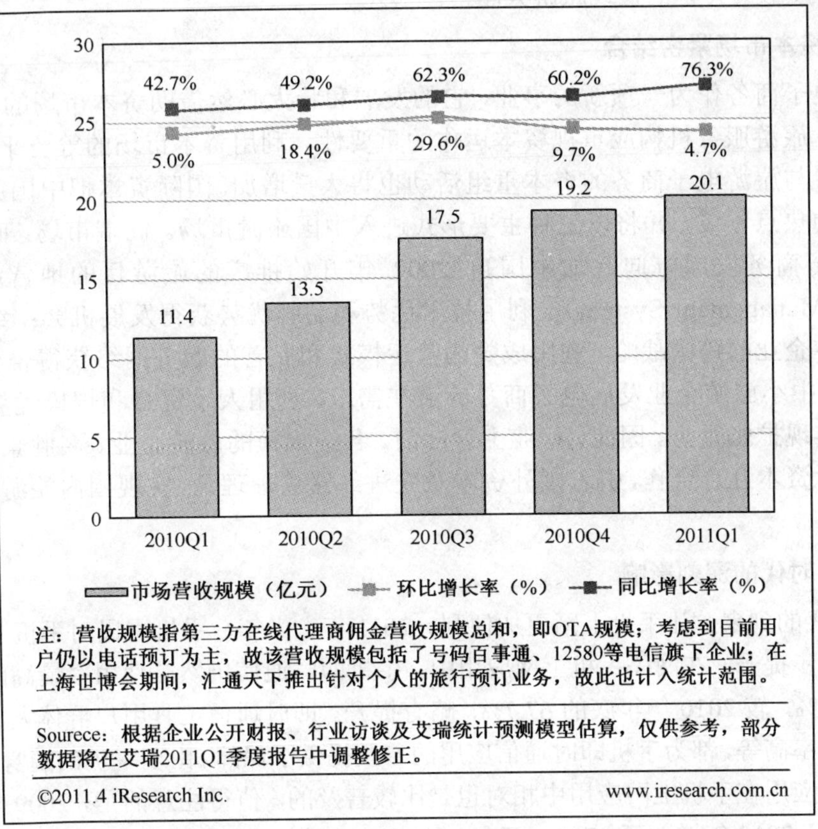

图 5-8 2010Q1—2011Q1 中国旅行预订市场第三方在线代理商营收模式

资料来源：艾瑞咨询，2011.4。

在个性化服务需求的带动下，一些专门面向特定群体的自助式旅游服务网站数量骤增，目前一些论坛旅游专区已经具备了这样的雏形。其中，芒果网服务于商旅人士、休闲旅游人群大众市场的需求，而青芒果旅行网专注于纯在线旅行预订，主要针对背包族、驴友和学生等用户群体。此外，芒果网还上线了票券频道、租车频道、邮轮频道等，以期满足不断细分人群的需求。

3. 合作双赢模式

合作双赢成为经营目标的第三大趋势。旅游电子商务网站的不断增加，掀起了各网站之间的直接竞争。除品牌竞争外，经营的规模化效益成为制胜根本，缺乏资源优势的旅游网站将无法在竞争中长期立足，优胜劣汰不可避免。2010 年，在竞争和渠道的双重压力下，在线代理商纷纷采取差异化的发展方向。携程战略转型，继 2009 年收购台湾旅游网站 eztravel、增持如家股份之后，2010 年继续收购香港永安旅游，同时以入资参股的方式分别收购了汉庭约 8%和首旅建国酒店约 15%的股份。2010 年，携程在订票和订房两大业务的基础上，大力发展度假业务和商旅管理业务，加大线下产业链的布局、扩容呼叫中心。与此同时，艺龙网则重点向线上转移，提高线上预订比例，减少在呼叫中心方面的投入；同时，艺龙网聚焦酒店预订业务，逐渐降低机票预订业务的占比。芒果网借助于港中旅集团下的地面资源，定位于以旅游度假为特色的在线旅游大超市。

4．与资本市场紧密结合

旅游电子商务作为一项新的事业，它的发展和壮大必然借助资本市场的力量。在今后一个阶段，旅游服务机构应重视资本运作的重要性，利用资本市场的筹资平台迅速做大，上市公司参与旅游电子商务的资本重组活动也将大量增加。国际资本把中国旅行产业作为今后投资的热点领域，并将以三种主要形式进入中国旅游市场。高端市场：瞄准政府主导性旅游电子商务发展方向，如中国自 2002 年开始推广的旅游目的地营销系统 DMS（Database Management System），利用技术优势和品牌优势获得发展机会；终端市场：瞄准大型旅游企业的跨国战略，利用成熟的营运模式和完善的服务网络获得合作机会；低端市场：瞄准中小旅游企业发展电子商务的潜在需求，利用人才优势和规模优势在网络建设的过程中实现扩张行为。因此，行业主管部门、各级规模的旅游企业、名胜景点应势接盘，实现与国际资本互惠合作，引入国外资本及先进经营管理理念，实现国内旅游产业的快速、健康发展。

5．3G 时代的深刻影响

3G 时代的到来，让手机上网更加便利。2011 年上半年，手机网民对手机上网应用的使用深度进一步提升。在网民手机上网应用中，手机即时通信仍然是使用率最高的应用，使用率达到 71.8%，较 2010 年年底的 67.7%，略有提升。即时通信工具用户群体大、手机即时通信软件预装率高等，都为手机即时通信应用的普及提供了保障。由于手机的随身性和及时性，信息获取类应用在手机上网应用中相对也是比较普及的。值得注意的是，2009 年 3G 用户有 1232.2 万户，2010 年增加至 4705.1 万户，然而到了 2011 年上半年，3G 服务发展开始加速，截至 2011 年 12 月月底，全国 3G 用户总数达到 1.28 亿户（含部分 3G 上网卡、3G 座机），而全国移动电话用户总数达到 9.5 亿户，3G 用户在移动电话用户中的占比偏低。因此，大多数手机网民的手机上网条件仍然是 2G 的窄带移动互联网，无法流畅的使用手机视频等高流量手机上网应用[①]。

显然，通过手机连通网络查找旅游信息、订购旅游产品将会更加频繁。一些旅游网站看到这个契机，开始打造互联网与手机的交互平台，这是一种着眼于未来的盈利模式。目前，新加坡的“游一游网站”刚进入中国，就与诺基亚等手机达成合作，游兔网也与多普达智能手机达成合作协议，E 游天下已开通了移动新媒体旅游服务平台，提供覆盖互联网和移动通信的旅游服务信息服务。

旅游业作为全球最大的产业，也作为适合电子商务运用的典型产业，已成为全球电子商务的重要应用领域之一。

① 资料来源：第 29 次中国互联网络发展状况统计报告，中国互联网络信息中心。

本章案例

芒果网[1]

1. 芒果网的基本情况介绍

芒果网是香港中旅集团所属上市公司—香港中旅国际投资有限公司在内部资源重组的基础上再投资 3.5～4 亿元人民币兴建的旅游电子商务平台。芒果网是一个由电话呼叫中心、网站及其他高科技接入方式组合成的非面对面客户服务中心，为游客提供以订房、订票、自由行套票、公司差旅管理为主打产品的旅游在线服务。利用芒果网，人们旅游、商务、会议出行不出家门和办公室即可用电话、上网、手机等多种电信工具订酒店、订机票，既节约了时间，又降低了成本。

2. 芒果网的品牌

芒果网是香港中旅在线的全资品牌，芒果的黄色清新明快，芒果网倡导时尚、轻松的品质生活。mangocity.com 从字面上看起来为 man+go+city，“man”广义的意思是人，“go”是走的意思，合起来是人在走。在哪里走？在“city”，即在城市走，从一个城市到另一个城市，芒果网 mangocity.com 象征着城市动脉。音译和意译合起来是芒果城，潜意表达了我们的人生之路，在路上，在探索，在追求，所到之处都是灿烂的芒果城。芒果的底部还有一颗闪烁的星星，这颗星正是香港中旅在线的动感北斗星，它是一颗星，也是芒果网的一个“脐”，象征着芒果网与香港中旅血脉相连的关系。

3. 芒果网的运营模式

芒果网将在香港中旅集团的支持下，以独立的品牌开拓新的产品形象、新的客户群和新的客户服务模式，与香港中旅集团属下所有的旅游资源合作，包括传统旅行社在采购、销售、配送及支持服务、信息、广告及客户等方面合作，以达到互利双赢的局面。

芒果网将采用“网站+电话服务中心”的模式、以统一的后台数据库（包括产品和客户）为基础的非面对面客户联络中心。结合中国旅游业发展的实际情况，芒果网服务客户的通道主要有网站及电话服务中心（40066—40066）。客户联络中心通过统一的产品数据库为客户提供和制作产品，并通过统一的客户数据库内的客户关系管理系统跟踪客户的消费模式，为目标客户提供个性化的增值服务，加强客户忠诚度；客户联络中心的另一项功能是统筹旅游产品的配送；安排各个区域航空票务代理公司或设于主要机场内的分支机构出票，并通过各地的业务合作伙伴（例如传统旅行社、邮政局等企业）送票或住房单等；客户联络中心 24 小时全天候运作，为客户提供传统旅行社不能提供的便捷。

4. 芒果网的独特优势

香港中旅集团拥有较丰富的地面旅行社网络资源，在香港、澳门设有 40 间分社和 5 间全资酒店，在美国、加拿大、澳大利亚、英国、法国、德国、日本、韩国、新加坡、泰国等 16 个国家设有 21 间海外分社，在中国北京、上海、苏州、杭州、青岛、成都、西安、新疆、厦门等地设有 14 家独资或合资旅行社，拥有 17 间酒店并受托管理 7 间酒店。此外，它还控

① 资料来源：芒果网，http://www.mangocity.com；百度文库，http://wenku.baidu.com。

股深圳世界之窗、锦绣中华和民俗文化村，独资开发了亚洲最大的海洋温泉度假城——珠海海泉湾，拥有香港最大的过境巴士公司，经营深港澳直通巴士和泛珠三角巴士客运服务，并和香港信德集团联营港澳飞航船，可为旅客提供海、陆、空全方位旅游服务。

香港中旅国际投资有限公司（简称港中投）是香港中旅集团旗下的旅游旗舰，集结了香港中旅集团内旅游资源和业务的精华。港中投于 1992 年 11 月在香港成立及上市，港中投及其附属公司的主要业务包括旅行社、客运、酒店、主题公园、高尔夫球会所、货运及电厂投资等。港中投凭借其全面的旅游平台及母公司香港中旅集团的大力支持，能够全面捕捉大中华区旅游市场巨大的发展潜力。通过多年的高速发展，港中投已经成为中国最为重要的旅行资源和关系的控制者，能够持续大规模地为旗下的企业提供业务发展所需要的资源和资金。截至 2005 年 6 月月底，港中投的综合资产净值及市值分别为 93.7 亿港元及 117.8 亿港元，2004 年度的综合净利润约为 9 亿港元。港中投现为恒生香港中资企业指数及其他主要地区指数的成分股企业。

2005 年，港中投投入巨资建设了在线旅游电子商务平台—芒果网，港中旅旨在将芒果网建设成为旗下所有旅行资源使用的唯一电子商务平台，全力推动芒果网迅速成为中国旅游电子商务市场的重要力量。

芒果网将充分利用香港中旅集团庞大的地面资源和强大的采购、配送系统，加快旅游在线业务的发展，尽快打造中国旅游在线交易平台。

5. 芒果网的未来发展

1）在线旅游市场竞争激烈

在线旅游业发展 10 多年来，市场环境发生了很多变化。一是行业增长非常迅猛，无论是数字统计还是切身感受，在线旅游通过网上或者呼叫中心预订比传统预订增长迅速得多。二是目前的竞争越来越激烈，集中度也在增强，一些传统的企业不断地消亡。三是行业的新进入者越来越多，除了从事旅游行业的企业进军在线旅游，有两个行业的企业也加入了竞争：一个是互联网行业的企业，其进入在线旅游行业的趋势在不断加快，另外一个是拥有客户资源的强大的会员制企业，比如银行和电信。芒果网认为，这些促使行业竞争越来越激烈，但是这种进入会使这个行业更加规范，市场份额更大，对于消费者是一个非常好的事情。行业发展的黄金时期即将到来，现在还没有到饱和时期，还处在一个初期的阶段，未来的市场非常大。

2）立足深圳开拓二线城市市场

目前，芒果网总部落户在深圳，并在北京、上海、广州、成都、香港等重要经济城市设立了分公司。关于芒果网在二线城市和西部地区的拓展问题，芒果网负责人表示，“我们的分公司不是每个城市都有，我们更多的是强调整个运营的电子商务化，如果电子商务化能够集中在一地完成的，会尽可能在一地完成，比如我们现在的机票除了个别环节，已经基本完全电子商务化了，不需要在出发地或者客户所在地布局，在客户量不大的地方虽然没有分公司，但我们有办事机构。”

此外，芒果网希望通过更多的整合和合作来完成服务的提供。芒果网在西部已经有布局，像西安、成都、沈阳这些地方都有发展。“未来二线城市的旅游、出行需求会更加旺盛，我们会做更多布局，今年就会有几个点出现。”至于具体是哪些城市，芒果网暂没有透露。

3）在危机中寻找商机

从 2008 年开始，旅游界经历了雪灾、汶川大地震、奥运会、波及世界的金融危机和甲型 H1N1 的流感，对旅游业的冲击非常大。有一些比较弱小的旅游企业，承受不了这方面的打击。但芒果网却乐观地看待这些危机，“危机往往也蕴含着商机，一些比较有实力或者战略眼光的企业，这时候大力地拓展它们的兼并、收购计划，世界很多兼并、收购都是在危机当中产生的，旅游界有着大浪淘沙的趋势。”

4）市场空间广阔将再增加 30%优质会员

2009 年，芒果网有 500 多万会员，比较优质的达到 100 多万人，计划 2010 年再增加 30%，从香港中旅体系来说，芒果网会员只是一小部分。芒果网 2010 年通过整合地面的旅游资源，在不久的将来，这个数字会非常巨大。

芒果网主要还是着眼于酒店，芒果网因为有香港中旅这个背景，有强大的地面旅游资源做支撑，未来的目标是电子商务旅游平台。其中，将让客人在芒果网站上实现一站式服务，可以在那里点击客人需要的酒店、机票、旅游路线等。芒果网将非常注重会员体系的管理，提高会员的客户体验度。

5）加大网站合作，寻找时机分拆上市

在市场营销方面，芒果网在 2009 年推出了油轮、暑假缤纷游、自驾总动员、会员休闲计划等，产品卖得比较火爆，深得广大客户的赞赏。接下来，它会加大和大型网站的合作。芒果网是电子商务企业，电子商务是未来很重要的方向，会是该企业的目标和方向，它在营销方面也会有所侧重。

案例小结：

芒果网以独立的品牌开拓新的产品形象、新的客户群和新的客户服务模式，与香港中旅属下所有的旅游资源合作。

根据中国旅游业发展的现实情况，芒果网采用“网站+电话服务中心”的业务模式。客户联络中心通过统一的产品数据库，为客户提供和制作产品，并通过统一的客户数据库内的客户关系管理系统跟踪客户的消费模式，为目标客户提供个性化的增值服务，加强客户忠诚度。

芒果网应在以下环节进行完善。

（1）机票预订。在全国范围内提供订票服务，并在全国各大主要机场设有芒果网现场出票点，以方便客户在机场取票。

（2）酒店预订。凭借香港中旅丰富的酒店及旅游度假村资源，在旺季房源紧张时，芒果网也总能为客户预留出舒适及满意的房间，在部分城市的大型酒店里，更设有芒果专柜、芒果楼层等。

（3）旅游套票。“易杂尚杏”将是未来生活中最为时尚的旅行方式。芒果网的旅游专家，在亲试每条线路后，为“易杂尚杏”客户设计出最时尚、最舒适的旅游线路。

（4）旅行管理，面对商务客户，芒果网的客户经理定期为客户提供旅行费用成本分析报告，通过专业的数据分析，找到降低成本的最大机会。

案例分析题：

（1）试分析芒果网的独特优势与其运营模式之间的关系。

（2）未来，芒果网将面临怎样的竞争局面？其运营模式能否应对？

本章小结

互联网技术的飞速发展、旅游业与电子商务的结合，已成为市场关注的热点。电子商务通过信息技术对传统旅游活动中的信息载体进行了彻底改造，使得旅游产品和服务的交易管理活动真正实现高效、低成本、数字化、网络化、全球化等目的，催生了现代旅游业。为适应这种发展趋势，旅游企业必须利用这一优势，增加旅游服务手段，促进旅游服务的发展。现代信息技术的发展，为旅游业的跨空间信息传递、供求匹配和效率提高提供了良好的解决方案，旅游电子商务应运而生。信息产业与传统产业的结合已在旅游业中得到代表性的实践。旅游电子商务作为新兴的旅游商务活动方式，其增长势头、应用范围和产生的交易量已不可忽视。但也存在着各种问题，这要求现代信息社会中的每一个旅游业者关注新方向，认识、研究、利用这种为旅游业创造崭新发展机遇的趋势。

复习思考题

（1）现代旅游业具有哪些特性？

（2）怎样理解旅游业与电子商务有天然的适应性？

（3）旅游电子商务持续发展的动因何在？

（4）旅游电子商务发展中存在什么样的问题？

（5）我国旅游电子商务的发展现状是什么？

（6）世界旅游电子商务的发展给我们带来哪些启示？

（7）国内旅游电子商务呈现怎样的发展趋势？

（8）怎样理解旅游业是信息密集型和信息依托型产业？

（9）简述国内旅游行业电子商务建设状况。

（10）旅游电子商务的个性化需求呈现怎样的态势？

讨论题

（1）为什么说旅游业是现代服务业？

（2）现在服务业具有哪些基本特征？

（3）电子商务与个性化服务之间有什么关系？

（4）解决网络消费环境安全性低问题的思路有哪些？

（5）试比较中日旅游电子商务发展的异同。

（6）怎样避免旅游电子商务发展中经营模式雷同的现象？

网络实践题

（1）登录携程网首页，你对携程网最满意的功能是什么？

（2）设计一两个问题，测试芒果网的“网站+电话服务中心”的响应速度。

（3）比较芒果网与去哪儿网，去哪儿网的市场定位是什么？

（4）提出你认为去哪儿网应该改进的方面。

第 6 章　旅游电子商务体系

【本章导读】

由于旅游电子商务相关要素十分复杂，将这些相互关联的要素纳入一个系统中来讨论，更能突出旅游电子商务中各方的构成关系。本章着眼于旅游电子商务的多方关联性和复杂性，对旅游电子商务体系的内涵进行阐述，提出了对旅游电子商务体系的认识框架，并分析了旅游电子商务体系的构成、特点、功能、盈利模式以及交易模式。

【学习目标】

- 理解旅游电子商务体系的内涵、构成。
- 理解旅游电子商务体系的特点。
- 理解旅游电子商务体系的功能与盈利模式。
- 重点掌握旅游电子商务体系的交易模式类型。

6.1　旅游电子商务体系与构成

完整的旅游电子商务体系是在网络信息系统的基础上，由旅游机构（旅游目的地营销机构和旅游企业）、使用互联网的旅游者或潜在旅游者、旅游信息化组织、电子商务服务商和提供物流和支付服务的机构共同组成的信息化旅游市场运作系统。

6.1.1　旅游电子商务体系的内涵

可以这样理解：旅游电子商务体系的骨架和基础——网络信息系统；旅游电子商务的技术支持者——电子商务服务商；旅游电子商务的应用主体——旅游目的地营销机构、旅游企业和旅游者；旅游电子商务的推进者、规范者——旅游信息化组织；一些其他的重要支持要素，如电子支付体系、物流服务和旅游电子商务规范。

旅游业作为一个复杂的、内外关联度高的庞大产业，有其特殊的产业内部分工、协作方式、价值链和产品形态。各类旅游企业、旅游营销机构和旅游者都可成为旅游电子商务的参与者。

市场活动有两个有机组成部分：一是进行信息沟通，二是进行市场交易。旅游电子商务的信息沟通是通过数字化的信息沟通渠道实现的，一个首要条件是参与各方必须拥有相应的信息技术工具，能够接入网络信息系统。通过旅游电子商务实现交易，交易双方在空间上是分离的。为保证交易的顺利进行，必须提供相应的支付结算手段和物流配送手段（虽然后者在旅游业中需求很少）。物流配送可依赖传统物流渠道。支付结算既可以利用传统手段，也可以利用先进的网上支付手段。此外，为保证旅游企业、旅游机构和旅游者能够畅通地利用数字化沟通渠道，使信息技术走进旅游业、服务于旅游业，需要有专业技术服务提供者，即电子商务服务商的参与。

图 6-1 显示了一个完整的旅游电子商务体系，它是在网络信息系统的基础上，由旅游机构（旅游目的地营销机构和旅游企业）、使用互联网的旅游者或潜在旅游者、旅游信息化组织、电子商务服务商和提供物流和支付服务的机构共同组成的信息化旅游市场运作系统，并受到一些外部环境的影响，包括旅游产业经济环境、技术环境、社会环境和法律法规环境等几个方面。

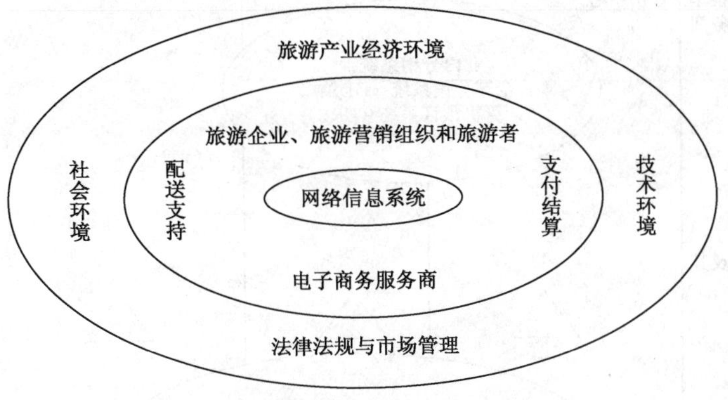

图 6-1　完整的旅游电子商务体系

6.1.2　旅游电子商务体系与旅游业

从旅游业务角度来看，信息网络系统广泛地实现旅游业各子行业间及旅游企业与旅游者之间的信息交流，它们之间复杂的合作与交易关系可以通过网络手段来实现。旅游电子商务的应用机构包括旅游服务企业（旅游饭店、旅游车船公司、从事接待服务的旅行社）、旅游中间商（旅游批发商、旅游代理商、订房中心）、旅游营销机构等。专业的旅游电子商务网站应运而生，提供极其丰富的旅游信息，地区、全国以至世界范围内的旅游产品预订，并提供交流社区，凭借信息优势，成为网络时代新兴的旅游代理商。多方参与、多层次、网状沟通的旅游电子商务体系（如图 6-2 所示）开始形成，广泛地影响着旅游业沟通与协作的方式。

在图 6-3 中，业内分销系统是针对旅游批发商和旅游代理商之间的业务往来而设计的电子交易系统，改变了传统的“电话+传真”分销模式，做到实时的电子交易。航空公司的计算机预订系统、饭店集团的中央预订系统和全球分销系统在旅游运行中发挥着重要的作用。计算机预订系统（Computerized Reservation System，CRS），是指用于整个旅游活动（包括机票、饭店等预订在内）的预订网络，是一种开放的、面向多个供应商及客户的专业预订系统。计算机预订系统从其起源上主要可分为专门的中介系统和依托航空公司的系统。中央预订系统（Central Reservation System，CRS）主要是指酒店集团所采用的、由集团成员共用的预订网路，它使酒店集团利用中央资料库管理旗下酒店的房源、房价、促销等信息，并通过同其他各旅游分销系统连接，使成员酒店能在全球范围实现即时预订。随着 CRS 不断地发展壮大，形成了全球分销系统。全球分销系统（Global Distribution System，GDS）是近年来获得迅速发展的新型电子商务营销网络，是为代理人提供航空和旅游产品分销服务的计算机技术及网络服务系统相结合的系统总称。全球分销系统通常是以国际性航空公司为龙头，与连锁饭店、度假村、汽车租赁公司、铁路公司、旅游公司等旅游相关企业形成联盟共同建设的，提供航班订位、订房、旅游预订等综合服务的分销与信息服务系统。

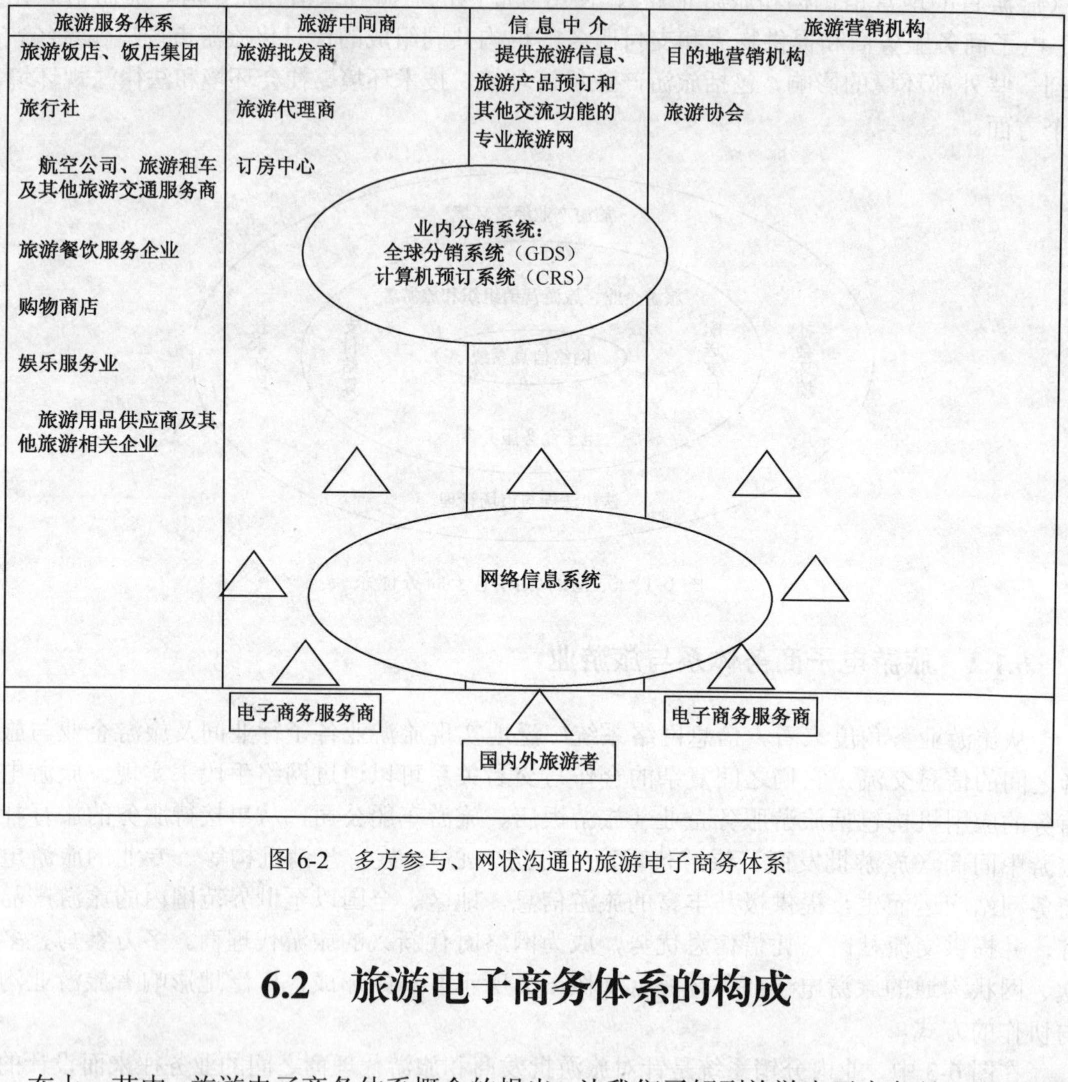

图 6-2 多方参与、网状沟通的旅游电子商务体系

6.2 旅游电子商务体系的构成

在上一节中，旅游电子商务体系概念的提出，让我们了解到旅游电子商务是一个相互参与且各方相互关联、相互影响的复杂系统。我们在本节着重介绍旅游电子商务体系的构成，更清楚地阐述这些组成部分的功能以及它们是如何运作的。

6.2.1 网络信息系统

旅游电子商务体系的骨架和基础是网络信息系统，它是提供信息、实现交易的平台。旅游电子商务中涉及的信息流、资金流都和网络信息系统紧密相关。网络信息系统由旅游机构和电子商务服务商在计算机网络基础上开发设计，它可以成为旅游企业、机构及旅游者之间跨越时空进行信息交换的平台。在信息系统的安全和控制措施的保证下，旅游机构可在网站上发布信息，旅游者可搜寻和查看信息。交易双方能便捷地交流，通过网络支付系统可进行网上支付。旅游预订和交易信息可指示旅游企业组织旅游接待服务，最后保证旅游业务的顺利实现。网络信息系统的主要作用是提供一个通畅、安全和可控制的信息交换平台，它是旅游电子商务体系的骨架和基础。

旅游电子商务所依托的网络信息系统可分为互联网（Internet）、内部网（Intranet）、电子交换数据（简称 EDI）与增值网（Value Added Network，VAN）、移动网络四种。

1．互联网（Internet）

互联网，按照美国 Internet 协会的定义，是一种“组织松散、国际合作的互联网络”。通过 Internet，人们可以很容易地与另一联网地区进行联系，而且成本费用较低，可称为“信息超导体”。互联网的应用自 20 世纪 90 年代以来在世界各国发展很快。其全球化，得益于自身的开放性、共享性、协作性和费用低廉性等特点。在 Internet 上，任何人都是信息的创造者，也是消费者，网络的运作是相互协调决定的，可以自由连接和退网；信息流动不受限制，网络上的资源基本上是免费共享的。

基于 Internet 的信息系统，可以实现很多非常有用的功能，为旅游业务的开展提供便利。下面是基于互联网的一些网络应用服务信息系统。

（1）E-mail（电子邮件）。利用它可以收发电子邮件。现在许多电子单证（如电子合同）是通过电子邮件系统实现传输的。

（2）Mailing Lists（邮件列表）。它可以自动批量发送电子邮件，许多旅游企业通过邮件列表发送旅游信息、产品信息和促销活动信息，是主动营销和客户管理维护的重要手段。

（3）Newsgroups（新闻组）。查找、收发信息和有关某一固定主题词的新闻，许多企业通过新闻组进行宣传促销和获取市场情报。

（4）World Wide Web（环球网）。能自动查询各类互联网资源，图形化浏览器的使用进一步提高了使用效率。旅游企业可以通过 WWW 建立网站，展示多媒体信息，发布供求信息，处理客户订单并提供旅游咨询服务，这是互联网信息系统中最重要的部分。

（5）Chat（聊天）。能实时地与其他用户交谈，效果不受距离的影响，可用于业务洽谈。

（6）BBS（公告栏）。用于与兴趣、爱好趋同的人进行交流，类似一块布告栏，任何人都可以就自己感兴趣的问题发表自己的观点，也可了解别人的观点。旅游者常用 BBS 征求结伴旅游，讨论旅游方式。旅行社也可以通过这个手段吸引参团者。

上述互联网上具有不同功能的应用系统构成了支持信息交换和资源共享的完整的 Internet 信息系统。

由于互联网有便捷、开放的信息处理和沟通优势，当它与旅游业结合时，能为旅游机构提供巨大的商业机会。互联网作为信息平台，是一个与传统媒体相并列的新媒体，它能 7 天×24 小时提供容量无限且层次更深的旅游信息，信息提供成本不随空间距离而增加，支持图片、声音、影像等多媒体表现的特性是传递旅游信息最理想的选择。互联网作为商业平台，为旅游商务活动跨空间的开展提供了支持，并为旅游企业的经营管理提供了一个全新的数字化信息系统平台。

2．内部网（Intranet）

Intranet 是在 Internet 基础上发展起来的企业内部网，又称内联网。它是在原有的局域网上附加一些特定的软件，将局域网与互联网连接起来，从而形成企业内部的虚拟网络。内部网与互联网的最主要区别是，内部网中的信息受到企业防火墙安全网点的保护，它只允许授权者介入内部Web网点，外部人员只有在许可条件下（如拥有访问密码，通过指定的IP等）才可进入企业内部网。Intranet 能让旅游企业分布在各地的分支机构及企业内部各部门共享企业内部网站，使企业各级管理人员获取自己所需的信息。现在内部网在大型旅行社、饭店集团中被广泛使用，有效降低了通信成本，并推进了企业内部的无纸化办公。

3．电子数据交换（EDI）与增值网（VAN）

EDI 电子商务，就是按照商定的协议，将商业文件标准化和格式化，并通过计算机网络，在商务伙伴的计算机网络系统之间进行数据交换和自动处理。

EDI 主要应用于旅游企业之间的商务活动。相对于传统的分销付款方式，EDI 节约了时间和费用；相对于互联网，EDI 较好地解决了安全保障问题。这是因为使用者均有较可靠的信用保证，并有严格的登记手续和准入制度，此外，还有多级权限的安全防范措施，能使包括付款在内的全部交易过程计算机化。

但是，EDI 必须租用 EDI 网络上的专线，即通过购买增值网（Value Added Network，VAN）服务才能实现，费用较高。由于 EDI 需要专门的操作人员，需要业务伙伴同时使用 EDI，使 EDI 的企业应用受到一定制约。

EDI 是最早的旅游电子商务方式。早期由于计算机价格昂贵，网络速度慢，许多应用程序须自行开发，只有航空公司和大型饭店集团才有能力使用 EDI。由于成本的原因，EDI 至今在旅游业中仍未广泛普及。近年来，随着计算机降价、互联网的迅速普及，基于互联网、使用可扩展标记语言（XML）的 EDI，又称开放的 EDI 正逐步取代传统的 EDI。

4．移动网络

移动网络，即 Mobile Web 的中文称呼。移动网络指基于浏览器的 Web 服务，如万维网，WAP 和 I-MODE（日本）使用移动设备，如手机，掌上电脑或其他便携式工具连接到公共网络。不需要台式计算机，也没有一个固定的固定连接①，手机、掌上电脑等被称为移动终端。现代移动终端拥有极为强大的处理能力、内存、固化存储介质以及像计算机一样的操作系统，是一个完整的超小型计算机系统。可以完成复杂的处理任务。移动终端拥有非常丰富的通信方式，即可以通过 GSM、CDMA、WCDMA、EDGE、3G 等无线运营网进行通信，也可以通过无线局域网、蓝牙和红外进行通信。

6.2.2 电子商务服务商

旅游电子商务系统作为信息技术服务与旅游业的结合体系，需要有一大批专业化分工者进行相互协作，为旅游企业、旅游机构和旅游者在网络信息系统上进行商务活动提供支持。电子商务服务商便起着这种作用。根据服务内容和层次的不同，可以将电子商务服务商分为两大类：一类是系统支持服务商，即为旅游电子商务系统提供系统支持服务，为旅游电子商务参与方的网上商务活动提供技术和物质基础；另一类是专业的旅游行业电子商务平台运营商，它建设、运营旅游电子商务平台，为旅游企业、机构及旅游者之间提供沟通渠道、交易

① 资料来源：百度百科。

平台和相关服务。

1．系统支持服务商

对于系统支持服务商，根据技术和应用层次的不同可分为三类。第一类是接入服务商（Internet Access Provider，IAP），它主要提供互联网通信和线路租借服务，如我国电信企业中国电信、中国联通提供的线路租借服务。第二类是互联网服务提供商（Internet Service Provider，ISP），它主要为旅游企业建立电子商务系统提供全面支持。一般旅游机构和旅游者上网时只通过 ISP 接入 Internet，由 ISP 向 IAP 租借线路。第三类是应用服务系统提供商（Application Service Provider，ASP），它主要为旅游企业、旅游营销机构建设电子商务系统时提供系统解决方案。这些服务一般都是由信息技术（IT）公司提供的，如 IBM 公司曾为一些大型旅游企业提供过电子商务解决方案。有的 IT 企业不但提供电子商务系统解决方案，还为企业提供电子商务系统租借服务，企业只需要租赁使用，无须创建自己的电子商务系统。旅游者主要通过 ISP 上网连接到 Internet，获取信息并订购旅游产品。对于旅游企业或旅游营销机构，根据自身的资金和条件，如果需要大规模发展的，可以通过 ISP 直接连接到 Internet；对于小规模的应用，则可通过租赁 ASP 电子商务服务系统来连接到 Internet。

2．专业的旅游电子商务平台运营商

专业的旅游电子商务平台运营商起着中间商的作用。它不直接参与网上旅游商务活动。一方面，它为旅游电子商务活动的实现提供信息系统支持和配套的资源管理服务，是旅游企业、旅游营销机构和旅游者之间信息沟通的技术基础；另一方面，它为网上旅游交易提供商务平台，是旅游市场主体间进行交易的商务活动基础。

一般来说，这些熟悉互联网技术的专业公司通过整合行业资源，构建旅游电子商务平台，具有强大信息发布、检索、能提供交流与预订的大型旅游网站。旅游企业成为网站的会员后，便可以成为网上市场的一员，发布供求信息并开展商务活动，网站则收取服务费和佣金。旅游电子商务平台运营商为旅游企业提供的商务服务形式有三种。一是面向旅游者的网上商厦，它出租一些空间给旅游企业，帮助旅游企业制作介绍其产品和服务的页面，并负责客户管理、预订管理和支付管理等。典型的例子是旅游者可以在专业旅游网站上预订机票和酒店。二是提供旅游企业间合作与交易的同业交易平台，它通过收集和整理旅游企业的供求信息，为供求双方提供一个开放的、自由的交易平台，并提供供求信息发布和管理服务。例如，饭店可对不同的旅行社报价，旅行社通过其注册权限登录后，可以查看报价，或对旅游饭店进行询价。旅行社间可以相互拼团，组团社和地接社间可议价并洽谈合作。三是提供旅游产品拍卖中介服务，如美国的著名旅游网站 Bid4vacations.com，它针对美国的旅游饭店和游船旅游客舱普遍存在空房的现象，组织旅游企业将这些闲置资源公布到网上，组织旅游者之间竞价的拍卖服务，有效地均衡了旅游市场供求，从而成为一种有生命力的网上交易服务形式。另外，由于旅游电子商务平台能吸引众多有目的的访问者，它还能为各类旅游机构提供发布新闻和宣传促销信息，是一种有效的媒体。

专业旅游电子商务平台的特点是规模大、知名度高、访问量大，有巨大的用户群。它像一个虚拟的旅游交易市场，收集并整理旅游市场信息，提供虚拟的交易场所，为参与旅游商务活动的各个方面提供信息通畅的市场环境，降低交易成本，提高商务活动效率。由于专业旅游电子商务平台功能复杂，建设和运营的技术含量高，它通常由专业 IT 公司建设。它的另一优势在于旅游企业通过加盟专业的电子商务平台，可轻松地实现电子商务，而无须自行建设网站。在我国，携程旅游网（ctrip.com）、中国假日旅游网（chinaholiday.com）等旅游电子商务平台的交易量已有一定规模。携程旅游网拥有国内领先的酒店预订服务中心，为会员提供即时预订服务，合作酒店超过 32000 家，遍布全球 138 个国家和地区的 5900 余个城市，有 2000 余家酒店保留房。

6.2.3 旅游目的地营销机构、旅游企业和旅游者

现代旅游商务活动的主要参与者包括旅游目的地营销机构、旅游企业和旅游者。旅游目的地营销机构，是目的地旅游形象的整体宣传者和旅游企业营销活动的统筹者。旅游企业，包括旅游服务提供商和旅游中间商，生产、组织和销售旅游产品，开展跨地区、跨国度的旅游经营活动。旅游者，购买旅游产品并到目的地进行旅游活动，是旅游产品的最终消费者。在信息技术发展的今天，电子商务能为旅游目的地营销机构、旅游企业和旅游者的各种商务活动提供支持，它们是旅游电子商务的应用主体。

1．旅游目的地营销机构（DMO）

随着旅游目的地竞争的加剧，营销被摆在重要的议事日程之上。在许多国家，旅游目的地营销机构从国家旅游行政管理机构中独立出来，由专门组织负责。负责目的地旅游促销事务的组织是旅游目的地营销机构（Destination Marketing Organization，DMO）。这些组织一般都是依据法律成立的法定机构或非营利性组织，公私合营较为普遍，如加拿大旅游委员会、日本国家旅游组织、西班牙旅游促进会等。对于另一些国家和地区，目的地营销职能与管理职能等并列，由政府旅游管理部门统一承担。这时候，政府旅游管理部门的市场司就相当于旅游目的地营销机构。

旅游者之所以来到旅游目的地旅游，是被旅游目的地的形象所吸引。旅游目的地的形象由旅游资源、旅游环境、旅游项目与服务等多因素综合构成，目的地需要策划、塑造、传播积极的、富有吸引力的旅游目的地形象。着眼于此，通常旅游目的地营销机构承担的职能如下。

（1）包装和旅行开发：增加新型旅游项目及组合度假地的数量、提高已有产品容量，使这些项目保持在最优数量和容量水平。

（2）促销：确保旅游目的地产品与服务最大限度地为目标客户（包括异地代理商和旅游者）所了解。

（3）形象设计和提升作用：策划、塑造、传播旅游目的地形象，保持和提升旅游目的地的良好形象，形成目的地品牌。

（4）促销统筹：旅游企业的分散促销行为不易形成“合力”。而目的地营销机构应该集结、整合这些分散的促销之力，并使目的地旅游企业在目的地品牌之下开展有统一规划的营销活动。

（5）拓展分销渠道：使目的地服务与产品的代理分销渠道更为通畅便利，刺激代理商增加销售额；

（6）增加或强化旅游目的地旅游信息供应。

旅游目的地营销机构是信息网络和旅游电子商务技术的重要应用者。发达国家的旅游目的地营销机构不断紧跟信息技术发展的步伐。20 世纪 70 年代，部分旅游目的地营销机构已率先应用信息技术；20 世纪 80 年代，信息技术主要被目的地营销机构应用于处理复杂的旅游

产品数据、制作出版物等方面；20 世纪 90 年代，旅游目的地营销机构开始应用更复杂的硬件设施和软件系统，特别是 20 世纪 90 年代中期以来，多功能的旅游目的地信息系统（Digital Information System，DIS）和旅游目的地营销系统（DMS）已在越来越多的国家和地区被采用。

旅游目的地信息系统主要通过网站向旅游者提供全面的旅游目的地信息，包括旅游资源、旅游设施、旅游节事活动、气象、交通、旅游企业、旅游产品及价格等，是旅游目的地宣传的有效手段。旅游目的地营销系统则提供从资讯服务到交流预订的更加完备的功能，比 DIS 更具商务特性。它是政府主导、企业参与的旅游电子营销的一种较为成熟的模式，将在有关章节中对其做更详细的介绍。旅游目的地信息系统和旅游目的地营销系统是旅游电子商务体系的重要组成部分。

2. 旅游企业

旅游企业是旅游市场的主体。由于旅游产品本身的特点和网络信息手段商业应用的倍速增长趋势，电子商务为旅游企业提供了非常有吸引力的全新市场空间。旅游企业网上业务是非常重要且比较复杂的工作。原因是：一方面，旅游企业作为旅游商务活动的一方，只有上网才能进行网上商务活动；另一方面，旅游企业作为市场主体，必须为其他参与交易方提供服务和支持，如提供产品信息查询服务、支付结算服务、相关递送服务等。因此，旅游企业开展电子商务，必须进行系统规划，建设好自己的电子商务系统。

图 6-3 是一个旅游企业电子商务系统结构图。电子商务系统由基于 Intranet（企业内部网）的旅游企业管理信息系统、电子商务站点和企业经营管理组织组成。

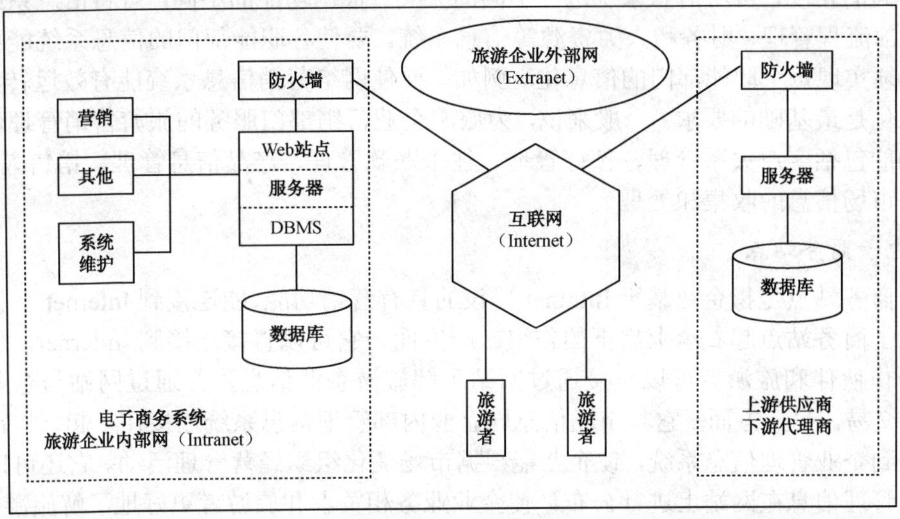

图 6-3 旅游企业电子商务系统结构图

1）旅游企业网络系统

当今时代是信息时代，跨越时空的信息交流与传播需要通过一定的媒介来实现，计算机网络恰好充当了信息时代的“公路”。计算机网络是通过一定的媒体（如电线、光缆等）将单个计算机按照一定的拓扑结构连接起来，在网络管理软件的统一协调管理下，实现资源共享的网络系统。根据网络的覆盖范围，一般可分为局域网和广域网。由于不同计算机，其硬件不一样，为方便联网和信息共享，需要将互联网的联网技术应用到局域网中组建企业内部网（Intranet），它的组网方式和 Internet 一样，但使用范围局限在企业内部。为方便旅游企业同业务紧密的合作伙伴进行信息资源共享、保证交易安全，在 Internet 上通过防火墙来防止不相关人员或非法人员进入网络系统，只有那些经过授权的人员才可以进入网络，一般将这种网络称为企业外部网（Extranet）。如果企业的信息可以对外界公开，那么企业可以直接连接到 Internet 上，实现信息资源最大限度的开放与共享。

旅游企业在组建电子商务系统时，应该考虑采用不同的策略通过网络与其商务对象进行联系。一般来说，旅游企业可将商务活动对象分为三个层次并采取相应对策：对于特别重要的合作机构，如旅行社分布在不同地方的营业网点，可允许它们进入企业的内部网系统直接访问有关信息；对于与企业业务相关合作企业，企业与它们共同建设 Extranet，实现企业之间的信息共享；对普通的旅游者和一般合作企业，则可以直接连接到 Internet。由于 Internet 技术的开放、自由的特性，在 Internet 上进行交易容易受到外来的攻击，因此旅游企业在建设电子商务系统时必须考虑到经营目标的需要，以及保障企业电子商务的安全。否则，就会影响企业电子商务系统的正常运转，甚至导致经营活动的风险。

2）旅游企业管理信息系统

企业管理信息系统是功能完整的电子商务系统的重要组成部分，它的基础是企业内部信息化。企业管理信息系统是一个有机整体，在企业中收集、处理、存储和传输信息，以支持企业进行决策和控制。企业管理信息系统最基本的系统软件是数据库管理系统 DBMS（Database Management System），它负责收集、整理和存储与旅游企业经营相关的一切数据资料。

从不同的角度，可对信息系统进行不同的分类。根据功能的不同，可将信息系统划分为营销、内部流程管理、财务和人力资源等信息系统。要使各职能部门的信息系统能更有效地运转，必须实现每个职能部门的信息化。例如，要使网络营销信息系统能有效运转，营销部门的信息化是最基础的要求。一般来说，为旅游企业营销部门服务的旅游营销管理信息系统的主要功能包括客户关系管理、预订管理、往来账款管理、产品信息管理、销售人员管理，以及有关市场信息的收集和处理。

3）电子商务站点

电子商务站点是指企业基于 Intranet 建设的具有营销功能、能连接到 Internet 上的 WWW 站点。电子商务站点起着承上启下的作用。一方面，它可以直接连接到 Internet，旅游企业的同业合作伙伴和旅游者可以直接通过网站了解旅游企业信息，并通过网站与企业进行沟通、开展交易。另一方面，它将市场信息同企业内部管理信息系统连接在一起，将市场需求信息传送到企业管理信息系统，使企业能根据市场变化组织经营管理活动。它还可以将企业有关经营管理信息在网站上进行公布，使企业业务相关者和旅游者更好地了解旅游企业。

旅游企业电子商务是由上述三个有机部分组成的，企业内部网络系统是沟通企业内部信息传输的媒介，企业管理信息系统是信息加工处理的工具，电子商务站点是企业拓展网上市场的窗口。因此，旅游企业的信息化是一个复杂的系统工程。

当然，现阶段许多旅游企业对电子商务的实施还远未达到上述这种境界。一些旅游企业只建设了电子商务站点，而未实现外部电子商务与内部管理系统的衔接，有些旅游企业网站上只提供旅游信息，而无法实现预订和交易。但总的来说，信息技术与旅游行业的结合已为旅游饭店、旅游交通、旅行社、旅游景区景点等企业提供了比较完善的信息化解决方案，并正在推广普及。

3．旅游消费者

潜在的旅游消费者在产生旅游需求以后，首先要了解旅游的种种信息，之后才会有购买行为。对于旅游目的地，旅游者要了解其旅游资源特色、文化与风俗、节日与重大活动、基础设施和旅游服务水平；对于旅游组合产品，旅游者要了解组合产品的内容、旅游活动方式、旅游交通条件、旅游活动范围等，同时，还要了解旅游产品的特色、与其他产品生产者的产品的区别，经过比较分析后，才会做出购买决策。

信息手段在旅游业中的运用为旅游者提供了更充分的信息服务并让旅游者享受查询、预订、咨询及服务等多方面的便利，节省了大量的时间和高额的费用。它也使旅游者从过去信息比较封闭和稀缺的状态进入信息完备而丰富的状态，了解更多的旅游景区景点和旅游产品，增加了选择性，最大限度地满足了消费者的需求。

（1）旅行前：提供旅游目的地信息、与旅游相关的公共信息（包括天气、航班、列车、公交、其他交通信息、汇率等）、旅游企业信息（如餐厅、酒店、旅行社等）、旅游产品信息；提供旅游者与旅游企业之间的交流渠道，旅游者可通过电子邮件、聊天窗、留言板等与旅游企业进行交流，进行旅游咨询，得到关于旅行安排的建议；提供旅游产品预订，旅游者可通过电子商务平台预订旅游产品，得到确认，进行网上支付即可。

（2）旅行中：游客可了解目的地各种情况，查询旅游服务设施，还可以做下一站的行程安排。在旅行过程中，游客需要了解飞机检票、离港起飞的时间以及始发和终点港口的情况。旅游过程的每一个环节都可能导致旅游行程被中断或改变，如由于天气原因而导致飞机延误或取消，由于治理原因而导致行李被误递、交通事故，以及旅游者主动改变行程等。旅游移动电子商务提供商能够帮助用户既节约时间又节省费用地处理在旅途中的突发事件。旅游者在旅游活动过程中还需要各种与当前所处地理位置直接相关的服务内容，如安全救援服务、交通和导航服务、移动导游服务、移动广告服务、基于位置的信息查询服务等。另外，旅游者在旅游活动过程中，可能产生一些事先未设想到的消费欲望，如更改旅游线路、增加旅游景点、获得额外的信息和服务等。传统的旅游电子商务无法解决这些费用的支付问题，游客可能不得不放弃，造成游客的意见或遗憾。而移动电子商务能随时随地完成支付过程，使得旅游活动更加完美。

（3）旅行后：旅游电子商务网站提供了信息交流和反馈的渠道，游客可通过电子商务网站进行投诉、提出建议、填写调查问卷等。旅游企业可将过去接待的旅游者信息纳入客户关系数据库中，定期向其传递符合其偏好的旅游促销信息。

旅游者（潜在旅游者）对电子商务的应用包括获取信息和旅游预订，国外通常把使用旅游电子商务的旅游者分为浏览者和预订者（Looker and Booker）。通常，浏览者是应用网络手段获取旅游信息的人，而预订者通过网络购买旅游产品。但浏览者可能不通过网上途径预订，或不立即购买旅游产品。通过对浏览者和预订者增长情况统计资料的掌握，可以了解旅游者对电子商务的使用和认同程度。

6.2.4 旅游信息化组织

信息化的优势在于互联。开展电子商务不是单个旅游企业的事。如果个别旅游企业建设了完备的电子商务系统，而其业务合作伙伴还没有实现信息化，旅游者对网络的应用也还比较陌生，那么这些企业的电子商务活动依然是难以开展的。只有信息化工作得到了旅游业各方面的参与，才能体现出作用并得到效益。实施电子商务的旅游企业越多，利用电子商务手段的旅游者越多，旅游业务的信息网络化才能大规模实现，真正起到提高效率、降低成本、加强市场沟通的作用。

1. 旅游信息化组织的职能

旅游业的运行涉及旅游目的地营销机构、旅行社、航空公司、酒店、主题公园、景点、汽车租赁、火车、游轮公司、文娱场所、旅游购物中心、展览业等各种旅游、文化、信息传播等多种机构和环节。这些机构分布在不同的地域，规模大小不一，对信息化的认识和应用程度不同，对电子商务的使用参差不齐。旅游电子商务在行业内的普及，需要专业的、广泛服务于行业的引导者、服务者、推动者、规范者。这些工作通常由政府旅游管理部门和旅游信息化方面的专业性机构来完成，在这里我们将其统称为旅游信息化组织。它们的职能如下。

（1）推动旅游营销机构和旅游企业更好地在旅游电子商务体系中定位自己，从先进的高新通信技术中获益。包括举办各类交流研讨会，开展教育和培训，介绍旅游电子商务的发展现状、应用技术、实践动态和实施效果；制作与旅游电子商务有关的出版物、专业期刊报纸和信息网站；致力于加强旅游业和专业信息技术公司之间的交流与合作，促进开发适合旅游业特点的电子商务解决方案；向旅游业界介绍旅游信息化技术，为旅游企业推荐资质优良的电子商务服务商。

（2）推进旅游电子商务标准化。旅游电子商务的开展，要实现不同旅游机构之间的平台互联，进行产品信息和交易信息的传输，并要与国际旅游电子商务系统接口，需要开发并推广一套统一的信息格式标准。旅游电子商务标准化还包括旅游电子商务通行规范的制定和推行。

（3）制定旅游电子商务政策法规。政策法规是繁荣旅游电子商务的法律保证。旅游电子商务作为一种新生事物，需要给予政策法规的保护和扶持，在旅游信息网络建设、旅游信息开发、旅游信息网络上的电子交易等各个方面提供法律和政策的保障。旅游信息化组织可参与制定旅游业信息化发展的全局性和长远性的总体规划，确定其法律地位，以促进旅游信息网络建设和旅游信息开发；制定旅游电子商务活动的有关法规，促进旅游业电子商务的健康发展，等等。

2. 主要的旅游信息化组织

1）国际旅游信息标准化组织“开放旅游联盟”（Open Travel Alliance，OTA）

“开放旅游联盟”致力于帮助旅游行业更好地利用互联网。“开放旅游联盟”是一个自筹资金进行运营的非营利性组织。它联合主要的航空公司、旅游饭店、旅游租车公司、娱乐服务企业、旅行社、全球分销系统、电子商务技术提供商和其他相关机构，共同制定并推广适用于全行业的、开放的旅游电子商务标准，例如旅游电子商务网站建设可采用分布式数据库提供多下级机构或多营业点的分布式管理。在这种情况下，应至少满足以下要求之一。

（1）各个分点的数据库应能独立运作，并能定时或人工启动复制到其他节点。

（2）各个分点的数据库能独立运作，并能在在线时传递修改记录。

（3）各个分点的数据库在在线状态下能独立运作，并能于在线时将修改记录整合至其他节点。

（4）可以自由定义需要复制的信息。

这些标准利用 XML（可扩展标记语言）可实现：

（1）定义出旅游者、各类旅游企业之间的信息交换的标准数据项。

（2）沿用被广泛接受的、开放的电子数据交换方式。

（3）兼容互联网和其他专网上的主要通信协议。

（4）使全球的旅游同业能以一种通用语言通过不同渠道进行交流。

（5）适用于使用不同计算机系统的旅游企业。

（6）具有可扩展性。旅游信息标准可根据新用户、新的信息交换要求进行扩展。

这些标准可以实现不同国家和地区、不同旅游企业的电子商务系统之间的互联和信息互通。旅游者和旅游同业可以通过互联的旅游电子商务平台查到更多的旅游产品信息，便于选择。此标准的推广也能使旅游企业间更好地交换以旅游者行程为中心的信息。

2）政府旅游业信息化机构和信息化工程

政府旅游业信息化机构，如我国国家旅游局、地方旅游局的信息中心，负责旅游业信息化的规划、管理、组织和事业发展的职能，在全行业贯彻落实中央关于信息化工作的方针政策，推进旅游业的信息化工作，推进旅游业务处理的电子化、数字化；促进旅游业电子政务和电子商务的发展。在旅游电子商务方面，政府旅游业信息化机构的主要职责如下。

（1）制定旅游信息化发展的长期和中短期发展目标和发展规划，指导新型信息化旅游产业的发展，指导各旅游机构在信息化过程中的推进步骤与协调配合，强调旅游业信息化的系统工程性质。

（2）加快旅游信息基础设施建设：通过协调电信、广电等网络通信部门，积极推进“三网融合”，实现基础网络资源共享，突破带宽瓶颈。形成覆盖地区广、支持多种接入方式、满足各种网络互联需求的公共城域网。依托公共城域网，建立能满足各种旅游信息业务的多媒体信息服务平台。鼓励各级旅游管理部门、旅游企业以及旅游相关部门都要建立网络链接，鼓励旅游企业在 Internet 上建立主页或建立独立的网站，推动旅游行业电子化、数字化。

（3）强化旅游信息与网络资源开发：通过政府的支持，建立旅游公共信息基础数据库。通过高性能网络和先进网络服务技术，达到旅游信息优化传输和高效应用，促进信息资源的深度开发、有序流通和充分共享。

（4）构建旅游公众信息与旅游电子商务平台：在建设旅游公共信息基础数据库的同时，加快旅游企业经营时共享数据库建设，完善旅游企业业务信息服务体系。根据信息化经营服务的要求，通过网络平台和商务系统应用重新调整旅游企业之间、企业与旅游者之间的相互关系，实现真正意义上的市场平等。推进旅游企业自觉地参与旅游产业结构的优化调整，推动大、中、小型旅游企业的合理配套分工，形成市场环境下以产品和服务质量为核心的平等竞争，形成旅游产业内相互促进、共同发展的良性循环发展格局。

（5）营造良好的旅游信息化发展环境：旅游信息化是一项涉及方方面面的系统工程。政府旅游业信息化机构应成为旅游信息化的组织者，要对旅游信息化的建设过程进行管理和调控，形成一个公平、合理、有序的竞争环境。按照市场运作模式，指导、鼓励、扶持旅游企业、网络企业在旅游信息化建设方面发挥作用。加强旅游信息化方面的宣传力度，建立推进旅游信息化的机制，积极培育和扩大信息消费市场。

（6）制定旅游信息化的保障措施，包括政府调控，制定适当的优惠政策和措施，合理调控网络资费标准，倡导企业上网工程，促进旅游电子商务发展；拓宽融资渠道，改善投资环境，鼓励和引导在旅游信息化方面的多渠道融资、多元化投入、多形式运营；制定技术规范，建立健全的信息有序流通、资源开放共享的良性机制，建立旅游信息化实施和监督体系，促进信息交流网络化、信息交互规范化、信息管理制度化；加强应用研究，会同有关部门、旅游信息协会和旅游企业，组织有关专家和实际工作者，不断地对信息技术在旅游业中的应用进行总结和研究；强化法制管理，在信息安全、信息真实性、信息价值、信息使用权及不良信息处理，以及在旅游经营者、中介者、消费者、管理者和社会其他对象之间的权益关系等方面，要健全法规，以法律方式来界定、规范和处理。

旅游信息化工程是国家或地区推进旅游信息化、推进旅游电子商务的集中举措。我国的旅游业信息化工程是由国家旅游局信息中心主导建设的“金旅工程”。“金旅工程”是国家信息化工作在旅游部门的具体体现，也是国家信息网络系统的一个组成部分。“金旅工程”规划建设覆盖全国—省（自治区、直辖市）—重点旅游城市—旅游景区四级目的地信息系统，充分反映旅游目的地基本信息和旅游企业、产品信息，做到信息权威、准确、实时、通畅。

在促进电子商务方面，“金旅工程”依照国际旅游电子商务行业标准，提供一个全球范围的电子商务运作平台建立行业标准，提供对旅游电子商务应用环境与网上安全、支付手段的支撑。一方面，它帮助国内旅游企业建立起自己的旅游电子商务，通过互联网络吸引国外用户进入中国进行旅游消费；另一方面，建立与国际电子旅游行业的数据接口，加速我国旅游产业的现代化发展。全国的旅游企业可以通过加入该系统实现电子商务，并在“金旅工程”的支持下获得面向国际营销的机会，拓展海外市场，全面提高中国旅游企业的国际竞争力，同时也让国外旅游者在入境旅游上享受到电子商务的便利。“金旅工程”系统远期目标部署完成后，预计加入电子商务平台的旅游企业将超过 8000 家。

3. 其他

在国外，也有通过系统规划建设旅游业电子商务平台、带动旅游企业信息化的电子商务工程实践，例如欧洲的旅游业开放网络工程（Open Network for Tourism Project，简称 On Tour Project）。它是由欧洲共同体委员会（Commission of the European Communities，CEC）和其他参与机构共同投资的，其协调委员会由来自欧洲四个国家的六家正式机构和三家协作机构成员共同组成。参与规划和开发建设的机构主要来自旅游管理部门和大型旅游企业。在软件开发和平台建设上，旅游业开放网络工程则集合了著名的软件开发商 German Software、IT 咨询公司 VSS、Bremen 行业技术协会和希腊计算机科学研究院的技术力量。

旅游业开放网络工程的建设，主要目的是增进欧洲共同体各国旅游行业间的信息交流与协作，改善原来那种信息隔离、渠道狭窄的状况。旅游业的竞争力取决于向目标市场提供及时可靠的旅游信息的能力和适应市场变化调整战略的能力。旅游业开放网络工程致力于建设一个功能完备的、开放性的网络平台，使欧洲各国的旅游服务提供商、目的地营销机构、旅游批发商和旅游代理商能通过网络平台进行多渠道网状沟通。欧洲的旅游业开放网络工程如图 6-4 所示。

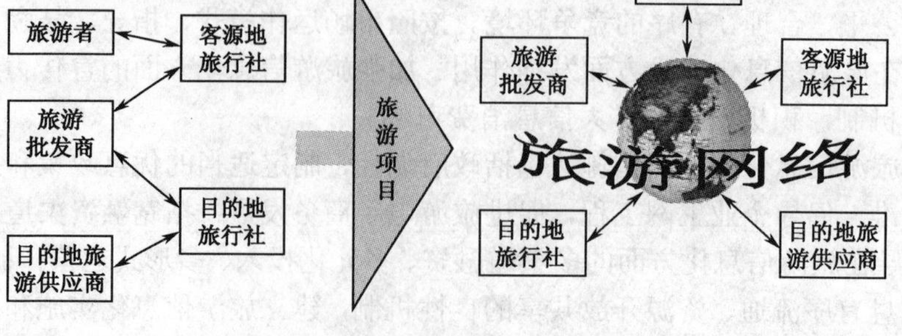

图 6-4　欧洲的旅游业开放网络工程

旅游业开放网络工程的具体目标：利用先进、开放的技术，实现欧洲旅游业的互联互通，增进信息的畅通传播和方便获取，将一对一信息交流转变为多对多信息交流，提高交流效率；建设各类旅游企业参与的电子商务交易平台，提供方便的信息发布、查询、预订、支付功能，提供旅游商务文件的先进传输方式，并保证能更安全地进行旅游电子交易。该工程还考虑了未来用户数量、功能和技术上的可扩展性。

6.2.5 支付、规范和物流配送体系

网络支付系统是一个系统工程，它需要银行、旅游企业、旅游者和信息技术企业的共同参与，系统中缺少任何一个环节都无法正常进行。旅游业运行还有跨国家跨地域的特点，需要不同地域电子商务支付系统之间的连通与合作。

1．支付结算体系

网上支付是指电子交易的当事人，包括消费者、厂商和金融机构，通过网络使用安全的电子支付手段进行的货币支付或现金流转。网上支付系统主要包括四个部分。

（1）电子钱包（E-Wallet），负责客户端的数据处理，包括处理客户开户信息、货币信息以及购买交易的历史记录。

（2）电子通道（E-POS），这里主要指从客户端电子钱包到收款银行网关之间的交易部分，包括商家业务操作处理（负责商家与客户的交流及订购信息的发出）、银行业务操作处理（负责把交易信息直接发给银行）、来往信息保密处理。

（3）电子银行（E-Bank），这里的电子银行不是完整意义上的电子银行，而是在网上交易过程中完成银行业务的银行网关，可以是网上银行、电话银行、手机银行等，主要包括接受转账卡、信用卡、电子现金、微电子支付等支付方式。

（4）认证机构（Certificate Authority），负责对网上旅游企业、旅游者、收款银行和发卡银行进行身份证明，以保证交易的合法性。

支付结算是网上交易完整实现的很重要的一环，关系到购买方的信用、能否按时支付、旅游产品的销售方能否按时回收资金，并促进企业经营良性循环的问题。对于一个完整的网上交易活动，它的支付应该是电子化支付。但由于目前电子商务支付环境和社会认同程度不断变化的原因，网上交易还处于初级阶段，许多旅游企业和旅游者还没有接受网上支付这种方式。支付结算是脱离网络进行的，旅游者事先预订了旅游产品，再与旅游企业面对面支付费用。旅游企业之间的支付则采取月结和银行划账的方式。

近年来，各国的支付业务都经历了重大的变革。新的电子支付工具不断引进并投入使用，而且由于科技的发展，其使用成本持续降低。尽管纸质支票依然是最常使用的支付工具，但企业及客户正越来越多地采用电子支付工具，银行卡、网上支付等非现金零售支付业务发展迅速。我国支付体系建设虽然取得了巨大的成绩，但与社会经济发展的现实需要以及支付领域的国际标准相比，尚存在着一定差距，而且发展还不均衡。主要表现在：支付体系本身各个要素、特别是大额支付与零售支付之间发展不均衡。我国大额支付系统设计先进、功能完善，接近或达到国际先进水平，但零售支付领域发展相对滞后，非现金支付工具使用率较低，电子化程度较差；城市支付服务与农村支付服务之间严重不均衡。我国在完善支付系统等金融基础设施，完善人民币跨境贸易结算的支付清算机制、支付监管和人民币跨境支付清算体系等方面还需进一步努力，同时还需建立符合我国国情的现代支付体系管理体制，从体制上

完善支付体系。

2．电子商务规范

规范是对重复性事物和概念所做的统一规定，它以科学、技术和经验的综合成果为基础，以促进最大社会效益和获得最佳秩序为目的。电子商务规范是电子商务活动的各种标准、协议、技术范本、政府文件、法律文书等的集合，其中标准最重要。电子商务规范的绝大多数内容是以标准的形式存在的，有时规范指的就是标准，而标准也往往被称为规范，两者在许多场合相互混用，并无明显的差异。

影响电子商务发展的因素是多方面的，其中，有的来自于技术手段的可靠性，有的来自于国家法律的认同程度，有的来自于商务管理的严密程度，还有的来自于电子商务相关规范的完备程度等。在上述诸多因素中，电子商务相关规范的完备程度是影响电子商务发展的最基本的因素之一。电子商务规范为电子商务顺利有序地开展提供了技术上的标准。从某种程度上讲，规范化是推动电子商务社会化发展的关键，其作用表现在以下方面。

（1）规范是电子商务整体框架的重要组成部分。在我国电子商务发展总体框架中，电子商务的相关规范被列在了整个结构的首位，与政策法规的地位并列，发挥着对框架中其他组成部分（如实施者和监督者、市场和应用、技术产品和产业、人才、基础设施等）的指导与规范作用，成为电子商务得以开展的前提条件。可以说，没有电子商务相关规范，社会化的电子商务根本无法形成与开展。制定电子商务规范、建立健全电子商务规范体系是当前电子商务发展对标准化工作的需求，也是进一步推动我国电子商务发展的具体措施。

（2）电子商务相关规范的目的是为电子商务提供统一平台。电子商务的建设是一项庞大的系统工程，它不但涉及计算机、通信、信息通信与编码、加密、认证等多种技术手段，还涉及企业、商家、银行、消费者，甚至于海关、法律等众多社会领域。为使构成电子商务系统的各组成部分能够协调一致地工作，确保电子商务健康、协调地发展，基础工作就是规范化，即通过对电子商务各个方面及环节制定、发布和实施各种规范，使参与各方必须遵循相关的标准、协议和规范。可以说，电子商务相关规范为建设电子商务提供了一个基础平台，对参与各方起到规范与指导的作用，是实现电子商务社会化发展的根本保证。

（3）电子商务规范是电子商务的基本安全屏障。电子商务规范为电子商务提供了最基本的安全保护。通过相关安全规范的制定，可以预先对那些对电子商务活动安全可能产生不利影响的潜在因素加以防范，做到未雨绸缪。即将一个事件（如技术）或过程（如管理）中所存在的多种形式，在比较与筛选之后，择优而用，确定最优化和最可靠的形式，以规范方式固定下来。在这个的过程中，会将一些不稳定的因素排除在外，并在具体的实施中，有效地避免了其他不稳定性因素的影响，从而保证了事件/过程在实施中的最佳状态。电子商务相关规范同样可以起到安全屏蔽作用，为电子商务活动提供最基本的安全保障。

（4）电子商务规范关系到国家的安全及经济利益。规范具有主客观两重性。所谓电子商务规范的客观性是指规范的内容在理论上不存在歧视或不平等性，所反映的是具体技术及其指标、性能和要求；主观性则是指规范的制定者（如国家或组织等）由于具有不同的社会背景，从而在制定规范的过程中会或多或少地从本国的利益及安全方面出发，确定规范中具体有关的指标、参数和性能描述等。因此，不同国家、地区间的规范往往成为利益及安全冲突的一种隐蔽性手段。此外，尽管国外现已有十分成熟、相当完整的电子商务解决方案，但是作为应用级的电子商务系统，这些技术或解决方案未必都能适宜在我国应用。有关加密的算法和密钥的长度等关键技术应属于国家机密，不应由外国公司或政府控制；拥有自主版权的国产电子商务安全产品也极其重要。可见，充分发挥电子商务规范的这种防范功能，可以有效地保护我国电子商务发展的利益和安全。

2007 年 12 月 17 日，国家商务部正式公布了《关于促进电子商务规范发展的意见》，从电子商务的各个层面进行了规范，包括信息传播、交易行为、支付行为、配送行为、保障措施和组织领导等。重点提到了交易双方身份的真实性、商品的真实性以及防止诈骗等信息安全规范；以及要求合法促销、退换货管理规范，特别提出在支付环节要防范以电子商务的名义进行非法套现和非法融资、转移资金等问题；而建立健全的诚信体系，也是其中的重点。

3．物流配送体系

与其他行业不同，旅游电子商务对物流配送的需求相对较少。旅游产品具有异地购买、当地消费的特点，一个旅行社推广旅游线路，无论消费者身在何处，都需要亲临当地进行消费；消费者预订酒店时，可以在地球的另一端，但是只有亲自入住酒店才能完成这次消费。旅游产品的这种消费特点能够有效地避免电子商务实施过程中商品远距离配送等问题，而只需要解决一些交通票据的近距离递送。随着旅游电子商务的纵深发展，旅游商品的展销、运输和仓储等物流配送问题也显得很重要。

对于开展旅游电子商务的企业而言，有两种途径管理和控制物流。第一种是利用自己的力量建立自己的物流系统。第二种是通过选择合作伙伴，利用专业的物流公司（快递公司）提供票据递送服务，这是利用社会专业化分工节省资源和提高效率的方式。

建立完善的旅游商品物流体系是我国旅游电子商务发展的关键环节之一。在旅游电子商务环境下，相关旅游企业应建立健全旅游商品物流体系的完整架构，满足服务客户的需要，该物流体系主要包括旅游商品展销系统、旅游商品运输和仓储系统、现代化物流信息系统和递送网络四个子系统。协调好旅游商品的供应链、旅游连锁商业、旅游业虚拟经营与物流管理的关系对旅游商品物流体系的现代化和规模化建设有重要的作用。

6.3　旅游电子商务体系的功能与特点

一般来说，商务活动的过程可被解构为信息流、资金流、物流和人员流。电子商务，是商务活动的电子化，是以现代信息网络手段提供信息流、资金流、物流等的电子化解决方案，提高其效益和效率的过程。信息流、资金流和物流是电子商务体系的核心功能。

6.3.1　旅游电子商务体系的信息流功能

旅游是信息依托型产业，信息流在旅游电子商务体系的三种功能中具有特别突出的重要性。我们将从旅游信息资源、旅游电子商务的信息媒介和信息流过程三个方面来探讨旅游电子商务体系的信息流功能，并认识旅游电子商务信息流的特性和重要意义。

1．旅游信息资源

旅游信息是旅游资源、旅游活动和旅游经济现象等客观事物的反映。旅游信息的范围很广，其中，旅游目的地信息、旅游企业信息、旅游产品信息、旅游者信息、旅游供求信息五大类信息，与旅游者的旅游决策和旅游活动，与旅游企业开展经营和旅游目的地营销机构的活动密切相关，它们是旅游电子商务的重要信息资源。

旅游是一个综合性极强的产业，涉及的信息也是极其综合与复杂的。表6-1、表6-2以旅游目的地和旅游企业为例，说明了旅游信息的复杂结构和复杂要素。表6-3则是旅游电子商务网站的旅游者信息记录，包括旅游者自己填写的项目和网站自动记录的项目。

表6-1 旅游目的地信息结构

旅游地概况及地区旅游形象	省市概述，地区旅游形象主题，宣传语和形象标识，视觉形象设计，平面、音频和视频旅游宣传制品
旅游资源	山岳景观、江河、湖泊、溪流泉水、森林、草原草甸、雪山冰川、湿地、大漠戈壁、文物古迹、博物馆、洞穴奇石、摩崖石刻、城建雕塑、度假村区、游乐场所、观光农业、园林、历史文化名城、名人故居、历史遗迹、公园景区、寺庙古刹、纪念建筑、主题公园、人造景观等
地方文化	民俗风情（节日节庆、风俗民情、传说典故）、饮食文化、民间艺术、历史、宗教、地方文艺、名人、旅游文学
旅游企业	食、宿、行、游、购、娱各类旅游企业的黄页信息
旅游产品	旅游服务设施、特色旅游线路、单项旅游产品
旅游交通	交通概况：（就省而言）省际公路铁路网络，航空网状况，旅游区间的通达状况；就城市而言）机场，火车站位置等 交通信息：列车时刻查询、公交车路线全表、其他交通各地发往该城市的航班
当地旅游须知	气候、季节、出游工具、出游交通注意事项、食宿行娱、健康、急救、出境入境、旅游管理方面的特殊规定、旅游常识咨询问答
旅游新闻、公告	旅游业新闻、旅游节事活动、地方重大活动、会议展览、旅游开发与建设、政府及企业活动、旅游行业动态、旅游管理、旅游政策、特殊新闻、招商引资

表6-2 旅游企业信息结构（以旅行社为例）

旅行社基本信息	名称及类别	旅行社中文名、旅行社英文名、旅行社类别、旅行社业务范围、旅行社所在地
	标识与标志	旅行社形象标识、旅行社宣传语、旅行社简介、旅行社宣传图片
	企业注册	旅行社注册名称、工商营业执照号码、法人代表、固定资产、开户行、银行账号
	联系方式	旅行社地址、邮政编码、联系人、联系电话、传真、电子信箱、企业网址、预定电话、预订传真
旅游产品信息	旅游线路信息	线路类型、线路销售方式、线路名称、线路广告名称、主题旅游线路类型、出发地、目的地、关键字、行程天数、行程安排、服务等级、相关图片、特别说明/游客须知/注意事项、线路咨询电话、公众价格、同行价、报价币种、出团时间及相关说明
	其他代理产品	客房预订、票务预订
动态事件	企业活动	活动名称、举办时间、活动内容简介、活动安排、备注
	优惠促销	促销产品、优惠价格、优惠时段、优惠宣传文字
宣传与广告	企业新闻和软性宣传	题名、作者、内容、稿件来源、版式设计
	促销广告	广告内容、附注信息、版式设计、广告批号

表6-3 旅游电子商务网站的旅游者信息记录

信 息 类 别	信 息 项	信息提取目的
网站注册信息	网站注册使用的用户名、密码、密码遗忘时的提醒	旅游者以注册用户名登录，可以避免在预订过程中重复填写相同的信息，提高预订效率
客户基本信息	姓名、身份证号码、护照/签证信息、年龄、职业、电话、电子邮件、住址等	旅游者概况的描述 市场细分的依据

（续表）

信息类别	信息项	信息提取目的
旅游偏好	如旅游者最希望何时开始旅游；最想搭乘哪个航空公司的哪个航班，经常飞行的次数；最喜欢租用那种类型的汽车；最愿意住在什么饭店等	服务器存储了旅游者的偏好信息之后，会自动跟踪，为有这些偏好的旅游者寻找符合条件的产品和服务，旅游机构也可利用信息数据库，更有针对性地进行主动营销
感兴趣的旅游目的地	旅游者最希望了解哪些旅游目的地的资讯	根据选择的目的地，提供当地的天气、人文环境、旅游特色和货币兑换等信息
积累客户的消费量	电子商务系统自动统计游客在网站上的预订量，如客房人数、住宿天数、飞行距离等	可作为积分、促销奖励的依据

网络信息技术构建了旅游电子商务体系的骨架，而旅游信息资源则是旅游电子商务体系的灵魂，是旅游业电子商务的主要内容和依据。因此，旅游电子商务的关键之一是强化旅游信息的开发。在旅游电子商务发展的初期，旅游网站纷纷建立，而旅游网站上真正能解决问题的信息却相对较少。中国社会科学院汪向东教授指出："在我国，从整体上看，信息资源开发落后于网络建设的现象仍很突出，尤其是信息加工处理、数据库及咨询等业务的发展严重滞后，信息资源开发投入不足，开发深度和广度不够。信息业务品种少、相关成本价格高、适用信息资源欠缺是近期大规模开发信息业务市场亟待克服的三大障碍；而信息资源开发所需标准化体系建设、市场培育和相关政策法规体系建立方面的不足，则是信息资源开发的长期性、基础性制约因素。"加强旅游电子商务体系的信息资源开发是一个长期的、多方参与的系统性工作。

旅游信息资源的开发，可以从以下几个方面来衡量。

（1）旅游信息的数量。旅游电子商务体系的信息应该是"丰富而纵深的"，强调信息的全面、详细程度和个性化程度。旅游信息越丰富，越能增进旅游者对旅游目的地的了解，进而发现旅游者所感兴趣的旅游设施和旅游节目。由于旅游行为日趋多样化，客观上也要求供应商提供全方位的、详细的旅游信息，以满足各类旅游者群体对各种不同旅游信息的需要，进而采取相应的旅游行为。旅游企业和旅游主管部门都应尽力满足旅游者对各种旅游信息的要求。旅游主管部门应提供所管辖区域的全方位的旅游信息，包括食宿、风景名胜区、公园、博物馆、艺术画廊、旅游节目以及入出境管理、卫生检查法律条款、公共交通、天气情况等；提供全方位与详细的信息，如公共交通信息方面提供方式、价格、时刻表、目的地等详细信息。旅游企业重点在于提供详细的信息，如客房方面提供设施、价格等详细信息。同时，信息受众广泛而有所区别，要满足旅游者的个性化需求。旅游信息提供必须同时承担更大范围的公众服务和更加细致有别的个性服务，提供不同旅游者群体和旅游同业所需的不同旅游信息。

（2）旅游信息的质量。旅游信息还应准确、及时，这是对旅游信息在质量上的要求。旅游设施、旅游节目、旅游交通时刻表、天气状况、出入境管理等旅游信息必须准确，以帮助旅游者确定相应的旅游计划或者完成预订的旅游活动。相反，旅游信息不准确，就可能影响到预订旅游计划的完成，例如无法按时抵达目的地。旅游信息的及时性也就是信息的现实性。旅游业是动态的，旅游产品要素、特征和价格随季节、时间而不断变化。房价、票价、旅游节目等旅游信息具有很强的时效性，容易过时，只有及时准确的信息才有应用价值。

（3）旅游信息的标准化。电子商务体系是互联的系统，为方便信息在不同用户间的共享和交互，利于信息的数据库储存和接口传输，需要实现旅游信息的标准化。

2．旅游电子商务的信息媒介形式

网络信息系统中必须具备一些有交互功能的信息媒介（信息终端），使信息资源表现出来被人们利用，同时接收用户向电子商务体系反馈的信息。按信息媒介形式划分的旅游电子商务包括网站电子商务（Website-Commerce）、语音电子商务（Voice-Commerce）、移动电子商务（Mobile-Commerce）和多媒体电子商务（Multimedia-Commerce）。

（1）网站电子商务。用户通过与网络相连接的个人计算机访问网站实现电子商务，是目前最通用的一种形式。Internet 是一个全球性媒体。它是宣传旅行和旅游产品的一个理想媒介，集合了宣传册的鲜艳色彩、多媒体技术的动态效果、实时更新的信息效率和检索查询的交互功能。它的平均成本和边际成本极为低廉。一个网址，无论是1万人还是1000人访问，其制作和维护的成本都是一样的。目的地营销组织在运用其他手段进行营销时，预算会随着地理覆盖范围的增加而增加。而互联网与地理因素毫无关系。在全球宣传、销售的成本与在本地销售的成本并无差别。互联网用户以年轻、高收入人群居多，是有潜力的旅游市场。

（2）语音电子商务。所谓的语音电子商务，是指人们可以利用声音识别和语音合成软件，通过任意固定或移动电话来获取信息和进行交易。这种方式速度快，而且还能使电话用户享受 Internet 的低廉费用服务。"'语音门户'正在出现，使网络的触角伸向每一个拥有电话的人"。对于旅游企业或服务网站而言，语音电子商务将使电话中心实现自动化，降低成本，改善客户服务。

（3）移动电子商务。所谓移动电子商务，是指利用移动通信网和 Internet 的有机结合来进行的一种电子商务活动。网站电子商务以个人计算机为主要界面，是"有线的电子商务"；而移动电子商务，则是通过手机、PDA（个人数字助理）这些可以装在口袋里的终端来完成商务活动的，其功能将集金融交易、安全服务、购物、招投标、拍卖、娱乐和信息等多种服务功能于一体。随着移动通信、数据通信和 Internet 技术的发展，三者的融合也越来越紧密。目前，快速发展的移动电子商务蕴藏着巨大市场潜力，英国电信分析公司 The Mobile World 的统计数据显示，全球移动电话用户达到56亿人[①]。在中国国内，截止到2010年年底，中国手机网民规模达到3.03亿人，占网民总数的66.2%[②]。移动电子商务在旅游业中会有广泛的应用。

移动电子商务终端具有增加流动性和多样性的功能，首先，使用户能够访问移动网络覆盖范围内的任何地方的服务；其次，其独特的移动支付和基于位置的服务，大大扩展了传统的旅游电子商务的服务地区。旅游产品是一种特殊的商品，具有季节性和无形性。在不同的地方有其不同的生产和消费特点，因此，决定生产的旅游产品和消费需求之间存在着时空差异。移动电子商务可以提供游客在旅途中所产生的临时需求服务，如临时改变行程等，更加凸显个性化旅游。随着移动通信技术的不断成熟，旅行也会变得更加自由、安全、舒适。

（4）多媒体电子商务。多媒体电子商务一般由网络中心、呼叫处理中心、营运中心和多媒体终端组成，它将遍布全城的多媒体终端通过高速数据通道与网络信息中心和呼叫处理中心相接，通过具备声音、图像、文字功能的电子触摸屏计算机、票据打印机、POS机、电话机以及网络通信模块等，向范围广泛的用户群提供动态、24小时不间断的多种商业和公众信息，可以通过POS机实现基于现有金融网络的电子交易，可以提供交易后票据打印工作，还可以接自动售货机、大型广告显示屏等。

为旅游服务的多媒体电子商务，一般在火车站、飞机场、饭店大厅、大型商场（购物中心）、重要的景区景点、旅游咨询中心等场所配置多媒体触摸屏计算机系统，根据不同场合咨询对象的需求来组织和定制应用系统。它以多媒体的信息方式，通过采用图像与声音等简

① 资料来源：中国信息产业网，2011.5.26。
② 资料来源：《全球移动互联网大会》，2011.4。

单而人性化的界面，生动地向旅游者提供范围广泛的旅游公共信息和商业信息，包括城市旅游景区介绍、旅游设施和服务查询、电子地图、交通查询、天气预报等。有些多媒体电子商务终端还具有出售机票、车票、景点门票的功能，旅游者可通过信用卡、储值卡、IC 卡、借记卡等进行支付，得到打印输出的票据。

3．旅游电子商务的信息流程

旅游电子商务体系需要处理复杂的信息流程，为旅游业中的信息沟通、交易提供服务。其中，不仅包括旅游信息的有序传递，还包括信息的合理组织、再造、提供查询等功能。

旅游电子商务的信息流功能，包括提供旅游业中日常的、开放的信息发布与查询平台，使公共的、可公开的旅游信息能在平台上得到最充分的传播与共享，也包括处理涉及旅游交易的点对点信息沟通。旅游电子商务的信息流可分为基本信息流和交易信息流两大类。

（1）旅游电子商务中的基本信息流。基本信息流是开放的，不涉密的，多对多或一对多的，通常包括：

- 旅游机构（旅游目的地营销机构、旅游企业）在其网站上发布介绍旅游地各种情况的资料，形象宣传以及旅游产品信息，供旅游者查询。
- 旅游机构通过信息中介，即专业的旅游网站发布信息，供旅游者查询。
- 旅游企业之间通过相互访问网站，了解产品和服务，发掘同业合作机遇。
- 旅游者查询旅游信息，向旅游机构网站或信息中介反馈信息，包括登记个人资料、留言、响应市场调查等。
- 旅游机构利用客户信息数据库，主动通过电子邮件等手段向潜在客户发送信息，实现主动营销，等等。

旅游电子商务中的基本信息流如图 6-5 所示。

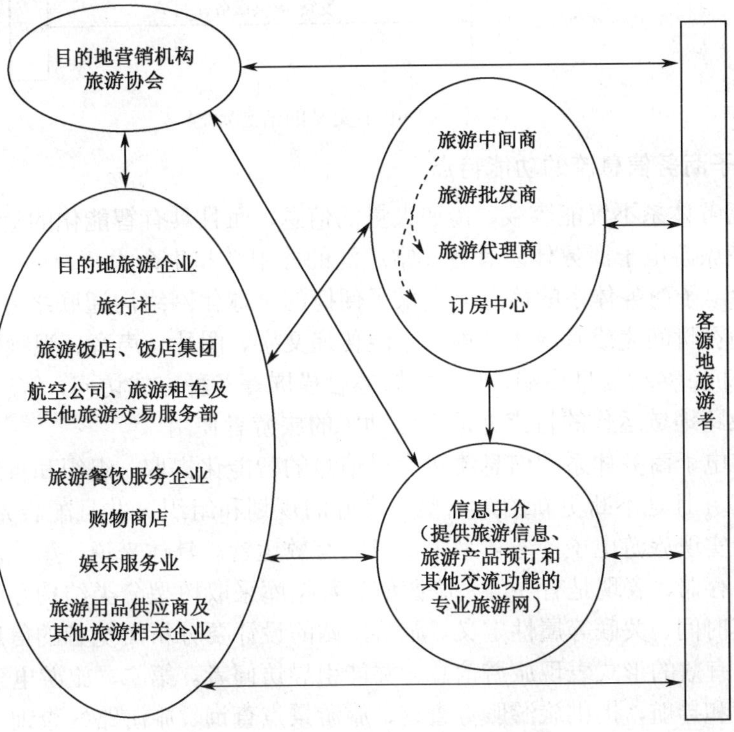

图 6-5　旅游电子商务中的基本信息流

（2）旅游电子商务中的交易信息流。与基本信息流不同，交易信息流是一对一的，封闭的，不作为公开信息发布的。旅游者的旅游产品预订、旅游企业之间的电子交易都是依赖于交易双方之间信息的传递而形成的。旅游电子交易的信息流程如图 6-6 所示。这些信息流程都可以通过旅游电子商务体系提供的功能实现，包括：

- 权限管理和身份识别。
- 电子商务认证。
- 预订及后台管理系统。
- 电子邮件。
- 手机短信确认。
- 网络信息自动转向传真、语音电话、打印设备，等等。

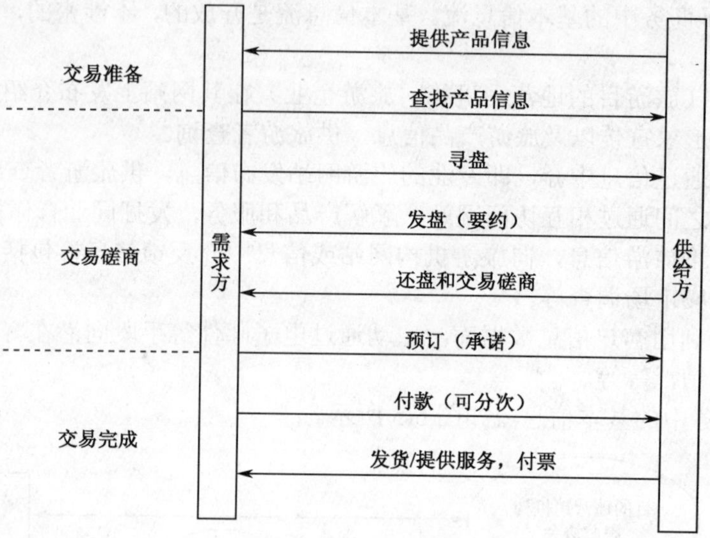

图 6-6 旅游电子交易的信息流程

4．旅游电子商务信息流的功能特点

旅游电子商务体系不仅能容载、传递大量的信息，而且具有智能化的信息处理功能。正因为如此，才使旅游电子商务体系具有非常广泛的应用性和生命力。

首先，旅游电子商务体系的信息流提供了便捷的全球化网络沟通联络方式。它的信息容量大，信息传输在瞬间完成且成本低廉。它能传递文字、图片、声音、视频等不同形式的信息，能通过计算机、移动信息终端、城市多媒体触摸屏等多种方式访问，信息沟通是双向的，非常适合旅游业跨地域运作的特点并适合流动中的旅游者使用。

其次，旅游电子商务体系的信息流包含对信息的智能化提取、组织和再造。由于旅游信息量十分巨大，并且是不断更新的，需要非常好的规划和组织，并且配合先进的计算机软/硬件技术，才能实现旅游电子商务体系中信息的有效运营。具体来说，第一，旅游电子商务中信息的输入、存储、表现是有序的。旅游信息数据库采取树型分类结构存储旅游信息，每个信息项都有其时间、关联等属性定义。旅游网站的设计要分析浏览者的信息需求、认知和阅读习惯，以最有效的形式表现旅游信息，并能引导访问者。第二，旅游电子商务体系提供旅游信息的检索和导航，提供旅游服务查询、旅游景点查询、旅游路线查询、旅游企业黄页查询、关键词查询等功能，大大提高了用户获取目标信息的效率。第三，旅游电子商务体系向智能化发展，它能自动记录、分析、整理和反馈信息，如帮助游客进行行程规划并推荐旅游产品；为游客提供咨询，进行公开的产品与服务比较；根据访问者注册时提供的偏好信息，提供内容的个性化定制，定期发送按其偏好制作的电子杂志；自动统计内容访问和产品预订，指导旅游企业的市场策略等。这些功能使旅游信息的挖掘更充分，利用更有效，充分发挥了旅游信息资源在商务活动中的价值。

再次，旅游电子商务的信息流具有可统计性。通过传统的渠道如电视、报纸等传递旅游信息，无法精确监测信息的抵达及利用率。而电子商务网站的流量分析系统，可以对网站流量乃至任意页面的访问流量进行数据分析，分析出最受欢迎的信息栏目，甚至还能监测出访问者的来源地区。旅游电子商务网站的信息流统计分析如表 6-4 所示。

表 6-4　旅游电子商务网站的信息流统计分析

统计分析项目	具 体 指 标
网站流量统计分析	• 站点日每小时进出流量统计 站点 24 小时每小时进出流量报告，以柱状图显示，可查询任意一天每小时的小时进出流量报告； • 站点周每日进出流量统计 站点一周每天的进出流量报告，以柱状图的形式显示，可查询任意一周每日的进出流量报告； • 站点月每日进出流量统计 站点一月每日的进出流量报告，以柱状图的形式显示，可查询任意一个月每日的进出流量报告； • 站点年每月进出流量统计 站点一年每月进出流量报告，以柱状图的形式显示，可查询任意一年每月的流量统计报告； • 查询分析任意时间范围内的总流量、平均流量、最大流量
网站访问量统计分析	• 站点日每小时访问量统计 一日内每小时的访问人数，可查询任意一天每小时的访问量报告； • 站点周每日访问量统计 一周内每日访问人数统计，可查询任意一周每日的访问量报告； • 站点月每日访问量统计 站点一个月内每日访问量统计，可查询任意一个月每日的访问量报告； • 站点年每月访问量统计 站点一年内每个月访问量统计，可查询任意一年每月的访问量报告； • 分析任意时间范围内的总访问量、平均访问量、最大访问量
网站页面访问统计	查询站点任一页面访问次数； 查询站点所有页面访问次数
浏览用户统计	访问站点的用户的浏览器统计； 访问站点的用户的操作系统统计； 访客的 IP 来自哪个省份； 各个省份的访问量统计； 最近 40 位访客资料：包括访问的访问时期、时间、IP、操作系统、浏览器、来自何方、访问的 URL
综合分析	分析电子商务网点最受欢迎栏目； 各项统计分析报表，按多项查询条件自动生成

6.3.2　旅游电子商务体系与资金流、物流和旅游流

前面已经介绍过旅游电子商务的支付结算体系和物流体系。在旅游电子商务中，通过信

息流、资金流、物流和人员流的有机配合，覆盖完整的旅游业运作过程。

1．旅游商务过程

图6-7以旅游者购买旅游产品为例，是一个旅游电子商务过程中信息流、资金流、物流和人员流的完整模型。

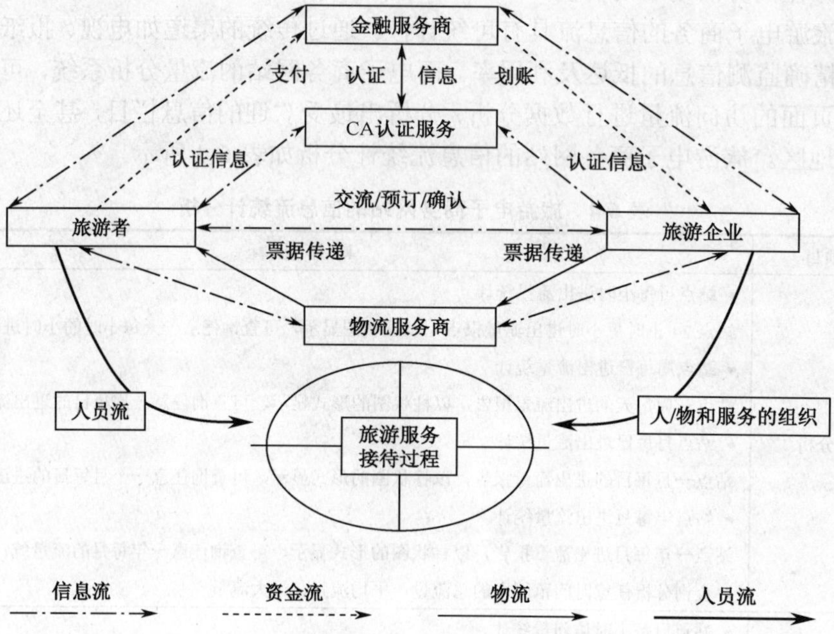

图6-7 旅游商务过程中的信息流、资金流、物流和人员流

一个完整的旅游交易过程包括信息流、资金流、物流和人员流。电子商务不但要解决信息的网上交换，还要解决资金的网上交换（电子支付）。旅游商务中的支付可以采取几种途径，旅游者可以通过网站预付，也可以在接受旅游服务时现场支付，也可以采取部分预付、部分现场支付的方法；旅游企业之间可以采取与交易同步的电子支付，也可以采取传统手段，通过银行转账，按月结算。跨越空间实时完成的电子支付，是解决旅游业中预订失信问题和旅游企业之间的账务拖欠问题的最佳选择，是未来旅游支付的趋势。为保证电子支付的正常进行，必须有提供支付的金融机构参与，参与交易者的身份识别由统一的权威机构——（CA）认证中心发放的数字证书实现。旅游商务活动中涉及的一些票据须通过相应的物流体系进行配送，承担物流功能的可以是旅游企业，也可借用专业化、社会化的第三方物流服务商的力量。在旅游消费过程中，旅游者向旅游地流动，形成人员流。旅游企业提供接待服务，其中涉及各种人力、物力的组织和调配。

需要注意的是，在旅游商务活动过程中，这四种流不是独立存在的，它们的关联性决定了整个旅游商务活动过程，包括看似完全在线下进行的旅游接待过程对电子商务信息系统的依赖性。其中，信息流与资金流、物流和人员流密切相关，它反映了资金、人和物流动前、流动中和流动后的状况，记录整个旅游商务活动的流程。信息流是对资金流、物流和人员流的反映和控制，并且贯穿于开放的互联网电子商务系统、业内分销系统和旅游企业内部管理信息系统之中。例如，一个游客在互联网上预订了旅行社的旅游线路，该游客的个人信息和预订信息会存入旅行社组团业务系统中，他通过信用卡向旅游企业预付，资金和关于预付完成的信息也会传向旅行社。旅行社又将旅游者信息传达给航空公司、饭店及旅游地接社来安排旅游活动，其中伴随着旅行社和旅游服务提供商之间的业务知会和资金支付关系。接下来旅行社将行程信息传递给旅游者，旅游者开始旅游行程。相关的食、宿、行、游等旅游服务企业在预订信息的指导下，做好接待准备并提供旅游服务，服务完成情况也将记录在内部管理系统中，与预订、变更、付款等记录一一对应，完成商务过程的闭环。旅游者的个人信息还可被存入旅游企业的客户数据库，方便今后的营销活动或再次接待。这一系列过程中，旅游电子商务体系发挥着重要的功能，实现旅游业务过程的电子化。

2. 物流环节

旅游电子商务的物流主要涉及机票、票据的递送业务。例如我国经营机票业务较早的信天游网站，全国各地设立了 81 家配送商全天 24 小时为 35 个城市的旅客免费提供送票上门，这种物流服务构成了完整旅游电子商务体系功能的一部分。物流在旅游电子商务中的比重并不大，但也存在消费者的分布地区分散，递送批量小，频率高等问题，必然导致效率低、成本高的问题。

替代旅游电子商务物流环节的解决方案是电子票务。所谓电子票务，是指通过网络信息技术手段实现远程售票的电子化，包括票种、余量的即时网上查询、网上预订、网上支付、实时出票、本地打印、网下验票等功能。在旅游业中，最多的应用是电子机票和电子门票等。电子票务的出现，可简化旅游电子商务流程、降低成本，同时为客户提供了方便。

【例 1】电子机票起航[①]

1. 电子机票的发展

所谓电子机票（Electric Ticket），是普通纸质机票的一种存在于计算机系统内的电子映像，也有人将网上售票纳入这个概念范围。1993 年 8 月，以亚特兰大为基地的美国 Valuejet 航空公司首创了电子机票的销售，由于顺应新技术发展的潮流，在随后不到 10 年的时间内，电子机票就在国际航空业得到了迅猛发展。1998 年，美国联合航空公司电子机票的销售量已占总销售额的 46%，1999 年升至 58%；而该公司的代理费则由 1998 年的 13.25 亿美元，降至 1999 年的 11.39 亿美元，代理费成本降低 14%。到 2001 年 11 月，使用美联航电子机票的乘客已经占 65%。

到目前为止，电子机票已经发展到第三代。在第一代阶段，旅客通过电话或互联网购买，并通过邮件、传真或电子邮件获得收据及订单号、航程票价等信息。在机场办理登机手续时，旅客必须出示身份证明，以换取登机牌。第二代的电子机票则利用了智能卡技术，它不仅能为旅客累计里程点数、替代机票和登机牌，并可作为进入贵宾室休息的凭证，还可以凭卡预订出租汽车和酒店的客房。简单地说，这种电子机票已经将与旅行相关的各种服务都纳入了一张卡中。而在 21 世纪初问世的第三代电子机票则能够提供电话和金融服务功能。

我国的电子机票现在还处于第一代。中国南方航空公司是国内较早推行电子机票业务的航空公司，在 1999 年 2 月 1 日推出网上订票业务后，又与招商银行联手实现了“一卡通”网上在线支付功能。2000 年 3 月 28 日，南航正式推出面向旅客的电子机票系统（B2C），成为国内首家推出电子机票的航空公司。2001 年 3 月 18 日，又推出了面向代理机构的南航电

① 资料来源：“IT 经理世界”，2002 年第 5 期。

子机票系统（B2B）。

2001年11月，深圳航空公司也开始在中国航信及中国民航结算中心（现两家合并为中国民航信息服务集团公司）支持下试点推广电子机票。从当时召开的中国民航第三届信息化发展论坛传出的信息是，2002年，中国民航业计划在50条主要航线上使用电子机票，并预计在2005年，国内航线电子机票使用率达到60%。此外，上海航空公司和新疆航空公司等企业也先后展开了电子机票的试推广工作。

2．电子机票的应用优势

在我国，每张纸质机票的空白本票就是价值10元左右的有价票据。以南航为例，如果南航一年1900万人次的旅客流量中有10%的乘客采用了电子机票，就将节约购买空白本票的成本1900万元人民币。

此外，对航空公司来说，电子机票还免去了纸质机票的打印、递送费用，减少了传统的代理人销售环节（节省代理费），降低了分销成本。

当然，电子交易需要支付给银行一定的手续费，但即时支付、即时到账的支付方式提高了南航销售资金回笼的速度，也有效地消除了票款被违规截留、挪用、流失的可能。同时，电子机票保存于航空公司自己的数据库中，也无法造假，可以从根本上杜绝假票。另外，通过发展常旅客系统，航空公司还可以记录与分析重要旅客特性，开展个性化服务，加强对旅客的服务能力及质量。

更重要的是，电子机票使传统的销售机票行为的票据流变为电子化数据流，提高了结算效率。据南航计算机中心介绍，“票据发放、存储、运输等发生费用的过程是一种整合消耗，代理人一张普通支票的支付完成，还需要航空公司对一整条财务链进行人工结算，一般的周期是45天左右。而电子机票则是系统中流动的数据，这个流程可以实时完成。”而且，通过比较成熟的信息系统，航空公司也能利用这些即时数据快速地对市场需求做出精确的预测，对市场运作起到正确的指导作用。

从旅客的角度来看，使用电子机票不必担心丢失损坏；电话订座、网上购票、团体购票减少了中间环节，购票更为方便快捷。代理机构也省却了必须向航空公司交纳的空白票证押金及保管票证的相关设施。

3．电子机票的发展环境

在日益激烈的民航集团化竞争中，率先采用新科技手段降低运营成本和提升效率，增强自身竞争力将是一条必由之路，较高技术含量的电子机票将成为一个新的突破口。

但由于受我国财务制度限制，电子机票产生的凭证和登机牌目前还不能作为国家承认的正式报销凭证。尽管南航等航空公司已经取得了地方税务局的批准，但无疑限制了电子机票在全国商旅客层面的推广，成为电子机票发展的一个主要障碍。民航总局信息化办公室正在与国家税务总局协商解决这个问题。

尽快扩大电子机票的社会认知度，提高其市场占有份额也是航空公司应该重点考虑的问题。2000年3月28日，在南航正式推出面向个人旅客的电子机票（B2C）业务时，业务相对增长量不大。当时，个人旅客要进行网上购票有很多条件限制，比如，具备网上购买的意识、上网条件、必须有信用卡支付能力等。正是市场环境的一些发展限制，促使南航在2001年又推出了面向代理机构的电子机票（B2B）业务，加快了市场份额的扩大。

在航空公司的日常营销业务中，电子机票绝不是孤立的系统存在。旅客、收益管理等其他事关航空公司市场占有率的经营管理系统的正常运作，都离不开一个高度集成的商务信息系统。适应电子机票的发展，航空公司必须不断完善内部商务信息系统，以增强企业实力；必须有足够的技术手段，保证实现电子机票生命周期内的全程管理，也就是必须对网上销售、离港值机与财务结算等业务系统进行无缝隙整合。

4. 电子机票的系统流程

（1）将电子机票的标志信息与销售数据从航空公司的销售网站反馈至航空公司的订座系统（为普通机票用户出票的主要依据）；再由订座系统传送至离港系统（作为持有电子机票的旅客领取登机牌的主要依据）。

（2）订座系统还必须将电子机票的销售数据（相当于普通机票的财务联）传送至航空公司的结算系统。

（3）离港系统根据从订座系统获取的电子机票销售数据生成电子机票的运输数据（相当于普通机票的乘机联）传送至航空公司的结算系统。

（4）离港系统还能够将旅客的里程数据自动传送至常旅客系统，作为常旅客系统计算奖励里程的主要依据。

（5）航空公司应该能向旅客提供具有合法性的电子收据。

【例 2】“鼠标轻点 越洋取票”——“Selfticket”自助电子票务平台①

在深圳高交会开馆当天，有来自地球另一半的宾客手持在自己家中打印的门票参加高交会。这神奇的互联网技术使得人们可以安坐家中买各种门票。

购票的程序是这样的：先登录中国自助电子票务网站 www.selfticket.com，首页会有各种门票信息。如果你要买电影票，网页会告诉你几排几座已卖出，几排几座还有票。输入你的信用卡号和密码后，单击“打印”按钮后，用普通复印纸就可以在打印机上打印出可直接使用的电影票。在电影院门口，有一台专门的二维码识别机用以确定电影票的真假。有了这个系统平台，你可以在纽约买伦敦上演的莎士比亚戏剧门票，而无须担心去到那里却无门可入。

www.selfticket.com 依托最新技术集成的自助电子票务平台，将票务数据进行数字化传输，使“票”真正成为最适合网上销售的商品：消费者无须外出购票，也无须等待送票上门，商家无须建立和管理庞大的配送队伍，真正体现了互联网在线服务的优势。

这个电子票务平台还使用国家认可的最高级别的商用加密技术和数字签名技术，既能保证密码不可破译，也能保证网站所出票据的不可抵赖性，确保商家和消费者的利益，消除消费者对网上购物安全性的担忧。

6.3.3　旅游电子商务体系的特点

在介绍了旅游电子商务体系的构成后，我们知道旅游电子商务体系是在网络信息系统的基础上，由旅游机构、旅游企业、旅游者和相关机构共同组成的信息化旅游市场运作系统，它通过信息技术手段服务并影响着旅游业。旅游电子商务体系具有如下特点。

① 资料来源：人民日报“人民网”，2000 年 10 月。

1．时空无界性

互联网的用户遍布全球，使信息共享的地域空前地加大。互联网的超文本文件可以在各种各样的硬件、软件环境中读/写，使得信息共享的服务平台增多。互联网属于开放的客户机/服务器系统，使得任何人都享有平等的入网自由。旅游业内的众多增值网络，如全球分销系统（GDS）等，也具有极其广阔的应用范围。

旅游电子商务体系突破了时空限制，全球 24 小时不间断服务的网络使旅游从业者将不必恪守坐店经营的原则，实现随时随地经营的理想操作模式。网络突破了空间距离的束缚，使得人们可以随时了解到自身所需要的信息。从长远来看，越是空间距离远、对旅游目的地陌生的旅游者，越是倾向于通过网络来获取所需信息。旅游电子商务体系的发展为国际旅游营销和销售提供了理想的平台。

2．聚合性

旅游产品的构成要素纷繁复杂。旅游电子商务体系像一张大网，将旅游业各方各面的信息资源、服务资源、客户资源集中起来，把服务于旅游业的金融机构、旅游目的地营销机构也集合进来，形成一个虚拟的巨大市场空间（Market Space，与物理世界中的“市场”——“Market Place”相区别）。旅游服务提供商、旅游中间商和游客都能充分利用旅游电子商务。正如有人把旅游 B2B 电子商务平台称为“永不落幕的旅游交易会”、把旅游 B2C 电子商务平台称为“旅游超市”一样，旅游电子商务体系正是实现了大市场的这种供求汇集，信息充分、交易通畅的功能，促进了旅游业的交流与协作。

3．直接性和高效性

在旅游经济中，由于地域和其他方面的原因，服务提供者与最终消费者之间存在许多隔离，造成信息的迂回流动。操作环节多，旅游中间商的存在会分割利润，使交易成本提高。

在旅游电子商务体系中，由于采用互联网平台在世界范围内处理市场信息，沟通生产与消费，任何旅游企业都可以与遥远的旅游者通过网络直接进行物质上虚拟、信息上真实的接触，信息的传递能在瞬间完成。信息迟滞和通过中间环节的信息迂回大大减少，效率提高。旅游电子商务的直接性决定了它将形成比传统模式更为有效的营销和业务运行体系。

4．范围经济性和联结经济性

网络经济是典型的“范围经济”。著名的网络经济法则——“Metcalfe”（麦特卡夫）法则指出，“互联网的价值等于其节点数的平方”。也就是说，在互联网中，当用户数量增加时，用户之间的交易机会将以成倍的速度增加，网络总的交易机会正比于互联网节点数目的平方，每一位新的用户将会给其他网络用户带来额外价值。正如网络未在旅游业中得到普遍应用时，旅游电子商务的功能也是十分有限的。最初开发的计算机预订系统只能用于航空公司售票机构之间的联网处理业务，后来系统延伸到旅行社，业务范围进一步扩大到订购机票、预订客房、租车等，网络信息系统在旅游商务中的功能不断增加。如今，旅游电子商务体系可被全球的旅游者和旅游企业所应用，使用网络已渐渐成为习惯，巨大的网络、丰富的产品蕴含着大量的交易机会，以至于脱离网络的旅游企业就意味着放弃了相当一部分机遇和市场。

电子商务体系的范围经济性和联结经济性是由于信息的共享性形成的。与传统资源不同，信息资源并不会因为被利用而减少，而是网络的节点越多，信息传播机会和范围就越广；共享的人越多，信息产生的影响和效应越大。

由以上两点可以看出，随着旅游电子商务体系用户的增长而呈现的交易机会迅速增加、信息传播速度的迅速增快、平均成本的迅速下降，构成了网络经济独特的范围经济性和联结经济性，即网络效应，它体现了旅游电子商务体系发展的巨大潜力。

6.4　旅游电子商务的交易模式

常见的旅游电子商务体系的交易模式包括旅游企业间的电子商务（B2B）、旅游企业对企业类客户的电子商务（B2E）、旅游企业对旅游者的电子商务（B2C）。每一种模式都发展形成了不同的操作方法。

6.4.1　旅游企业间的电子商务（B2B）

企业间的电子商务（企业对企业的电子商务）是指企业之间通过网络信息手段实现相互之间的一对一或一对多的交易，如采购、分销等。在旅游电子商务中，B2B 交易形式包括以下几种。

1．旅游企业之间的产品代理

产品代理是通过代理的形式，推广和买卖产品，是一种产品的交易和流通方式。电子商务技术运用到旅游业之后，人为的旅游实体第三方逐渐走向虚拟网络的第三方交易平台，即 B2B。例如，旅行社代订机票与饭店客房，旅游代理商代售旅游批发商组织的旅游线路产品。

2．组团社之间相互拼团

两家或多家组团旅行社经营同一条旅游线路，并且出团时间相近，而每家旅行社只收到为数较少的客人。这时，旅行社在征得游客同意后可将客源合并，交给其中一家旅行社操作，以实现规模运作以降低成本。传统旅游企业的拼团活动是通过电话、传真、业务员往返旅行社之间进行的，这样造成拼团面窄、工作量大、效率低下、增加企业开支等问题。通过网络进行拼团交易，可快速实现任意旅行社之间的快速拼团业务。例如，甲旅行社发布上海—北京 3 日游的线路 A，乙旅行社发布上海—西安 5 日游的线路 B，丙旅行社发布上海—黄山 2 日游的线路 C。这样，甲旅行社可同时发布线路 B 和 C，乙旅行社可同时发布线路 A 和 C，丙旅行社可同时发布线路 A 和 B。于是，甲、乙旅行社可以将 C 的散客拼团给丙旅行社，甲、丙旅行社可以将 B 线路的散客拼团给乙旅行社，乙、丙旅行社可以将 A 线路的散客拼团给甲旅行社。使用该平台同一地区的其他旅行社也可发布 A、B、C 线路，实现相互之间的拼团业务。采用网上拼团交易，减少了拼团的工作量，增加了拼团的范围，提高了拼团的工作效率，节省了开支。

3．旅游地批量订购当地旅游饭店客房、景区门票

批量订购是固定订货批量模型的一种，可以用来确定企业一次订货（外购或自制）的数量。在电子商务环境下，旅行社可以按照经济订货批量订购当地的旅游饭店的客房、景区门票等，实现订货成本和储存成本之和最小化。

4．客源地组团社与目的地地接社之间的委托、支付关系

旅游业是一个由众多子行业构成、需要各子行业协调配合的综合性产业，食、住、行、游、购、娱等各类旅游企业之间存在复杂的代理、交易、合作关系。旅游企业间的电子商务又分为两种形式。第一种是非特定企业间的电子商务，它是在开放的网络中对每笔交易寻找最佳的合作伙伴。一些专业旅游网站的同业交易平台就提供了各类旅游企业之间查询、报价、询价直至交易的虚拟市场空间。第二种是特定企业之间的电子商务，它是在过去一直有交易关系或者今后一定要继续进行交易的旅游企业之间，为了共同的经济利益，共同进行设计、开发或全面进行市场和存量管理的信息网络，企业与交易伙伴间建立信息数据共享、信息交换和单证传输。例如，航空公司的计算机预订系统是一个旅游业内的机票分销系统，它连接航空公司与机票代理商（如航空售票处、旅行社、旅游饭店等）。机票代理商的服务器与航空公司的服务器是实时在线连接在一起的，当机票的优惠和折扣信息有变化时，会实时地反映到代理商的数据库中。机票代理商每售出一张机票，航空公司数据库中的机票存量就会发生变化。B2B的实现大大提高了旅游企业间的信息共享和对接运作效率，提高了整个旅游业的运作效率。

6.4.2　旅游企业对企业类客户的电子商务（B2E）

在这里，B2E（Business to Enterprise）中的E是指旅游企业和与旅游企业有频繁业务联系的或为之提供商务旅行管理服务的非旅游类企业、机构和机关。大型企业常须处理大量的公务出差、会议展览、奖励旅游事务。它们常会选择和专业的旅行社合作，由旅行社提供专业的商务旅行预算和旅行方案咨询，开展商务旅行全程代理，从而节省时间和财务成本。另一些企业则与特定机票代理商、旅游饭店保持比较固定的业务关系，由此享受优惠价格。

B2E较先进的解决方案是企业商务旅行管理系统（Travel Management System）。它是一种安装在企业客户端的具有网络功能的应用软件系统，通过网络与旅行社电子商务系统相连。在客户端，大企业差旅负责人可将企业特殊的出差政策、出差时间和目的地、结算方式、服务要求等输入商务旅行管理系统，系统将这些要求传送到旅行社。旅行社通过计算机自动匹配或人工操作为企业客户设计最优的出差行程方案，并为企业预订机票及酒店，并将预订结果反馈给企业客户。通过商务旅行管理系统与旅行社建立长期业务关系的企业客户能享受到旅行社提供的便利服务和众多优惠，节省差旅成本。同时，商务旅行管理系统还提供统计报表功能。用户企业的管理人员可以通过系统实时获得整个公司全面详细的出差费用报告，并可进行相应的财务分析，从而有效地控制成本，加强管理。

例如，美国罗森·布鲁斯国际商务旅行管理有限公司于1994年推出的“企业差旅收益管理系统”，使罗森公司成了为大型跨国企业提供专业差旅管理服务的最著名国际旅行社之一。目前，罗森公司在全球50多个国家设有540家分支机构，为其签约的数千家大型跨国公司提供随时随地的无缝隙服务。对商旅支出占企业运营成本的很大比例的跨国、跨地区工商业企业，使用“企业差旅收益管理系统”能为之节省10%～30%的旅行费用。

6.4.3　旅游企业对旅游者的电子商务（B2C）

旅游企业对旅游者（个人客户）的电子商务服务基本上等同于电子旅游零售。旅游散客通过网络获取信息，设计旅游活动日程表，预订旅游饭店客房、车船机票等，或报名参加旅行团，都属于 B2C。对旅游业这样一个游客高度地域分散的行业来说，B2C 方便旅游者远程搜寻、预订旅游产品，克服距离带来的信息不对称。通过旅游电子商务网站订房、订票，是当今世界应用最为广泛的电子商务形式之一。以中国为例，2010 年中国旅游电子商务市场规模达到 2000 亿元人民币，约占整体旅游收入份额的 15%。游客使用最多的三项旅游网站服务分别是网上订机票（61.0%）、网上订酒店（45.5%）和查找旅游资讯（44.6%）[①]。

B2C 还包括旅游企业对旅游者拍卖旅游产品，由旅游电子商务网站提供中介服务，如美国的著名旅游网站 Bid4vacations.com，它针对美国的旅游饭店和游船旅游客舱普遍存在空房的现象，组织旅游企业将这些闲置资源公布到网上，组织旅游者之间竞价的拍卖服务，有效地均衡了旅游市场供求，从而成为一种有生命力的网上交易服务形式。

6.4.4　旅游者对旅游企业的电子商务（C2B）

旅游电子商务的另一种情况是旅游者对旅游企业（包括旅游服务提供商和旅游中间商）的电子商务（Consumer To Business）。它由旅游者提出需求，然后由企业通过竞争满足旅游者的需求，或者由旅游者通过网络结成群体与旅游企业讨价还价。

C2B 主要通过电子中间商（专业旅游网站、门户网站旅游频道）进行。这类电子中间商提供一个虚拟开放的网上中介市场，提供一个信息交互的平台。上网的旅游者可以直接发布需求信息，旅游企业查询后，双方通过交流自愿达成交易，如图 6-8 所示。

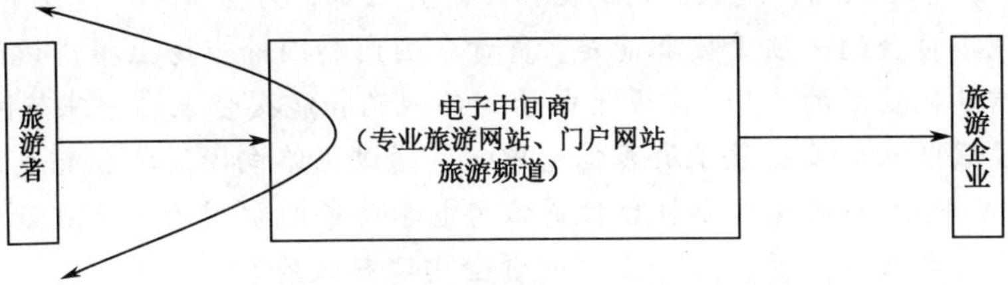

图 6-8　C2B 交易模式

C2B 主要有两种形式。第一种形式是反向拍卖，是竞价拍卖的反向过程。由旅游者提供一个价格范围，求购某一旅游服务产品，由旅游企业出价，出价可以是公开的或是隐蔽的，旅游者将选择认为质价合适的旅游产品成交。这种形式，对于旅游企业来说，吸引力不是很大，因为单个旅游者预订量较小。第二种形式是网上成团，即旅游者提出他设计的旅游线路，并在网上发布，吸引其他相同兴趣的旅游者。通过网络信息平台，愿意按同一条线路出行的旅游者会聚到一定数量，这时，他们再请旅行社安排行程，或直接预订饭店客房等旅游产品，可增加与旅游企业议价和得到优惠的能力。

C2B 利用了信息技术带来的信息沟通面广和成本低廉的特点，特别是网上成团的运作模式，使传统条件下难以兼得的个性旅游需求满足与规模化组团降低成本有了很好的结合点。C2B 是一种需求方主导型的交易模式，它体现了旅游者在市场交易中的主体地位，对帮助旅游企业更加准确和及时地了解客户的需求，对实现旅游业向产品丰富和个性满足的方向发展起到了促进作用。

① 资料来源：中国文化报，中国旅游电子商务发展报告，2011.9.27。

本章案例

澳大利亚中心海岸旅游度假区的电子商务预订系统[①]

旅游度假区通常是由一个旅游、休闲、娱乐服务企业集群构成的，它为旅游者提供以优良自然环境为依托的多样化休闲方式，对旅游者和周边城市居民构成强大的吸引力。

由于度假区范围较大且经营企业众多，通常设立度假区管理委员会统筹度假区的旅游管理和宣传促销。本案例将介绍一个由度假区管理委员会主导建设的电子商务系统，它可供度假区内旅游企业共同使用，预订功能完善，大大提高了度假区的联合促销力度。这种方式正是世界各国度假区普遍采用的电子商务实施方式。

1. 背景综述

澳大利亚中心海岸旅游度假区（The Central Coast）是靠近悉尼市区的一个综合性海滩旅游度假胜地，被宣传为距离悉尼只有“一步之遥”（a step away）。度假区重要的旅游资源包括风光优美而绵延的海岸线，以及森林、山谷、溪流和瀑布交错的国家公园。度假区内有众多的旅游饭店、餐馆、旅游纪念品商店，以及提供骑马、游船、租车、会议组织、水上运动、探险旅游和夜间娱乐等的旅游服务机构。整个中心海岸旅游度假区有一个类似度假区管理委员会的综合性协调管理机构，度假区内的全体旅游企业都作为会员参与这个管理委员会。

度假区管理委员会的一项重要职能是，负责在国内和国外市场上推广该旅游度假区。它非常重视旅游信息化技术的应用，建设了电子商务网站和能接受来自全球范围预订的旅游预订系统，并在度假区入口处建设了游客信息中心，通过网络向游客提供信息。

1999—2000年，度假区管理委员会投资旅游电子商务的费用约为220万美元。其中80%来自度假区内旅游企业的集资，另外20%的资金由联邦政府赞助。

2. 功能完备的电子商务预订系统

中心海岸旅游度假区开发了一套功能完备的电子商务预订系统，系统的设计建立在对旅游行业运作方式的深刻理解的基础上。它能处理复杂的旅游产品管理、组合、报价和预订，为度假区内的旅游企业向全球范围内的旅游者和旅游中间商销售旅游产品提供了综合的解决方案。

电子商务预订系统的主要功能如下。

（1）可供旅游者预订包价旅游、一日游、住宿、交通、租车、会议、参加节事活动等。

（2）支持企业对企业（B2B）和企业对顾客（B2C）的旅游电子商务。

（3）提供搜索预订系统，供预订者实时查询产品目录，包括哪些饭店有客房、剩余量是多少、价格是多少，以及度假区内有哪些旅游服务项目和活动项目等。

（4）可对不同对象进行不同报价。

（5）多种促销功能。

（6）当旅游经营商和旅游者预订产品时，系统能提供即时确认服务（通过传真和E-mail）。

（7）系统能为每一个旅游企业提供自动生成的统计报表（如月预订量、在线销售收入统

① 资料来源：杨路明等. 旅游电子商务. 北京：科学出版社，2010。

计等）和 15 种标准报告。中心海岸旅游度假区电子商务预订系统最有特色的功能体现在以下方面。

1）动态产品目录

电子商务预订系统最主要的功能是，提供实时查询的产品目录，包括旅游度假区内有哪些服务项目、价格是多少以及是否被订满等。旅游者可根据这个产品目录了解度假区、查询并预订旅游产品。

由于度假区内有众多独立经营的旅游企业，电子商务预订系统设计了这样的机制：它给度假区内的每个旅游企业分配了一个账户和密码，旅游企业用它的账户和密码登录到它们的产品管理界面上，可以自行登记其旅游产品的类别和子类别（系统支持按类别检索）、产品名称、产品介绍、是可以提供还是已经订满、余量、价格、联系方式、公布时间和过期时间等。这些由旅游企业登记的信息被汇总到数据库中，并被公布在预订网站上，浏览者在分类查询时就可以看到所有旅游企业发布的产品信息。

2）复杂的报价系统

在现实旅游操作中，旅游产品的价格是一个复杂的体系。旅游产品单个销售与批量销售，对旅游者直接销售和对旅游中间商销售，报价各不相同。价格是旅游经营中最容易灵活调整的，而且是影响利润最大化的重要因素。

中心海岸旅游度假区的电子商务预订系统设计了一套有弹性的、复杂的旅游产品报价体系。旅游企业可以向不同的销售对象报出不同的价格，也可以根据不同的销售环境制定报价。

（1）该电子商务预订系统对旅游产品的分类非常详细，有的产品大类中有多达 72 种可区分的产品子类。对有细微差别的旅游产品，旅游企业可制定不同的价格，产生差别的情形如下。

① 产品类别，如豪华型、经济型。

② 数量相关，如双程、两人、多人、家庭票。

③ 特殊利益：如海景客房、河边客房。

④ 在旅游组合产品中，如果组成项的等级不同，整体价格也会不同，如旅行团住宿标准客房或豪华客房、飞机乘坐经济舱或头等舱，旅行团报价都会不同。

（2）旅游企业可以向不同的销售对象报出不同的价格。可区分的销售对象如下。

① 旅游者：单人、多人（达到一定人数即给予优惠）、忠诚顾客（有一定累计购买量给予优惠）。

② 旅游中间商：对旅游零售商、旅游批发商等不同的业务伙伴提供不同的报价。

③ 根据地理细分市场报价，如对本国市场和对欧美市场的报价不同。

④ 全球分销系统，如 Sabre、Galileo、Abacus、Amadeus 或 Worldspan 等。

（3）旅游产品可在不同的销售环境下有不同报价，例如：

① 工作日。

② 周末。

③ 圣诞节。

④ 特殊事件时期。

⑤ 旅游淡季。

⑥ 旅游旺季。

在电子商务预订系统中，面向不同对象的报价是通过浏览权限来实现的。一般浏览者在网站上看到公开的散客价格，同业买家必须通过账户和密码登录网站，待登录被准许后，才能看到针对他的特殊报价和订购界面。这样，度假区内的旅游企业可以让众多的买家获知信息，但买家相互之间并不了解每个买家知道哪些信息。

利用同样的原理，度假区内的旅游企业还可以给予不同的客户购买旅游产品的优先权。例如，在旅游旺季时，旅游饭店在对公众的产品目录中标注为“客房已满”，而在面向特定旅游代理商的界面上标注为“仍有剩余客房”，旅游饭店就可以实现对特定合作伙伴的优先供应。

3）完善的旅游促销支持功能

中心海岸旅游度假区的电子商务预订系统设计了支持旅游产品促销的多种功能，这些功能可使度假区的网上销售和促销更加灵活和具有吸引力。

（1）促销折扣旅游产品。

在中心海岸旅游度假区网站的首页，有一个专门展示折扣促销旅游产品的区域，称为“产品热卖区”。是否对产品打折销售由旅游企业自行决定。在旅游企业的产品管理界面上，企业人员可方便地对某种产品调整价格，将其设定为“热卖商品”。激活这个选项后，该产品将自动出现在度假区网站首页的“产品热卖区”中。旅游企业常对一定时期内预订量较小的旅游产品进行这种方式的促销。

（2）供游客在网上自行设计“优惠产品组合”。

例如，度假区可设计一项组合产品，其中含有诱人的低价客房，而顾客必须在购买豪华正餐、温泉按摩和香槟早餐中至少选择其一，这三项皆为度假地的高盈利项目。旅游者可通过简单的网上操作设计符合喜好的“优惠产品组合”并进行预订。

（3）提供有限制条件的优惠价格。

经营者可提出对应于优惠价格的限制条件，如在新年假日里至少停留3天、周末至少停留2天等；也可以要求顾客在某特定日期入住并有最短停留约束，如“星期天入住，最少停留5夜”。

3. 预订系统的建设和推广

该系统由一家专业的旅游电子商务服务商 World.net 建设，它是一家全球知名的具有旅游行业专业经验的服务商。系统建成后，World.net 还负责系统的维护、升级和对应用这套系统的旅游企业的培训。

这个基于互联网的电子商务预订系统，外在的表现形式是一个网站。为提升网站的知名度和访问率，中心海岸旅游度假区管理委员会通过各种形式推广网站，包括在搜索引擎上注册、与门户网站建立链接，还通过大量的出版物、商业卡和热线电话中心推荐网站、宣传度假区的网上形象。

预订系统的运行也需要度假区内各旅游企业的积极参与。一开始时，度假区管理委员会强制性地要求度假区内所有旅游企业通过预订系统发布产品信息，而约有15%的企业不愿意应用该系统。度假区管理委员会为各旅游企业提供培训和额外的鼓励，并在12个月内使各旅游企业都接受了这一系统。从根本上说，旅游企业接受这一系统的真正动力来源于系统能否带来预订量的增加和交易效率的提高。目前，这一点正在变为现实。

访问该网站的人数在持续增加。2000年的6月和7月，度假区网站的点击率达到了150000次，平均每天的访问量达2500次。在到度假区的旅游者中，5%～10%的人事先访问过该网站。在线预订量虽然较小，但 2000 年已比上一年增长了 37%。总的来说，这一网站的推广程度和带来的效益尚未达到能收回投资的水平，但电子商务预订系统设计的完善性和先进行仍是被同行一致推崇的。2000 年，澳大利亚工业技术和资源部在国家网上旅游策略报告中，将中心海岸旅游度假区电子商务预订系统赞誉为“网上旅游业的最佳实践”。

案例分析题：

（1）中心海岸旅游度假区的电子商务预订系统具备什么样的特色功能？

（2）中心海岸旅游度假区的电子商务预订系统怎样进行报价？

本章小结

旅游电子商务的涉及面十分广阔，功能十分复杂，将旅游电子商务看成一个包含所有旅游相关内容在内的系统，就能够突出旅游电子商务中多方的构成关系，理解各方特点，掌握旅游电子商务体系的内容。旅游电子商务体系在旅游营销机构、旅游企业和旅游者之间搭建了网状沟通平台。在旅游电子商务的每一个节点之间，旅游电子商务体系发挥着信息流、资金流、物流等服务功能，通过增加便利性和效率为它们带来利益。本章从内涵、构成、特点、功能、盈利模式和交易模式等方面阐述了旅游电子商务体系，由此形成对旅游电子商务体系的一个认识性框架。

复习思考题

（1）怎样理解旅游电子商务体系？

（2）简述旅游电子商务体系的特点。

（3）简述旅游电子商务体系的功能。

（4）试述旅游电子商务的盈利模式。

（5）试述旅游电子商务的几种交易模式。

（6）举例说明旅游电子商务的盈利模式。

（7）旅游信息资源在旅游业中有什么重要意义？

（8）旅游电子商务的信息媒介形式有几种？

（9）旅游电子商务的信息流的功能特点是什么？

（10）旅游信息化组织具备什么职能？

讨 论 题

（1）举例说明电子商务与旅游活动的关系。

（2）举例说明旅游电子商务与旅游业的关系。

（3）举例说明专业的旅游电子商务平台运营商能提供什么样的专业服务。
（4）旅游目的地营销机构能承担哪些职能？
（5）列举出主要的旅游信息化组织的名称。
（6）怎样理解电子商务规范的作用？

网络实践题

（1）说出你认为预订系统做得很成功的酒店，并说明理由。
（2）浏览一份杂志中的广告，记录携程网被提及的次数、背景及比例。
（3）在两个网站注册，查看你是否收到邮件。确认这些站点与你建立联系的方式。
（4）登录当当网站，观察该网站使用了多少种方法来使与客户的沟通个性化。

第 7 章　电子商务与旅游市场

【本章导读】

网络作为新的旅游信息平台，为旅游市场的发展提供了新的契机。电子商务的发展影响到旅游市场结构，也影响到旅游消费。它改变了人们传统的旅游消费模式，影响着消费者的旅游需求和行为。为适应环境的变化，旅游企业必须整合资源，运用新技术、新的管理理念和新的运作方式，才能持续发展。

【学习目标】

- 了解电子商务环境下的市场结构。
- 了解电子商务对旅游消费的影响。
- 理解旅游服务供应链。
- 掌握旅游产品与服务的网络营销。

7.1　旅游市场结构

这里所指的旅游市场结构，是指不同类别的旅游企业在各个市场区域和旅游产品流通环节中所扮演的角色、发挥的职能及其相互之间的关系。由于经济体制环境的不同和旅游发展阶段的差异，旅游业的现存市场结构也会存在一定的差异。在旅游业发展的过程中，市场结构又是不断变化的。

从垂直分工体系的角度划分旅游市场，旅游市场由旅游者、旅游中间商和旅游供应商三层结构组成，如图 7-1 所示。这种分工是在市场经济体制下依据旅游者的消费流程自然形成的。

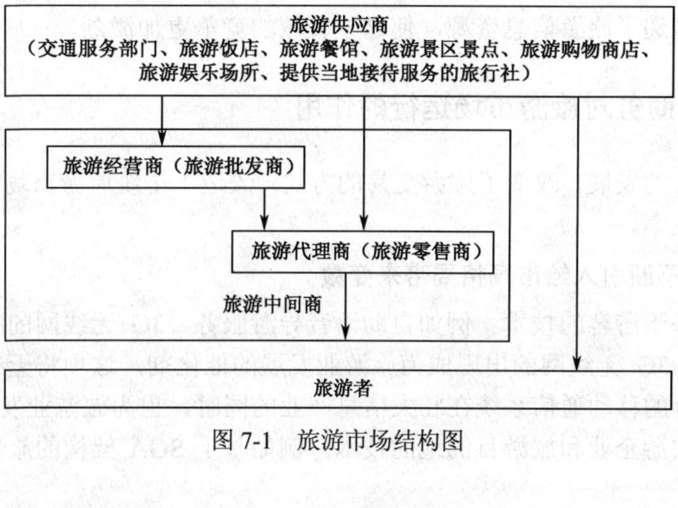

图 7-1　旅游市场结构图

7.1.1 旅游供应商

旅游供应商是各种具体旅游服务的提供者，包括旅游交通服务部门、旅游饭店、旅游餐馆、旅游景区景点、旅游购物商店、旅游娱乐场所和提供当地接待服务的旅行社。旅游活动涉及“吃、住、行、游、购、娱”六个方面的产业，旅游业是一个综合性的产业，这从旅游供应商的多元性上能充分地体现出来。旅游者旅游活动的完成，需要不同地区、类型众多的旅游产品供应商提供服务，并与它们发生各种经济关系。

7.1.2 旅游中间商

旅游中间商则在旅游供应商和旅游者之间起中介作用。在供应商组成复杂并且以旅游者跨地域流动为特点的旅游业中，旅游中间商体现了沟通供需的重要功能。旅游中间商又分为旅游经营商（旅游批发商）和旅游代理商（旅游零售商），这是按照垂直分工原则对旅游中间商的再一次划分。旅游经营商是指以组合及批发包价旅游产品为主要业务、兼营旅游产品零售业务的旅行社。旅游经营商通过对旅游者旅游需求、爱好、消费水平的调查，预测旅游市场及旅游产品需求的发展趋势，设计满足市场需求的产品组合，并通过旅游代理商在旅游市场销售。旅游代理商是旅游经营商与旅游者之间联系的纽带。其主要业务是向旅游者提供旅游咨询，销售旅游经营商组合的旅游产品。

7.1.3 旅游者

旅游者是旅游的构成主体，是旅游三大要素的基本要素，没有旅游者，旅游活动就无法实现。旅游者的类型可以分为消遣型旅游者、差旅型旅游者和家庭及个人事务型旅游者。

7.2 电子商务对旅游市场运行的作用与影响

旅游电子商务的兴起是全球经济信息一体化的必然趋势，为旅游业带来一场真正的变革。从根本上改变了旅游业原有的运作模式，提高了旅游服务产品的交易效率，降低了交易过程中的成本，传递了旅游信息资源，使这一领域的竞争更加激烈。

7.2.1 电子商务对旅游市场运行的作用

旅游电子商务的发展，改变了旅游交易的方式，改造了传统旅游市场的运作方式，提升了旅游市场运行效率。

1．新技术的不断引入给市场格局带来变数

（1）直接服务于游客的技术。例如自助语音导游服务、3G 无线网的应用服务，都给旅游业带来新契机。3G 无线网的出现成为旅游业发展的催化剂，这项将无线通信与国际互联网等多媒体相结合的移动通信系统在壮大信息产业的同时，也为旅游业发展带来新契机。

（2）服务于旅游企业和旅游目的地的技术。例如基于 SOA 架构的旅游网站和旅游信息管理系统、基于 SaaS（Software-as-a-Service）的旅游企业信息系统，这些技术的运用为企业（目的地）优化业务流程、提高业务效率，进而更好地为游客服务，为旅游企业规模不断扩大奠定了一定的基础，客观上加剧了旅游企业（旅游目的地）之间的竞争。

2．新的应用将引领旅游电子商务的深度发展

（1）移动商务引领旅游电子商务发展的新趋向。随着各种移动终端的普及、移动通信网络的完善、移动服务提供商的增多，移动商务将成为一个新的切入点，结合智能网络技术，真正实现以人为中心的旅游电子商务应用。移动支付、短信息服务、全球定位系统等移动商务技术的全面应用将给旅游业乃至旅游电子商务带来一场新的旅游革命。顾客无论在何时何地，通过移动电话等终端就能完成对企业或对个人的安全的资金支付，移动商务可以随时随地将顾客、旅游中间商和旅游服务企业联系在一起，预订的结果、航班的延迟等信息皆可随时通知旅游者。移动电子商务技术的应用将使旅游电子商务服务功能更加完善，应用更加普及。

（2）Web 2.0 应用。我国旅游网络的建设在网络技术、配套设施、人员素质以及网站有效性和技术功能等方面存在很大差距：缺乏能满足不同需求层次的动态信息整合；难以完成个性化的定制服务；旅游产品重复、单一、缺乏创新和无针对性等弱点成为制约我国旅游网站发展的瓶颈。Web 2.0 网站以其独特的优势迅速崛起，成为未来旅游网站发展的方向：网站信息提供方式不再采用由网站编辑提供，而是让用户变成网站信息的提供者和使用者；直接获取用户的需求和习惯，征求用户的意见，加强用户的互动，用户在网站上的时间越长，参与的程度越高，用户就越不易流失。

3．新的整合将推进旅游电子商务体系的演进

国内的旅游电子商务还处于发展初期，具有“中国特色”的旅游电子商务体系和业务模式逐步在一些企业获得成功。从国外发展的经验看，随着企业的发展壮大，规模扩张与效益最大化的矛盾也会逐渐显现，这时就会出现行业内部的并购与整合，产生若干个拥有资金和资源优势的大型企业。

未来，信息技术的支撑可更好地为旅游企业整合奠定良好的基础。旅游电子商务行业内将形成覆盖范围广、成本低廉的旅游业通信交流平台，使旅游企业之间增进交流与合作，为游客创造一体化的旅游服务感受；来自众多旅游企业的动态旅游产品信息将更多地通过大型旅游电子商务平台、GDS、CRS 等系统汇聚、共享、传播，企业建网形成“信息孤岛”（相互之间在功能上不关联互助、信息不共享互换以及信息与业务流程和应用相互脱节的计算机应用系统）的不成熟模式将得到改观；旅游分销渠道将更加多样化，会有众多的非旅游机构成为旅游产品的分销渠道。

7.2.2　电子商务对旅游市场运行的影响

电子商务环境对旅游市场的运行产生了积极的影响，主要体现在交易效率提高、交易机会增多、内部竞争加剧等几个方面。

1．提高了市场交易的效率

（1）电子商务提高了信息流的效率。市场交易双方信息的快速传递对缩短商务周期有显著的作用，电子商务使旅游企业获取、传递、分析和管理市场信息更加方便，提高了企业的市场反应速度。

（2）电子商务促进了信息流对资金流和物流的替代效应，提高了市场交易效率。对于资金流来说，网上金融业的发展可通过数字化技术实现网上支付，不但可以大大节约资金在途中占用的时间，而且数字化资金是对传统实物货币的一种替代，可大大减少对实物货币的需求。对于实物来说，旅游业本身的实物流不多，而旅游电子商务创造的一系列物流替代解决方案，如电子客票、电子票据的推行，使旅游者能更方便地完成购票，也方便了旅游企业和旅游代理商等的运作。

（3）电子商务的信息通达性在提高旅游市场效率方面起到了显著的作用。旅游市场是一个分散多元的市场，在这样一个庞大的、错综复杂的关系网中，买卖双方之间会产生以下问题：一是信息沟通不畅必然造成生产和需求的不对称，出现商品短缺或者过剩的局面；二是由于一个卖家对应的买家有限，众多买家和卖家选择余地有限，造成买卖竞价不充分，既影响交易效率又不能营造一个公平的市场环境。电子商务的出现，使信息在旅游中实现实时畅达、广域连通，市场参与者更多地发掘潜在的合作和竞争机会，促进旅游市场流通，提高市场效率。

2. 电子商务增加了旅游市场的交易机会

（1）电子商务突破了传统商务交易的时空限制。互联网代表了一个开放性的大市场，企业利用网络可以突破时间、地理位置限制，旅游企业只需要将旅游目的地信息和旅游产品信息搬上网站，做好搜索引擎注册和网站推广，就能达到较好的宣传效果。

（2）电子商务为旅游业创造了新的市场空间。旅游电子商务创造的虚拟市场空间，集中体现在旅游电子商务平台或网上旅游交易市场上。由网络服务商建设的旅游电子商务平台，将售前信息发布、订购、支付，售后服务等多种商务功能集成于一个互联网站上，节省了传统旅游销售和分销的人财物力等，促进了买卖双方共建“双赢”的价值体系。

（3）电子商务增加了旅游企业的市场机会。旅游企业利用网络可以吸引新顾客，进一步细分和深化市场，同时实现与旅游者的交互式沟通。旅游者可以根据自身需要对旅游企业提出新的需求和服务需求，旅游企业可以及时根据自身情况针对旅游者需求设计新的旅游线路或提供个性化服务，这种旅游经营方式的改进也为旅游企业创造了更多的市场机会。

3. 电子商务加剧了旅游市场的内部竞争

（1）电子商务的透明度和比价特性加剧了旅游市场竞争。在传统旅游经营中，旅游者信息的不完备和不对称往往是旅游中间商盈利的基础。在电子商务环境下，各种旅游产品和价格信息在网上随手可得，千篇一律、缺乏特色的旅游产品将无法显现竞争优势，这迫使旅游经营者不得不从营造特殊优势、提供附加值方面考虑。

（2）电子商务降低了旅游市场的准入条件，使旅游企业可以以相近的成本进入全球电子化市场，中小企业也有可能拥有和大企业一样的信息资源，提高了中小旅游企业，特别是特色型中小旅游企业的竞争能力。这是因为在电子商务时代，客户在交易中的地位从被动变为主动；而在交易过程中，客户比较的不是企业的规模和办公环境，而是企业的产品、价格、特色等是否合适，以及企业的服务理念怎样。因此，在网络中无论是中小旅游企业还是大型旅游企业，都在相对公开、公平的竞争环境中进行，这样就加剧了市场竞争，迫使传统的大型旅游企业反思自己的竞争地位和竞争优势。

旅游电子商务对改造传统旅游市场的运作方式、提升旅游市场效率具有重要意义。它增加了旅游交易的机会，降低了旅游交易的成本，并且打破了中小旅游企业走向国际市场的壁垒，这些对于旅游市场的发展和成熟有着深远的重要意义。

7.3　电子商务对旅游消费的影响

世界旅游组织将旅游消费定义为“由旅游单位（游客）使用或为他们而生产的产品和服务的价值”。旅游消费是旅游者通过购买旅游产品来满足个人发展和享受需要的行为和活动，它是由旅游者休闲、度假、游览、观光等旅游欲望推动的一种经济行为。旅游消费是社会经济发展的产物。随着经济的发展、信息技术的快速发展、环境的变化，使旅游消费的特点在不断发生着变化。网络消费者的行为过程，成为电子商务环境下的旅游消费过程。

7.3.1　电子商务改变传统消费方式

电子商务的出现改变了消费者传统的消费模式。网上购物越来越成为大众消费方式之一，网络市场已经形成。国内互联网信息产业自 1997 年进入快速增长时期，国内网民人数每年至少要翻两番。到 2011 年年底，中国网民规模达到 5.13 亿人，互联网普及率攀升至 38.3%，中国电子商务市场交易额达 2.95 万亿元①。网络购物用户规模达到 1.94 亿人，使用率提升至 37.8%，如图 7-2 所示。2011 年，品牌企业和平台商城（B2C）已经成为市场的绝对主体，传统制造商和渠道商占网购市场的份额逐渐增大，网购交易促进的衍生企业繁荣发展，在线交易的商品和服务类型更加丰富，带动了用户网络购物频次和金额的显著提升②。

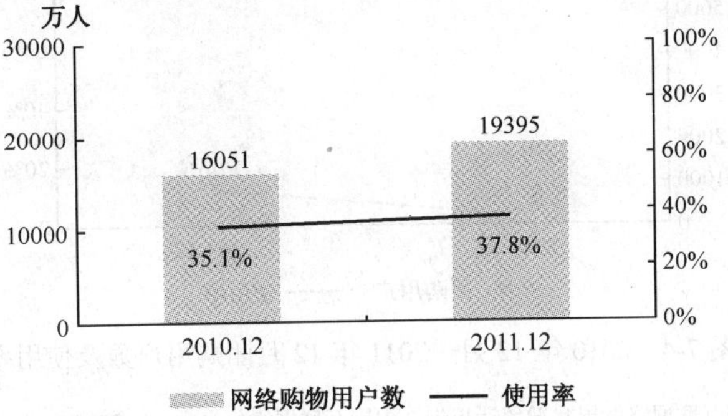

图 7-2　2010 年 12 月—2011 年 12 月网络购物用户数及使用率

资料来源：第 29 次中国互联网络发展状况统计报告，中国互联网络信息中心，2012.1.

2011 年，随着我国人均 GDP 越过 3000 美元关键点，居民的消费结构在升级，旅游市场发展面临良好机遇。旅游消费需求被激发，休闲旅游观念得到加强。但是，由于我国的线下旅行预订服务较为完善，在线旅行预订认知度相对较低，用户自主使用旅行预订的动力不强，导致旅行预订服务的用户相对较为固定，用户新增较慢。到 2012 年 12 月底，我国旅行预订用户规模达到 4207 万人，用户数比 2010 年增长 16.5%③如图 7-3 所示。

① 数据来源：第 29 次中国互联网络发展状况统计报告，中国互联网络信息中心，2012 年 1 月。
② 数据来源：同上。
③ 数据来源：同上。

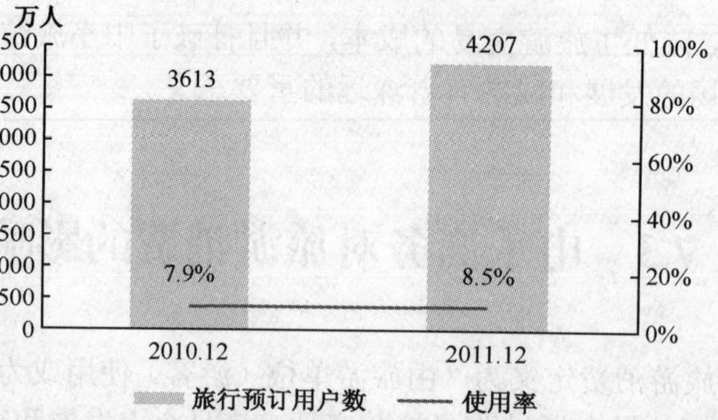

图 7-3　2010 年 12 月—2011 年 12 月旅行预订用户数及使用率

资料来源：第 29 次中国互联网络发展状况统计报告，中国互联网络信息中心，2012.1。

相比其他商务类应用，我国旅行预订的用户还相对高端，中低端用户旅行预订应用的渗透水平还较低。随着人们旅行出行需求频次的增加，尤其是休闲自助游的比例的提升，以及服务商对网民的宣传和引导，会更多地推动用户使用在线旅行预订服务。

2010 年，中国出现团购，服务网站数量增加迅速。2011 年，国内团购用户数量达到 6465 万人，使用率提升至 12.6%，比 2010 年上升 8.5 个百分点。团购用户年增长率高达 244.8%，成为全年增速第二快的网络服务①。如图 7-4 所示。团购模式迎合了网民对服务性商品的需求，填补了市场空白，网上团购将成为网民的生活常态。团购这一服务形式已经在主要的旅游代理网站、门户以及论坛普遍应用，有利于培育用户预订习惯，促进旅游消费日常化。

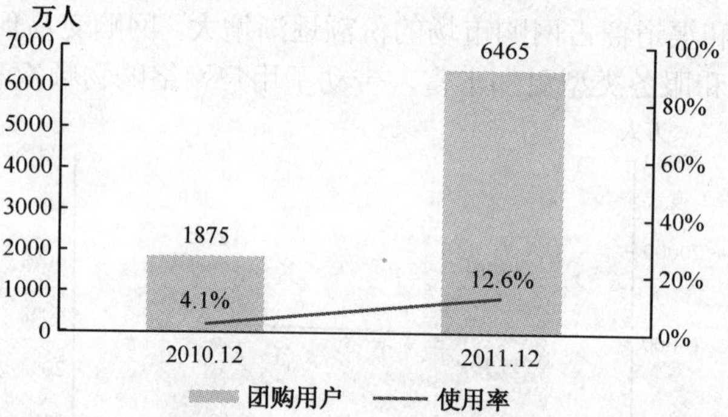

图 7-4　2010 年 12 月—2011 年 12 月团购用户数及使用率

资料来源：第 29 次中国互联网络发展状况统计报告，中国互联网络信息中心，2012.1。

随着电子商务的快速发展，作为电子商务重要支撑的网上支付服务也得到了较快的发展。各金融机构的积极参与、网上支付相关监管体系的完善将促进网上支付应用在网民中的进一步普及。2011 年，中国网上支付用户数从 2010 年年底的 1.37 亿人增至 2011 年的 1.67 亿人，用户增长 2957 万人，增长率为 21.6%②。如图 7-5 所示。

2011 年，中国人民银行向服务企业发放《支付业务许可证》，第三方支付行业地位得到充分认可，为支付企业赢得了较为广阔的市场发展空间。企业通过多样化的合作形式不断拓宽其服务领域，将支付服务覆盖扩大到更多类别的线下交易，带动了更多“边缘人群”向网

① 数据来源：第 29 次中国互联网络发展状况统计报告，中国互联网络信息中心，2012 年 1 月。
② 资料来源：第 29 次中国互联网络发展状况统计报告，中国互联网络信息中心，2012 年 1 月。

上支付用户的转化。同时，网络购物和团购的快速发展，也带动了网上支付用户的持续增长，尤其是团购的预付费方式和高频交易特点极大地带动了用户网上支付的使用。支付企业在手机支付的全面布局，也带动了手机在线支付用户的增长。2011 年，手机在线支付用户达到 3058 万人，占手机网民的 8.6%。

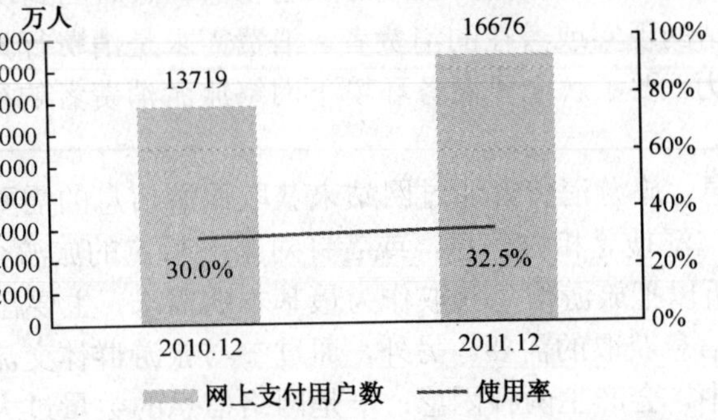

图 7-5　2010 年 12 月—2011 年 12 月网上支付用户数及使用率

资料来源：第 29 次中国互联网络发展状况统计报告，中国互联网络信息中心，2012.1.

中国互联网信息中心发布的第 29 次中国互联网络发展状况统计报告中显示：手机在线支付、网上银行、网络购物、旅行预订、团购等消费行为中，个别行为比重很小，但总和比重却达到 30.3%，已经影响和改变着传统的消费方式，如图 7-6 所示。

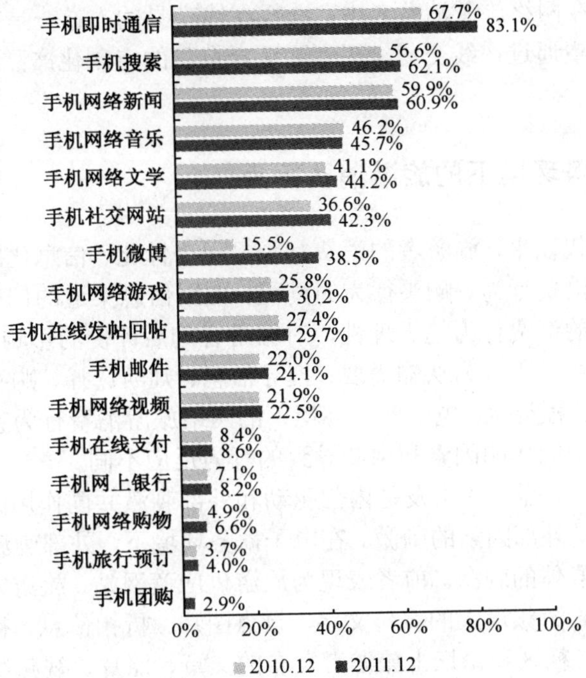

图 7-6　手机网民网络应用

资料来源：第 29 次中国互联网络发展状况统计报告，中国互联网络信息中心，2012 年 1 月。

基于上述分析，电子商务环境下网络消费者的需求和购买行为都产生了较大的变化，消费者受营销和环境的刺激产生需求，直至最终作出购买决策的整个过程。

7.3.2　电子商务与旅游消费需求

网络旅游消费者是通过网络来搜寻旅游信息或者购买旅游产品的，他们可以在网上完成旅游购买决策的全过程，也可以只在网上搜寻旅游信息，然后回到现实环境中去购买旅游产品，他们都是旅游网站的现实或潜在的消费者。消费需求是消费行为的内在动因，消费动机是消费行为的直接动力。要了解电子商务环境下网络旅游消费者的行为，首先要了解网络旅游消费者的消费需求。

（1）获取旅游信息。旅游消费者通过网站来获取旅游信息的需要是基本需求，或者是为自己的一次出游计划广泛搜寻相关信息，或者针对某一特定的旅游企业，搜寻详细的产品、服务和价格信息。之所以把旅游信息获取作为最基本的需求，主要在于绝大多数的网络旅游消费者都会产生旅游信息获取的需要。另外，通过参与旅游群体交流，共享信息资源。旅游者在信息获取的过程中，会产生两种困惑：一是网络信息的数量过大，难以选择；二是对网络信息的可信度的质疑。最佳解决方法，就是通过网络平台沟通。

（2）交往需求。除了信息获取和交流之外，部分网络旅游消费者会通过社区、论坛等虚拟空间，构成旅游社会性网络。寻找“驴友”结伴出游、与旅游企业进行协商等社会交往的需要。

（3）个性需求。一些消费者希望通过网络来寻找个性化的旅游产品，另一些则是想展示自己的旅游经历，发表自己对旅游产品和服务的真实感受。

（4）交易需求。在网络旅游消费者中，选择在线交易的人：一是享受网络信息服务并从中获得乐趣；二是希望通过在线交易，买到更适合自己的定制化产品，价格更低、交易更便利、支付更安全。

7.3.3　电子商务环境下的旅游消费行为

自20世纪90年代以来，旅游者的消费行为呈现个性化、信息化的特点。信息技术对不同收入水平旅游者的消费行为、购买行为的过程、使用信息渠道的偏好程度、决策行为产生不同的影响。旅游者的消费行为趋于理性，对旅游者购后评价的影响宽度和深度发生变化。

传统的消费者购买过程分为认知需要、搜寻信息、判断选择、购买决策和购后评价五个阶段。与传统的购买过程类似，电子商务环境下的网络旅游消费行为也要经过一系列的阶段来完成，但每个阶段中的影响因素和由此导致的行为反应不同。

（1）认知需要阶段。需要的引发是内部驱动和外部刺激共同作用的结果，即一方面有旅游的愿望，另一方面受外部因素的刺激。在电子商务环境下，外部刺激主要来自旅游网站的营销刺激和社会参照群体的刺激。前者表现为旅游供应商网站、旅游中间商网站、旅游目的地网站以及门户网站旅游频道上的宣传文字、景点图片、折扣信息、视频短片等；后者表现为微博、博客、播客、社区和论坛上旅游者发布的文章、照片、视频和音频文件等。网络旅游消费者依托微博、博客、播客、社区、论坛等虚拟空间构成旅游社会性网络。

（2）搜寻信息阶段。由于旅游产品的特质，旅游者在消费前很难对产品和服务的质量作出全面的判断，在购买旅游产品之前将会感知到较高的风险，由此产生更多的信息需求。在电子商务环境下，网络旅游消费者获取信息的主要外部渠道是通过旅游搜索引擎，发现有价值的旅游企业网站、目的地营销网站等，通过标签、RSS来快速地浏览最新的旅游资讯。另外，旅游消费者不仅在网上收集商家信息、产品信息和服务信息，而且会通过博客、播客、社区等平台去了解其他旅游者的计划或体验，从中发现更加可靠的信息。

（3）判断选择阶段。在获取一定数量和质量的旅游信息后，网络旅游消费者会对这些信息进行处理，形成购买意图。在电子商务环境下，网络旅游消费者的信息处理过程将主动或被动地受到旅游社区、旅游论坛、个人或企业博客、播客中其他网络旅游消费者及旅游经营者的影响，逐步修正自己的信息处理方式和信息处理结果。在产品的判断选择过程中，其他人的旅游体验信息和个性化推荐系统对网络旅游消费者的影响力更大。

（4）购买决策阶段。在购买意图产生后，将形成购买决策。网络旅游消费者需要决策的问题除了是否出游、选择哪个旅游目的地、选择单项旅游产品还是组团旅游产品、选择哪些旅游服务供应商之外，还要对购买方式做决策，如是在线预订还是网下预订，是在线支付还是网下支付，等等。在电子商务环境下，网络旅游消费者产品购买决策既受到现实环境中经济状况、闲暇时间等因素影响，也受到虚拟的旅游社会性网络中其他的旅游消费体验和服务质量评价的影响。网络旅游消费者对购买方式的决策，更多取决于消费者对网络信息服务质量的感知。网站提供的信息和服务不仅要具有实用功能，还要满足消费者的情感、社交等的需要，最终刺激购买决策。

（5）购后评价阶段。在购买和消费产品之后，消费者会衡量产品和服务是否达到预期，并反馈评价结果。在电子商务环境下，网络旅游消费者的购后评价主要通过旅游网站上的博客、播客、社区、论坛来传播，这些反馈信息最终通过搜索引擎的映射链接，被其他网络旅游消费者搜索并作为其购买决策的参考信息。

显然，在电子商务环境下，旅游消费者的行为特征发生了许多变化，如更多地受到网络环境因素刺激；信息搜寻路径发生变化，通过搜索引擎、标签、网站等，信息获取量更大；更关注体验信息和个性化的信息源；购后评价对其他网络旅游消费者的影响范围更广，影响程度更高。

7.4　电子商务与旅游服务供应链

旅游服务是一个广义的概念，不仅指旅游者到达旅游目的地后，旅游企业依托旅游资源、旅游设施向旅游者提供旅游产品和劳务，满足旅游者需求的一系列活动，事实上还包括为旅游者决策阶段提供信息和咨询、为旅游者提供便利的购买方式以及向已旅行的旅游者进行的意见征询和再联络。例如在行前服务阶段，通过互联网为旅游者提供行程建议或线路设计，或者从 CRS、GDS、互联网或内部网上查询车次、航班、饭店房价等以便答复旅游者。

7.4.1　旅游服务供应链管理

服务供应链，是以服务为主导的集成供应链。当下游客户向服务集成商提出服务请求后，服务集成商立刻响应客户请求，向客户提供系统集成化的服务，并且在需要的时候分解客户的服务请求，向其他服务提供者进行外包部分服务性活动。这样从客户的服务请求出发，通过处于不同阶段的服务提供商对客户的请求逐级分解，由不同的服务提供商彼此合作，构成一种供应关系，同时，服务集成商承担各种服务要素、环节的整合和全程管理，这称为服务供应链[①]。

旅游者为满足在旅行生活中的食、住、行、娱、购、游方面的需求而引发了对旅游产品的消费。旅游产品的质量取决于旅游者对组合产品的整体期望与感知之间的差别，由此决定了旅游者的满意度，也决定了旅游服务的成功与否。旅游业内这种相关企业以旅行社为核心，连接成一个服务于旅行者的服务系统。这种对旅行者的、以旅行社安排的旅游活动顺序为依据的旅游服务系统，实际上就是一条服务于旅行者的服务供应链。张英姿（2005 年）认为，旅游服务组合产品实际上是一条由一个分工协作的系统提供给旅游者的服务供应链。供应链管理的理念与旅游服务系统的特征相形相应。所以，旅游服务供应链管理的三个基本要素依然是质量、成本和时间。

7.4.2 电子商务与旅游服务供应链管理

旅游是一个活动过程，它贯穿于主体（旅游者）、中介体（旅游经营企业）和客体（景区或景点）之间，表现为客流（旅游者出行路线及安排）、信息流（旅游开发规划、市场营销）与物流（物质的供应与流通）的统一。

1．旅游者

旅游者是旅游服务供应链的主体部分，旅游服务供应链的目的就是要满足顾客的多样化需求，同时又使供应链上的各个企业达到利润最大化。旅游服务业是一种基于需求的行业，尤其是对信息的需求强度高，它们提供的是无形的服务而非有形产品，特别强调顾客服务与信息传递的关系。对旅游服务业来说，最重要的是将大量的专业知识和经验以信息流的方式对顾客进行传达或服务，从本质上与电子商务的精神是相通的。电子商务的本质是效率、协同、敏捷、快速，不仅有助于旅游服务业有效地提高效率，提高客户的满意度和忠诚度，通过电子商务方式还可以进行及时、丰富的信息交流与沟通，而且地域分散的资源非常适合通过互联网进行集聚和共享。

2．供应链核心企业

旅行社是旅游服务供应链的核心组成部分，起着协调相关旅游服务企业的作用。旅游供应链中核心企业的发展趋势具有显著的需求导向性，距离消费者越近的企业越具有成为核心企业的优势。核心企业是旅游供应链中对人员流、信息流、物流、资金流具有较强协调能力和控制能力的企业。目前，国内专业旅游网站、旅行社成为核心企业的条件相对较为成熟，其他大型旅游景点（区）、旅游饭店企业、旅游交通企业等随着自身业务能力的扩充也将有机会，但目前还难以成为核心企业。大多数中小规模的旅游企业在短期内不可能具备核心企业所需要的协调和控制能力，成为核心企业的可能性较小。电子商务时代，我国专业旅游网站、旅行社以外的其他旅游企业，要想成为核心企业的途径就是转换供应链，建设网络平台，进行产品直销。衡量的标准是，能否独立支撑电子商务直销平台，通过同心多元化的内部核心能力扩张、代理销售其他企业产品成为生产商和中间商、业务外包的多元化产品虚拟生产。其中，业务外包的产品多元化是指在大型旅游企业发展到一定阶段后，外包自己的旅游产品生产业务，转而依托自己具备的突出优势——信息流、物流、客户关系等转型成为专业的旅游中间商。

① 张英姿．初探旅游服务供应链管理．雁北师范学院学报，2005（2）：22-23。

3. 旅游中间商

旅游中间商具有集中采购的价格优势，同时能够减少生产商和旅游者的交易成本。在电子商务环境下，无论直接的在线旅游服务商，还是旅行社等传统中间商都要依托网络平台实现资金流和信息流，并高效率管理物流和人流。从旅游中间商来看，旅游电子商务发展大大提高了旅游供应链信息流的速度和质量，也能够实现资金流安全、即时完成。从旅游者的角度来看，旅游电子商务增强了其购买的便利性，扩充了其与生产商的沟通渠道，从而能够实现更高的顾客让渡价值。具体来说，在旅游电子商务时代，旅游中间商供应链的新变化主要有：中间商以电子商务平台为业务平台开展虚拟运作；信息流和资金流将依托电子商务平台直接完成；生产商与中间商之间价值增值能力、中间商与旅游者之间价值让渡能力将显著提高。

7.5 旅游产品与服务的网络营销

旅游电子商务极大地扩张了旅游产品和服务消费需求，也改变了旅游业的运作方式。现代信息技术及旅游电子商务代表了目前旅游发展的一个主要方向，以互联网技术为支撑的旅游市场营销已经成为现代旅游业参与国际国内竞争的关键技术和手段。传统的旅游营销面临着信息化的变革，面临着如何运用信息技术来收集信息、沟通市场、降低成本、改善服务，以此提高企业竞争力的问题。网络营销已经成为国内旅游企业增强竞争力的关键。

7.5.1 电子商务环境下旅游产品与服务的特点

旅游产品是指旅游经营者凭借旅游景点和旅游设施向旅游者提供的用以满足其旅游需求的全部产品和服务。旅游产品不是以物质形态表现出来的一个具体的劳动产品，而是以多种服务表现出来的无形产品，其特点主要体现在以下三个方面。

1. 在线旅游产品的载体是网站

网站是在线旅游产品的载体，是网民访问的门户，网站可以获取有关旅游产品的各种信息，产品内容是吸引网民的关键。为确保网民能够在短时间内捕捉到旅游产品的核心信息，网站内容必须准确、精炼，同时还要对产品的最新动态、企业重大活动、客户服务举措等信息进行及时更新和延伸扩展。网站作为企业和客户之间新的沟通渠道和沟通方式，具有以下功能。

（1）电子邮件链接，便于客户和网站管理者通过邮件联系。

（2）电子公告板，供客户在网上公开发表意见。

（3）网络社区，培养稳定的客户群。

（4）网上论坛，对感兴趣的问题进行探讨、评论。

（5）邮件列表，定期或不定期向不同的客户群体发送不同的信息。

（6）网上调查，了解市场需求和客户消费倾向的变化。

（7）网上呼叫服务，及时解答客户的问题和投诉。

（8）客户购物专区，存放每一个客户的购物信息，便于跟踪客户。

2. 在线旅游交易的途径是人机界面

人机界面（Human-Machine Interaction，HMI），指人和机器在信息交换和功能上接触或互相影响的平台和对话接口，用户使用机器系统的综合操作环境，是计算机系统的重要组成部分。在人机交互过程中，机器的各种显示都“作用”于人，实现人机信息传递；人通过视觉和听觉等感官接收来自机器的信息，经过大脑的加工、决策，然后作出反应，实现人机的信息传递和操作。

网络系统是最为常见的人机系统，它由网站、软件和人三者组成。按通常的理解，人与硬件、软件的交叉部分构成人机界面。人机界面介于人与网站之间，是人与网站之间传递、交换信息的媒介，是用户操作的环境。通过人机界面，用户向网站系统提供命令数据等输入信息，这些信息经网站处理后，又通过人机界面把反馈信息回送给用户。人机界面集中体现了网站输入输出功能，以及用户对系统的各个部件进行操作和控制功能，是人机交互的桥梁。

3. 个性化定制

信息时代，人类在充分体验信息、网络等高新技术带来的科技成果的同时，比以往更加注重人文关怀，强调人性回归，关注人的精神需求和个性得到充分满足。旅游需求作为满足人类高层次精神需求的特殊形式，其人性化、个性化发展趋势体现得更为明显。为此，作为满足个性化需求最佳方式的旅游定制营销，也将成为新时期旅游企业市场营销的必然选择。

在传统的大众旅游时期，旅游消费者的个性化需求受经济技术水平、旅游业发展水平和旅游消费者自身成熟程度的制约，而呈现隐性状态。旅游企业仅需要制作大批量、易于操作的旅游产品，提供统一的规范化服务，即可满足大多数旅游者的需求。互联网时代，旅游消费者不仅要求享受高质量的旅游产品和服务，而且要参与到旅游产品的设计制作和信息服务中，获得“我喜欢的”或“单独为我定制”的个性化产品与服务，从而使自身的个性化需求得到最大满足。体现了电子商务环境下旅游消费需求的发展趋势。

7.5.2 电子商务对旅游产品与服务网络营销的作用

随着电子商务的发展，旅游产品与服务的网络营销为旅游者提供了大量的旅游信息和虚拟旅游产品，网络多媒体给旅游产品提供了“身临其境”的展示机会。这种全新的旅游体验，扩大了旅游市场规模，缩短了旅游产品与服务分销的空间距离，减少了旅游产品与服务的销售环节，降低了成本。

1. 降低信息发布的成本

信息是网络营销的基本职能之一。网络营销的基本思想是，通过各种互联网手段，将企业营销信息以高效的手段向目标用户、合作伙伴、公众等群体传递。互联网为企业发布信息创造了优越的条件。一方面，它不仅可以将信息发布在企业网站上，利用各种网络营销工具和网络服务商的信息发布渠道向更大的范围传播信息。另一方面，互联网具有渠道、促销、电子交易、互动客户服务以及市场调查与分析等多种营销服务功能，在线预订、在线支付以及反馈市场信息可在瞬间完成，极大地降低了信息传递和获取信息的成本。与网络营销相比，广告、公共关系和人员促销等是传统的旅游市场营销方式。从接触成本和传递信息的丰富程度看，广告的成本花费最低，但信息的丰富程度也最低；人员促销的成本花费最高，但信息的丰富程度也最高；公共关系营销的成本花费、信息的丰富程度介于这两者之间。从营销成本看，国际互联网仅仅高于广告，但信息的丰富程度最高，如图 7-7 所示。旅游营销信息的发散程度和丰富程度也是决定旅游市场营销效果的重要因素。信息的发散能力越强，意味着信息传播的范围越广，受到此信息影响的受众也越多；旅游营销传递的信息越丰富，旅游营销受众对旅游目的地或旅游企业的认知也就越清晰，传播的形象也就越突出。从信息的发散程度来说，广告在 4 种传统营销方式中的发散能力最强，人员销售的发散能力最差，公共关系营销的发散能力介于两者之间，而具有全球传播特性的国际互联网的发散能力是其他 3 种传统营销方式所不能比拟的，如图 7-8 所示。

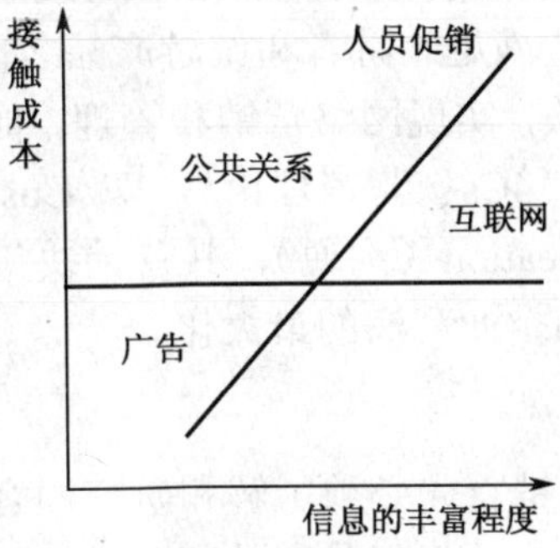

图 7-7　信息的丰富程度与成本

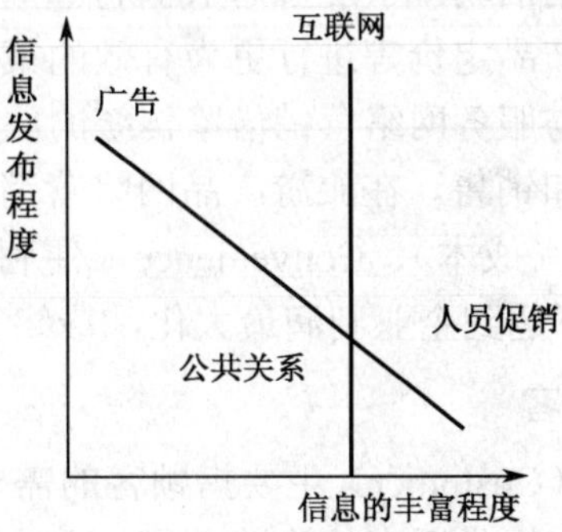

图 7-8　信息的发散与丰富程度

2．延伸旅游企业销售渠道

旅游营销渠道是与提供旅游产品相关的一系列相互依赖、相互联系的机构，它涉及信息流、资金流、商流、物流等多方面，是旅游产品从旅游企业向旅游者转移过程的具体通道。网上销售是旅游企业销售渠道在网上的延伸。一个具备网上交易功能的旅游网站本身就是一个网上交易场所。网上销售渠道建设并不限于网站本身，还包括建立在专业电子商务平台上的网上商店，以及与其他电子商务网站不同形式的战略合作等，不同规模的旅游企业可以拥有适合自己需要的在线销售渠道。网络渠道跨越时空限制，可以实现每天 24 小时、每年 365 天全天候覆盖全球市场，不受地域、国别、时间等的影响。不论旅游者身在何处，只要能上网，旅游营销者就能与之沟通。由于网络渠道相对简单，流通环节大大减少，降低了交易费用和销售成本，提高了营销活动的效率。流通环节较少，能直接向旅游者销售产品，价格低廉，吸引旅游者迅速购买，缩短了销售周期，提高旅游企业的竞争力。

3．提升旅游企业客户关系管理水平

客户关系对于开发客户的长期价值具有至关重要的作用。以客户关系为核心的营销方式成为企业创造和保持竞争优势的重要策略。电子商务为建立客户关系管理、提高客户满意度和客户忠诚度提供了更为有效的手段。通过网络营销的交互性和良好的客户服务手段，增进客户关系成为网络营销取得长期效果的必要条件。

电子商务系统提供了一种商家与客户进行交流的新方式，作为专门管理企业前台的客户关系管理系统，为企业提供了一个收集、分析和利用各种客户信息的系统，帮助企业充分利用其客户管理资源，也为企业在电子商务时代从容自如地面对客户提供了科学手段和方法。建立和维持客户关系是取得竞争优势的唯一且最重要的基础，能够提供客户资源及相关数据分析的客户关系管理系统（Customer Relationship Management，CRM）成为焦点。这是网络经济和电子商务对传统商业模式变革的直接结果。互联网提供了更加方便的在线客户服务手段，从形式最简单的 FAQ（常见问题解答），到电子邮件、邮件列表，以及在线论坛和各种即时信息服务等。在线客户服务具有成本低、效率高的优点，在提高客户服务水平方面具有重要作用，同时也直接影响到网络营销的效果。

7.5.3 旅游产品与服务网络营销的策略

旅游产品与服务网络营销是指根据旅游产品的特性和旅游者的需求，利用电子网络载体进行的营销活动；利用互联网的特点和基础服务，对旅游市场进行更有效的细分和目标定位，对分销、产品定价等进行更为有效的策划和实施，创造满足旅游者和旅游产品之间的交易。旅游产品与服务网络营销借鉴传统的旅游产品营销方法，实现网络营销和管理，促进旅游产品的推广和销售。在旅游产品网络营销过程中，遵循“4Cs”营销理论[①]，即 Customer（顾客）、Cost（成本）、Convenience（便利）和 Communication（沟通），其营销决策是在满足 4Cs 要求下达到企业利润最大化，最终实现顾客满足和企业利润的最大化。

1．顾客

顾客（Customer）主要指顾客的需求。旅游网络营销首先必须了解和研究顾客，根据顾客的需求来提供适当的旅游产品。同时，网络营销提供的不仅仅是产品和服务，更重要的是由此产生的顾客价值。针对顾客的网络营销的常见方法有3种。

（1）会员注册与管理。以会员注册与管理为中心的网络化客户关系管理是电子商务网络营销中普遍应用的营销方式，通过对掌握的顾客资料进行有针对性的设计产品和服务，使一对一营销成为可能，以此精确地掌握和锁定目标客户，有的放矢地宣传和推销产品，最大限度地实现了客户个性化营销。

网站通过注册会员形式拥有了大量潜在客户，这是传统手段所不能及的。对客户在注册时填写的信息资料，应进行详细、智能管理和处理，并及时更新，才能为进行有针对性和目的性的推广奠定基础，针对不同的会员提供不同的服务。个性化的旅游商务服务体现了以顾客为中心的服务理念。

（2）网络市场调查。网上调查是掌握游客需求的最理想方式。在传统的营销过程中，由于受制于人员、成本等诸因素，传统的顾客调查结果与真实情况有较大偏差，不能准确掌握顾客需求、市场动态，就可能产生错误的运营决策。与传统的调查方式相比，网上调查在组织实施、信息采集、信息处理、调查结果等方面具有明显的优势。

（3）旅游市场细分。每个旅游网站都有针对的目标客户群和目标客户市场。在传统的旅游产品营销过程中，由于信息的不对称，要实现精确地细分旅游市场，满足不同目标客户的需求是相当困难的。同时，在传统的营销活动中，实现旅游产品细分也会增加宣传和管理成本，利用互联网能够方便地实现旅游市场细分并极大降低成本。

2．成本

在“4Cs”营销理论中，成本（Cost）不仅指旅游企业的生产成本，还包括顾客的购买成本（回避成本、时间成本、体力和精力成本），同时也意味着产品定价的理想状态应该是低于顾客的心理价格且能让企业有所盈利。

（1）网上折扣。旅游者在网络上搜索旅游产品，最主要的目的就是寻找价格低廉的旅游产品。旅游网站在制定网上旅游产品的价格时要充分考虑到游客的想法，针对不同的服务、不同的产品采用不同的折扣定价策略。

---

① 资料来源：百度百科。

（2）积分促销。这种方式在网络上的应用比传统营销方式更简单、更易操作。网络营销积分活动很容易通过编程和数据库来实现，并且结果可信度高，操作相对简便。在注册成网站会员后，网站根据会员在网站的消费情况，转换成相应积分。积分促销是旅游电子商务网站采用最多的一种促销方式，利用计算机网络管理，做到针对每个会员积分的积累，可以增加旅客访问网站和参与活动的次数，以此提高网站的知名度，相应地增加宣传力度。

（3）精心的信息组织和表现。除了旅游产品和价格等优惠因素，旅游电子商务网站还应该降低游客获取产品信息的搜索成本，减少游客为掌握产品花费的经历和时间成本，使游客建立起对网站的良好印象。

旅游产品的表述涉及旅游信息的组织结果和表现形式，旅游者对产品的关注包括旅游景点、住宿节点、旅游时间、各种价格、行程安排等诸多内容，合理的旅游信息组织和发布就是让旅游者在打开尽可能少的页面的基础上清楚地了解产品。

多媒体技术为旅游产品的多样化、全方位展示提供了强大的支持，旅游景点的风光图片、旅游途中纪实图片等为游客了解旅游产品提供有形的网上体验。在高新技术的支持下，动画、视频、虚拟现实等形式广泛地运用到了旅游产品的展示中，增加了游客的虚拟旅游体验。

3．便利

便利（Convenience）就是为顾客提供最大的购物便利和使用便利，要更多地考虑顾客方便而不是企业自己方便。要通过更好的服务使顾客不仅购物愉快，同时享受其便利性。

（1）分类导航服务。游客通过网络寻找的旅游产品大部分集中在酒店、机票和旅游线路上，众多旅游网站在首页醒目位置上，按照客户的需求目标或旅游产品设置了众多栏目，方便游客查找自己关心的旅游信息。

（2）产品查询预订服务。网络营销的目的就是推销产品，为游客提供方便的用户体验是旅游电子商务网站建设的宗旨。在整个产品查询预订服务中，应始终遵循用户体验原则，提升游客在使用过程中的舒适感、易用感、友好度和吸引力，从而为旅游产品的销售开辟出快速服务通道。一方面，弥补了在传统旅游产品营销中费时费力、游客获取信息不全面的缺陷；另一方面，集合了网络各项服务的优势，实现了一站式服务，减少了游客受到干扰的机会。

4．沟通

沟通（Communication）指企业应该通过与顾客进行积极有效的双向沟通，建立基于共同利益的新型企业，增进与顾客的关系。这不再是企业单向的促销和劝导顾客，而是在双方的沟通中找到能同时实现各自目标的途径。

网络沟通是互联网的强项，旅游电子商务网站与游客可以通过即时通信工具、电子邮件、留言板、交流论坛等进行多方面沟通。

（1）旅游网站的联系热线和在线视频。旅游电子商务网站在醒目位置标注旅游企业的联系电话和在线视频，方便游客通过电话或者视频方式与旅游企业沟通。

（2）网上旅游咨询服务。旅游咨询服务在传统的旅游活动中就是一项重要服务，强调游客与旅游企业之间的信息交流是游客制订旅游计划的依据。游客对旅游产品的需求是多样的，在网站不能够找到满意答案时，游客希望通过某种快捷方式向网站或其他游客寻求咨询，以获得满意的答案。旅游电子商务网站为实现与游客之间的交互性，利用了各种网络通信工具，如 QQ、MSN 等与游客进行即时性的文字、语音或视频形式的沟通，让游客能够尽快获得满意的答复，增加了游客对网站和产品的信心。

本章案例

信息技术与旅游分销——以 Amadeus（艾玛迪斯）为例[①]

信息技术对旅游业的发展产生了极为深远的影响。这个案例分析的就是旅游行业的主要技术供应商 Amadeus 系统的发展以及给旅游业带来的深刻变化。Amadeus 是一个中立的全球分销系统，提供一系列的解决方案，帮助旅游业实现虚拟化。该系统建立于 1987 年，由法国航空公司、伊比利亚航空公司、汉莎航空公司、北欧航空公司和秘鲁的大陆航空公司共同投资兴建，于 1992 年 1 月正式开始运作。Amadeus 及其竞争对手 Galileo 在欧洲的出现是为了应对美国的 GRS 在 20 世纪 80 年代的发展和扩张。当时，大部分欧洲国家的航空公司都开发了自己的预订系统，并分别服务于各自国内市场，但随着欧洲空中交通的开放和与美国的航空公司之间的竞争日益激烈，迫切需要建立一个跨欧洲的机票分销系统直接与各旅行代理商连接。Amadeus 的宗旨是取代现有航空公司的预订系统，以先进的技术提供中立的分销系统。Amadeus 的经营目标还包括提高航空公司的预订效率，同时为旅客提供租车和预订饭店的综合性服务，建立一个全球系统，使各类旅游主体供应商和中介都在这个系统中互动。

目前，Amadeus 经营着世界上最大的电子市场之一，它支持旅游代理商和旅游服务供应商的营销和销售合作，以及世界上 200 多国家和地区的终极消费者用户。现在，100 多家航空公司和旅游服务商已使用 Amadeus 提供的技术满足企业内部管理电子化的要求。Amadeus 的核心业务已经得到拓展，它现在可以为各类旅游企业（包括航空公司、旅行代理商、饭店或租车公司）提供技术服务。

Amadeus 系统拥有 18.2 万个旅行代理商终端，分布于全世界 59200 个旅行代理网点和 8500 个机票销售点，这些终端可以预订 500 家航空公司的机票，占到世界上定期航班航空业务的 95%，此外，还可以预订 58500 家饭店的客房和 50 余家租车公司的租车业务，这些服务遍及 24900 个不同的地方，通过系统还可了解很多其他旅游服务供应商的信息并进行预订，如轮渡、火车、游船、保险公司和旅行社。

Amadeus 还拥有美国最大的休闲旅游营销网络之一：vacation.com。Amadeus 于 1999 年上市，当时，其 3 家创始人占有公司的 59.92%的股份：法航为 23.36%，伊比利亚为 18.28%，汉莎为 18.28%，其他股份公开上市发行。Amadeus 总部设在西班牙马德里，其数据中心设在德国的埃尔丁（慕尼黑附近），其发展办公室设在法国的索菲亚安蒂波利斯（尼斯附近）。Amadeus 在全球拥有国家市场营销（NMC）网络。e-Travel 是公司的电子商务商业单位，其主要经营活动在美国、欧洲和亚太地区。

旅行代理商仍然是系统的主要用户，但系统除了为旅游代理商服务外，还为市场上的各供应商提供技术解决方案。e-Travel 就是一个全球在线旅游技术供应商，它为航空公司、企业、旅行代理商及其他在线旅游企业提供电子商务解决方案。e-Travel 的客户遍布 90 余个国家，其中包括空中客车、戴姆勒·克莱斯勒、捷威、英格索兰、甲骨文和菲利普斯·莫利斯，以及法航、伊比利亚航空公司和快达航空公司等旅游供应商，Opoodo 之类在线旅

① 资料来源：杨路明等. 旅游电子商务. 北京：科学出版社，2010。

行代理商。

e-Travel 已成为一个重要的信息技术供应商和全球旅游行业电子商务支持者。Amadeus 不仅能帮助航空公司分销，而且可以便于机场售票处（ATO）和城市售票处（CTO）进行预订。Amadeus 不再满足于扮演传统的销售和预订应用服务供应商角色，而正在开发新的、更复杂的工具，如开发更多的航空公司其他战略系统的外包业务，特别是容量控制和离港管理业务。已有超过 100 家航空公司在应用这套系统，共安装了 80206 个 Amadeus 终端。系统还为超过 2100 家旅游代理商、173 家公司站点、18 家饭店站点和 39 家航空公司的 128 个网站提供了强大的预订引擎。此外，该公司还为很多合作伙伴提供了电子商务解决方案，包括 TerreLycos。Amadeus 的商务旅行管理解决方案使商务旅行者能在自己的台式终端机上直接进行旅行安排和预订。

案例分析题：

（1）互联网对旅游分销系统产生了怎样的影响？

（2）国内旅游企业如何利用信息技术提高自身市场竞争能力？

本章小结

电子商务作为一种新的经济形态，影响着不同行业领域的经济发展。旅游业更是与其息息相关。作为现代服务业的旅游行业，电子商务以其自身的特点，对传统的旅游市场作出了新的阐释。电子商务环境下的旅游消费行为有着明显的网络特征，新技术的出现，对旅游市场的运行产生着重要影响。以互联网为技术支撑的电子商务，改变着传统的旅游服务供应链，也改变着旅游产品与服务的营销，也成为现代旅游业参与市场竞争的关键技术和手段。传统的旅游营销面临着信息化的变革，运用信息技术来收集顾客信息、沟通市场、降低成本、改善服务，已成为国内旅游企业提高竞争力的关键。

复习思考题

（1）从垂直分工体系的角度考虑，旅游市场可划分为几个部分？

（2）电子商务是怎样影响旅游消费需求的？

（3）怎样理解旅游服务供应链管理？

（4）电子商务对旅游市场的运行会产生什么影响？

（5）电子商务对旅游市场的运行有什么作用？

（6）电子商务环境下的旅游消费行为有什么变化？

（7）旅游产品与服务的网络营销策略体现在哪些方面？

（8）电子商务环境下旅游产品与服务的特点有哪些？

（9）电子商务怎样影响旅游产品与服务网络营销？

（10）旅游产品与服务的网络营销策略有哪些？

讨 论 题

（1）以数据说明电子商务改变着传统的消费方式。
（2）画出电子商务环境下旅游消费行为过程图。
（3）传统旅游中间商的运营模式是什么？
（4）比较传统旅游中间商与电子商务环境下旅游中间商的差异。
（5）为某一旅游产品设计出你自己的网络营销策略。
（6）为什么电子商务环境下强调个性化定制？

网络实践题

（1）调查国内有多少家旅游企业采用了Amadeus的技术服务。
（2）对你身边做一个调查，了解网上预订带来的满意因素和不满意因素有哪些。
（3）你使用网上预订功能吗？说出你使用和不使用的理由。

第 8 章　电子商务对旅游产业的优化

【本章导读】

产业优化，是指国民经济的产业部门在发展和探索的过程中，在知识、技术、人才、环境等方面的推动下，向结构合理、协调运行、适应市场、提高综合竞争力的方向发展。

本章讲述了现代信息技术对旅游业的影响，电子商务与旅游业的结合在改善旅游产业发展环境、改变旅游产业和企业组织结构以及提高旅游竞争力方面的作用；分析了电子商务在推动旅游产业优化中的作用。本章重点阐释了电子商务影响旅游产业的现实趋势及发生这些影响的原因和机制。它也引导我们更清晰地思考和回答旅游业界广泛关注的一些热点论题。例如，在电子商务时代，旅游网站是否会取代传统旅行社？中小旅游企业将更平等地面对市场，还是更多地受到挑战？

【学习目标】

- 掌握电子商务的发展对旅游市场结构的影响。
- 掌握电子商务对旅游产业发展环境的影响。
- 理解电子商务如何影响旅游产业与旅游企业组织结构的变革。
- 理解旅游电子商务在目的地营销方面的作用。

8.1　电子商务对旅游市场结构的影响

电子商务的发展不仅便利了市场交易本身，而且正改变着市场交易的参与各方。诺贝尔经济学奖获得者库兹涅茨（1966 年）在其著作《现代经济增长：总产值和生产结构》中通过大量历史资料和实证分析指出，技术对经济的影响是通过影响技术结构、市场微观组织进而影响市场结构、产业结构这一路径发生的。

8.1.1　电子商务时代的旅游市场结构

根据上述的分析可以看到，电子商务的发展使传统的旅游中间商受到了一定程度的挑战，同时它促进了旅游中间商的信息化改造，提高了效率，还使市场上出现了以电子旅游中间商为代表的新型中间商。旅游市场结构呈现了更复杂的图景（如图 8-1 所示）。

不同的旅游市场渠道之间存在着竞争。直销渠道与中间商交易渠道之间的竞争，决定着旅游中间商继续存在和发展的空间；不同类型旅游间接分销渠道之间的竞争也决定着不同类型中间商之间的竞争关系，进而决定着旅游市场结构的变化。不同市场交易渠道产生的交易成本[①]之间的对比关系，是决定市场交易渠道之间竞争的结果，也是决定旅游市场结构的根本原因。总的来说，电子商务的开展导致了市场交易成本的降低，而在不同情况下，成本降低的程度有所不同。为说明电子商务发展对旅游市场结构的影响，不妨简单地假设市场交易主体有三类：供应商、中间商和旅游者。销售渠道有两条：一是从旅游供应商到旅游者的直接交易，其交易成本定义为 T_1；二是通过中间商与旅游者进行的间接交易，把旅游供应商与中间商之间的交易成本定义为 T_2，中间商与旅游者之间的交易成本定义为 T_3，显然，中间商存在的前提是 $T_1>T_2+T_3$，因为市场主体在追求利益最大化时只愿选择交易成本比较低的交易方式和渠道。要对比分析开展电子商务后旅游中间商存在的依据和前提，这里不妨将信息化后的三种交易费用对应定义为 T_1'、T_2'和 T_3'（如图 8-2 所示）。

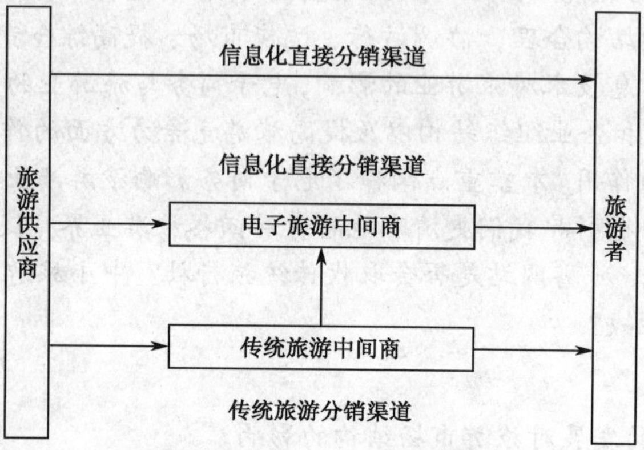

图 8-1 电子商务下的旅游市场结构

		信息化后	
		$T_1'<T_2'+T_3'$	$T_1'>T_2'+T_3'$
信息化前	$T_1<T_2+T_3$	（I）信息化旅游供应商直销市场	（III）新型电子旅游中间商
	$T_1>T_2+T_3$	（II）面临威胁的传统旅游中间商	（IV）信息化旅游中间商

图 8-2 电子商务与旅游市场结构演变

由图 8-2 可见，电子商务在旅游业中的运用可以促进（Ⅰ）信息化旅游供应商直销市场的发展，如旅游饭店直接向旅游者销售产品。同时，传统旅游中间商（如旅游批发商、旅游代理商和各类旅行社也在加紧应用网络技术手段，拓展其经营范围，提高效率，降低成本，改善服务，增强其竞争能力，转变为（Ⅳ）信息化的旅游中间商。对于第（Ⅲ）种情形，互联网信息平台的优越性促使基于网络的新型中间商代替旅游供应商与旅游者之间的直销方式，新型信息化旅游中间商——电子旅游中间商产生，成为旅游供应商与旅游者之间电子商务活动的中间媒介，减少供应商自行建设电子商务网站的投入并通过虚拟交易市场增加交易机会，提高交换效率。对于第（Ⅱ）种情况，通过传统旅游中间商进行交易虽然在信息化后降低了成本，但其总交易成本却高于直接交易的费用。这促使旅游供应商倾向于通过互联网进行直销，传统中间商的地位受到威胁。

① 在经济学中，交易成本是经济主体之间进行市场交易所伴随的成本，它通常包括五大类的成本——搜索成本、协商成本、契约成本、监督成本、违约成本。影响交易成本的主要因素是：市场中的信息不完备和信息不对称、交易频率、交易气氛、交易主体的能力和态度，如有限理性和机会主义。

例如，我国的航空公司每年运营的航班数量非常可观，而盈利却显得艰难，原因是以旅行社为主体的代理商过分压低了机票票价。在这种情况下，航空公司正努力发展通过自有网站销售机票的直接渠道。

由于旅游业的复杂多样性，以上的几种趋势在旅游业中是并存的。以上论述给了我们认识电子商务对旅游市场结构影响的分析框架。从而得出的结论是，互联网将使得旅游市场结构不是静态的，它将在交易成本的变化、不同渠道交易成本的对比和各种力量的此消彼长中演化和发展。旅游供应商直销的发展、传统旅游中间商的业务转型和信息化变革、新型电子旅游中间商共同组成了电子商务时代旅游市场结构的发展趋势。

总的来说，这种变革，将使旅游市场结构向低成本、高效率的方向发展，促进旅游市场和旅游产业的优化。

8.1.2 “直接经济”对传统旅游中间商的挑战

电子商务的发展，使旅游供应商能通过网络更便捷地与旅游者沟通。互联网时时更新着旅游产品信息，供应商与旅游者之间可直接交流，通信费用非常低廉。在这种情况下，旅游供应商开始考虑更多地通过网络直销手段向旅游者直接销售产品，旅游中间商的生存受到“直接经济”的挑战，但“直接经济”还不能完全发挥旅游中间商的作用。

1．传统旅游中间商的运作模式

传统旅游中间商包括旅游经营商（旅游批发商）和旅游代理商（旅游零售商）。旅游经营商通常专门从事包价旅游的组装，包价旅游的范围和内容各不相同，但它们最终都通过旅游分配系统与独立产品的形式和独立价格销售给最终消费者。旅游经营商在旅游供应商和旅游代理商或旅游者之间起一种中介作用。

从与上游旅游供应商的关系看，旅游经营商与旅游供应商的购买关系一般有两种形式。第一种是向供应商批量预订。在美国，旅游经营商通常要提前一年，即在印制宣传品前与供应商洽谈，提出预订数量。旅游经营商获得的折扣价格取决于供应商的预期出租率或使用率，也取决于旅游经营商根据上年经营预测的当年需求总量。在旅游产品销售时，旅游经营商通过旅游代理商提前大约 35 天向旅游者预收款项；并在 30 天前通知供应商产品的需要量，这样供应商可以销售剩余部分产品。在我国，旅游经营商（国外或国内旅行社）通过“踩线”考察并根据市场需求设计出旅游线路，将线路售出后，通过自己的协作网络（许多旅行社与旅游供应商签有年度合作协定）进行旅游服务的采购，落实有关旅游接待事宜。第二种是批量购买。这种合同较少，通常是旅游经营商向航空公司承诺购买一定数量的机位或包租一架飞机。最终，无论旅游经营商销售了多少产品，它必须依照最初的承诺向航空公司付款。旅游经营商通常通过这种方式获得相当低廉的价格，而且可以使用自己的产品名称。这种合同一般是在供应商处于有利条件而旅游经营商有把握销售足够数量产品的情况下才会发生。

从与下游旅游供应商的关系看，旅游经营商也负责包价旅游产品的促销。包价旅游产品设计完成后，旅游经营商印制和发行宣传册。美国业内经验显示，一般 8 份宣传册可以促成一个旅游预订，同时旅游经营商也通过其他各种媒介促销旅游产品。

旅游代理商也是旅游产品分配系统的重要组成部分，他们直接向旅游者出售产品或服务。他们提供旅游咨询，出售机票、车船票和饭店客房等，同时也帮助旅游经营商（旅游批发商）销售包价旅游产品。旅游代理商并不实际拥有或预先承诺购买供应商的旅游产品，只有当它接受顾客预订并收取费用后才向供应商购买相应的产品和服务。旅游代理商通常为外出旅游或出差的人们办理预订或提供服务。它的存在形态是多样的。广义地说，旅行社门市、专业订房中心是旅游代理商；旅游饭店、航空公司门市也可代理旅游产品销售。旅游代理商依靠便利性和贴近游客来实现旅游产品销售，其网点应是广布的、众多的。因此，在美国等国家，旅游代理商是旅行社业的主体。

旅游代理商也根据要求为一些特别的顾客或团体设计旅行，但这并不会改变其零售性质。旅游经营商的成败取决于其能否设计出适合旅游大众需要的包价旅游并成功促销，而旅游代理商的成败则取决于其销售能力和销售数量。

与旅游经营商不同，旅游代理商无权修订供应商规定的产品价格，旅游代理商的主要收入来源于供应商根据合同支付的销售佣金。旅游代理商一般也是根据产品的畅销程度和佣金的高低来选择供应商。例如在美国，旅游代理商销售轮船舱位的佣金为7%～7.5%，航空机位为9%～10%，包价旅游为10%。若销售情况好，还可以获得佣金奖励。

2．旅游市场的“间接经济”与“直接经济”

随着网络的快速发展，互联网在旅游市场中发挥越来越重要的作用。旅游中间商是否还有存在的基础？它相对于网络直销的优势是什么？表8-1对比了传统旅游中间商参与的“间接经济”与旅游供应商网络直销的“直接经济”。

表8-1 “间接经济”与“直接经济”的对比

	传统旅游中间商参与的“间接经济”	旅游供应商网络直销的“直接经济”
对旅游供应商的作用	特别是面向未上网游客，具有传递旅游产品信息的重要功能； 推荐旅游供应商产品，影响旅游者的购买决策； 为供应商反馈信息，如旅游需求的变化、各区域市场销售数据等，其中包含中间商的专业分析与经验； 使旅游供应商能节约市场销售上的资源配置，更专注地提供旅游接待服务； 供应商须向中间商支付佣金，或给予优惠价格	利用网络7天×24小时展示企业与产品，但要求游客同样能使用网络信息手段； 旅游供应商直接与旅游者沟通，减少中间环节，提高效率； 增加销售过程的可控性和灵活性； 旅游供应商直接承担销售职能，须投入相应的资源，而电子商务技术如客户关系管理系统的应用，加强了旅游供应商的销售效率； 消除了中间商的利润分配，供应商收益增加； 建设网站和开展电子商务需要旅游供应商的资金投入
对旅游者的作用	旅游中间商为旅游者提供各种明确或隐含的服务； 将单项旅游产品组合适应需求、购买方便的包价旅游产品； 同时代理众多的包价旅游线路和单项旅游产品，方便了旅游者的选择与组合； 提供咨询服务，利用专业知识和经验，帮助旅游者识别自己的特定需求，根据游客的需求和承受能力提供选择意见，帮助旅游者合理分析和选择产品； 降低了旅游者的风险：旅游中间商在选择旅游供应商时进行质量控制和产品评估，面向旅游者时，在一定程度上为产品质量提供担保	旅游供应商直接与旅游者沟通，使旅游者能得到更直接和细致的信息； 旅游者能够足不出户，与旅游供应商进行沟通，节约时间，享受更多的便利； 网上信息的可信度是游客担心的问题之一，电子商务法规的完善和电子商务认证制度是解决这一问题的有效途径
其他市场功能	旅游中间商的存在，减少了旅游供应商与旅游者之间的交易次数，提高了旅游市场的运作效率； 旅游中间商作为专业化的市场中介者，代理众多旅游供应商的产品，通过集中化的组合、分销和销售实现规模经济	供应商直销并不减少交易次数，但网络信息手段降低了交易中的通信成本

当供应商和旅游者的数量进一步扩大时，中间商的存在对交易次数、成本节约和市场效

率的提高是巨大的。例如，在传统旅游经销商的其他市场功能中，对于三个旅游供应商和三个旅游者，如果全部供应商和旅游者之间分别进行交易，则需要交易 9 次，如图 8-3（a）所示。如果通过旅游中间商向旅游者销售产品，则总交易次数减少为 6 次，如图 8-3（b）所示。

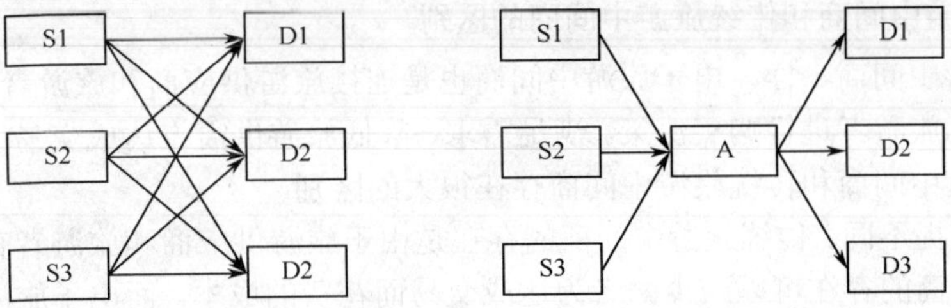

（a）交易 9 次　　（b）交易 6 次

S—供给者；D—消费者；A—中间者

图 8-3　中间商在减少交易次数和提高市场效率上的作用（1996 年）

3．“直接经济”的挑战

通过表 8-1 中的分析可见，旅游供应商网络直销的“直接经济”具有减少市场中间环节、提高供需沟通的灵活性和反应速度等优点；而传统旅游中间商作为专业化的市场中介参与旅游市场，能减少市场交易的总次数，提高了旅游市场的运作效率，并能为游客提供旅游产品组合、旅游咨询与质量保证等增值服务。虽然旅游中间商的功能不能被“直接经济”完全取代，但是电子商务的发展对传统旅游中间商带来挑战和冲击。旅游中间商应通过发挥自身优势，通过优化增值服务和提高专业性来保持市场地位。同时，电子商务的发展也为旅游中间商本身带来了变革和创新的机遇。

8.1.3　新型电子旅游中间商的发展

电子商务的快速发展也促进了旅游中间商的发展和变革，电子旅游中间商所提供的功能使得它明显区别与传统旅游中间商。

1．电子旅游中间商提供的功能

旅游中间商的变革表现两个方面。首先，传统旅游中间商开始利用电子商务手段，在信息技术的支持下提高效率，拓展业务范围，获得新的生命力。其次，信息技术的发展和应用还使一些新型的电子旅游中间商应运而生，他们是一些基于互联网、提供信息服务中介的新型旅游中间商。这些以信息服务为核心的电子旅游中间商一般提供以下功能。

（1）提供信息服务，包括提供基础性旅游信息，提供目录服务，即旅游企业名录（企业黄页）、旅游产品列表等，便于旅游者查询，提高了旅游信息的充分性和通达性。

（2）提供检索功能，如帮助旅游者按地区查询旅游服务、旅游景点，按关键词查询旅游企业、旅游产品等。

（3）提供咨询功能，如帮助游客进行行程规划并推荐旅游产品，提供公开的产品与服务比较。这些功能通常是通过数据库和应用系统的支持自动实现的。

（4）提供促销功能，为旅游供应商提供网络广告服务，或将供应商的产品信息编入电子杂志，向旅游者会员发送。

（5）提供信誉评估，电子旅游中间商设立评估服务，展示以往旅游者对旅游企业或产品的评价意见，供后来者参考，或公布权威部门或第三方的评估结果。

（6）提供虚拟交易市场，只要符合条件的产品都可以在虚拟市场内展示和销售，消费者可以在站点内任意选择，进行预订。电子中间商负责客户管理、预订管理和支付管理等，并收取一定费用。

2．电子旅游中间商和传统旅游中间商的区别

与传统旅游中间商一样，电子旅游中间商也是连接旅游供应商和旅游者的桥梁与纽带，同样发挥着帮助旅游者进行购买决策、满足需求、降低旅游供需方达成交易的成本费用等作用。但电子旅游中间商和传统旅游中间商存在很大的区别。

（1）存在前提不同。传统旅游中间商的存在是由于旅游供应商和旅游者直接达成交易的成本较高，中间商的存在可以减少两者为达成交易而花费的成本。而电子旅游中间商出现的原因是，在网络信息技术发展的条件下，旅游供应商自己开展电子商务直销的成本比通过电子旅游中间商达成交易的成本高。旅游企业通过电子旅游中间商销售产品可省去自行建网、网站推广和电子商务系统建设的费用，减少电子商务管理费用。因此，电子旅游中间商是对旅游供应商网络直销的替代，是中间商职能和功效在新领域的发展和延伸。

（2）交易主体不同。传统旅游中间商，特别是旅游批发商，直接参加旅游供应商与旅游者的交易活动，而且是交易的轴心和驱动力。旅游中间商先与旅游供应商或旅游者进行交易，然后再与另一方进行交易并完成其作为桥梁和纽带的职能。而电子旅游中间商作为一个独立的主体存在，它不直接参与供需双方的交易活动，但它提供一个媒介和平台，同时为供需双方提供大量的产品和服务信息，传递旅游企业的供给信息和旅游者的需求信息，高效地促成具体旅游交易的实现。

（3）交易内容不同。由于传统旅游中间商直接参与交易活动，因此需要承担资金、信息等的交换活动及一些旅游组织活动。而电子旅游中间商作为一种交易媒体，它主要提供的是信息交换的场所，而具体的资金交换和旅游组织等活动则由旅游产品的提供方与旅游者直接进行。

（4）交易沟通形式不同。通过传统旅游中间商进行的旅游交易活动，使旅游者和最终提供旅游接待的旅游供应商仍难以直接沟通。而电子旅游中间商提供旅游者与旅游供应商直接沟通的媒介和平台。在传统旅游市场中，旅游供应商—旅游批发商—旅游代理商—旅游者的市场结构决定着旅游者常常被动地接受产品和服务，而通过电子旅游中间商的桥梁，旅游者拥有了更多主动权、提出需求、参与旅游产品设计的可能性。

8.2 电子商务对旅游产业发展环境的改造

随着旅游电子商务的发展，旅游业不再是简单的劳动密集型或资金密集型产业，信息技术的运用增加了旅游业的科技含量，增加了作为重要生产资料的信息资源在旅游业的投入，并且提高了旅游业对从业人员素质的要求，提高了旅游服务质量和效率。

8.2.1 信息化建设扩大了对旅游产业的技术投入规模

旅游业凭借旅游资源，以旅游设施为条件，为人们的旅行游览提供服务并且获得了经济收入。从一般意义上说，旅游业并不是一个技术密集型产业，而更多的是依赖设施和服务性劳动力投入的产业。直到近 30 年来，信息技术在旅游业中的运用迅速成长，成为旅游业现代化的最显著的动因和表现形式。

1．建成中央预订系统和全球分销系统

信息技术最早被用于大型旅游企业集团。大型饭店集团的中央预订系统已有 30 多年历史。最早的中央预订系统是假日饭店集团于 1965 年 7 月建立的假日电信网（Holidex-I）。目前，假日电信网已升级为 Holidex-Ⅱ，并拥有自己的专用卫星。通过 Holidex-Ⅱ，客人可以预订假日饭店集团在全球各地的 200 多家酒店和度假村不同等级的客房，并在几秒钟内得到确认。Holidex-Ⅱ每天可以处理 7 万间客房的预订服务。美国喜来登集团的中央预订系统于 1970 年开通，1976 年完成 1000 万次预订，1983 年在中东设立它的第一家计算机预订中心办事处。目前，喜来登的 CRS 办事处已遍布全球。假日集团、喜来登集团的计算机预订系统与美国的希尔顿集团的 Hilton 计算机预订系统、法国雅高的 Proidgin、华美达的 Roomfiner、顺领的 Steoling Hotel＆Resorts、环球的 World Hotel＆Resorts 等皆属于当今世界上预订处理量最大的饭店集团预订系统，它们是饭店集团控制客源市场的有力工具。

全球分销系统（GDS）是自 20 世纪 90 年代以来获得迅速发展的新型旅游营销网络。GDS 是由国际性航空公司联合组建，连接饭店、度假村、汽车租赁公司、铁路公司、旅游公司等其他旅游相关行业，提供航班订位及订房等预订和市场营销综合服务的销售系统。它一般通过通信专网，将加入 GDS 的“卖方”（航空公司、饭店、汽车租赁公司等产品、服务提供者）和“代理方”（即遍布全球的旅行代理人）连成一个旅游专业网络系统，并通过“代理方”实现对“最终用户”（各国旅行者）的销售。在我国，中国加入 WTO 使民航系统面临着严峻的挑战，为了保住并开拓现有的市场份额，中国民航必须建立自己的销售体系和销售网络，利用最新的 IT 技术降低经营成本，提高工作效率，适应新的市场竞争环境，这样才能在国际实力雄厚的航空公司和集团的强烈冲击之下立于不败之地。为此中国民航总局决定，并经国家计委批准，建设中国民航的全球分销系统（GDS），由中国民航计算机中心（CACI）具体承办，各航空公司共同完成，在现有航空信息的基础上，逐步向酒店、旅游、租车等非航空业务拓展。为此，于 2000 年 4 月 7 日，CACI 与国内包括东航、南航、国航在内的 20 家航空公司正式签署协议，共同组建中国民航信息网络股份有限公司（简称中国航信），全力建设中国 GDS。2001 年 2 月 7 日，中国航信的股票在香港成功上市，总共募集资金 12.75 亿港元，这些资金将主要用于中国 GDS 的建设。中国民航 GDS 全球酒店分销系统的开发，改变了传统的运作模式和烦琐的指令操作，用最简单、快捷的操作方法在 PC 上实现全球酒店预订功能。2004 年，其电子旅游分销系统处理旅客量 13220 万人次；机场旅客处理系统在国内外 129 个机场使用，2004 年处理旅客量达 10230 万人次。目前，公司通过 169 个节点的数据网络，服务网络已覆盖各主要城市以及港澳地区，网络接入服务延伸到约 300 个城市，并通过 SITA 连接到全球 50 余个城市。可以为国内所有航空公司、120 余家机场和 5000 余家旅行社、宾馆等代理机构，提供实时数据传输和交换服务。并通过与 SITA 合资的天信达信息技术有限公司，为国内 10 家航空公司、15 家机场提供货运系统服务。通过互联网技术，公司实现了利用电子旅游分销、机场旅客处理、数据网络和航空货运等核心业务系统资源，开发了基于互联网的旅游平台，为消费者提供电子客票、在线旅游分销、机场座位预订、酒店客房预订和租车等新兴业务，并向航空公司、分销代理人提供在线订座引擎服务和电子商务解决方案。

2．旅游信息化建设加快

“数字城市”计划和城市旅游信息化建设也带动了城域范围的旅游信息技术投入。在我国许多重要城市已经开始实施的“数字城市”计划，其中城域宽带主干网、电子地图与三维实景虚拟城市、智能交通网等建设项目均可为旅游业所利用。就旅游业自身而言，在《中国优秀旅游城市检查标准》（国家旅游局，2000年修订本）实施细则第八项“城市的现代旅游功能”中，要求旅游城市在机场、火车站、码头、商业及交通中心区等游客集散地设立旅游咨询服务中心，具有咨询、预订、受理游客投诉等功能，旅游咨询中心应能够提供城市旅游宣传资料，推荐或代办住宿预订，接受游客投诉，具有触摸屏计算机，提供免费旅游信息服务，使海内外游客能从中方便寻所需的旅游信息。实施细则第十二项“城市的旅游促销与产品开发”中，则要求城市开通旅游信息网站，为海内外旅游者提供信息；第十三项“城市的旅游住宿设施”中，要求三星级以上饭店接入国际信息网，为客人提供电子邮件服务。所有这些信息技术与旅游业的结合、旅游电子商务的发展，扩大了对旅游产业的技术投入规模，推动着旅游业运行水平的提高和服务内涵、质量、速度的改进。

8.2.2 信息技术的应用提高旅游业劳动投入的质量和效益

信息技术的应用改造着传统产业。信息技术具有广泛的渗透性和增值作用，能够迅速渗透到各行各业，调整着产业中原有的技术结构、劳动力结构，直接或间接地提高了企业甚至整个产业的工作效率和经济效益。

1．信息技术的应用提高了旅游业劳动投入的质量

传统的旅游业，不论是饭店，还是旅行社、旅游车船公司，内部业务流程靠单据传递，对外联络靠电话、传真，日常重复性环节的劳动消耗多，对人员学历和技术的要求不高。信息技术的应用在很大程度上改变了这一状况。以北京的一家旅行社为例，它在1996年实行信息化改造，建立了一套包括外联系统、计调系统、统计分析系统（用于决策支持）和信息查询系统（用于了解相关旅游信息）在内的旅游业务管理系统，实现了业务流程的全面计算机网络化。各部门的数据、信息传送全部通过内部网进行，用计算机处理。

2．信息技术的应用提高了旅游业的效益

仍以上述旅行社为例，旅行社对人员结构进行了调整和重组，聘用人员一律要求精通计算机，熟悉信息化流程。信息化推行后，该旅行社依靠计算机管理系统，一个外联人员一个月能完成60～70个团从报价组团到成本核算的全过程操作，2个内勤计调人员每月操作的团数都在200个以上，而在普通旅游企业要完成同等工作量，人数必须是它的几倍。信息化改造两年后，该旅行社只用了30多人即创造了5000万元的收入和300万元的利润，人均创收和人均创利均处于旅行社行业的领先水平。信息技术的应用也使旅游从业人员从日常繁复的惯例性事务中解脱出来，将更多的精力投入市场研究和分析。

电子商务昭示的更广阔的市场，也使旅游企业处理信息、分析市场、制订战略的复杂度提高，加之丰富的信息资源，将使旅游行业的运作走向更高的层次和水平。

8.2.3 信息资源的开发和共享促进了旅游生产资料的变革

信息资源是经过人类选取、组织、有序化的有用信息的集合。与资金、物质、人力一样，信息也是一种重要的生产资料。电子商务的发展，使旅游业中原来由于地域分隔、渠道有限、条块划分等因素难以广泛沟通的信息通过网络得以汇集、传播和共享，大大增加了每一个旅游市场主体所能获得的信息资源量，对于旅游产业来说具有以下几个方面的价值。

1．信息能直接指示旅游企业市场活动的目标和对象

在传统旅游经营中，客户资源是旅游企业长期积累的一笔财富，积累客户资源的过程是漫长的，成本也是较高的。电子商务的发展，使旅游企业在网上可以公布所供所求，更容易寻找到合适的合作伙伴，沟通中的距离障碍也更加容易克服。许多旅游者在旅游网站注册，填写了包含地域、年龄、收入、偏好等信息的会员注册资料。这些资料储存在数据库中，可按不同检索条件分类、提取。按照旅游者特征和兴趣特点，旅游企业可做出判断，迅速甄别出一大批具有潜力购买特定旅游产品的客户群体，而且通过电子邮件等很方便地就能与他们取得联系。

2．信息更趋于通达和透明

市场供求信息、市场价格信号等能快速地传递，影响市场主体的决策，形成市场经济的反馈和自我调节机制。旅游需求是时常变动的。特定的时期，旅游接待能力何处过剩、何处不足的信息得到传递，能引导旅游者调整出游计划，能引导旅游活动的组织者做出灵活、协调的安排，优化了资源配置。在短期和长期内，旅游企业根据市场供求状况和价格信号敏锐地做出反应，调整产品的价格、类型、结构，能提高旅游企业的市场竞争力和决策水平。

3．信息引导旅游开发、产品设计和经营中的改进和创新

国内外旅游消费的新趋势、新动态能更快地被了解。国外的新型旅游产品、旅游组织方式、旅游营销方式也可以被更快地了解和借鉴。例如，为消费者提供方便快捷的个性化服务和物美价廉的酒店住宿。便利性主要体现在旅游信息的查询、预订、交易与支付的便捷性与一体化服务等方面。以住房（伦敦青年旅馆）预订为例，即有专门的旅游网站提供这方面的服务。不仅在网上可以查到重要信息，如消费者最关心的空房日期、房间类型、房间价格等核心信息；还可查到以个性（旅馆的个性）、安全（宿舍安全度）、地点（地理便利性）、亲切度（员工服务态度）、清洁（清洁卫生与否）和快乐（舒适与娱乐交际）六项指标对该旅馆的评价分值，以此可以判断其在行业中的地位。在通过信息技术进行服务创新、提供便捷服务的同时，收取的却是非常低廉的价格，这就是服务创新的魅力。以英国的 Megabus 公司为例，其提供的汽车与火车票的价格远远低于同行者，其原因在于服务创新。Megabus 公司不设置汽车站和有形售票处，旅客只是通过网络进行订票，当收到支付信息并确认后，公司会通过电子邮件发来相关信息，旅客只要自己打印出来在指定的上车地点出示即可。公司也可以通过手机短信，将订票信息发到旅客的手机上，上车时出示手机短信即可。这样的服务创新模式，在保证了方便快捷的同时，实现了服务成本的大幅度下降。

8.2.4　新技术的引入和应用进一步加剧了旅游市场的竞争

旅游电子商务的兴起是全球经济信息一体化的必然趋势，为旅游业带来一场真正的变革，从根本上改变了旅游业原有的运作模式。新技术的应用，给旅游业带来了无限机遇和挑战，提高了旅游服务产品的交易效率、降低了交易过程中的成本和传递旅游信息资源。同时，旅游电子商务的高可进入性导致新的竞争者随时可能加入，使这一领域的竞争更加激烈。

以微博营销为例。微博营销是一种新兴的网络营销方式，每一个网络用户都可以在新浪、网易等网站注册一个微博，利用更新自己的微型博客，达到营销的目的。微博营销，就是借助微博这一平台进行的品牌推广、活动策划、个人形象包装、产品宣传等一系列的营销活动①。微博是一个基于用户关系的信息分享、传播以及获取平台，具有超强的互动性渗透力。微博营销的出现和发展给网络营销带来了新的营销模式和实践，打破了网络营销的同质化竞争。

8.3 电子商务对旅游产业与旅游企业组织结构的变革

在上一节中，我们讨论了旅游电子商务的发展对旅游市场结构的影响，主要是从市场垂直分工体系的角度，分析了旅游电子商务的发展是否会取代旅游中间商，以及在信息技术的影响下，旅游直接和间接交易渠道之间、各类中间商之间的动态竞争和消长关系。而在本节中，我们要讨论电子商务影响旅游产业的另一个重要问题，即电子商务的发展如何影响旅游产业和旅游企业组织结构变革。例如，它对旅游企业集团化的影响，对中小旅游企业竞争地位的影响等。面对电子商务的深入渗透和影响，旅游业常常提出这样的问题：在这个新的时代，旅游企业是将更趋于规模化和集团化，还是将更趋于小型化。旅游企业应采取何种发展战略，才能利用电子商务发展的契机，增加竞争优势。

在理论界，存在着关于电子商务对产业和企业组织结构的影响的争论，主要有以下三种观点。第一种观点认为，电子商务的发展将降低交易费用，推动市场的发展。企业将更多地依赖市场获得所需的资源，而非自己承担大而全的所有职能。这将导致企业趋向于小型化和专业化。第二种观点认为，信息网络化和通信基础设施的完善使企业得以在全球拓展，形成全球规模化发展和一体化的趋势。信息技术的发展也提高了管理效益和组织效率，使企业领导人能借助信息技术管理更大的组织和适应更复杂结构的挑战。这导致了企业规模扩张和倾向于集团化发展的趋势。第三种观点认为，电子商务和信息网络化的发展将导致既非简单企业也非简单市场的中间组织形态——虚拟企业和网络化组织的发展。网络化组织之间的合作方式介于企业内部组织管理关系和市场交易关系之间，是一种非正式的关系，它比市场交易更能节约交易成本，比企业内部管理更能节约行政成本，因而优于科层制的大企业，也优于无组织的市场，代表着未来的发展方向。

8.3.1 电子商务影响旅游产业和企业组织结构的分析框架

交易费用经济学理论是分析信息技术和电子商务对旅游产业和企业组织结构影响的良好理论基石。它将企业组织与市场看成两种可以相互替代的资源配置制度，只不过企业组织是通过内部监督管理来实现资源配置，市场是通过价格机制来实现资源配置。

1．企业的组织成本

企业的组织成本表现在：企业内部需要监督管理、沟通协调，当企业选择自行承担某些

① 资料来源：百度百科。

职能而导致规模扩大时，需要增加专职的行政及管理人员，同时还会导致内部管理摩擦和官僚主义现象的增多等。市场交易成本包括企业通过市场交易获得资源所需承担的搜索成本、协商成本、契约成本、监督成本和违约成本。企业的存在是用内部管理组织代替市场节约交易费用。例如，当旅行社发现长期聘用一个导游比在市场上临时寻找导游要节省费用时，它就会选择聘用导游；当旅游饭店发现自己生产饭店一次性用品比从市场上购买要节省费用时，它会选择自行生产。这时，企业规模扩大，同时节省交易费用。当企业发现市场交易费用小于组织管理费用时，企业可通过与外部企业签订合同关系而不是依赖企业内部资源，在实现同等产出目标的前提下缩小企业规模。

2．电子商务对旅游产业和企业组织结构的影响

电子商务的发展对旅游企业间的市场交易费用和旅游企业组织成本都会造成影响。一方面，当旅游企业将信息技术运用到内部管理之中时，企业的经营管理水平将提高，企业的组织成本相应降低。当然，企业应用信息技术也是有成本的，它可能引起组织成本上升。但相抵消后，企业收益还是大于信息技术投入，否则企业将不会选择采用信息技术。另一方面，电子商务的发展使市场信息更加通达完备，使企业间联系和沟通的成本下降，合作更加便捷。电子商务一般也会导致企业间市场交易费用的下降。对于不同的旅游市场和不同的旅游企业，电子商务对市场交易费用和企业组织成本的影响程度是不同的，其间的前后对比关系影响着旅游企业将采取“一体化”扩大规模，还是采取“多体化”①更多地依赖市场。这种战略选择进而影响着旅游产业和企业组织结构。这为研究电子商务对旅游产业和企业组织结构的影响提供了动态的因素交互影响的分析框架。

3．分析框架

我们不妨假设旅游企业内部组织成本为 E，企业利用市场的交易费用为 M。当 $E<M$ 时，企业利用内部的组织成本比利用外部的市场更有优势，企业选择一体化和规模扩大。当 $E>M$ 时，企业利用内部组织的成本高于利用外部市场的交易费用，企业选择“多体化”，更多地依赖市场。电子商务技术应用到旅游企业内部和市场交易中，将影响到企业的内部组织结构和市场交易方式。信息化后企业的组织成本为 E'，交易费用为 M'。由于电子商务能同时降低企业的内部组织成本和市场交易费用，有 $E' \leqslant E$ 和 $M' \leqslant M$。而关键是信息化前、后企业内部组织成本和市场交易成本的对比变化（如图 8-4 所示）。

		信息化后	
		$E'<M'$	$E'>M'$
信息化前	$E<M$	（I）管理信息化，提高效率	（III）专业化和外部化
	$E>M$	（II）企业一体化，实现规模经济和范围经济	（IV）交易电子化，市场拓展

图 8-4 电子商务与旅游产业和企业组织

在图 8-4 中，情况（Ⅰ）表明，旅游企业内部信息化后组织成本降低幅度和开展电子商务后市场交易成本降低幅度基本类似。这时的企业虽然没有以内部组织关系替代市场交易关

① 王洵（1998 年）提出多体化的概念。多体化是指与“一体化相反，将企业内部组织关系‘外部化’为市场交易，将治理关系变为市场关系”。他还进一步指出，“像‘一体化’一样，‘多体化’的过程在现实中是经常发生的，但经济学家却没有像对‘一体化’过程一样，给予足够的重视。”

系的明显趋势，而电子商务帮助企业提高了管理效率和市场效率，提高了企业的竞争能力，有利于企业自身的成长。可以说，电子商务的发展为旅游企业凭借信息技术提高规模经济水平提供了可能，与此同时，信息技术的高投入也要求企业的规模经营。

情况（Ⅱ）表明，信息化后企业的规模扩大，主要表现为信息技术的发展使原来相互独立的企业进行整合，实现一体化，获得规模经济和范围经济①效益。

情况（Ⅲ）表明，信息化后市场交易比企业组织内部生产更节约交易费用，因此企业实现专业化经济，规模相对缩小。这一般有三种情形。

（1）企业因工作效率提高而规模相对缩小。

（2）企业将其缺乏竞争优势的部分业务进行出售，通过缩小企业规模来集中资源培养自己的核心业务。这些出售的业务与企业内部其他业务关系不紧密，可以完全剥离。

（3）将企业业务进行虚拟化（外包），利用外部资源来承担这些业务职能。这样既可避免内部生产的不经济，又可以通过建立虚拟关系降低风险。虚拟化是目前比较流行的方式，许多企业已经通过企业间网络（Extranet）来建立这种虚拟组织市场关系。

情况（Ⅳ）表明，应用电子商务后，市场交易效率更高，市场交易费用下降，企业仍然愿意通过交易获得资源而不是自己生产，并且充分享受市场交易成本下降带来的利益。

旅游企业实现一体化，一方面是来自成本节约的驱动，企业一体化的信息技术基础是内部网，也就是通过信息在企业内部共享提高企业效率，降低组织管理成本；另一方面是来自旅游整体化需求的驱动，例如组建旅游企业集团，通过内部协作提供食住行游购娱一整套旅游服务。

8.3.2 电子商务对旅游产业和企业组织结构的影响趋势

上面的分析说明了电子商务的发展影响旅游产业和企业组织结构的几种趋势，为我们提供了认识电子商务对旅游产业组织结构影响的分析框架。在上一节中，我们阐述了电子商务的发展对旅游垂直市场结构的影响是复杂的。同样，由于旅游业的复杂多样性，电子商务的发展对旅游产业组织结构的影响也是多方面的，上面我们分析的四种趋势在现实的旅游业中同时存在。电子商务的发展既为旅游企业一体化、集团化、网络联合化的发展提供了支持和动力，同时也推动了部分旅游企业走专业经营之路，并使中小旅游企业更平等地面对市场，获得发展机遇。从旅游业发展实际来看，电子商务的旅游业应用对旅游产业和企业组织结构的影响体现在以下几个方面。

1. 为旅游企业的集团化提供了技术支持

以大型旅行社集团、旅游饭店集团为代表的旅游企业集团的发展是当代国际旅游业发展的趋势之一。有统计资料表明，在目前全世界饭店中，57%以上是以多种形式隶属于某一饭店集团。旅游企业集团的形成原因之一是，在激烈竞争的环境下，旅游企业集团能形成品牌、服务体系和市场营销能力，可以增强竞争实力；而另一个十分重要的原因则是，信息技术和电子商务的发展为其扩张提供了条件。

电子商务在旅游企业集团中的作用，首先，体现在统一预订系统与销售网络的构建上。

① 规模经济主要是指企业生产规模的扩大，降低单位成本。范围经济主要来源于生产活动种类的多样化，企业(企业集团)提供多种类型又有一定相互关联的产品或服务，整个企业完成不同的生产又相互协作。

旅游企业的集团化经营，通常以高度发达的网络化预订系统为主要特征，通过预订网络构成庞大的营销系统，对人员流、物流、资金流、信息流形成高效管理。旅行社和饭店集团的企业成员一般分布于不同地域。通过集团的互联网站，各企业成员可以利用共同的网上品牌，销售、组织和招揽客源。通过集团的内部网络，各成员企业可共享产品服务信息，使每个成员企业都成为集团所有产品的代理销售者；另外还可共享对供应商、旅行商、客户及顾客个人建立的信息档案，有利于各成员企业更好地提供个性化服务。

以饭店集团为例，使各地子饭店之间的预订系统联网，游客在一地的饭店中可以方便地预订下一旅行目的地的饭店，实现客源在饭店集团公司内的定向流动，实现饭店集团成员之间的客源共享，从而提高客房出入率。按国际惯例，当一个饭店加入一个饭店集团后，集团公司的预订网络往往能为成员饭店销售 15%～40%的客房，绝大多数饭店要求预订网络帮助他们销售 25%以上的客房，否则不愿意加入集团作为成员饭店。从我国饭店集团的发展来看，我国一些饭店集团的管理模式并不比国外的落后，但集团销售、预订网络还很不发达。缺乏强有力的销售及预订网络是中国管理性集团公司发展受到制约的关键因素。而旅游电子商务的发展无疑能促进旅游企业集团化的进程，网络信息系统特别是企业内部网，能通过信息在企业集团内部共享提高企业效率，加强管理控制能力，降低组织管理成本。组织成本降低是使旅游企业集团的规模扩大成为可能的重要原因。

网络信息系统特别是企业内部网，能通过信息在企业集团内部共享提高企业效率，加强管理控制能力，降低组织管理成本。组织成本降低是使旅游企业集团的规模扩大成为可能的重要原因。

2．促进了旅游企业基于网络的虚拟联合

近年来，许多跨国公司的整合趋势表明，网络的发展正在逐渐模糊国家、城市、公司的界限，不同国家、不同类型的企业将在网络经济成长的同时进行新一轮联合。其中，以电子商务网络为纽带的虚拟联合发展尤为迅速。

与旅游企业集团基于一定产权关系、委托代理关系或管理模式输出的紧密型联合不同，旅游电子商务的发展带动的是旅游企业虚拟联合，是一种更松散灵活又彼此互利的协作关系。各产权独立的旅游企业通过“企业间网络”（Extranet），建立虚拟的企业联合体，以电子商务网络为技术纽带，以产品互补、分工互补、客源共享为业务纽带，变单体运作为网络化联合运作。它解决了旅游企业发挥专业化分工优势与现代旅游业要求大协作、大网络、大品牌的矛盾，使原来单兵作战的旅游企业联合起来，共同扩大影响、开拓市场。

旅游企业基于网络的虚拟联合通常有两种形式。第一种横向联合，如旅游饭店之间、专业旅行社之间通过建立销售和预订协作网络，相互代理产品，并通过消费会员、累计优惠、共享客户资料、共同促销等多样的方式将客源稳定在联合体内部。第二种是纵向联合，如大型旅游批发商将计算机分销系统延伸向分布城市各地的小型旅行社，发展代理商网络。例如中青旅连锁店系统的组建，使中青旅总社和遍布京城酒店的连锁店共同构成一个统一的咨询服务系统和销售网络。一个连锁店都可以根据计算机系统中的实时信息，立即回答消费者关于中青旅产品的各种问题，还可以把消费者自行设计的旅游线路和其他需求信息通过系统网络传到中青旅相关部门，需求落实后再反馈到连锁店，由连锁店答复消费者。

旅游企业基于网络的虚拟联合是一种基于网络技术和市场的联合，不需要处理产权等复杂关系，没有绝对的排他性，易于形成和发展。它能变旅游企业之间的无序竞争、过度竞争为协作竞争，对旅游市场的发展成熟具有积极的意义。

3．推动旅游企业职能分化及专业化

与推动旅游企业集团化和网络联合化的趋势并存，电子商务的发展还显示了促进旅游企业职能的分化和专业化的趋势。这是电子商务的发展降低企业间市场交易成本的结果。

原国家旅游局计划财务司司长魏小安曾对这一趋势做了形象的阐释。他指出："旅游网站的出现首先全面分解了现有旅游企业的经营职能。这尤其体现在旅游企业生产职能和销售职能的分解上。实际上，旅游网站的进一步发展就像进入了战国时代，再进一步就进入大一统的时代，网站会集中旅游企业的销售职能，分解旅游企业现有的职能体系。那时，我们的饭店可能就变成了类似于现在工厂的一个车间，只是一个生产单位，已经不是完整意义上的经营单位，因为你的销售职能都集中到网站上了。网络也会根本改变旅行社的运作。现在，我国的旅行社功能有三大块，即外联、计调、接待。如果网站进一步发展，我们旅行社的这一套运作形态就改变了，外联集中到网站去了，计调这一块通过网络技术也同样可以达到效率更高、成本最低，最后就剩下一个接待职能了。这种职能分解，在很大程度上可能改变我们现有旅游企业的运作形态。"

4．为中小旅游企业的发展创造机遇

中小旅游企业正面临着大量的机遇和挑战。中国旅游企业的90%以上是中小型企业，力量弱小、信息不畅、竞争激烈、各自为战是这些中小企业的基本生存状态。它们要在全球进行产品营销并和大旅游企业进行竞争困难重重。许多跨国组织比中小企业更早地利用新技术，在全球范围内进行扩张，使中小旅游企业面临生存的威胁。

但是，互联网的发展使中小旅游企业出现在电子市场中，并和消费者及同业企业进行联网。大、中、小旅游企业在网络经济面前处于平等地位。中小企业规模小，在传统营销方式下，通过报刊、广播电视、展会营销来扩大企业知名度和进行市场调查均需花费很大成本，这是制约中小企业发展的重要因素。互联网与传统媒体的不同特点，在于互联网信息的受众是主动受众，上网者通过主动地查询了解相应企业或产品。凡是建立网站并在搜索引擎上注册的旅游企业，都能同等地进入潜在目标顾客的视野。网络营销的成本并不随受众的距离和数量而正比增加，为中小企业带来业务拓展的绝好机会。

网络平台有利于把单独的旅游产品集合在一起。互联网为中小旅游企业的营销，特别是促销和分销，提供了一个提升经济效益的良好机制。善于创新的企业家既懂得新媒体的力量，又善于在电子市场上设计自己的形象。抓住细小的细分市场为自己定位，推出独特的、富有个性和人性关怀的旅游产品，同样能取得竞争优势，并且大大丰富了旅游产品市场。它们和当地其他旅游企业不是进行竞争，而是进行合作，从而可以在电子商务市场中获得一席之地。

总之，电子商务的发展对旅游产业和企业组织结构的影响是多方面的。它既能为旅游企业的一体化、集团化、网络联合化发展提供支持和动力，同时也推动部分旅游企业走专业化经营之路，专注于其擅长的那部分职能，在社会分工中认清定位。电子商务的发展还使更多的中小旅游企业平等地面对市场机会，凭借特色产品和服务获得发展机遇。总的来说，电子商务的发展对旅游产业和企业组织结构的影响作用，源于电子商务降低旅游企业内部组织成本和市场交易成本，从而引起的旅游企业的微观选择。从产业层面看，它对于形成规模适度、竞争有序、优势互补的旅游产业组织结构，对于推动"大型旅游企业集团化、中型旅游企业专业化、小型旅游企业网络化的理想旅游产业组织结构的形成，具有积极的作用。

8.4　电子商务对旅游产业集合竞争力的作用

产业竞争力是在自由、公正的市场条件下，一个国家或地区的某一产业生产的产品和提供的服务符合国际市场要求的程度。此外，产业竞争力也包括一国（一地）的产业所具有的开拓市场、占据市场并以此获得利润的能力。

旅游业是一个综合、联动的产业。首先，这种综合联动特性体现在提供旅游服务需要食、住、行、游、购、娱各类旅游企业及其他相关部门的协作与配合上。旅游业运行的质量不仅取决于单体旅游企业的服务水平，更取决于旅游企业之间协调配合运作所体现出来的整体效率和服务水平。其次，这种综合联动特性还体现在旅游业的宣传和推广应采取一种以旅游目的地形象为先导、旅游企业和旅游产品分层次展现的联合模式上，才能实现最佳的集成效应。因此，旅游产业竞争力的形成是旅游业各方面协同配合的结果，是一种集合竞争力。

旅游电子商务的优势在于旅游业各方面的联结。旅游电子商务的应用对提高旅游业集合竞争力有积极的促进作用。这种促进作用突出表现在增强了旅游业各子系统间的协作与关联以及推进政府主导、企业参与的旅游目的地营销这两个方面上。

8.4.1　增强旅游业各子系统间的协作与关联

旅游企业必须相互协作，才能为游客提供完整的旅游服务。计算机网络系统能方便旅游企业之间共享数据信息，促进信息在协作的旅游企业、旅游服务企业和旅游分销商之间流动。它加强了旅游企业的密切协作关系，具体体现在以下方面。

1．电子商务促进旅游企业信息共享

旅游经营者必须全面、准确、及时地掌握相关协作部门纷繁复杂和变幻莫测的经营信息，旅游电子商务系统已能充分满足这种需求。例如在 1979 年，英国电信公司就应用计算机技术和通信技术建立了数据信息传输系统，通过电话公用网把终端设备同计算机中心联系起来，用户利用终端可检索计算机中心数据中的情报资料，其内容包括各国旅游风光，旅游活动项目，各种包价旅游路线、日程、价格，旅游饭店设施、等级和房价等。一些国际国内的航空、铁路、海运、汽车等旅游交通部门向这一系统提供最新的时刻表和余位信息显示。旅行社只要安装一台与该系统连接的显示终端，便可查询旅游方面的有关信息，在很短的时间内准确答复旅游者的问讯，呈报出复杂的产品价格，这是在没有电子商务手段的条件下难以做到的。

2．电子商务促进旅游企业间业务处理高效衔接

旅游业务涉及的方面众多，信息量大。例如旅行社在日常运行中，需要处理旅游团的计划安排、预订及流量的综合平衡，客房、车辆、导游的科学调度，与相关饭店、景点之间的旅游团费结算，为游客办票、出票，这都需要与相关旅游企业协作完成。以往通过电话、传真处理业务，人工处理效率低、差错多。如今在电子商务条件下，通过企业间网络数据传输能高效、准确地完成这些工作。例如，旅行社利用与航空公司的联网，航班时间、票价、余位查询、购票、本地出票可立即完成，游客资料可自动汇集到航空公司的旅客数据库和内部管理系统中，同时形成账务统计。

3．电子商务促进销售资源共享

在电子商务环境下，旅游企业间还可以共享网络销售渠道。每个旅游企业可以利用网络销售旅游产品，同时可代理其他旅游企业的产品。越来越多的旅游企业参与网络预订系统，为预订系统提供越来越丰富的旅游产品，同时拥有更多的代理点和更宽的销售渠道。例如，1993年7月20日以国旅总社为中心，由西安、桂林、广东、浙江、南京、无锡和苏州等国旅集团成员企业及航空公司、铁路、汽车公司、饭店、餐馆和商店等相关企业组成的国内第一个以旅行社为龙头的跨地区、跨行业的经营性计算机预订网络建成，并与澳大利亚 Jet-Plane 旅行社世界计算机预订网络联网运营。我国19个城市的旅游信息和产品可通过该网及其连接的其他世界性预订系统发布到世界25万个零售商的终端机上，直接接受旅华预订。

通过电子商务网络系统提供的诸多作用，众多的旅游企业越来越趋于形成一个高效的社会化协作网络系统。电子商务的发展增加了旅游业的信息渠道，提高了旅游业的市场反应速度，提高了生产力系统的决策能力，提高了旅游业的运作水平。如今，旅游者出游的机会增多；随意性增强，旅游者向出发地旅行社预订的提前时间缩短了，临时变更的情况也屡屡发生。旅行社拿到的系列团越来越少，散客越来越多，旅游业运作的复杂度、难度和效率要求在不断增加。在这种情况下，旅游电子商务对帮助旅游企业适应变化、增加集合竞争力有重要的作用。

8.4.2 推进政府主导、企业参与的旅游目的地营销

政府主导旅游目的地营销，是各国发展旅游业的惯例。政府主导的旅游目的地营销有3个特征：一是在目的地展示上，将宣传目的地鲜明清晰的总体形象作为重点，然后在目的地形象的大伞下，逐层展示旅游城市、旅游景区景点、旅游企业、旅游产品，内容丰富，清晰有序；二是在营销活动组织上，以政府为主导，整体规划，企业参与；三是在利益机制上，由政府和企业共同出资，体现整体产业到具体企业的利益协调和相互联动。

电子商务的发展，不仅为旅游企业提供了机遇，也为政府主导、企业参与的旅游目的地营销提供了良好的实现途径。

1．互联网提供了宣传旅游目的地的良好媒介

旅游信息是多方面的，涉及构成旅游生产力体系的“食、住、行、游、购、娱”六要素的每一个方面和相关部门。游客通过信息搜寻手段进行辅助决策，减少有关的不确定因素，提高旅游质量。迅速增长的上网人群及散客化旅游趋势，带来了网上旅游信息的巨大需求。面向公众，旅游目的地建立权威的信息网，提供最全面、准确、及时的旅游信息，是面对远程的客源市场的有效宣传促销途径，也是提高旅游目的地竞争力的有效途径之一。

旅游业的竞争力首先体现在旅游目的地知名度和竞争力上。互联网的出现为旅游目的地的国际推广提供了机遇。它是一个全球性媒体。它是宣传旅游产品的一个理想媒介，集合了宣传册的鲜艳色彩、多媒体技术的动态效果、实时更新的信息效率和检索查询的交互功能，而且平均成本和边际成本极为低廉。一个网址，万人与千人的访问量，其制作和维护成本相同。目的地营销组织在运用其他手段进行营销时，预算会随着地理覆盖范围的增加而增加，而互联网与地理因素毫无关系，在全球宣传、销售的成本与在本地销售的成本并无差别。互

联网这种低成本、高效率的宣传渠道对于资源丰富的第三世界旅游目的地国尤其具有重要的作用。

历年来，我国旅游业对外促销的资金投入远低于欧美以及亚洲的泰国等主要旅游目的地国。在移动互联网时代，各个行业与移动应用有着密切的联系，旅游行业也不例外。移动客户端应用越来越受到关注，特别是酒店预订、机票预订，更是在移动客户端上有广阔空间。以手机用户为例，随着智能手机的普及，手机上网的用户越来越多，移动互联网市场发展迅猛。据艾瑞咨询数据显示，2012 年中国移动互联网市场规模将达 976 亿元，同比 2011 年增长 148.3%。在线旅游与无线相结合，从搜索、预订到支付、分享、购物，将形成一条更广泛的无线旅游产业链。手机预订是在线旅游网站未来发展的重要市场和竞争地。

在信息时代，如果我们能在互联网这种新媒体的运用上进行突破，在目的地网络促销的整体规划、信息质量、应用服务上，在与国际电子商务交易平台的对接上达到比较高的水平，就能在很大程度上弥补不足，打造开拓国际旅游市场的新一轮优势。

2. 旅游目的地营销系统提供了统筹促销的新渠道

旅游目的地营销系统（Destination Marketing System），通常由旅游目的地政府投资，专业电子商务服务商开发建设，当地旅游企业有偿参与，是旅游目的地形象塑造和宣传促销的窗口，同时也是旅游企业开展国际化 B2B 和 B2C 电子商务的平台，并能为旅游者在行前、行中、行后提供便利的信息服务和预订商务服务。

旅游目的地营销系统由政府统筹建设，其网站作为旅游目的地的官方权威网站进行推广，网站上的旅游新闻、旅游资源介绍和当地旅游信息介绍由管理机构提供，旅游企业和旅游产品信息则由旅游企业提供资料，经过管理机构审核后发布。因此，旅游企业和产品能够在目的地形象的“大伞”之下有序地展示出来，并可以被旅游者直接预订。利用这种促销方式，旅游企业节省了独立建设网站开展电子商务平台的费用，由于目的地网站访问量大，促销的效果一般较好。对于政府管理部门而言，来自旅游企业的信息不仅充实了网站的内容，而且旅游企业交纳的少量费用还可以支持旅游目的地营销系统的维护和运营。它是政府主导、企业参与的旅游营销在电子商务领域比较成熟的实践，体现了整体产业到具体企业的利益协调和相互联动。由于“政府统筹、企业参与”被证实为目的地旅游促销的高效模式，随着旅游电子商务的发展，将有更多技术手段被创造出来，以此提供新的解决方案。

本 章 案 例

Lastminute.com 低价旅游产品的“最后一分钟交易”①

Lastminute.com 公司成立于 1998 年 10 月，是一家“最后一分钟”旅游与休闲解决方案的在线提供商，目前已发展成为欧洲最著名、最成功的电子商务网站之一。它主要提供丰富的旅游产品、娱乐与礼品销售。据电子商务测评机构 NetValue 发布的数据，Lastminute.com 一直是英国第一位的旅游网站，现已成为第一位的欧洲“独立旅游与休闲”网站，跨越数十个国家和地区。

① 杨路明等. 旅游电子商务. 北京：科学出版社，2010。

1. Lastminute.com 网站：诞生于英国的全球品牌

Lastminute.com 是由布伦特·霍伯曼和马萨·莱恩·福克斯于 1998 年 10 月在英国推出的网站。两位创始人希望建立一个一站式网上商店，满足人们的“最后一分钟需求”。网站利用互联网将供应商的积压库存与消费者最后一分钟临时产生的冲动式购买需求结合起来。Lastminute.com 没有任何库存风险。它充当虚拟市场的中介平台，帮助供应商销售“价值易逝”的产品，同时为供应商的品牌保密，直到产品已经售出。Lastminute.com 企业的宗旨是：“鼓励自愿、浪漫、有冒险精神的人以无可比拟的价格实现他们的梦想。”这一宗旨贴切地描述了该网站作为一个帮助冲动型消费者买到各种产品和服务的商业模式。该网站以经营旅游产品为主，同时也经营外卖送餐、电子和内衣礼品以及保险服务。

Lastminute.com 希望差异化地把自己定位为提供最低价格的旅游及娱乐服务产品的网站，并将餐厅订餐、娱乐票和礼品等产品以独特新颖的方式进行组合；此外，它还希望刺激消费者尝试一些不同的东西。自 1998 年以来，该网站已树立了自己独特的品牌，这个品牌代表着“自愿沟通和冒险”。网站还吸引了一批忠实顾客，这些顾客自愿提交自己的电子邮件地址，注册成为网站会员，并希望收到网站的每周邮件。到 2001 年 9 月，该网站在欧洲已有 420 万名注册用户。Lastminute.com 希望占领最后一分钟交易的全球市场。继英国网站成功后，该公司又相继在法国、德国、意大利、瑞典、西班牙、荷兰、澳大利亚、新西兰和南非推出了本地化的网站，这种跨国发展能使企业能进一步发展市场，并强化自己的品牌。

为了不断稳固自己的地位，Lastminute.com 努力扩展供应商资源，吸纳旅游、娱乐和礼品行业的高档供应商加盟，以丰富产品和服务的范围。Lastminute.com 与 9300 家供应商保持着联系，其中包括国际定期航班航空公司、饭店、包价旅行社、剧院、运动和娱乐场所、餐厅、特殊活动组织者、礼品供应商和出租车公司，它们分布于英国和其他国家。其中比较大的供应商包括汉莎航空公司、法航、意大利航空公司、英国中途航空公司、美联航、维珍航空公司、仕达屋饭店和度假村集团、凯宾斯基饭店集团、英国国家芭蕾舞团、皇家阿尔波特剧院和科兰餐厅等。

目前，Lastminute.com 已成为与 expedia.com、ebookers.com、travelstore.com 等网站齐名的欧美最大的网上旅游销售商。

2. 动态假日套餐：挑战传统旅行社

随着产品经营范围的扩大，Lastminute.com 开始尝试开发自己的旅游套餐以创造更多的收入来源。

过去，Lastminute.com 只是帮助旅游供应商销售其折扣旅游产品。但这些零散的产品还不能满足旅游者旅行全程中的需求。随着网站产品资源的丰富，Lastminute.com 开始将多种低价产品或一种低价产品与其他已谈定价格的航班、客房和租车等旅游产品组合起来，形成“旅游套餐”销售给旅游者。这种“旅游套餐”方式，依靠特价品的拉动，增加了普通产品的销售机会，给网站带来了更高的收入和利润。

Lastminute.com 还开发了“动态套餐”技术，这能让消费者自己组合假日产品，同时显示出需要多少费用。用户可以通过电话进行预订或者直接在网上预订，支付时用信用卡结算。在过去，制定假日旅游套餐一直是传统旅行社的领地，如今网站却成了后起之秀。当然，由于网站销售的航班和饭店产品通常限于主要城市（在主要航线上）和一些承包的线路上，相对于那些专项旅游经营者，网站对大众旅游经营者可能会是一个更大的威胁。

3．技术创新与多渠道销售

利用新技术，Lastminute.com 创建了一种高速扩张模式。该公司认为其他信息终端（如互动数字电视、手机和个人数字助理等）都很适合进行最后一分钟交易。Lastminute.com 正着力开发互动电视、手机和个人数字助理市场，与有线及无线通信公司、英国有线电视（Telewest）、英国电信（BT）、奥兰治（Orange）无线通信公司、先遣（Avant Go）和灵通（Psion）公司等签订了协议，将网站内容通过这些渠道发布。2001 年，Lastminute.com 推出了欧洲第一个语音识别交易门户网站。

2003 年 7 月，H3G 公司宣布与 Lastminute.com 结成合作伙伴，在 H3G 的名为"3"的网络上推出独有的服务。新服务让客户可通过视频移动电话搜寻特惠的 Lastminute.com 假期套餐与时尚产品，并收集其他旅游资料。这项业务无疑给视频移动电话网络用户带来了很大的便利。他们可以得到由 Lastminute.com 提供的各种旅游度假信息，从组团旅游到各种订机票、宾馆等单项服务。即便他们没有时间打开计算机，在车上或者公园中漫步时也可以用手机搞定一切。

Lastminute.com 公司集团商务主管 Andrew Windsor 说："与 H3G 公司的合作提升了我们对顾客的承诺，即他们可以用最适合的通信设备来享受我们的服务。因为顾客的决定往往是突如其来，现在他们可以用他们的手机来接入 Lastminute.com 的多种服务。"

著名网站美国在线（AOL）的欧洲站点也与 Lastminute.com 建立了合作关系，以抓住圣诞购物季节里出现的旅游及娱乐组合产品需求增加的机会。目前，AOL 已经将 Lastminute.com 的旅游预订服务整合至 AOL 欧洲网站系统中。AOL 的会员由此可享受到 Lastminute.com 提供的独家特惠价，Lastminute.com 也扩展了在线分销渠道。

此外，Lastminute.com 的法国站在香榭丽舍大道上开了一家店铺，将他们的生意从虚拟世界扩展到了传统店铺。目前，这个服务点每天营业，供顾客领取在网上订好的机票。该公司的市场营销经理邦特说："这是我们新增加的服务项目。顾客也可以选择电子票，或要求将他们订的票邮寄到指定的地点。"这家公司还计划在近期内安装一批供公众免费使用的计算机，"行人可以进来上网，寻找感兴趣的旅行服务，并立即购买"。店铺里的电子屏幕将持续显示当天最优惠的旅行项目。

网上购物舒适、迅捷、便于搜索，但 Lastminute.com 为什么在坚持了多年的网上交易后又开始借助店面销售呢？邦特说："因为人文因素是首要的，我们有 30%的顾客不习惯网上消费。而且我们对所有能去除销售障碍的办法都感兴趣。另外，让人感到有些矛盾的是，有时候当面销售反而能节省时间。"

案例分析题：

（1）Lastminute.com 是怎样利用新技术建立自己的销售渠道的？

（2）Lastminute.com 的营销模式能给国内企业什么样的启示？

本 章 小 结

现代信息技术应用于旅游业，电子商务与旅游业的结合，推动了旅游业向结构更加合理和运行水平提高的方向发展。具体体现在：它使旅游业技术含量增大，劳动效率提高；它降低了旅游者或旅游企业搜寻信息的成本和远距离交流的成本，使旅游者和旅游服务企业之间的直接交易增加，传统的旅游中间商的地位和职能受到挑战，新的旅游市场结构和产业结构正在形成；它推动了旅游业各子系统之间的协作与配合，增强了食住行游购娱之间的关联度和流程紧密度，使旅游业的运作效率进一步提高；它降低了中小旅游企业面向国际市场的门槛，并为政府主导、企业参与的旅游目的地营销提供了良好的技术实现方案。

复习思考题

（1）试述网络经济是如何对旅游产业发展环境进行影响的。
（2）电子旅游中间商能提供哪些功能？
（3）电子商务如何影响着旅游产业组织结构？
（4）电子商务环境下旅游市场结构是怎样演变的？
（5）为什么说旅游业竞争力是一种集合竞争力？
（6）如何理解旅游电子商务在目的地营销方面的作用？
（7）怎样理解“间接经济”与“直接经济”？
（8）列举出电子旅游中间商与传统旅游中间商的区别。
（9）新型电子旅游中间商是怎样发展起来的？
（10）试述旅游供应商网络直销的优势。

讨　论　题

（1）为什么说旅游业是现代服务业？
（2）现在服务业具备哪些特征？
（3）中央预订系统和全球分销系统对旅游业的作用是什么？
（4）信息资源对于旅游产业具有什么样的价值？
（5）怎样理解政府在旅游电子商务发展中的主导作用？
（6）为什么说新技术的引入和应用进一步加剧了旅游市场的竞争？

网络实践题

（1）Lastminute.com 的销售渠道有哪些？
（2）Lastminute.com 的商务模式是否适合中国的商务模式？
（3）登录 1～2 个国内旅游网站，观察该网站使用了多少种销售渠道。它们有效吗？
（4）列举出所有你知道的国内旅游网站的名字，排列出它们的品牌知名度。

第 三 部 分

旅游企业信息化战略

第 9 章　旅游企业信息化战略选择

【本章导读】

企业信息化战略是指企业根据内外部环境及可利用资源的状况，为顺利实现企业信息化所采取的途径和手段。旅游企业信息化是将信息技术特别是网络技术应用到旅游企业的经营管理中，从而形成的一种新的经营管理模式。对于旅游企业来说，信息化既带来了机遇，又带来了挑战。因此，旅游企业的信息化战略应当从实际出发，深入挖掘信息化带来的价值，通过信息化战略的实施来开展旅游企业的流程管理，并且信息化战略的实施应该具有现实性、递进性、系统性、相对稳定性、竞争性。

【学习目标】

- 理解旅游企业信息化的内涵。
- 了解旅游企业信息化的价值。
- 了解信息时代下旅游企业信息化的流程管理。
- 了解旅游企业信息化的实施步骤。

9.1　旅游企业信息化的价值

旅游业属于典型的资源依托型和劳动密集型产业。在传统旅游产业向现代服务业转型升级的过程中，信息是连接旅游供给和旅游需求的重要资源，所以旅游信息化建设必不可少，而在旅游业信息化建设中，旅游企业自身的信息化建设则是基础和前提。

9.1.1　旅游企业信息化的概念

旅游企业信息化是指将信息技术特别是互联网技术应用于旅游企业的经营管理中而形成的一种新的经营管理模式。这种管理模式能够让旅游企业以更低的成本获得更多的利润。旅游企业更多的是旅游信息发布的中间商，它们具有长期从事旅游服务的经验、广泛的关系和广大的客户资源，它们不提供有形的旅游产品，更多的是提供与旅游相关的信息和服务。

对于旅游中间商而言，互联网的出现给它们带来了巨大的冲击，实现信息手段和传统优势的结合，发展成以传统业务为依托、高效率、服务创新的信息化是一条可取的出路。旅游中间商在其掌握大量旅游信息的基础上，具有较大的优势。除此之外，旅游饭店也属于旅游企业的一个组成部分，它的信息化解决方案从内部管理系统，到全球分销系统，到独立互联网站，到行业电子商务平台，多种多样。

综合而言，旅游企业信息化技术之间既有承接性，也有新技术对原技术的替代性。构建着眼长远、具有扩展性的信息化战略，才能保证旅游企业随着网络信息技术的快速发展，延长其现有投资的生命周期，减少重复建设，赢得更多的利润。

从互联网飞速发展的形式来看，网络化的潮流不可阻挡，旅游企业应该积极研究探索如何利用网络等高新技术拓展业务，同时利用专业化服务汲取信息化的经验和技术支持，走成熟稳健的信息化之路。

9.1.2 旅游企业信息化的发展价值

面对激烈的市场竞争，信息化是旅游企业竞争取胜的有力工具。信息化对于旅游企业的发展具有重要价值。

1. 树立良好形象

在现代市场竞争中，良好形象对旅游企业的生存和发展至关重要。相对于传统商业模式中树立良好企业形象需要经过长时间的建设，信息化环境下，树立企业的良好形象可以在较短时间内做到。对于旅游企业而言，在互联网上建立自己的网站，可以直接地将企业自身的优势充分展示出来，同时对企业的经营管理理念和经营策略进行很好的宣传，为顾客提供及时有效的旅游产品和服务。同时，由于互联网的全球性，使得旅游企业在网络上树立的良好形象传播范围更加广泛，从而为旅游企业拓展国际市场奠定良好的基础，有助于提高企业的国际影响力和知名度。

2. 降低运营成本

对于旅游企业而言，信息化是降低运营成本的有效途径之一。

（1）利用互联网可以降低旅游企业的交通、通信费用。利用互联网提供的电子邮件、网上电话、网络会议、即时聊天工具等方式，旅游企业的工作人员可以减少不必要的出差，而同样能够与各地业务部门保持密切联系，因此，开展信息化可以有效地降低旅游企业的交通、通信费用。

（2）有效降低人工费用。企业信息化就是利用计算机网络等技术来自动完成传统业务管理中很多需人工完成的业务，因此，旅游企业开展信息化能够大大降低员工的业务量，减少不必要的人员雇用，从而大大节约人工费用。同时，人工操作的减少，还可以大大降低人为原因造成的误差，大大提高工作效率。

（3）降低旅游企业的财务费用。借助企业信息化可以大大降低旅游企业对一般员工、固定资产投入和日常运营费用开支，从而节省大量资金和费用。

3. 提高营销效益

在旅游市场日趋激烈的条件下，旅游企业的市场营销活动包括市场营销研究、市场需求预测、新旅游项目开发、定价、广告、促销、服务等。越来越多的旅游企业认识到市场营销对于企业生存、发展的决定性作用。因此，降低旅游企业营销成本是增加竞争优势的重要方面。旅游企业市场营销的大量工作是收集企业所需要的信息，如消费者需求变化、旅游景点信息等。旅游企业建立自己的网站，能够通过网站发布本企业的旅游信息，通过网站广泛地与大众交流，并且能够通过网络足不出户地了解整个旅游市场情况，对自己的营销策略加以调整。因此，信息化对于降低旅游企业市场营销成本、提高营销效益具有重要作用。

4. 创造新的市场机会

互联网没有时间和空间的限制，能够延伸到世界任何一个地方。因此，利用互联网实现旅游企业的信息化可以为旅游企业创造更多市场机会。

（1）信息化可以帮助旅游企业突破时间和地理空间的限制，实现7天×24小时的营销，同时突破传统市场中的地理位置的分隔，真正实现同一个地球、同一个市场的营销。游客可以根据自己的需要随时随地选择自己所需的旅游线路和旅游产品。

（2）吸引新的顾客。信息化作为一种新的销售渠道，对传统的营销渠道是一个补充，可以将传统营销渠道不能覆盖的顾客吸引到网上消费。

（3）运用信息技术开拓新产品市场可以实现实时交互式的沟通，从而能够满足顾客提出的新的要求的需求，推动企业开发新的产品和服务。

（4）进一步细分和深化市场。通过信息化可以开拓市场的宽度和广度，为顾客提供定制服务，最大限度地细分市场，满足每一个顾客的个性化需求。

5. 提高顾客满意程度

旅游企业提供的是服务，因此，顾客满意度是衡量一个旅游企业服务好坏的标志之一。由于顾客的旅游需求千差万别，因此，要满足每个顾客的需求十分困难。互联网的出现，使这种情况发生了根本的改变。通过互联网可以帮助旅游企业了解每个顾客的旅游需求，从而提供有针对性地提供相应的旅游服务。

（1）可以提高顾客服务效率。旅游企业利用互联网公布的旅游信息，顾客可以根据自身情况主动寻求帮助，这样既可以帮助旅游企业处理好更多的复杂问题，还能够提高为顾客服务的效率，从而提高顾客的满意程度。

（2）为顾客提供满意的订单执行服务。对于顾客而言，首要关注的是能否得到及时的订单回复，利用互联网，旅游企业可以允许客户自己查询订单执行情况，及时了解订单的处理过程。这种服务不仅能够增加顾客的满意度，还能够帮助企业节省大量费用。

（3）为顾客提供满意的售后服务。旅游服务过程中常常遇到很多问题，这样顾客就需要有畅通的渠道来进行反馈和投诉，对于常见的问题，旅游企业可以通过网站提供自助服务，对于需要进一步解决的问题，企业可以重点对待，这样既可以提高顾客服务效率，也可以减少企业工作量。

6. 提高管理决策水平

信息化使旅游企业信息的传递更加快捷，给企业的管理带来了前所未有的便利。通过实施企业信息化，旅游企业可以建立自己的网络数据库，对企业的相关资料进行整理、总结和分析，便于员工的查询，从而提高企业的工作效率和积极性。同时，旅游企业可以利用内部网来提高企业的协同工作能力。通过企业的内联网，旅游企业可以随时召开网络会议，改变传统的工作流程，使得各景点员工的沟通变得轻而易举，信息传递更准确及时，有利于企业增强凝聚力。

9.1.3 旅游企业信息化的组织进化价值

随着信息技术的冲击，原有的企业组织形式不断变革，逐渐形成人员紧凑、富有弹性、灵活高效的企业组织。信息化战略的实施更加快了企业组织结构的变化，对于旅游企业而言，信息化产生了巨大影响。

1．形成适应环境变化的组织

信息化对旅游企业的传统组织形式带来了巨大冲击，特别是互联网的应用更是打破了传统部门依赖于通过分工与协作完成工作的过程，部门之间可以通过网络进行联络，市场部门也可以通过互联网与顾客直接打交道，因此，传统的旅游企业组织单元间的边界被打破。随着旅游企业信息化战略的不断实施，企业组织信息传递的方式也由单向的“一对多式”的垂直的金字塔形结构，转换为双向的“多对多式”扁平化结构。金字塔形的垂直组织结构将企业员工进行严格分割，造成了部门之间的分割和层叠，在信息时代，具有周转不灵的弊病。而双向的“多对多式”的扁平化组织结构是信息化战略对企业组织结构的重大改造，它能够构造旅游企业的内部网、数据库，实现所有部门之间的直接快捷的交流；同时，信息化还能够使中层管理人员获得更多的直接信息，提高了他们在决策中的作用。

此外，企业组织结构变革的另一个特征是由集权制向分权制的转变。传统的单一决策模式存在官僚主义、低效率、组织结构僵化等缺点。推行信息化战略，使企业将过去高度集中的决策中心组织逐步改变为适当分散的多中心决策组织。这种由多个组织单元共同参与、共同承担责任，并由共同利益驱动的决策过程使员工的参与感和决策能力得以提高，从而提高了整个企业的决策水平。

2．推动业务流程的信息网络化

信息化以数字化网络设备替代了传统的纸介质，实现了部分或全部商务的电子化。实施信息化战略后，旅游企业的许多业务流程都实现信息化，业务流程也更加面向市场。旅游企业的运作管理也从原来的对员工管理转变为对流程的控制和对员工的激励。为适应这种变化，旅游企业必须再造业务流程，从原来的垂直管理体系转为水平的网络化管理方式。企业业务流程的信息网络化最为显著的是销售渠道和促销策略的变革。传统的销售渠道和促销策略被网络代替，网络成为新的传播媒体。旅游企业的市场调研、产品促销等营销管理活动也会因信息化而发生了较大改变。同时，由于使用网络进行全新的营销方式，旅游企业的网络营销效果显著，费用明显降低，效益更加明显。此外，信息化对旅游企业结算方式也产生了巨大的影响。通过网上银行系统等方式，旅游企业可以实现电子化的实时在线付款，并且进行资金的结算、转账等，大大方便了企业的资金运转。总之，信息化战略的实施使旅游企业的业务流程呈现出信息网络化的趋势，大大促进了旅游企业的发展。

3．促进企业的知识密集化

信息化成功与否的关键在于企业拥有和培养的人才的数量。因为信息化战略的实施，更多地依赖于员工自身的知识储备和创造性思维，并且员工逐渐脱离了对原来的工作岗位的依赖和工作时间的束缚，能够在更加自由、更加便利的空间和时间内从事工作。这就需要旅游企业能够建立一系列全新的制度来挖掘人力资源的潜力，拓展人力资本投入，从而真正适应信息时代的个性化要求。

总之，随着信息化战略的推行，旅游企业的经营活动完全打破了原有的时间和空间的限制，企业的组织形式和结构也必将会出现一种全新的组织形式，即虚拟旅游企业。这种新的组织形式打破了企业之间和地区之间的界限，能够通过电子信息技术将现有资源进行优化组合，改变了过去的垂直的组织结构，通过柔性化的网络将具有能力的人力资源联系起来，组成跨职能的团队，是企业组织结构形成网络化扁平化的结构形式。

9.2　旅游企业信息化的流程管理

流程管理（Business Process Management，BPM）是企业信息化的一个主要组成部分，是企业信息化建设和成功运用的关键因素之一。无论是企业经营管理层面，还是业务执行层面，以及 IT 管理部门，都希望企业的信息化管理能与企业经营环境和管理拓展保持同步。构建旅游企业信息化的流程管理需要考虑旅游企业所处的经营环境，特别是电子商务环境下旅游企业面临的竞争条件。

9.2.1　信息时代下旅游企业的竞争

无论旅游企业是否已实施了信息化战略，当今世界的旅游企业已处在行业信息化的大背景中，信息化改变了旅游企业的竞争环境。波特（Michel Poter）的竞争理论提出企业竞争中面对五种力量：新竞争者的威胁、同行间的竞争、旅游者选择、供应商议价能力、替代产品的威胁。这个理论同样适用于旅游企业的竞争环境，并且这些力量构成了旅游企业面临的一系列的外部挑战和机会，如图 9-1 所示。

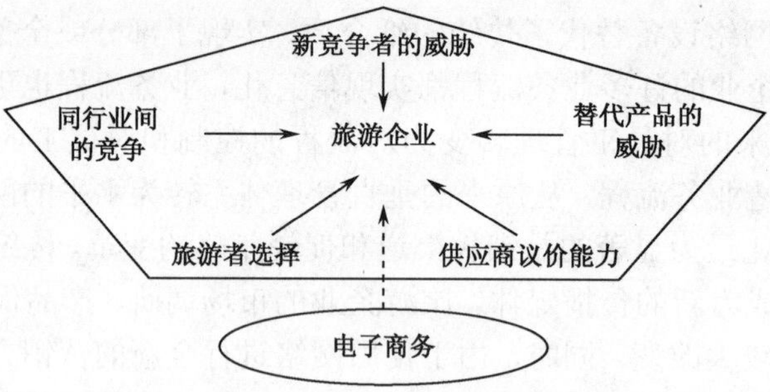

图 9-1　企业竞争战略中五种竞争力量模型

1．新竞争者的威胁

旅行企业的许可证经营制度以及长期以来旅游经营市场的不完全对外开放政策，在对旅游企业“生存”进行一定程度保护的同时，减少了旅游企业全行业的危机感和主动创新意识，减弱了旅游企业的市场竞争和接受国外先进理念的能力。但是，随着我国旅游业的发展，尤其是加入 WTO 后国外旅游企业大量涌入，必将使我国的旅游业受到来自国际市场的激烈竞争。然而，我国绝大多数传统旅游企业尚未充分认识到高科技信息技术的重要性和必要性，但是随着我国旅游市场的开放，我国的旅游企业必将面临并参与国际市场竞争，适应国际市场的规则。

2．旅游者选择

随着我国经济的高速发展和旅游业的快速发展，旅游者对旅游服务也越来越追求主动性和个性化，特别是散客旅游日益成为旅游的新趋势。同时，散客游的出现也给旅游企业带来了巨大的挑战，旅游者对个性化的追求更加迫切。传统的旅游企业往往提供大众化、标准化的旅游服务，因此，很难满足旅游者的个性化需求，但是互联网的出现打破了旅游企业的格局。通过互联网，旅游者获得旅游信息的能力进一步增强，对旅游产品的选择性和自由性加大，促进了个性化旅游和多样化旅游的发展。与此同时，旅游市场格局的变化，也给旅游企业带来了巨大的挑战。

3．供应商议价能力

信息技术的发展使旅游中间商和旅游服务企业之间的关系面临着重大变革。旅游服务企业可以在互联网上直接面向遥远客源地的旅游者，对旅游中间商的依赖减弱。其中，航空业和饭店业在应用信息技术方面较为先进，这些企业除在网站中宣传自身产品外，大都建立自己的预订系统。这使旅游中间商在与旅游服务企业的谈判中的地位和议价能力相对减弱，旅行社代理销售的票务和饭店的收入将会逐年下降，必须寻求新的盈利模式。

4．替代产品的威胁

从经济学角度来看，旅游产品属于可替代的非必需品，其需求弹性较大。旅游者可以选择去甲地或乙地旅游，可以选择这家酒店或那家酒店，这条或那条旅游线路。旅游产品总是面对各种各样的替代性竞争。特别是随着互联网的发展和普及，人们可以更加方便地在家里通过网络查询功能获得更多、更直接的旅游产品和信息，这些信息必然会成为相互的替代品，从而使消费者的选择余地大大增加，也大大增加了旅游企业面临的替代产品的威胁。

5．同行业间的竞争

无论是传统领域还是互联网领域都存在着众多的同行业竞争对手，特别是旅游企业提供的产品和服务具有很强的可复制性，因此，同业之间的竞争更加激烈。随着旅游企业信息化战略的实施，旅游企业为了提高工作效率，提高自身的竞争力，相互之间的竞争更加激烈。特别是互联网技术的应用大大拓宽了旅游企业的销售渠道，也对同行业中的企业造成了巨大的竞争压力。

由此可见，互联网的出现，改变了旅游企业竞争格局，打破了原有的平衡。旅游企业必须在新的形势下审视自己的竞争能力和发展方向，并判断自己是否也应该实施电子商务以创造新的竞争优势。这是旅游企业在制定信息化战略前必须认真思考的问题。

9.2.2　旅游企业信息化流程管理分析

旅游企业面对迅速发展的国际互联网和电子商务，急需一种能快速评估和优选潜在电子商务机会的方法。因此，旅游企业信息化流程管理的实质是，在企业自身资源和能力的基础上，甄别企业面临的电子商务机会，以流程管理生命周期为主线，运用信息技术实现企业管理的信息化。

1．识别企业自身的能力基础和资源基础

传统旅游企业在介入电子商务前，有必要对自身能力进行全面的系统分析，以确定开展电子商务的切入点，这就要求旅游企业对自身能力有较深了解，同时了解环境状况和市场状况。图 9-2 为企业竞争力三元体（Competitive Strategy Marketing Progress，CSMP 体系）结构分析框架图。建立这一结构分析框架的思想是，在信息时代环境下，一般的生产资料已不再是稀缺资源，企业能力的差别主要体现在战略能力、市场能力、流程能力以及由此整合而成的核心竞争能力；同时，不同的能力基础与能力结构是构成企业间竞争优势差别的主要原因。

2．识别企业内外部的所有机会

由于电子商务的快速发展，对于旅游企业而言，制定信息化战略不需要像传统战略那样花上五六个月的时间。首先，旅游企业需要了解实施电子商务有哪些可选择的方法和方案。即将所有机会罗列出来，了解有哪些机会。将现有的内部创意设计与严格的外部情况扫描结合起来考虑是十分必要的——外部情况扫描不仅包括旅游行业自身的近期发展，而且包括其他行业潜在的相关商业模式和方法。这种对外部的考查分析有利于捕捉新思路和新动态。

另一个有效的方法是专题研讨，确保合适的人能参与创意构思的过程，并鼓励充满活力的探讨与辩论。高级管理人员的积极参与十分必要，但也需要整个企业内部电子商务行家们的参与。例如一家旅游企业通过历时3天的会议设计一个旅游业务电子商务流程。出席该会议的人员是整个高级管理层。在召开会议前的两周半的时间里，所有对电子商务略有见解的高级业务主管和业务单位经理都接受了访谈，他们的想法都被记录下来。因此，在开会前，与会者已具备了必要的资料和见解，使得他们可以就所有可能的选择展开讨论。在场外会议后的一周内，企业已做出了对投资多少以及以多快速度行动的关键战略选择。

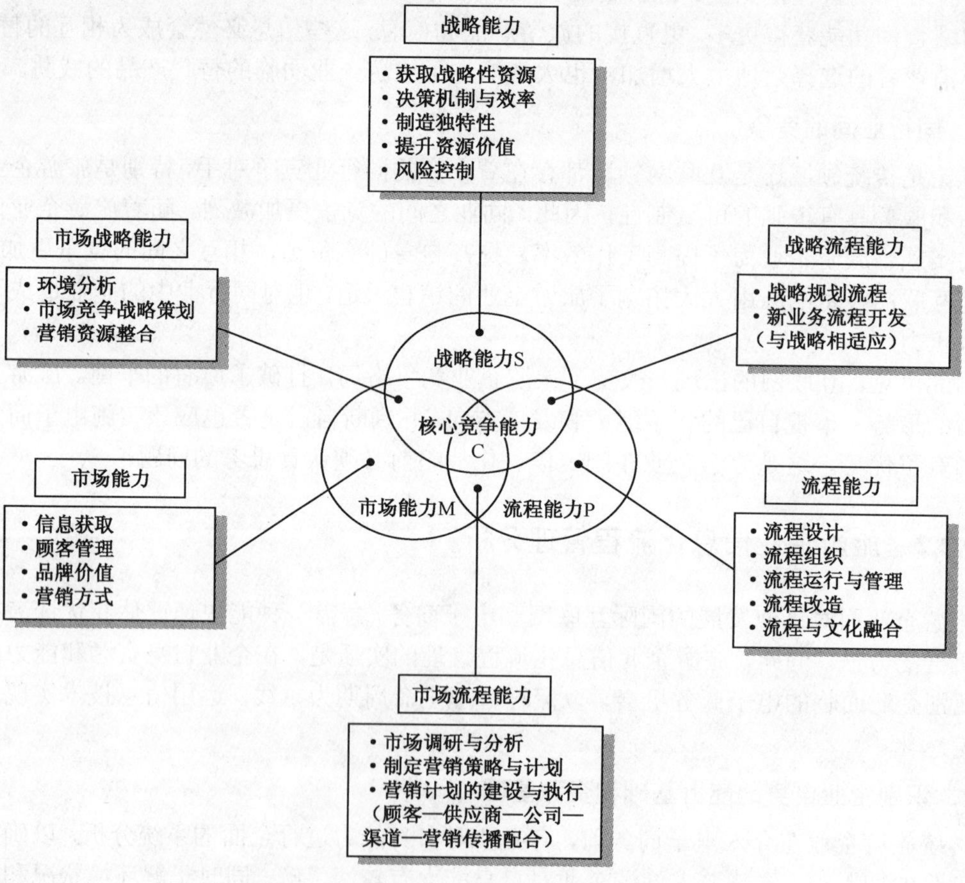

图9-2 企业竞争力三元体（CSMP体系）结构分析框架图

3．辩明企业发展电子商务的构思

在许多企业里，当谈及电子商务时，往往存在认识和理解上的模糊或出入。企业成员不了解自己企业的商业模式和收入模型的细节，不了解竞争的紧迫性，也不了解需要多少投资才能成功。同时，企业发展的高速度及市场长期发展趋势的不确定性，更加剧了这种倾向。

因此，了解电子商务基本情况非常重要。例如：

（1）确立什么样的电子商务构思？新业务针对的是哪一类顾客？它如何提供更好的解决方案？

（2）采取什么样的商业模式？网站是纯信息的，还是比较和评估不同的产品和服务？

（3）采取什么样的盈利模式？可行性如何？

（4）网上业务会与企业传统渠道冲突吗？如果会，企业如何处理这种冲突？

（5）还有哪些企业正在研究这个机会？动用了什么资源？紧迫性如何？

（6）成功的实施需要什么样的资源？

（7）新业务的组织模式是什么？

越早辨明这些问题，发现难点，越能实现旅游企业电子商务思路的清晰化。

4．排列机会的优先顺序

旅游企业在明确了实施电子商务需要做什么之后，还应该考虑实施电子商务行动的优先顺序，分清目前的紧迫任务及短期、中期、长期的战略计划。一些电子商务计划被认为是目前力所能及并能带来现实利益的，另一些项目在商业上可能是有前途的，但与企业目前的核心相距甚远。最好的解决办法是将它们剥离出去，并寻求风险投资的支持。还有一些机会是高优先级，对企业有很重要的作用，但需要较多的资金和人力支持，那就必须考虑融资的可能性。旅游企业对市场趋势的预测、对竞争者的观察容易影响到对信息化战略优先顺序的安排。优先顺序制定后，并不是固定不变的。它需要在实施中根据企业及外部的各种情况做出调整。

5．分析确定电子商务的基本方案

图 9-3 所示是由 CSMP 体系演化的旅游企业电子商务分析框架，运用这个框架，有利于企业在经过系统分析后，建立比较科学的电子商务实施方案。

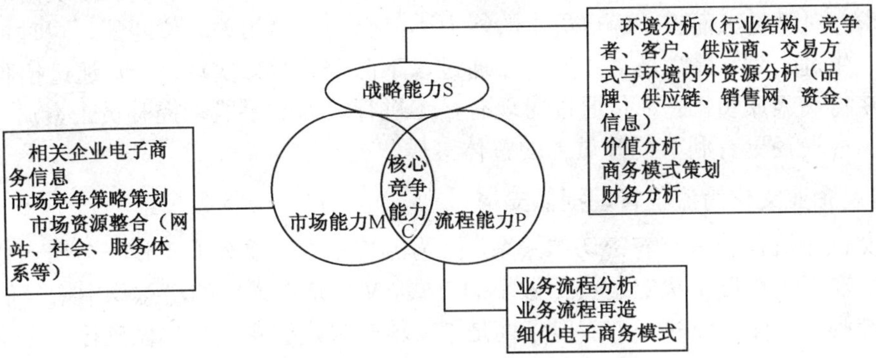

图 9-3　旅游企业电子商务分析框架

由于电子商务市场的高度不确定性和快速变化性，当竞争环境变化时，旅游企业不得不反思它的战略举措，并适时做出调整，有时甚至是重大调整。这时，旅游企业就需要重新审视自身资源优势和市场竞争状况，同时不断审视和改进自身的信息化战略，以寻求最佳的信息化流程管理的实施方案。

9.2.3　旅游企业信息化流程管理的实施

在对旅游企业的资源能力和所处的市场环境进行充分深入考核的基础上，辨别旅游企业开展信息化特别是电子商务的机会，以及确定电子商务的实施方案后，就可以展开具体的流程管理，其中最主要的是旅游企业组织结构的设计和再造。除此之外，进行有效的沟通，重新设计企业的组织结构，提高员工的技能以及建设适宜的企业文化，对于旅游企业信息化流程管理的实施也至关重要。

1．展开有效沟通

在旅游企业信息化流程管理的过程中，始终都需要充分有效的沟通。同时，在进行有效沟通时，应注意不同对象和场合，并采取恰当的沟通方法。为实现有效沟通，需要从以下几个方面展开：第一，在整个流程管理中贯穿沟通；第二，鼓励员工积极参与旅游企业信息化管理；第三，沟通过程中注意对不同人采取不同的方法；第四，旅游企业及时向员工提供流程项目的进展情况。同时，在进行沟通过程中，需要制定沟通计划和沟通内容，并且还要随时反馈，以利于对沟通计划进行及时修正。

2．重新设计组织结构及职责

在旅游企业信息化流程管理过程中，可能涉及企业组织结构的调整和相关职责的重新设计，其中关键点是明确职责，确保员工对其职责有清晰认识。因此，对不符合旅游企业信息化流程管理的组织结构需要从以下几个方面进行重构：首先，收集并评价组织现有信息，包括组织结构图、职位职责等；其次，与企业管理层及相关员工进行沟通交流，深入分析当前组织结构面临的问题；最后，根据企业信息化流程管理的要求重新设计和制定企业的组织结构和职责。

3．提高员工素质

员工素质可以通过不同方式表现出来，包括员工的知识、技能和个性等，是判断员工能否胜任某个职位的基础。对企业而言，对不同职位进行定义，有助于准确反映出对不同职位的能力要求；对于员工而言，确定员工的能力不仅有助于和相关职位匹配，同时也有助于员工个人职业生涯规划。提高员工素质可以通过以下两个途径来实现：一是通过招聘高素质的人才直接获得高素质员工；二是通过对现有员工进行培训等手段来提升员工素质。对于企业而言，第二种途径更有利于提升员工的整体素质。

4．建设企业文化为流程管理提供支撑

企业文化与流程管理有着密切的关系，因为流程是由一系列的工作任务所组成的，而企业文化恰恰在很大程度上决定了员工做事的方式。文化是在人们的潜意识中指导他们行动的一种行为准则。流程管理的一个前提条件是，要求有很好的企业文化做支撑。培养优秀的精细文化和责任文化在流程管理中显得尤为重要。

旅游企业在企业文化建设中，应着力培养员工的服务管理理念和责任意识，养成精细化的工作作风，使精细化成为每名员工的工作习惯，尽力做到精心、精确、精准，重视细环节和细规范。只有责任到位，旅游企业的信息化流程管理才能事半功倍，不断改造创新。

9.3 旅游企业信息化实施步骤

从行业的自身特点来看，旅游企业对信息化的依赖程度处于不断提升的状态，服务的个性化、开放性、时效性和信息处理的复杂性，使得信息化在旅游企业中占有十分重要的地位。

从目前来看，旅游企业的信息化更多地表现在对电子商务的应用上，特别是借助电子商务网站来整合旅游企业的信息资源，并且通过电子商务的发展来促进旅游企业信息化的进程。因此，旅游企业信息化的过程实质上就是在企业内部信息化的基础上开展电子商务活动。同时，也应该看到我国旅游企业整体的信息化还不够成熟，旅游企业信息化与市场环境、技术环境和旅游企业管理者的意识有关，不可能一蹴而就。要想加快信息化的步伐，就必须从企业总体经营战略的角度考虑，分步骤开展。

电子商务是旅游企业实施信息化战略的重要手段，因此，在实施信息化战略中，旅游企业应该从明确电子商务的正确认知入手，分阶段逐步开展。旅游企业实现信息化一般经过如下几个阶段。

9.3.1　明确对电子商务的正确认知

旅游企业实施信息化战略的基础是对电子商务有正确的认知，消除对电子商务的偏见。电子商务运用网络，特别是互联网技术来改善企业运行状况的商务模式，通过电子商务能够有效地提高商务过程的效率；同时，电子商务并不仅仅局限在某个单个企业，通过互联网的连接，企业与企业之间逐渐形成了一个由供应商、客户等构成的无边界的实体，企业之间的联系更加紧密。

对于旅游企业而言，在其信息化过程中必须明确实施电子商务可能给企业带来的好处，如降低企业成本，减少对旅游者的反应时间，改善与旅游者、合作伙伴的关系，同时还可以增加企业收入，扩大旅游市场范围，提高企业的竞争力等。同时，从旅游者角度来看，越来越多的旅游者消费品位逐渐提高，价值观念也发生了改变，选择余地也越来越大，同时对付款方式、购买渠道等的要求也越来越高。因此，旅游企业必须时刻关注旅游者的变化，加强与旅游者之间的沟通，充分利用电子商务的沟通性来提高企业对市场和旅游者的认识。因此，发展电子商务必须以顾客为中心，建立网络数据库，收集并存储旅游者的相关数据资料，以便于旅游企业能够时刻掌握顾客的变化，根据顾客需要提供特定的旅游服务，提高旅游服务的针对性和时效性，更好地满足顾客的需求。

9.3.2　确定电子商务的实施层次

在电子商务的实施过程中，需要从不同层次入手，由低到高逐层开展。电子商务的实施层次可以以金字塔状进行描述（如图 9-4 所示）。随着金字塔由塔底到塔尖，电子商务的影响逐渐扩大，同时实施的难度也逐渐增高。

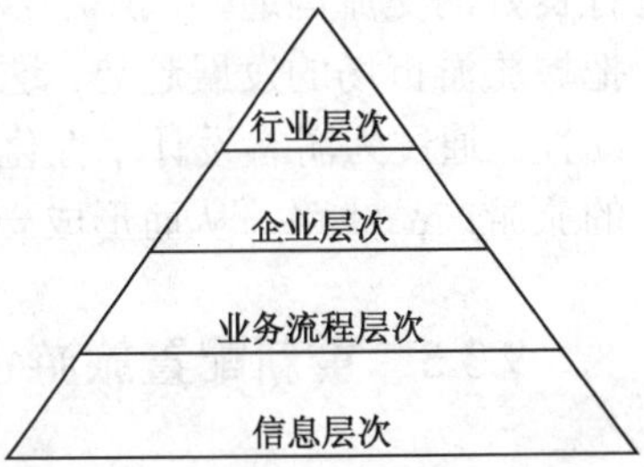

图 9-4　电子商务的实施层次

（1）信息层次：金字塔的最低层是信息层次。在这一层次中，企业信息化的主要任务是进行简单的信息交流，通过网络来搜索和发布旅游信息，最后提高企业的运行效率。在这一层次的旅游企业是初步尝试电子商务，对企业核心业务的影响有限。

（2）业务流程层次：金字塔的第二个层次是业务流程层次。在这一层次中，旅游企业的主要任务是改变企业的某一业务流程，如客户关系管理（CRM），最后提高企业效能，即以不同的方式来运营企业和管理企业。

（3）企业层次：金字塔的第三个层次是企业层次。在这一层次中，旅游企业的整个业务转变为电子商务，电子商务的实施给企业带来独特的竞争优势，并且改变了整个旅游企业的思维方式，企业的作业和业务流程等方面都发生了变化。

（4）行业层次：金字塔的塔尖是行业层次。在这一层次中，电子商务的实施将改变整个旅游行业的运作方式。在行业层次的电子商务中，行业中企业和顾客交易方式被彻底改变了。

9.3.3　设计与实施企业信息化战略

旅游企业信息化战略的制定一般要经历三个阶段：首先，确定企业的目标优势，分析电子商务的实施能否促使旅游市场增长，提高企业效率以及降低营销成本；其次，分析企业信息化的成本和收益；最后，综合评价信息化战略。

旅游企业在确定信息化战略后，还要在战略指导下进行详细规划，这种规划涉及企业的组织、文化和管理等方方面面。一般规划分为以下几个阶段。

（1）目标规划。在确定使用企业信息化战略的同时，识别与之相联系的营销渠道和组织，并提出改进的目标和方法。

（2）技术规划。电子商务实施的一个重要条件是需要有大量的技术投入和支持，因此需要系统安排相关技术的投入，同时，积极进行人员培训。

（3）组织规划。实施企业信息化，需要对企业组织进行相应调整，特别是需要增加相关的技术支持部门和数据采集处理部门等。

（4）管理规划。企业组织发生变化后，其相应的管理制度、管理方法也必然变化，特别是企业的管理制度需要适应电子商务需要。

9.3.4　重新设计旅游企业的核心业务流程

旅游企业完成信息化建设，需要对其核心业务流程进行重新设计。对于旅行社而言，没有实施信息化之前的业务流程都是企业自己去考察旅游景点，然后设计旅游线路，最后自行或通过代理商来销售该旅游线路产品，这一业务流程完全是以旅行社自身的考察为基础的，没有考虑到旅游者的旅游需求，因此，推向市场后具有明显的被动性。实施旅游企业信息化战略后，旅行社需要重新设计其核心业务流程，通过电子商务网站等途径，旅行社与顾客进行良好的交流沟通，在积极互动的过程中充分了解顾客的需求，特别是旅游者的兴趣和要求，把握旅游市场的发展趋势。这种方式克服了旅行社在传统市场调研中的滞后性、被动性和片面性。通过为游客设计个性化产品，旅行社很容易就会形成新的产品思路，并逐步扩展为新的旅游产品线路，从而形成一种全新的业务流程。

9.3.5　重新配置旅游企业销售渠道

网络为旅游企业开辟了更加直接的旅游销售渠道，通过供需双方之间的沟通交流能够使旅游企业更好地了解和掌握消费者的需求，从而制定更加合理的营销策略。传统旅游企业的渠道中有大量的中间商，企业实施电子商务对中间商构成了挑战，这就是所谓的“渠道冲突”问题，即中间商认为电子商务的直接销售渠道会分流原来通过中间商购买的旅游者，对这种间接销售渠道构成威胁，从而对旅游企业实施电子商务具有负面抵触情绪。而对于旅游企业而言，它们关注的是，通过网络渠道开拓新的市场，吸引新的顾客。因此，旅游企业应认真分析这两种销售渠道的价值，平衡中间商与直接网上销售之间的利益，以更好地促进企业的经营活动。

实际上，互联网是传统商务方式的一个补充。互联网带来的是一个新的商业渠道，但不会完全取代现有的商业渠道。旅游企业的渠道策略将是一种“混合模式”。电子商务时代的旅游企业既需要管理传统商务渠道（物理渠道），又要管理电子商务渠道（虚拟渠道），要在综合评估中制定正确的渠道平衡策略，这对旅游企业提出了更高的要求。另外，与传统渠道的沟通合作方式也在变革中。旅游企业应该应用电子商务流程，提高与中间商渠道的沟通、合作的效率，降低信息传递成本，提高提供服务的反应速度。正如一个美国学者指出，“Internet 这个概念，原来过于乐观地以为是‘消除中介（disintermediation）’，现在则意味着‘革新中介（re-intermediation）’”。

9.3.6　建构信息化时代的企业组织

旅游企业信息化的实施对旅游企业的组织方式带来重大影响，表现在如下几个方面。

（1）组织结构的变化。由于信息传输方式的根本改变，传统金字塔式的等级制组织结构正在逐步解体，并且随着信息技术的发展，企业的组织结构呈现出越来越快的变化，新的组织形式具备暂时性强、适应性强、变化迅速等特点。随之而来的是企业观念的转变，信息时代的变化特性突出表现出来。

（2）企业岗位的流动性与业务过程的多层面的交互性越来越强。组织结构的变化必然带来工作岗位的不稳定性，非全日制工作越来越多，并且衡量工作结果的方式和观念也发生了很大的改变。

（3）知识型工作人员的工作方式发生变革。随着信息化的逐渐深入，知识型员工的数量逐渐增多，其工作方式也逐渐向管理科学研究和信息系统构造方向转变，以知识为中心的组织机构和信息系统逐渐形成。

9.3.7　评估旅游企业信息化战略的实施效果

信息化战略的实施是一项系统工程，应加强对规划实施情况的评估。与传统的商业模式相比，电子商务是一种全新的商业模式，其价值评估体系也与传统评估体系不同。其中，企业投资信息化是一个长期的过程，其效益的显现也需要一定的时间。同时，信息化效应表现有的是有形的，如财务指标、技术能力指标等；有的是无形的，如企业形象的提升等。此外，信息化战略的实施还应该关注企业未来的价值，不能只顾当前利益。因此，对旅游企业实施信息化战略进行及时评估具有重要意义。一般来说，旅游企业信息化战略的价值评估体系包含以下几个方面：

（1）旅游企业联合/开放结构程度。可以从历史发展和行业比较两个方面进行评估，既要考察旅游企业联合/开放程度的历史变化，又要与其他旅游企业的发展状况进行比较。

（2）财务状况指标。这是一个非常明确的评估指标，一般包括旅游企业的总收入以及各部分收入的增长率；总成本及各部分成本增长率；现金流量增长率；资产负债率、速动比率等。

（3）品牌。这是一个无形的评价指标，但是对于提高旅游企业知名度，增加潜在顾客具有重要意义。一般可以用某些调研机构的排名作为指标，也可以用网站点击率等作为间接指标等。

（4）客户规模指标。客户规模指标分为现实客户和潜在客户。其中，现实客户指通过网上等途径直接预订旅游产品的旅游者数量。潜在客户是指通过浏览旅游企业电子商务网站了解并关注企业的人，通常可通过访问量及其增长率、网站停留时间及其增长率、注册网站会员数及其增长率等指标来衡量。

（5）目标市场的潜力。目标市场的潜力可以用客户的年龄、教育程度等指标来衡量。

（6）客户服务。衡量客户服务的指标可以包括信息服务和咨询服务专业程度、服务反应速度、个性化服务程度。

（7）企业内部的管理优化和效率提高。该指标主要包括建立数字系统，管理公司外部和内部信息；业务流程加速、工作准确性提高；管理决策水平提高等。

进行旅游企业信息化的效果评估非常重要。在信息化实施中可能遇到的另一个问题是，电子商务方案遭到企业管理层的直接的或间接的抵制。这种抵制可能有多种原因，如管理层有其他紧急的事情要做，对技术有恐惧情绪，还没有认同成功的可能性，担心渠道冲突和盈利减少，等等。建立客观的评估体系，不仅有利于形成旅游企业各层级对信息化效果的正确认识，建立信息化的认同和支持氛围，而且有利于将企业的信息化战略不断调整到最能产生实际效果的方向上来。

企业信息化的这七个方面给旅游企业实施电子商务提供了一个战略指导。要想在信息时代成功，旅游企业一方面需要战略性地思考信息时代带来的全新图景，另一方面需要能够有效地实施。旅游企业需要扩大视野，了解电子商务的旅程和阶梯，思考和重新设计核心业务流程，并妥善处理电子商务渠道和传统业务渠道之间的关系；旅游企业还应该根据信息化带来的新环境改变旧的管理和组织方式，并不断评价信息化带来的成效，改进工作。

本章案例

开元旅业集团财务管理及业务集成中的信息化建设

1. 集团背景介绍

开元旅业集团是一家以旅游饭店业为主导产业，大力开发房地产及工业等相关产业，声誉卓著、实力雄厚的大型企业集团，是浙江省最大的旅游集团之一。该集团连续几年保持着良好的经营业绩，2003年更是取得了骄人的业绩，收入同比增长48.87%，利税增长14%，集团总资产超过30亿元。该集团在浙江的杭州、宁波、台州、宁海、千岛湖和上海的松江、江苏的徐州等地拥有下属企业近50家。根据下属单位的产业差异，开元旅业集团的业务主要集中于三个板块，即开元酒店、开元房产和开元工业。

在创业、发展的过程中，开元旅业集团已确立了“营造中国品质、创造快乐生活”的企业形象。1988年，该集团从一家政府招待所起步，在10多年时间内，开元旅业集团凭借“创造特色、打造品牌；关注客户，用心服务”的经营理念，以唯一民企的身份跻身于“中国饭店业集团 20 强”，并与上海锦江集团一道，作为中国饭店业界的两个代表，分享了“中国旅游知名品牌”的殊荣；开元旅业集团的成功经营被同行誉为“国内旅游界的一个奇迹”。近期，在刚闭幕的“2004 年中国饭店业集团化发展论坛”上，开元旅业集团又被评为中国饭店业品牌先锋。

进入 21 世纪后，开元旅业集团基于对企业远景规划与战略扩张的需要，率先提出饭店房地产的复合地产概念，并成功实施产业联动，首选是在杭州兴建浙江第一高楼“开元名都”，然后在上海、台州、千岛湖、徐州进行了饭店房产的组合开发。开元房产的年开发量名列省内前茅，是“杭州十大房产开发商”、“杭州十大城市运营商”之一。

2．集团管理模式与战略目标

依托集团的综合管理和投资融资平台，以饭店业为主导产业，塑造强势品牌，实施连锁化经营；积极发展房地产产业，形成具有竞争力的房地产业务特色，导入和孵化相关产业，强化产业组合优势，构建产业联动发展体系。

开元旅业集团经历了中国旅游饭店业从高潮进入低谷的发展历程，之所以能够抓住机遇，逆势而行，与该集团在实践中不断总结、进行战略定位、稳健发展集团化道路分不开。

在发展过程中，利用集团的优势、核心产品和能力，开元旅业集团制定了“以旅游饭店业为主导产业，定位中、小城市，实施连锁化经营的战略思想”，把集团的发展方向定位于中小城市、四星级的旅游饭店，集团以参股、购买、兼并、全权管理等方式使开元旗下的酒店数量日益增加，形成了一定的连锁经营规模。

随着集团规模的扩大以及饭店经营水平和能力的不断提高，开元旅业集团在坚持发展酒店连锁业的同时，凭借集团的融资、资本运作能力和市场操作能力，充分利用开元旅业集团的社会资源和品牌形象，进行产业的横向扩张，进军房地产业，进行了多点的土地储备和开发工作，并把集团在管理方面形成的特有的“开元模式”，对下属企业进行培训与管理。

3．管理变革与信息化需求

在开元旅业集团成立之初，就开始了信息化建设之路。早在 1988 年开元旅业集团的前身萧山宾馆成立时，它就分别搭建了前台和后台信息系统，是最早进行企业信息化建设的酒店。随着集团在酒店业连锁化经营的发展、房地产产业的持续增长，以及在跨行业、跨区域业务的快速开展，开元旅业集团在信息化建设方面提出了更高的要求，主要体现在以下方面。

1）规范管理制度、优化业务流程

开元旅业集团正处于以经营连锁酒店为主、积极拓展在房地产及其相关产业的快速扩张期。及时、有效地掌控、监管下属单位的运营状况和发展方向，对于集团公司的发展和风险的控制至关重要。规范的管理制度、合理优化的业务流程，是集团掌控发展方向和规避风险的重要手段，并可以将多年来开元旅业集团在管理方面所特有的“开元模式”，有效地向下属企业进行输入和复制。

同时，经过多年的发展，集团内部存在着多种业务系统，要实现各个系统之间的有效集成、数据共享，规范的管理制度、合理的业务流程和统一数据基础也是集团对信息化项目建设的管理和集成需求。

2）实现跨区域多行业的财务集中化管理

伴随集团在酒店业连锁化经营和房地产业的快速发展，集团的业务范围不仅局限在杭州市，而且在浙江的宁波、台州、宁海、千岛湖以及上海的松江、江苏的徐州等地都拥有多家下属企业，及时了解下属单位的经营活动和财务状况，是集团所面临的难点。而网络技术和计算机技术的发展，突破了时间和空间的限制，为实现实时监控各级企业的经营活动和财务动态，为集团财务的集中化管理提供了契机。因此，建立集团财务集中化管理是开元旅业集团信息化建设的重要内容之一。

3）实现各个业务系统之间的信息共享和有效集成

多年来，开元旅业集团在信息化建设方面投入大量人力、物力，建立了多个业务系统，如财务、酒店前台管理（OPERA）、酒店餐饮管理（NCR）、房地产明源售楼管理、财务公司银行结算等业务系统。各个系统之间相互独立，信息不能共享，业务不能自动沟通，影响集团的管理和决策。随着集团各个业务系统的深入运用，为实现充分的信息共享和持续改善的业务规范，将原有财务管理、人力资源、前台管理、餐饮管理、采购和仓库、客房服务等系统进行有效的业务集成，实现信息资源的共享，是集团信息化建设的重要内容。

4）强化集团内部控制制度

保障集团业务的快速发展，提供集团运作效率，实现集团资源的合理分配，强化集团内部控制制度，有效控制集团运作风险，也是集团信息化建设的重要内容。

4. 集团财务与业务集成的应用实现

由于开元旅业集团信息化项目的目标明确、涉及面多、实施面广，根据开元旅业集团的信息化项目建设目标，结合开元旅业集团的实际情况，该信息化建设采用“整体规划、分步实施、逐步完善”的建设思路，构建系统的总体应用架构，如图9-5所示。

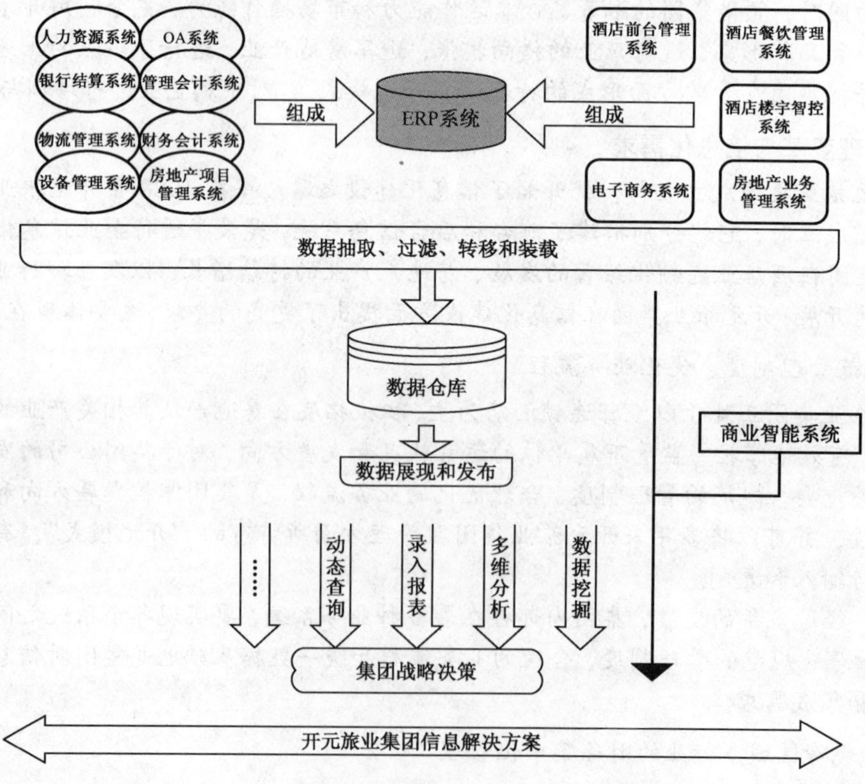

图9-5　开元旅业集团信息化解决方案

（1）新系统的重新规划。主要是对财务会计、管理会计、人力资源、OA 办公、物流管理、设备资产管理等业务系统，根据集团的实际情况，实现业务的集中、实时的监控和集中管理。

（2）与原有系统的应用集成，实现信息的共享和数据的互通。为了彻底打破原有各个业务系统的信息孤岛，实现有效的信息共享，便于对集团资源的合理配置，在规划财务、OA 等业务系统基础上，能和原有的酒店前台管理系统（OPERA）、酒店餐饮管理系统（NCR）、房地产明源售楼管理系统、财务公司银行结算系统等业务系统进行集成，使各个系统间自成体系，又相互集成。

（3）在上述两个方面的建设基础上，充分挖掘业务数据的价值，构建集团的商业智能系统。集团商业智能系统主要以上述系统的数据为基础，对其数据进行抽取、过滤、转换，形成集团的数据仓库，通过业务查询、报表、图形、指标分析、模型分析等方式为不同的管理层提供决策支持。

（案例来源：2010-09-14，18:04:45，http://www.eichinanet.com/html/298-3/3886.html）

案例分析题：

（1）开元旅业集团为什么选择实施信息化战略？在实施之初遇到了哪些困难？

（2）开元旅业集团选择在哪些部门中开展信息化战略？信息化战略实施后对于企业的发展起到了什么作用？

（3）开元旅业集团的信息化战略对于企业的发展具有哪些重要意义？

本 章 小 结

对于旅游企业来说，信息化不是目的，而是服务与企业经营管理的有效手段。信息化潮流中的旅游企业尤其要清醒地认识到这一点。旅游企业应着眼于现实，审慎地制定自己的信息化战略。在充分理解信息化作用和价值的基础上，旅游企业应通过对自身能力和竞争状况的科学合理分析找到信息化之路。旅游企业应该认识到：信息化是有所为、有所不为的；信息化是量力而行、分步实施的；信息化不仅是在某个环节、某个方面应用了信息技术，而是企业整体观念、组织、行动方式的变革；信息化的效益显现需要一个过程，并且需要合理评估信息化的价值，在评价的过程中不断修正信息化战略，才能走出一条成熟稳健的信息化之路。

复 习 题

（1）什么是旅游企业信息化？

（2）旅游企业信息化对于旅游企业的发展具有怎样的意义？

（3）旅游企业信息化具有怎样的价值？

（4）分别从应用价值和组织进化价值两方面讨论信息化对旅游企业的作用。

（5）信息化时代的旅游企业面临怎样的竞争？

（6）旅游企业包括哪些类型的企业？

（7）比较旅游饭店接受网络预订的业务流程、处理旅游者电话预订的业务流程和通过中间商销售客房的业务流程。

（8）旅游企业信息化流程管理需要经过怎样的分析过程？

（9）在旅游企业信息化流程分析中哪些步骤是最关键的？为什么要进行流程分析？

（10）实施旅游企业信息化需要经过哪些步骤？

讨 论 题

（1）旅游企业为什么要实施信息化战略？

（2）在网络信息时代，旅游企业面临着怎样的竞争？

（3）与传统经济相比，现代旅游企业信息化对于旅游企业的发展将发挥怎样的作用？

（4）我国旅游行业的信息化是否已经完成？

（5）我国旅游企业的信息化战略实施的程度如何？有何不足？

（6）选择两家著名的旅游企业，对它们的信息化战略进行分析和比较。

（7）和国外发达国家相比，我国旅游企业的信息化有何优势和不足？

（8）随着信息网络技术的快速发展，我国旅游企业的信息化将面临哪些挑战？

网络实践题

（1）在携程旅行网上注册尝试购买机票，了解其业务流程。

（2）浏览携程旅行网和中青旅网站，比较两家旅游企业的主要业务及其业务流程有何不同之处。

（3）试上网搜索我国有多少家旅游企业建立网站来实施信息化战略。

（4）选择一家旅游企业网站，深入分析其实施信息化战略的过程。

第10章　旅游企业信息化应用策略

【本章导读】

旅游企业信息化，包括企业内部信息化改造和企业信息化营销两个方面。前者指旅游企业为了高效率利用企业资源、提高企业运作效率而建设的管理信息系统和采用一系列信息化管理措施。后者指旅游企业借助信息技术强化信息传播、优化信息服务、发展新的客户市场以及降低营销成本等措施。在现代旅游电子商务中，旅游企业信息化应用策略表现为旅游企业网站建设、旅游企业网络营销，实施客户关系管理（CRM）以及开展企业资源计划（ERP）等方面，这些也是最重要和常用的企业信息化策略。

【学习目标】

- 了解旅游企业网站应该具备的功能和网站建设的一般步骤。
- 理解网络营销的主要内涵及其与传统旅游营销的关系。
- 了解旅游企业网络营销的策略。
- 了解全球分销系统的功能和发展趋势。
- 理解客户关系管理（CRM）以及旅游企业客户关系管理的应用策略。
- 理解企业资源计划（ERP）及旅游企业资源计划的应用。

10.1　旅游企业的网站建设策略

旅游企业开展电子商务，建立企业网站是基础。网站应根据企业的具体特点、定位和要求，把网站建设成为企业传递信息、开展营销活动的有效手段。

10.1.1　旅游企业网站功能

旅游企业网站是旅游企业实施信息化的一个重要平台，通过企业信息化来带动整个旅游行业的信息化发展，有助于推动旅游行业实现跨越式的发展。建设旅游企业网站不仅有利于单个旅游企业的信息化发展，同时也顺应了旅游行业信息化的发展趋势，因此，建设旅游企业网站具有重要的现实意义。一般来说，旅游企业网站应该具备以下功能（如表10-1所示）。

表10-1 旅游企业网站功能表

网站功能		功能细分
信息功能	信息发布	旅游新闻、旅游线路、旅游地图、旅游交通信息、旅游百科知识、旅游地天气、餐饮、娱乐等服务信息、旅游中介服务企业（如酒店、旅行社等）信息
	信息/产品查询	宾馆、航班、旅游线路、景区景点等信息查询
旅游电子商务功能	在线预订	酒店、航班机票、旅游线路等实时在线预订等
	在线支付	电子银行服务、在线支付服务等
个性化服务功能		自助游服务、个人旅游主页等

1．信息功能

具备丰富信息是旅游网站生存和发展的前提条件，这些信息包括与旅游相关的所有内容，如旅游线路的选择，旅游新闻、旅游地的天气预报、餐饮、文化娱乐等信息。不同的旅游企业在发布信息时，应该在内容的“专”上下功夫，这样才能体现出旅游企业的特色。同时，由于旅游信息的收集时间以及更新周期比较长，容易造成旅游信息发布的时效性差，因此，旅游信息的发布应该特别注重信息的更新，特别是在节假日时期。同时，信息功能的发布除使用文字外还可以大量使用视频等多媒体手段，以提高景区的吸引力，这就需要在网页设计上下功夫。

2．旅游电子商务功能

旅游电子商务是旅游企业实现盈利的重要模式，其主要功能如下。

（1）在线预订功能。使游客足不出户就能安排好旅行交通、食宿等烦琐事宜，网站可以提供电话、即时通信工具、E-mail等在线支持以及其他联系方式。预订功能的好坏直接关系到旅游企业的信誉，同时网站还应该明确列出旅游企业的背景、是否获得许可经营的证件等可以赢得游客信任的重要信息。网站的预订服务基本包括酒店客房预订、民航班机机票预订、旅行社旅游线路预订。同时，在技术方面，旅游网站还可以实现客户预订记录的查询，使旅游企业的核心业务流程、客户关系管理都延伸到网上。

（2）在线支付功能。旅游电子商务很少设计实物的运输环节，因此，旅游电子商务可以实现信息流、物流和资金流三流合一。但是，制约旅游电子商务发展的瓶颈之一是资金支付问题，因此，旅游企业网站的电子商务活动须提供简单快捷的在线支付功能，这就需要旅游企业和银行部门进行有效合作，提供多种在线支付服务。

3．个性化服务功能

随着人们对旅游需求的不断增加，越来越多的旅游者希望能获得更多的个性化旅游信息服务，如自助游、个人旅游感想、旅途信息的交流等。因此，旅游企业网站也要不断地创新，不断推出新的个性化服务。旅游企业网站在信息和服务方面可以充分开发，推出个性化旅游服务等新兴特色服务项目。

10.1.2 旅游企业网站建设的步骤

旅游企业网站的建设也需要经过一定的步骤，其中主要包括确定旅游企业网站的功能、明确旅游企业网站的定位、建设和运营旅游企业网站。前两个步骤是建设好一个旅游企业网站的前提和基础，只有准确的定位旅游企业网站的功能，才能更好地建设网站。

1．确定旅游企业网站的功能

建设一个企业网站的目的是让网站真正发挥作用，使网站成为企业传递信息、开展营销活动的有效手段。对于旅游企业而言，也不例外。一般来说，一个完善的旅游企业网站应具备 8 个方面的功能，即品牌形象展示、产品/服务展示、信息发布、顾客服务、顾客关系、网上调查、网上联盟、网上销售。

（1）品牌形象展示。在网络上，人们了解一个企业的主要途径是浏览网站，因此，网站形象代表了旅游企业的网上品牌形象。网站建设的专业化程度，风格特点等直接影响一个企业的品牌形象，因此，建设一个网站首先需要明确该网站的品牌形象特征，并且一旦确定就需要长期坚持下去，这样才能塑造一个持久的网络品牌。

（2）产品/服务展示。顾客访问网站的主要目的就是对旅游企业的产品和服务进行深入的了解，即使功能简单，也应该提供及时更新的旅游产品和服务的宣传资料。特别是旅游产品的信息含量大，好的旅游企业网站更应该尽可能地展示旅游产品及其周边的所有信息，如旅游线路、旅游线路的景点、图片等信息。

（3）信息发布。网站是一个信息载体，在法律许可的范围内，可发布一切有利于企业形象、顾客服务以及促进销售的新闻、产品信息、促销信息、合作信息、人员招聘信息等。

（4）顾客服务。旅游企业网站可以直接为顾客提供各种在线服务，如在线航班预订、火车票查询、常见问题解答以及留言板等。

（5）顾客关系。通过网络社区等方式吸引潜在旅游者参与，不仅可以开展顾客服务，而且还可以进一步增进企业与顾客的关系。

（6）网上调查。企业网站是一种进行网上市场调查的良好途径，通过直接在网站上放置在线调查表，通过浏览者的点击填写等信息直接获得客户的反馈信息，获得第一手的市场资料，同时还可以用于企业品牌形象调查、消费者行为调查、产品调查和服务满意度调查，等等。

（7）网上联盟。为了获得更好的网站推广效果，旅游企业可以与产品或服务互补的相关企业或目的地网站建立合作关系，在各自的网站上设置超链接等方式，增加企业网站被访问的概率，同时提高企业网站的知名度。

（8）网上销售。企业网站还可以直接进行产品和服务的销售活动，一个功能完善的网站本身就可以完成订单确认、网上支付等电子商务功能，即网站本身就是一个销售渠道。

2．明确旅游企业网站的定位

旅游企业的网站规模可大可小，网站的功能也可简可繁。但是，无论建设哪种规模和类型的网站，网站的定位是需要首先考虑的问题。只有在明确旅游企业网站定位的基础上，网站功能的设置、网站的建设才有本可依。在具体的进行旅游企业网站定位时，需要重点考虑以下三个方面的问题。

（1）旅游企业网站的建设投入与旅游企业自身实力相结合。一个功能完备的旅游企业网站的资金投入至少需几十万元甚至上百万元，这对于中小型旅游企业而言，显然会造成沉重的负担，并且网站经营还会面临较大的风险。同时，对于大型旅游企业而言，过于简单的网站功能可能会造成与企业实力和形象不符的后果。因此，旅游企业网站的定位一定要与企业自身的实力相结合，与企业形象保持一致。

（2）网站的内容要与现有企业业务相结合。旅游企业网站建设与其业务相差太远，不但不能提高企业经济效益，反而会造成不必要的浪费。同时，网站内容如果与企业业务结合得好，还能够直接促进企业业务的开展。

(3)企业网站建设要与企业发展战略结合。企业网站是要服务于企业的整体发展战略的，其定位必须与企业的长期发展战略相一致。比如，定位于散客旅游市场的旅游企业，建设网站就是一种最低成本且有效的传递信息的方式，网站能够大大延伸旅游企业的销售渠道，减少企业的运作成本，使旅游企业快速地获得市场反馈。

3．建设和运营旅游企业网站

建设和运营旅游企业网站一般有以下 5 个步骤：域名注册、Web 服务器建设、网站策划与建设、网站推广、网站维护和更新。

（1）域名注册。企业网站域名或网址就像商标那样，在互联网上广为流传，好的域名有助于塑造旅游企业在网上的国际形象。域名在全世界具有唯一性，域名资源又比较有限，谁先注册，谁就有权使用，所以好的域名是企业在 Internet 上的无形资产。注册定义域名除了要考虑企业的性质以及信息内容的特征外，还应该使这个名字简洁、易记、具有冲击力。

（2）Web 服务器建设。网站需建立在一台互联网信息服务器（Web 服务器）上，用户可以通过浏览器访问其信息和内容。企业建设自己的 Web 服务器时需要投入很大资金，包括架设网络、安装服务器，运转时需要投入很大资金租用通信网络。因此，一般企业建设 Web 服务器时，都是采取服务器托管、虚拟主机、租用网页空间、委托网络服务公司代理等方式进行的。

（3）网站策划与建设。旅游企业须与专业的网络服务商合作，决定旅游企业网站结构、功能、栏目和各种设计风格和细节。旅游企业用以发布信息的简单网站只需要设计网页并上传到服务器即可，而复杂的电子商务则需要建设数据库、开发网站应用软件系统并进行系统集成。

（4）网站推广。网站建成后，旅游企业要有推广网站的意识：首先，在任何表现旅游企业信息的地方都应加上旅游企业的网址，如名片、办公用品、宣传材料、媒体广告等。其次，搜索引擎登记是目前网站主要的推广方式。可通过网络服务商将建成的旅游企业站点登记到全球知名的搜索引擎和目录服务站中，这样就会有更多的浏览者通过搜索引擎或目录服务站访问企业网址。另外，付费广告、新闻邮件、免费广告、免费咨询服务、友情链接、论坛宣传等也是提高企业网站知名度，提高站点访问量的有效方式。

（5）网站维护和更新。网站建成后，维护和更新工作也十分重要。只有信息及时、时常更新的活的旅游网站才能产生吸引力，为旅游企业带来效益。

10.1.3 旅游企业网站的建设策略

完成一个旅游企业网站的建设，除具备一定的技术方法外，还需要从信息收集、企业管理等多方面进行完善。

1．不断提高旅游企业网站的信息质量

旅游企业网站建设的关键在于提供高质量的旅游信息，应注意以下几个方面。

（1）注意企业网站的信息更新速度。旅游信息随着季节的变化以及时间的推移，信息变化的速度比较快，因此，高质量的信息首先要保证信息的及时准确。长期不更新的企业网站，其访问量必然会迅速下降，以至于最后没有访问者。

（2）提供多语言版本的网页信息。随着旅游业国际化步伐的加快，越来越多的旅游者选择出境游，为了建设一个全球化的旅游市场，旅游企业网站需要搭建一个良好的语言平台，提供多语言版本的信息服务，为旅游企业的国际化奠定基础。

（3）运用多媒体技术提供丰富信息。旅游信息不仅仅可以通过文字表达出来，精美的图片和音像更有助于表现旅行地信息。因此，旅游企业网站信息可以通过多种方式来提供，以提高整个网站的效果。

2．完善旅游信息查询方法

为了保证游客能够及时快速地查询到旅游企业网站提供的信息，必须不断地完善信息查询方法。首先，要保证信息查询的有效性，保证网站提供信息的真实性和足够的数量。其次，完善现有的查询功能，提供多种查询手段，同时减少查询步骤，提高信息的查准率和查全率。此外，还要不断地扩大网站可以查询的对象范围，将查询服务延伸。例如北京旅游信息网不仅可以查询旅行社、景区景点、宾馆等常规内容，还可以查询定点商店、定点演出单位、娱乐场所、定点摄像公司、旅游知识等，满足不同层次游客的需要。

3．完善在线预订服务

在线预订作为旅游企业一种全新的服务模式，能够扩大企业的业务领域，同时降低企业的运作费用和成本。因此，旅游企业网站应该重视和不断完善在线预订服务功能，不断提高在线预订的服务质量。同时，在线预订的服务范围还应不断拓展。例如，当前很多自助游的游客，往往在外出旅游时需要租车，因此，旅游企业网站可以提供相关的汽车租赁的服务。而且，随着旅游市场的不断扩大，其他的预订服务也会逐渐增加。旅游企业网站应该根据市场的需求情况，不断增加在线预订服务，开拓新的旅游电子商务领域。

4．不断开发完善电子支付系统

旅游电子商务支付是制约旅游企业发展的重要瓶颈之一。因此，在旅游企业网站建设中需要充分考虑电子支付系统的建设，提供多种安全电子支付方式和手段，不断完善电子支付系统。目前的电子支付系统包括银行间资金转账系统和商业银行内的网上银行、电子资金转账等各种类型的支付系统。同时，随着电子支付方式的不断发展，新的支付方式也层出不穷，如电子支票系统、信用卡系统和数字化电子现金系统。此外，电子支付过程中的安全性是必须考虑的因素。因此，旅游企业网站在建设电子支付系统的过程中，一定要不断提高电子支付系统的安全性，保证电子支付顺利、安全地进行。

5．拓展特色栏目的深度和广度

网站要不断挖掘新思路，拓展特色栏目，提供更具特色和个性化的服务。其中，旅游社区、在线论坛是游客交流信息的场所，具有很大的发展潜力。旅游企业网站可以增设交互性服务栏目，增强网民的参与意识。同时，随着旅游散客的日益增多，自助旅游消费模式受到更多的青睐，旅游企业网站应该利用其他媒体无可比拟的优势，为游客提供信息、产品组合选择等。总之，旅游网站要满足各种类型游客全方位、多层次的需求，为他们提供人性化、智能化、个性化的服务。

6．不断加强对旅游电子商务复合型人才的培养

高水平的旅游企业网站建设离不开高素质的人员队伍。高素质的复合型人才不仅能将分散于全国各地乃至全世界的旅游资源信息进行全面有效的收集，同时还能够进行及时的加工

整理，为旅游企业网站建设提供丰富的信息资源。因此，信息采集人员需要具备相当的素质，要有把握前沿信息的洞察力，要熟悉旅游专业知识和互联网用户特征，才有可能收集到有价值的信息资源。同时，高素质的旅游电子商务人才还能够对旅游企业网站在运营过程中产生的问题进行及时的分析总结，从而更好地促进旅游企业网站的建设。因此，旅游企业要加强人力资源管理部门的建设，重视吸纳和培养复合型人才，将他们派驻各地，密切关注并及时获取业界最新动态，并以最快的速度发布到网站上。

10.2 旅游企业的网络营销

网络营销是伴随信息技术特别是网络技术的发展而发展的，是指利用互联网等电子手段进行的营销活动。互联网络是一种辐射面更广、交互性更强的新型媒体，并且具有双向交互性。同时，随着互联网用户的迅速增加，网络的经济效益和社会效益也日益显现出来。面对如此潜力的市场，如何开展网络营销、占领新兴市场成为企业首要考虑的问题。

10.2.1 网络营销概述

网络营销是企业利用网络信息技术开展的营销活动，它对于企业拓展营销渠道，提高产品的销售范围和销售量具有重要的意义。与传统的营销活动相比，网络营销因为植根于互联网，因此又具有了不同的特点。

1．网络营销内涵

网络营销就是利用信息技术特别是互联网等电子手段开展的营销活动。作为一种新的营销方式和营销手段，网络营销的内容非常丰富。针对新兴的网上虚拟市场，网络营销要及时了解和把握消费者特征和消费者行为模式的变化，进行网上市场调研，为企业开展营销活动提供可靠的数据。因此，网络营销包括网上市场调查和网上消费者行为分析。除此之外，还可以利用网络营销来制定相关的营销策略，特别是网上产品和服务策略、网上价格营销策略、网上渠道选择与直销和网上促销与网络广告策略。

此外，网络营销作为在互联网上开展的营销活动，它必将面临很多传统的营销活动不曾碰到的新问题，如网络产品质量保证问题、消费者隐私保护问题，以及信息安全与保护问题等。因此，在开展网络营销的同时，还必须重视这些问题并进行有效的控制。同时，随着互联网的发展，一些新的问题还可能层出不穷，因此网络营销也应该与时俱进，及时管理和解决网络营销过程中出现的新问题。

2．网络营销的特点

与传统营销一样，网络营销的目的也是为了促进销售而进行的商品及服务的宣传，同时与消费者展开沟通与交流。但是与传统营销相比，网络营销无论在营销的手段、方式、工具、渠道以及营销策略等方面都有明显的不同。特别是互联网提供的信息的双向交互性和全天候传播性，使得网络营销呈现出一些新的特点。

（1）跨时空：网络的跨时空性给企业提供了更加自由的营销空间，企业可以每周 7 天，每天 24 小时随时随地地开展营销活动，并且不受地域、国别的限制。

（2）多媒体：互联网是一种多媒体技术的综合，声音、图像、文字等宣传手段的综合应用为企业营销活动提供了更加广阔的表现空间，能够更好地发挥营销人员的创造性和能动性。

（3）交互性：互联网在展示企业商品信息、提供商品信息查询的同时，也为顾客提供了与企业进行双向沟通的途径，顾客可以直接与企业进行交流，从而使企业能够在第一时间收集到市场情报，并且进行产品测试与消费者满意调查等，这是传统营销活动无可比拟的。

（4）人性化：互联网上的促销可以做到一对一、理性地促销，消费者具有更强的主导性和选择性，从而可以避免传统营销活动中的强势推销的方式，使企业的营销活动更具人性化。

（5）成长性：随着互联网的快速发展，网络用户的数量快速增长，网络用户一般具有年轻化、受教育水平高、收入水平高等特点，这些群体具有很强的购买力和市场影响力，因此，网络市场是一个极具潜力的市场。

（6）整合性：在网上进行产品和服务的营销活动，可以实现商品信息发布、收款乃至售后服务一气呵成，同时兼具渠道、促销、电子交易、互动顾客服务，以及市场信息分析与提供的多种功能，因此是一种全程的营销渠道。

（7）高效性：网络营销可以帮助消费者进行信息查询，传送大量的信息，并且具有很高的精确度；同时，还能够适应市场需求变化，及时更新和调整产品的信息和价格，能够及时了解并满足顾客的需求。

（8）经济性：通过互联网进行信息交换，一方面可以减少传统的印刷与邮递成本，另一方面还可以实现无店面销售，免交租金，节约水电与人工成本，具有很强的成本优势。

（9）技术性：网络营销是建立在高技术基础上的，因此，实施网络营销必须有一定的技术投入和技术支持。

10.2.2　旅游企业网络营销概述

旅游产品的综合性、无形性、生产与消费的同步性等特点，使其成为最适合进行网上营销的产品类型之一。同时，旅游产品的这些特性在客观上也要求旅游企业必须及时、准确地掌握旅游者信息，为不同的旅游者提供有价值的服务。

1．旅游企业网络营销概念

旅游企业网络营销，是指旅游企业以 Internet 技术为基础的现代营销方式，采取各种高科技手段及营销手段，其目的是传播旅游目的地形象，推介其旅游产品，促成和引导（线上和线下）交易实现，从而发展旅游。旅游企业网络营销能最大限度地满足网络用户搜索旅游信息的需求，增加旅游目的地的吸引力，扩大其知名度，吸引投资或合作伙伴；利用网络的可记忆性，从网络用户提供信息中获取顾客信息和需求，从而适当地调整旅游产品或旅游目的地形象，使之更符合市场需求。

2．旅游企业开展网络营销的优势分析

（1）成本节约性。旅游企业开展网络营销，可以从多方面降低其成本。首先，降低信息传播成本。网络具有迅速、便捷，传输范围大的特点，能够极大地降低企业的时空成本。其次，降低企业的销售费用。旅游企业通过互联网络上进行营销活动，可以大大节约传统营销方式中的广告、印刷等费用，也无须雇用大量销售人员，从而大大降低销售费用。最后，降低旅游企业的运营成本。网络营销的无店面操作，无租金和水电费，大大减低了旅游企业的运营成本。此外，对于旅游者来说，也可以节约他们的时间成本和交易成本。

（2）信息高效性。旅游网络营销可以超越时间和空间限制，实现跨越时空的信息传递，任何旅游企业都可以全天候、全方位地展示和传播营销信息，提高旅游信息的传播效率。同时，互联网可以通过声音、图像、文字等多媒体技术，更加形象地传播信息。借助互联网，旅游企业可以储存并分析大量的市场信息，向顾客传送更加精确的信息。此外，网络信息传输速度快，几乎在瞬间完成，因此具有极高的传播效率。

（3）沟通双向性。通过网络营销方式，旅游者可以主动与旅游企业销售部门、技术人员进行对话交流。旅游企业可以在沟通中，更加准确地了解旅游者相关的需求信息和对企业产品的满意程度，从而能够更加精确地传送企业的广告信息，并推出令消费者满意的产品。网络营销的交互式沟通模式，为用户提供了自由的选择权和沟通的主动权，使沟通过程更有效率，沟通结果更令人满意。

3. 网络营销在旅游业中的应用趋势

由于互联网本身具有廉价、快速、便捷等优越性，因此，利用互联网来开展旅游营销活动有很大的发展空间。从目前的发展状况来看，旅游业网络营销的应用趋势主要表现在以下几个方面。

（1）利用互联网提供的多种服务，进行旅游调查活动及促销活动。通过网上调查、电子布告板（BBS）、电子邮件、电子刊物等方式，旅游企业可以很容易地对旅游者进行各种调查，对于旅游者来说，接受调查也变得非常方便。同时，网络广告与网络促销在旅游行业中也极具发展潜力。互联网的多媒体特性使其具有传统媒体无可比拟的表现和传播优势。并且，随着计算机技术与互联网的进一步发展，还可能会出现一些全新的网上促销方式，如虚拟现实旅游体验等。

（2）将互联网与旅游线路柔性设计体系、旅游产品柔性制造系统相结合，促进旅游产品定制营销的发展。随着社会经济的发展，个性化消费日益成为人们追求的目标，特别是对于旅游业而言，追求个性化旅游，如个性化旅游线路、个性化旅游经历、个性化旅游纪念品等越来越成为时尚。但是，由于传统信息交流手段的局限性，旅游企业很难了解每一个潜在旅游者的需求，个性化旅游很难成为旅游活动的主流。但是随着互联网应用的普及，为个性化旅游提供了先决条件。通过互联网的交互性与沟通性，旅游企业可以清楚地了解每一个旅游者的兴趣、爱好等，从而制定出柔性的旅游线路以及柔性的旅游产品制造系统，在不提高成本的情况下，为每一个旅游者提供不同的旅游线路、旅游产品等，使旅游产品实现量身定做，促进个性化旅游的发展。

（3）旅游网络营销与传统营销成为一个整合的过程。网络营销作为一种新的营销理念和策略，虽然对传统营销方式产生了巨大的冲击，但是并不等于网络营销将完全取代传统营销，相反，网络营销是对传统营销的补充和发展，两者是相互促进和相互补充的，通过整合网络营销和传统营销策略，可以以最低成本实现最佳的营销目标。旅游企业将继续使用传统媒体和中间商等营销渠道，同时结合互联网等新兴渠道开展整合的营销活动。无论采取何种传播途径、传播手段，最终目标都是促进旅游行业的发展。特别是网络营销的产生与发展使旅游营销中的服务特性和与消费者双向沟通的特性迅速表现出来，旅游企业可以与潜在的旅游者展开更加深入的沟通和交流，旅游营销策略也从单向的、以企业为中心的传递信息向积极、主动地与消费者沟通、交流转变。

10.2.3　旅游企业网络营销策略分析

旅游企业开展网络营销需从网站开发，增强营销功能、利用行业电子商务平台等多方面入手。

1．做好旅游企业网站开发

旅游企业网站是一个系统平台，票务销售系统、旅游地指南系统、酒店预订系统等是旅游企业网站的基础。好的旅游网站，使游客不仅能够获得所需的旅游信息，还能够通过网站提供的系统直接进行网上订票、订房、订旅游线路等。因此，做好旅游企业网站开发是旅游企业开展网络营销的首要措施。这种网站开发一方面需要从技术角度提供更加先进、易用的软件技术，另一方面还要为游客提供丰富的、专业性的旅游信息知识，以及便捷的网上支付等电子商务服务。

2．加强旅游企业网站的营销功能

首先，加大旅游企业的品牌塑造和宣传力度，增加旅游企业的品牌价值。其次，不断完善旅游企业网站的旅游信息，提高旅游企业网站的诚信度和美誉度。在提供基本旅游信息的基础上，进一步完善“吃、住、行、游、购、娱”等方面的信息，重点突出旅游服务的个性化、一体化特征。

同时，通过对旅游企业网站的宣传能够获得更多的网络访问量，从而以较低的成本获得更多的潜在用户。常用的企业网站的主要宣传方法如下。

（1）充分利用搜索引擎和网站链接。

（2）利用病毒式营销。通过用户的切身体会从而形成的自发性的宣传。

（3）利用网络广告进行宣传。

因此，选择适当的网站进行网络广告宣传能够扩大旅游企业网站的影响。

3．利用行业电子商务平台实现旅游企业网络营销

行业电子商务平台是通过电子商务手段实现的传统专业市场的形式，即在网络上建设电子商务平台专门为某一行业企业服务的网上市场形式。该市场由专业的电子商务服务商建设，并且容纳了众多的同行业企业加盟，从而形成中立的行业电子商务平台。行业电子商务平台的外在表现是一个具有复杂功能的网站。通常，网站具有以下一些栏目。

- 信息类栏目：企业信息发布、产品供需信息发布、行业动态和政策法规、信息查询。
- 交易类栏目：合同洽谈、订单发布、交易、结算和配送状态的实时查询。
- 会员管理类栏目：会员信息的修改管理、订单及合同的管理、邮箱的使用管理等。
- 其他：财经新闻、广告栏目等。

行业电子商务平台是开放的、标准化的电子商务交易区域。对于旅游企业而言，每一个旅游企业都可以在通过资质审查后成为该行业电子商务平台的成员。同时，每一个行业电子商务平台的成员企业都借助于统一的技术和交易标准来发布、查询供需信息并进行交易。在统一开发的接入与交易标准指引下，行业电子商务平台能在大范围内集合多方资源，从而充分发挥出网络效应。同时，网上交易市场还在电子零售、电子贸易的基础上将信息服务、交易服务、支付服务、物流服务等各类要素加以丰富、整合，从而为参加交易的企业和消费者提供更多的便利，提高效率。因此，行业电子商务平台得到了广泛应用，成为如今互联网电子商务的一种重要实践形态。

企业实施电子商务的目的是追求低成本高效益，行业电子商务平台是旅游企业花费较低成本开展网络营销的一种途径，并能取得较好的效果。它能为旅游企业带来如下价值。

（1）促进中小旅游企业的信息化。通过行业电子商务平台，企业不需要建设网站，就可以通过注册成为电子商务平台会员的方式来开展电子商务，这样就大大降低了旅游企业信息化的成本。对企业而言，程序十分简单，费用也比较低廉。它适合于尝试开展电子商务的中小旅游企业，可消除其对电子商务的壁垒感和神秘感，对带动中小旅游企业信息化有较大意义。

（2）信息充分汇聚、交流，提高信息价值。信息的价值，是通过交流产生的，交流的面越广，价值就越大。互联网的产生，为全球信息共享提供了可能，由于共享通道有限（一般是通过域名访问和搜索引擎检索来访问），互联网并没有一开始就实现信息价值最大化。而旅游行业电子商务平台按统一标准集合了旅游行业的信息资源，信息汇聚，合理分类，易于查询，能自动交流，大大提高了信息的使用价值。

（3）推进电子商务交易的统一规范化。行业电子商务平台对加入的旅游企业进行资格审查，制定电子商务规范和公约，制定切合行业交易特点的交易流程，并提供企业资信认证服务、质量认证服务、质量保险服务等，在一定程度上推动着企业规范电子商务行为，推动着行业电子商务规范化。

（4）通过规模化实现低成本、高效率。行业电子商务平台的公共性保证了服务面的广泛性，实现规模效应，降低成本就成为了现实。行业电子商务平台是一个开放的通用的系统，建设一套交易系统、结算系统、后台技术支持系统就可以被众多的旅游企业使用，与企业各自为政分别建设相比，其使用效率明显提高了。同时，同行业在同一个电子商务平台上开展商务活动也会提高市场的商业效率。

总之，与旅游企业自行建设信息网站或电子商务网站相比，利用行业电子商务平台开展网络营销是一种低成本、低风险和更便利的途径。当然，由于行业电子商务平台通常只为企业发布标准化的产品信息，在企业形象树立和品牌建设方面的作用是有限的，但加入行业电子商务平台仍然是中小旅游企业可以尝试的一种方式。

10.2.4 计算机预订系统（CRS）和全球分销系统（GDS）

早在互联网诞生之前，旅游企业就已经开始利用计算机专用网络来开展旅游预订和营销活动。特别是航空公司的计算机预订系统（CRS）、饭店集团的中央预订系统（CRS）以及更为成熟的全球分销系统（GDS）在旅游运行中都发挥着重要的作用。互联网旅游电子商务发展后，对 CRS 和 GDS 提出了挑战，也促进了它们与互联网融合、分销产品多元化等新的发展趋势。

1. 计算机预订系统和饭店集团的中央预订系统

计算机预订系统（Computer Reservation System，CRS）是一个专供旅游业内部使用的计算机预订网络，它一端连接航空公司、饭店等旅游服务供应单位，另一端连接分布在各地的旅行社等销售单位，为旅客提供预订机票、客房等服务，并辅之以由上述各单位参加的银行清算计划（Banking Settlement Plan，BSP）进行费用结算。CRS 是旅游业的第一代网上销售系统，它大大提高了旅游销售的效率，迄今仍是各国航空公司销售机票的主要工具。

航空公司的计算机预订系统最早应用于旅游预订和销售。1959 年，美利坚航空公司与 IBM 公司联合开发了世界上第一个计算机订位系统（SABRE），该系统逐步演变为一个复杂的计算机预订系统。1978 年，航空公司与旅行社开展合作，使航空公司的计算机预订系统开始延伸到旅行社代理商。同时，CRS 的业务范围也逐步扩大到订购机票、客房、租车等。

最早的饭店集团的中央预订系统（Center Reservation System，CRS）是由美国的假日饭店集团于 1965 年 7 月建立的假日电信网（Holidex-Ⅰ）。目前，假日电信网已升级为 Holidex-Ⅱ，并拥有自己的专用卫星。通过 Holidex-Ⅱ，顾客可以预订假日饭店集团在全球各地的 200 多家酒店和度假村的客房，并在几秒钟内得到确认。同时，Holidex-Ⅱ每天可以处理 7 万间客房的预订服务，将遍布于全球的假日饭店联系起来，通过该系统，假日饭店集团可以有效地把客源控制在集团内部。

除此之外，美国喜来登集团于 1967 年花费 400 万美元投资建立了“Reservation”中央预订系统；美国希尔顿集团拥有自己的 Hilton 计算机预订系统；英国福特酒店集团的 Forte-Ⅱ中央预订系统；法国雅高的 Prologin、华美达的 Roomfiner、环球的 World Hotel & Resorts 等也都是控制饭店集团客源市场的有力工具。我国香港地区的香格里拉饭店集团也引入了 Merlin 中央预订系统。在中国大陆，一些饭店也选择加入国际饭店集团的 CRS 系统。目前向中国大陆非国际联号集团饭店提供 CRS 接入服务的主要有 Utell International 和中国天马系统。

随着中央预订系统的发展和壮大，中央预订系统的提供者逐步将现有的中央预订系统进行升级，向独立旅游饭店提供中央预订系统的接入，接入系统的旅游企业不需要进行设备、软件、设施和人员的大量投资。这一方案深受独立旅游企业的欢迎，渐渐成为一种国际趋势。

2．全球分销系统

全球分销系统（Global Distribution System，GDS）是近年来迅速发展的新型电子商务营销网络，是为代理人提供航空和旅游产品分销服务的计算机技术及网络服务系统的总称。全球分销系统通常是以国际性航空公司为龙头，与连锁饭店、汽车租赁公司、铁路公司、旅游公司等旅游相关企业形成联盟共同建设，并且提供航班、客房、旅游预订等综合服务的分销与信息服务系统。

全球分销系统在全球范围内为各级机票代理人提供航空客运和货运分销服务，是航空公司开展商务运作的重要工具和技术平台。全球分销系统主要通过计算机网络全面代理各大航空公司的票务服务，并通过应用服务提供商（Application Service Provider，ASP）为各级代理人提供实时航空机票在线预订、购买、航空信息服务等。GDS 的应用使航空公司分布在世界各地的销售点、销售代理商都可以改善机票销售。分销商可以采用传统手段来销售机票，也可以采用其自身的现代化网络信息系统，实现航空机票销售，如网上预订、在线销售等。同时，GDS 的应用，也是航空公司加强分销渠道建设的重要手段。

由于航空旅游产品具有标准化和规模化的特征，所以使得它与全球分销系统有着天然的兼容性。旅游航空企业对全球分销系统的应用已由最初为正常航班提供预订服务，延伸到为包机旅游提供预订服务。与此同时，非航空旅游企业对全球分销系统的应用也初显端倪，其业务已经扩展到了预订游船、租车，订房、预订包价旅游线路和度假产品等。

与互联网旅游电子商务相比，GDS 以使用专用增值网络（如 Apollo、Galileo）为主。两者既有共同点，又有不同之处。

1）GDS与互联网旅游电子商务的相同点

（1）两者都属于可以提供数字化信息服务的计算机广域网系统。

（2）两者都可以实现远程的销售服务。

（3）两者都适应旅游服务业的市场需要，有自身的市场价值。

2）GDS与互联网旅游电子商务的不同点

（1）GDS的数字化服务必须使用限定的软/硬件，电子商务可以使用互联网的各种资源。

（2）GDS属于主机终端体系，电子商务使用的互联网属于客户端/服务器体系。

（3）GDS是封闭的系统，互联网是开放系统。

（4）由于GDS使用特定软/硬件，所以成为GDS用户需较大投资，而电子商务开展销售的投资不一定很大。

（5）GDS是封闭系统，掌握在开发商手中，所以利用它进行市场销售业务时必须依靠代理商；而电子商务不一定需要依靠中间的经营商。

（6）使用GDS销售要按照业务量的一定比例付佣金给代理商，而电子商务不一定要支出佣金。

（7）使用GDS需经过特定培训操作，比较复杂，而电子商务的操作可以相当简便。

（8）GDS在销售服务中能够提供的服务信息有限，而互联网可以提供丰富的信息。

（9）GDS满足顾客个性化需求的能力远不如电子商务。

（10）GDS的服务时间和地点不如互联网服务的时间和地点广泛。

（11）GDS的用户身份明确，网络支付和税收都不存在管理上的难题，而电子商务在安全可靠性上有难题。

（12）在GDS的交易活动中，服务商承担完全的商务责任；在互联网电子商务中，服务商只承担有限的商务责任。

（13）GDS的客户是专业商务公司，而互联网电子商务的客户范围更广，包括广大的直接消费商品的个人买主。

综合而言，GDS通过专用增值网络来运作，而互联网旅游电子商务是通过开放的互联网，两者在使用技术方面存在较大差别。与此同时，随着互联网的逐步普及，互联网电子商务的成本优势越来越明显，但是GDS作为专用系统经过多年的使用和运作已经具备了一定的市场和服务经验。因此，不能简单地认为CRS或GDS会被互联网电子商务替代，随着技术融合的发展，两者互为补充，相互促进。

3．全球分销系统（GDS）的发展

经济全球化和旅客需求多样化是GDS发展的推动力量，GDS已经发展成为一大信息产业。随着Internet的普及，GDS已开始注重与互联网技术基础设施的结合，依托互联网开放平台，GDS不仅能为旅游代理商采用，而且可以深入到千家万户，为出行者提供包括旅游线路规划、机票预订、酒店预订、网上支付等全方位的服务。GDS已经成为政府决策、企业经营、个人生活不可缺少的重要元素，也是未来航空乃至其他旅游产品销售技术的主要发展方向之一。

1）国外GDS的发展

目前较为知名的GDS有Galileo、Apollo、Amadeus、Sabre、Worldspan、Axess、Sahara等。其中，Amadeus、Galileo、Sabre和Worldspan是全球航空领域中四大全球分销系统。Sabre

是率先建立的 CRS，为旅游代理商提供便捷的机票销售方式。此后，全球分销系统的发展带来了全球旅游分销的革命性的变化。可以说，四大全球分销系统推动了全球旅游电子销售市场的形成。

Amadeus 是最大的全球分销系统，其前身是由欧洲四大航空公司——法航、西班牙航空公司、德国汉莎航空公司及北欧航空公司组建的“欧洲全球销售系统”。Galileo 由英航、荷兰航空、加航、美航、美联航结盟组建成立，与 Amadeus 几乎同时成立，规模比 Amadeus 小，其核心 GDS 技术是美联航的 Apollo 系统。为适应互联网高速发展的趋势，Galileo 已经允许他们的商务用户通过互联网进行预订，然后，系统将预订要求传递给他们信赖的旅游代理商去受理和出票。Sabre 是美国航空公司 1959 年与 IBM 公司合作成立的。它经营企业旅游系统和电话呼叫中心，经过技术升级后的 Sabre 扩大了经营领域，成为唯一经营互联网旅行社——Travelocity 的全球分销系统。日本的 Axess 和 Infini 也是通过 Sabre 直接或者间接连接起来的子系统。Worldspan 是四个全球分销系统中最小的一个，业务主要在美国，在伦敦设有分公司控制美国之外的所有业务。

2）国外 GDS 的发展趋势

近年来，全球分销系统的经营环境发生了变化。为保证深入有效地进入市场，全球分销系统通过兼并、结盟和达成广泛的销售协议建立了强大的销售实体。总的来说，全球分销系统随着经营环境的变化不断发展进化，系统的结构和功能日趋合理和完善。目前，全球分销系统的发展呈现三大趋势：

（1）经营业务的多元化。全球分销系统在运营好自己的传统业务的同时，着力发掘增值业务，培育新的业务增长点。目前，全球分销系统的收入中只有 10%来自非航空产品，因此增值业务发展的空间十分巨大。全球分销系统也一直在寻求业务的多元化，并且制定了相应的行业标准。但是，GDS 是为推动航空旅游交易而设计的，因此，在全球分销系统经营业务多元化进程中也面临三大障碍。

① GDS 原有系统不易兼容多元化的旅游产品。在饭店产品中，只有 10%可以通过全球分销系统销售；租车中约 40%的业务可以通过这个渠道开展，但仍然有不少产品预订不了，这就对 GDS 多元化经营造成了障碍。

② 终端技术的滞后性影响了 GDS 的业务扩展。GDS 的终端界面需要使用者对计算机语言句法具有相当高的熟知程度，产品的多元化势必会使终端界面更加复杂，这无形中形成了 GDS 业务扩大的技术壁垒。

③ GDS 是一个封闭的系统。GDS 基于增值网，并使用特定的客户端软件，要求接入 GDS 的旅游代理商必须向 GDS 经营商申请，缴纳较高的接入费用和佣金。这种成本上的增加也无形中制约了 GDS 的应用。

（2）与互联网的合作与融合。在互联网高速发展的今天，GDS 正寻求与互联网的融合，将与互联网之间的竞争变为合作机遇，提出更具竞争力的旅游电子商务解决方案。因此，全球分销系统正在重新定位。Galileo 和 Amadeus 已经公开表示不与旅游代理商直接争夺顾客。Worldspan 正努力通过参与微软网络的 expedia 和 biztravel.com，成为在线旅行社的技术后盾。

（3）票务体系和金融结算系统的创新。尽管电子机票已经存在，但是大量的航空公司仍在使用纸票。航空机票在使用之前是有价商品，可以被视为一种具有商业价值的可议价文书。国际航空交通协会（IATA）和美国航空交通协会（ATA）制定了机票内容和格式的标准。随着旅游业的发展，每一次旅游交通都要求单独票证的制度显得不合时宜了，最理想的情况应该是实现“一票制、一卡通”，即一张票就能够解决所有的交通问题，旅客可以据此完成铁路、航空及汽车旅游。虽然不同交通方式（航空、铁路、车船）的联合销售仍然存在障碍，但在航空交通领域，国际航空交通协会和美国航空交通协会开发和管理的金融交易系统已经允许旅游者仅使用一张机票就能乘坐多家航空公司的班机，而对旅游者或者旅游代理商而言，只需要进行一次金融交易。

3）中国 GDS 的发展

GDS 的拥有者基本都集中在欧美等发达国家，而中国的航空企业要想参与国际竞争，在分销渠道方面，也必须积极采用这一模式。然而，由于国外 GDS 的高额收费会大大增加我国航空企业的运营成本，同时为了避免国外 GDS 厂商在占有充分航空数据的基础上，控制和遏制我国航空旅游市场的发展，所以不能仅仅依靠国外 GDS 来发展我国的航空行业。特别是中国加入 WTO 后，我国的民航业面临着国内外更加严峻的挑战，为了在市场竞争中取得优势地位，我国的民航业必须建立自己的销售体系和销售网络，这样才能在国内外激烈的市场竞争环境下获得长足发展。

中国比较成熟的全球分销系统是中国民航的 GDS，是在世纪之交，由多家国内航空公司集合力量，以上市公司这种现代企业制度形式集资建设的。中国 GDS 建设将集中有效的人员和资金，吸纳国内各航空公司的中坚力量，同时利用高科技领域的后发优势，在 2～3 年时间内全面建成与世界同等水平甚至高于世界水准的 GDS。

10.3　旅游企业的客户关系管理（CRM）

CRM（Customer Relationship Management，客户关系管理），是现代电子商务的重要组成部分。简单来说，CRM 就是：企业通过适当的渠道，在适当时间，向适当的人提供适当的商品。CRM 是实现商品销售、市场开发、客户服务、技术支持的自动化商务过程。它既是一套理念，又是一套软件和技术。它的目标在于维持企业现有的市场份额，开发新的市场，建立新的销售渠道，拓展企业业务，提高企业信誉和亲和力，增加客户的满意度，让客户更多地获益。现代旅游企业面临激烈的市场竞争，开拓新的客源市场，保持现有市场份额；让企业与客户之间保持信息畅通等市场营销策略，都需要与顾客进行广泛交流，并获得有利的支持，这都是 CRM 所涉及的领域。

10.3.1　CRM 概述

美国是最早发展客户关系管理的国家，早在 1980 年年初便提出“接触管理”（Contact Management），专门收集相关客户与公司的所有信息；到 1990 年则演变成包括电话服务中心支持资料分析的客户关怀。现代企业面临新的市场需求和日益激烈的市场竞争，要求企业以顾客为导向，提供顾客所需要的产品和服务，维持传统客户市场，开拓新的客户市场。在这种背景下，新技术与现代管理思想相结合，使得传统的以客户为中心的管理思想不再停留在梦想阶段，客户关系管理的理念产生。

1．CRM 的概念

现代 CRM 的概念是由 Gartner Group（www.gartner.com）首先提出的。Gartner Group 认为“CRM 首先是一个建筑在市场经济相对发达基础之上的管理理念，IT 技术只是 CRM 理念的表现方式；CRM 既是一种管理思想，又是一套解决方案，同时也是一套应用软件系统”。

（1）CRM 是一种现代企业管理思想。现代 CRM 管理思想认为：客户是企业的一项重要资产，客户关怀是 CRM 的中心，客户关怀的目的是增强客户满意度与忠诚度；通过 CRM 系统，企业与客户之间可以实现快速、精确的信息交流；针对顾客的爱好和消费特征，企业为顾客提供适合的商品和服务，并最大限度地维持现有客户群体，开发潜在的新客户。

（2）CRM 是一套解决方案。CRM 是一种旨在改善企业与客户之间关系的新型管理机制。目的在于解决企业的市场销售、新市场开发、产品配送、售后服务与技术支持四个经营环节；另外针对不同的企业，呼叫中心也可以单独划分出来作为 CRM 需要的附加环节。从企业内部来看，CRM 是一套企业内部管理系统，主要通过信息技术，针对不同的企业部门、不同的经营阶段和不同的客户目标市场，对企业部门业务功能进行重新设计，并对工作流程进行优化重组。

（3）CRM 是一套应用软件系统。CRM 在战略上是一种现代企业管理思想、一套解决方案。具体实施的硬件基础是建立在现代化通信技术、计算机网络技术、现代化管理技术基础上的应用软件系统。由于全球不同企业和企业面对的客户具有差异，CRM 通常必须经过专业的 CRM 软件开发商，根据企业的特点，企业的经营理念、产品功能、客户市场特征等因素，为企业量身打造。全球著名的 CRM 软件系统供应商有 Oracle、Siebel、SAPApplix、Pivotal、SalesLogix、艾克国际、东柏等。中国的 CRM 开发商有 TurboCRM 信息科技（北京）有限责任公司、北京易达伟业软件技术有限责任公司、用友软件股份有限责任公司、上海普思、国能科诺等。

综上所述，客户关系管理是以客户为中心的新型商业模式，是一种旨在改善企业与客户之间关系的新型管理机制；企业通过销售、市场和服务等渠道全面收集客户资料，综合分析客户信息，目的在于建立新型的企业与客户关系，使企业可以快速提供客户所需要的产品和服务，从而提高客户满意度，吸引和保持更多的客户，增加企业的效益。

2．CRM 的管理目标

CRM 是一种新型的企业运行机制，目的在于加强企业与客户的联系，完善企业与市场、销售、服务以及技术支持之间的关系；提高业务处理流程的自动化程度，实现企业内部的高效运转；及时把握新的市场机会，占领更多的市场份额；客户可以通过选择自己喜欢的方式与企业进行交流，以获取最新服务信息，得到更好的服务；帮助企业充分利用客户资源。

CRM 有三个管理目标。第一，建立、促进和拓展企业“一对一”客户服务网络。“一对一”客户服务是指企业通过传统方式或者通过现代 Internet 通信技术等手段，吸引更多的目标客户，提供符合消费者需要的产品和服务；而且使得产品在顾客所需要的时间、所指定的地点满足顾客的需求。第二，与客户建立精确和可靠的沟通关系。企业根据所获得的客户信息和服务信息，动态制定出与目标市场相符合的产品、销售和服务战略。第三，通过电子商务智能分析系统，最大限度地实现客户价值。

3．CRM 的经营战略思想

CRM 经营理念的核心是“客户”，CRM 经营理念的组成是以建立良好的企业与客户之间的关系为基础，包括产品/服务开发与客户市场细分、客户信息沟通与产品配送、客户关系获得与维持、理解客户与区别客户四个主要的企业管理思想，四者的关系如图 10-1 所示。

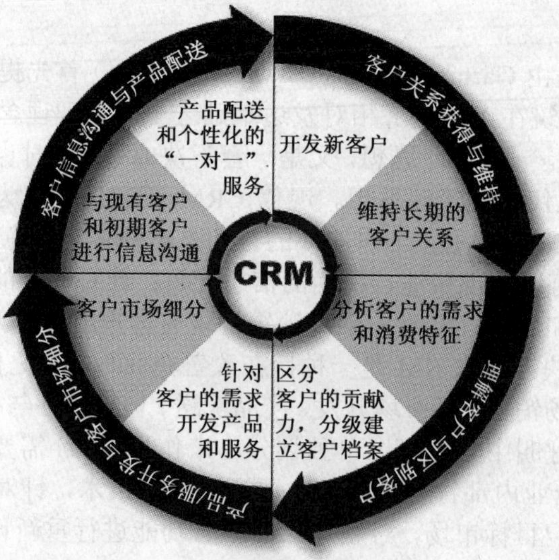

图 10-1　CRM 经营理念

资料来源：Nykamp Consulting Group(www.eyefortravel.com)。

CRM 经营理念的实现，是企业的四个经营管理环节往复循环的过程。企业通过客户信息获得、分析了解客户、划分客户重要度和贡献率、为客户提供个性化的商品和服务，完成一个商业循环。在为客户进行产品销售和服务过程中，可以充分利用各种信息渠道（如电话呼叫中心、E-mail、客户服务卡、Web 浏览器等）与客户进行沟通，获得的客户信息又反过来为其他三个环节服务，因此 CRM 也是一个螺旋式上升的过程。企业通过对四个环节的协同工作、互相驱动，使企业进入一个良性的经济发展循环轨道。

4．CRM 软件系统的组成

不同 CRM 软件生产厂家开发的 CRM 软件系统平台有较大的差异。通常，CRM 软件系统由统一联络模块、销售/服务模块、后台保障模块、客户数据库和电子商务智能模块组成，如图 10-2 所示。有的厂商开发的 CRM 软件还包括了合作伙伴关系管理、商业智能、知识管理等模块。不同模块分别实现收集、整理、加工客户信息和智能辅助决策等功能。

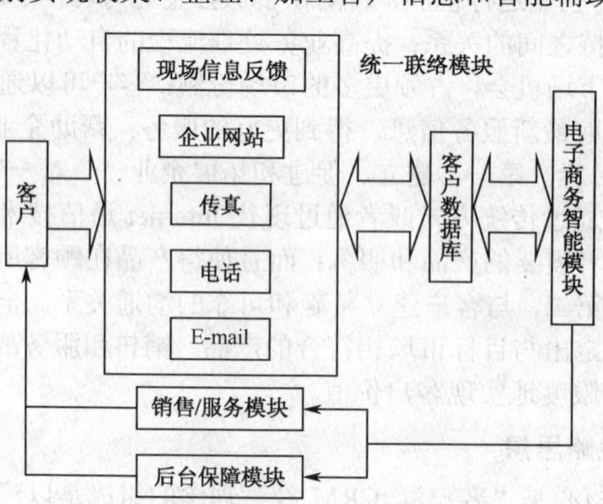

图 10-2　CRM 软件系统

5. CRM 的基本功能

CRM 解决方案应具备畅通合理的客户交流渠道、电子商务智能分析系统、后台 ERP 系统的良好集成等主要要素；包括对销售、营销和客户服务 3 个企业经营管理环节的信息化监控；对客户信息的集成和自动化处理；对所获得的信息进行深度加工，提供商业智能服务和商业辅助决策等。CRM 软件的基本功能包括客户管理、分销商管理、时间管理、销售管理、营销管理、客户服务等。

（1）客户管理：获得客户基本信息，如客户的基本社会信息、个人购买特征信息、订单的输入和跟踪；建议书和销售合同、产品/服务质量反馈等。

（2）分销商管理：记录分销商信息，如经营渠道、市场情况、分销商机构设置、经营业绩等。

（3）时间管理：企业任务表、提示/预告和企业活动计划，包括约会、会议、电话、电子邮件、传真、备忘录等。

（4）销售管理：分析客户、业务描述、分销商管理、业务额、现场信息反馈、售后服务等销售信息；提供销阶段性销售业务报告，评价销售业绩，并给予战术、策略上的支持。

（5）营销管理：收集企业营销活动（如广告、研讨会、网站营销、展览会等）信息，评价营销活动效果。

（6）客户服务：安排、调度服务项目、生成服务协议和合同；管理和跟踪订单、产品的配送以及产品的维修与升级等。例如，Synlead 客户关系管理系统可以直接调用 Microsoft Exchange Server 和 Outlook 的功能，向指定的客户群体，集中发送 E-mail 电子邮件进行信息交流，甚至通过 Microsoft Fax 共享传真服务，可以应用计算机网络传真功能与客户群进行联络。

（7）呼叫中心：呼叫中心的主要功能包括对客户通过互联网、电话、传真、E-mail 等信息渠道提出的要求及时应答。有时候，呼叫中心特指自动电话应答系统，其目的是实现全天候无间断电话服务。它通常由以下几个核心部分组成：智能网络（IN）、自动呼叫分配（ACD）、交互式语音应答（IVR）、计算机电话综合应用（CTI）。智能网络是呼叫中心依托的通信基础设施，它可以根据企业的需要制定不同的路由策略，提供 400、800 免费呼叫服务，支持虚拟专用网等。自动呼叫分配（ACD）系统性能的优劣直接影响到呼叫中心的效率和顾客的满意度。交互式语音应答（IVR）系统实际上是一个“自动的业务代表”。通过 IVR 系统，顾客可以利用音频按键电话或语音输入信息，从该系统中获得预先录制的数字或合成语音信息。计算机电话综合应用（CTI）技术可使电话与计算机系统实现信息共享，并允许根据呼叫者、呼叫原因、呼叫所处的时间段和呼叫中心的通话状况等来选择呼叫路由、启动功能和更新主机数据库。

（8）商业智能：分析企业获得的客户信息，提供商业辅助决策建议和“一对一”的客户服务方案，确定客户对企业的贡献率，划分客户等级；接收和提取员工信息，确保企业资源的合理利用；监视企业 CRM 系统运行状况，边界预警等。

10.3.2　旅游企业 CRM 的实施策略

旅游行业本质上是一种服务业，它不生产有形产品，而是提供与客户直接见面的旅游服务，因此，客户满意程度对旅游企业的发展至关重要。树立以客户为中心的理念，实施客户关系管理对于提高旅游企业竞争力具有重要意义。

1. 获得高层领导的重视

CRM 首先代表客户为主，这种理念必须通过企业的具体业务过程才能体现出来，但是它需要通过高层领导自上而下的传达。因此，旅游企业要想更好地实施 CRM，首先需要获得高层领导的支持和理解。只有旅游企业的管理层共同认可才能将 CRM 更彻底地贯彻下去，真正形成以客户为中心的理念。

2. 加强企业传统文化的改造

CRM 是一种“以客户为中心”的商业模式，它的真正贯彻实施需要一种全新的企业文化做支撑。因此，旅游企业在实施 CRM 时必须对传统的企业文化进行改造。应重视游客的利益，关注游客的个性化需求，形成一切以游客为主的经营思想。当然，这种企业文化的改造不可能一天完成，因此，企业要做好打持久战的准备，同时，在企业的日常经营中逐渐渗透为客户服务的思想。

3. 建立以客户为导向的组织结构

实施以客户为中心的客户关系管理需要旅游企业加大对客户关系的管理，因此，企业需要改变传统的组织结构，建立以客户为导向的新的组织结构。一方面，需要推行扁平化的组织形式，减少旅游企业组织结构层次，使客户更容易和企业的管理层对话。另一方面，旅游企业还应该根据游客群来设立部门，加大与游客直接接触的部门的力量。这样旅游企业能够更多地掌握客户的需求信息，更好地为客户服务。

4. 注重旅游企业的业务流程重组

旅游企业传统业务流程是基于业务和产品线而设计的，通常是根据不同的旅游线路来安排相关的业务流程，如出境游线路、国内游线路等。这种业务流程没有将客户进行具体的区分，因此，很难做到以客户为中心的服务。实施 CRM 需要从根本上对不合理的传统业务流程进行彻底再造，使旅游企业业务流程与客户满意度相匹配。

5. 加强游客的价值管理

所谓游客价值，就是一个游客在其整个生命周期内，与企业进行业务往来的过程中给企业带来的所有价值总和。游客在不同阶段的价值对于旅游企业的价值是不同的，如一个享受过旅游企业服务的游客所具有的价值就是历史价值，能够为企业带来更多的潜在客户。而一个正在咨询旅游企业服务的游客就具有潜在的价值，能够为旅游企业带来新的利润。因此，旅游企业要充分认识游客在不同阶段的价值，对不同价值的游客考虑不同的服务策略，真正提供专业化、个性化的客户服务。

6. 建设适合旅游企业特点的客户关系管理系统

为了加强对企业客户的管理，旅游企业还应该借助于相关的 CRM 软件，建立适合本企业的 CRM 系统。对于旅游企业而言，一个 CRM 系统主要由旅游业务营销子系统、组团资源整合子系统、客户支持和服务管理子系统、决策支持子系统和数据库等构成。

7. 建立适应 CRM 的绩效管理与薪酬制度

绩效考核和薪酬制度是指导企业员工工作行为和努力方向的指挥棒。一个好的绩效管理与薪酬制度能够最大限度地激发员工的积极性和进取心，能够为企业带来巨大的经济效益，同时还有利于创造企业文化。对于旅游企业而言，建立一套适应 CRM 的绩效考核制度，不仅能够使企业的每一位员工在工作中切实贯彻“以客户为中心”的观念，而且还能够对原有的绩效考核度进行调整，从而实现员工利益最大化和企业效益最大化的目标。

8. 加强对员工的培训

实施 CRM 需要旅游企业从上到下的服务观念和经营理念的转变。其中，加强对员工以客户为中心的观念培训，能够促进企业员工形成共同的 CRM 观念。此外，通过对全体员工的培训，能够进一步确立全员营销的观念，增强对客户重要性的认识。

10.3.3 我国旅游企业 CRM 的应用

旅游业与银行、保险、电信等行业一样，是一个需要获得顾客广泛支持的行业。现代旅游业的三大支柱是旅行社、旅游交通、旅游饭店。在旅游娱乐、旅游商品以及旅游购物等环节的企业信息化战略构建中，由于对客户的竞争异常激烈，因此要建立 CRM 战略中以客户为中心的理念。提倡的以客户为中心的理念相适应。但是由于中国的旅游电子商务尚处于初步发展阶段，同时中国缺乏规模大、经济实力强的现代旅游企业，因此中国现代旅游企业的电子商务解决方案，大多停留在旅游企业信息网站开发这一个初级发展阶段。

为了能够更加明确地说明我国旅游企业 CRM 的应用状况，下面通过一个实例来进行说明。广东易网通商旅资讯服务有限公司（www.ct-china.com）是由澳大利亚海外投资控股公司和中国南方航空公司联合组建，致力于为企业集团和商旅人士提供实时、安全、可靠、一体化商务旅游服务的专业旅游电子商务提供商。广东易网通是国内首家实现电子机票在线预订支付的商业网站，并建立起完善的机票、酒店、商旅会展和货运服务体系，可实现中国银联所有成员银行的信用卡、借记卡及 VISA、万事达卡、美国运通卡、大来卡的网上支付。机票配送网络已覆盖广州、北京、上海、天津、大连等大中城市。

广东易网通公司于 2001 年 7 月取得国内旅行社经营权，成为具有旅行社性质的商业信息网站，其旅游经营项目主要集中在商务旅游领域，通过建立完备的 CRM 系统凝聚公司客户，面向全国的旅游饭店、航空公司提供在线订房、在线订票等商务旅游服务。该公司的发展战略是：以商业旅游服务为发展基础，通过互联网，应用信息化战略思想整合传统商业旅游的运营模式，为多元化的商业旅游者提供优质的个性服务。

广东易网通公司的 CRM 实施方案是由美国艾克国际科技有限公司，针对中国商务旅游的多种服务项目和用户群体，在 eCRM 系统的核心基础上，结合中国商务旅游客观要求，开发实施的 CRM 战略方案；包括机票预订、酒店预订、旅游等；用户群组包括新客户、老客户、VIP 客户等。

应用在广东易网通公司的艾克 eCRM 系统需要解决的目标客户可分为三类：新客户、老客户和 VIP 客户。对于新客户，系统自动识别用户类别，然后记录完整用户信息，并为该用户提供及时、互动、多渠道的全方位服务，同时，还可以即时向用户提供公司对此客户定制的商业规则和销售建议，通过 E-mail、传真、电话呼叫等手段增加后续服务；对于老客户，系统进行分析、统计、整理信息资料，进一步发掘用户价值，建立良好的客户关系。对于 VIP 客户，系统对客户，进行贡献度分析，找出对企业贡献度最大的 VIP 客户，并针对这些客户，制定相应的营销规则，提供最好的服务。公司对三类客户的识别实际上是采用积分消费制度，即公司依照客户与公司发生交易的业务量，赋予客户由低到高的等级身份，以此来区分客户身份，鼓励客户与公司持续进行交易。

基于美国艾克的 CT-Web 和 Call Center 系统核心的广东易网通公司的客户统一联络中心，能够提供几乎所有媒体的接入服务，包括 Web、Tel、Fax、E-mail、FTP、WAP，使得客户可以选择最适当的方式同企业联络。CRM 系统通过客户统一服务中心，将来自网络、电话以及传真的用户信息整理分类，同时依靠自动语音分派系统，将不同类型的需求信息和客户信息经过滤后添加至企业用户数据库和产品/服务数据库中。美国艾克 eCRM 系统的数据库中，包括了该名客户的基本信息、以往行为记录、咨询记录等。

广东易网通公司的 CRM 系统的商业智能模块，其后台采用美国艾克 OTO Analyzer 数据分析系统，对企业已有用户数据做统计、整理，进一步利用数据分析模型做相应的数据分析，找出关联性，让企业尽可能了解客户的偏好和需求，从而在最合适的时机，通过最便捷的渠道为用户提供更个性化更适宜的服务。例如，根据订机票与预订酒店的关联度，从而可以针对不同的客户在预订机票后推荐相应的酒店服务。同时，该平台还可以及时发现即将流失的客户，企业可以通过一些市场手段，及时给予这部分客户适当的关怀，避免客户流失，增加客户的忠诚度。

通过对美国艾克的 eCRM 平台的应用，易网通商旅建立了统一的客户服务中心，该中心具有咨询、服务功能，还包括销售功能和企业市场计划功能，充分利用廉价的网络多种媒体资源，降低企业服务成本。同时，建立了多种业务项目、多种客户群组的统一客户数据库，并通过分析结果划分了企业客户群体，制定不同的销售计划。例如，根据对预订折扣机票的敏感度，推荐相关的机票打折信息和相应的积分制；根据对航空公司及航行时间或酒店的偏好，向客户推荐客户喜欢的航班或酒店等。通过该系统，公司的企业整体信息化建设更加完善，销售、管理系统更加规范。通过系统分级权限管理，企业各级负责人可直接浏览下级客服专员在服务过程中所交办给销售部门的代办事项，并进行及时处理；主管可及时监控客户服务后续工作的效果。

10.4 旅游企业的企业资源计划（ERP）

企业资源计划（Enterprise Resource Planning，ERP）是在早期的制造资源计划 MRP II（Manufacturing Resources Planning）基础上，发展形成的针对企业资源管理的计算机辅助企业管理系统。企业资源计划就是将现代化通信技术、计算机技术和网络技术应用到企业管理中，使得企业资源和各方面的生产要素合理配置，最大限度地发挥这些资源的作用。

10.4.1 ERP 概述

ERP 概念提出之后，ERP 有了长足的发展，在功能模块方面不断发展和改进，逐渐形成比较完善的 ERP 软件。

1. ERP 概念

ERP 的概念是由 Gartner Group 于 20 世纪 90 年代初首先提出的，该机构认为 ERP 在功能和技术上超过 MRPⅡ。美国生产及存货管理协会（APICS）也称为“美国资源管理的教育协会"，它在 1995 年对企业资源计划所做的解释如下："企业资源计划是一个以企业会计为导向的信息系统，其目的是对企业的制造、配送和结算等环节的企业资源进行合理的规划和管理。与传统的 MRPⅡ系统相比较，ERP 扩展应用了现代计算机技术、通信技术和互联网技术，例如图形接口（GUI）、关系型数据库、第四代语言、主从（Server / Client）架构和开放式系统（Open System）等。"

综合来说，ERP 是指建立在现代化信息技术基础上，对企业资源进行系统规划，从而达到企业内部资源的最佳组合，获取最佳效益的综合性管理平台。ERP 包括三个方面的内容。第一，ERP 是对企业资源进行优化的管理思想；第二，ERP 是综合应用关系型数据库、图形用户界面、第四代语言、网络通信等计算机软/硬件技术完整的软件系统；第三，是 ERP 管理思想与 ERP 软件系统相结合，对企业的资源和生产要素进行集成管理的管理系统。现代 ERP 还使用人工智能应用在项目管理、内部资源整合、质量管理、客户管理、自动生成报表等企业自动化管理过程。

2. ERP 软件的主要模块

ERP 是将企业的物质流、资金流、信息流进行全面系统管理，不但适用于生产企业，也适用于商业企业。由于生产企业相对于商业企业的管理环节和管理流程更具有代表性，因此本节的内容主要以生产企业的企业资源计划为主来介绍 ERP 软件的主要组成和功能。

总的来看，企业的管理主要包括四个方面的内容：生产控制（计划、制造）、物流管理（分销、采购、库存管理）、财务管理（会计核算、财务管理）和人力资源管理。这里主要介绍与旅游企业关系较为密切的财务管理和人力资源管理。

1）财务管理模块

ERP 中的财务模块与一般的财务软件不同，它的数据主要来源于生产、采购活动采集的信息，通过企业局域网，自动计入财务模块生成总账、会计报表，取消了传统财务软件系统输入凭证的烦琐过程。一般的 ERP 软件的财务部分分为会计核算与财务管理两大块。

（1）会计核算主要是记录、核算、反映和分析资金在企业经济活动中的变动过程及其结果。它由总账、应收账、应付账、现金、固定资产等部分构成。总账模块的功能是处理记账凭证输入、登记，输出日记账、一般明细账及总分类账，编制主要会计报表。它是整个会计核算的核心，应收账、应付账、总账、成本会计、固定资产核算、现金管理、工资核算等各模块都以其为中心来互相传递信息。

（2）财务管理的功能主要是基于会计核算的数据，再加以分析，从而进行相应的预测、管理和控制活动。它侧重于财务计划、财务分析、财务决策。

- 财务计划：根据前期财务分析做出下期的财务计划、预算等。
- 财务分析：提供查询功能和通过用户定义的差异数据的图形显示进行财务绩效评估、账户分析等。
- 财务决策：财务管理的核心部分，中心内容是做出有关资金的决策，包括资金筹集、投放及资金管理。

2）人力资源管理模块

企业内部的人力资源是企业重要的资源组成元素之一。人力资源管理和 ERP 中的财务、生产系统组成了一个高效的、具有高度集成性的企业资源系统，它与传统方式下的人事管理有着根本的不同。企业资源计划中的人力资源管理模块是建立在高度信息化企业局域网基础上、人力资源信息共享的企业管理体制，它包括人力资源规划的辅助决策、人员招聘管理、工资核算、工时管理和差旅核算五个部分。

（1）人力资源规划的辅助决策。对于企业人员、组织结构进行模拟比较和运行分析，帮助企业管理者做出最终决策；制定职务模型，包括职位要求、升迁路径和培训计划，根据担任该职位员工的资格和条件，系统会提出针对本员工的一系列培训建议，一旦机构改组或职位变动，系统会提出一系列的职位变动或升迁建议；进行人员成本分析，可以对过去、现在、将来的人员成本做出分析及预测，并通过ERP集成环境，为企业成本分析提供依据。

（2）人员招聘管理。企业的招聘管理主要从以下几个方面提供支持：对招聘过程进行管理，优化招聘过程，减少业务工作量；对招聘成本进行科学管理，从而降低招聘成本；为选择聘用人员的岗位提供辅助信息，并有效地帮助企业进行人才资源的挖掘。

（3）工资核算。能根据公司跨地区、跨部门、跨工种的不同薪资结构及处理流程制定与之相适应的薪资核算方法，对员工的薪资核算实现动态化。

（4）工时管理。根据本国或当地的日历，安排企业的运作时间以及劳动力的作息时间表。运用远端考勤系统，可以将员工的实际出勤状况记录到主系统中，并把与员工薪资、奖金有关的时间数据导入薪资系统和成本核算中。

（5）差旅核算。自动控制差旅申请、差旅批准和差旅报销整个流程。

3．ERP的发展阶段

ERP从最初一般性数据记录、查询和汇总，发展到建立在全球Internet基础上的跨国家、跨企业的管理体系，大体可以划分为五个阶段。

第一阶段（20世纪60年代）——企业管理信息系统阶段MIS（Management Information System）：企业的信息管理系统主要是记录大量原始数据、支持查询、汇总等方面的工作。

第二阶段（20世纪70年代）——原材料需求计划阶段MRP（Material Require Planning）：企业的信息管理系统对产品结构进行管理；借助计算机信息系统对客户订单、库存、产品进行管理；实现减少库存，优化库存的管理目标。

第三阶段（20世纪80年代）——制造资源计划阶段MRPⅡ（Manufacture Resource Planning）：在MRP管理系统的基础上，企业的管理系统增加了对企业生产中心、加工工时、生产能力等方面的管理，以实现计算机进行生产过程优化，同时也将财务的功能囊括进来。企业的内部管理形成以计算机为核心的闭环管理系统，动态监察产、供、销的全部生产过程。

第四阶段（20世纪90年代）——ERP阶段（Enterprise Resource Planning）：以计算机为核心的企业级的管理系统更为成熟，系统增加了包括财务预测、生产能力、调整资源调度等方面的功能；成为企业进行生产管理及决策的平台工具。其中，准时制生产也称“及时生产”，是指建立在力求消除一切浪费和不断提高生产率基础上的一种生产理念，它覆盖了从产品设计直到产成品配送的一整套生产活动。准时制生产的主要思想有：尽可能地减少库存；产品质量追求零缺陷；通过缩短调整准备时间、等待队列长度，减少批量等来压缩提前期等。

第五阶段（21世纪初）——电子商务时代的ERP：Internet技术的成熟为企业信息管理系统增加了与客户/供应商实现信息共享和数据交换的能力；同时，Internet使独立分散的企业在全球范围内联系起来。电子商务时代的ERP正是在全球商务网络化、信息化的要求下建立起来的跨国、跨行业的电子商务企业资源管理战略。

10.4.2　旅游企业的 ERP 实施

旅游企业实施 ERP 实质上是企业实施信息化的过程，但是旅游企业不同于一般的制造业企业，它不生产有形的产品，而是提供信息和服务。因此，在实施 ERP 的过程中，旅游企业应该结合本行业的特征，因地制宜地采取相应措施。

1．实施旅游企业组织结构再造

ERP 战略的实施离不开企业组织部门的支持，传统的旅游企业在实施 ERP 的过程中可能面临组织结构不能适应 ERP 战略实施的问题。因此，旅游企业实施 ERP 战略的首要任务是，对企业的组织结构进行重组和再造，特别是根据旅游企业的特点，设计出一套符合旅游企业规律和适应现代企业管理制度的组织结构。

2．规范旅游企业业务流程

规范企业业务流程，能够大大减少企业业务过程中不必要的浪费，促进关键业务流程的合理化，大幅度提高工作质量和效率。对于旅游企业而言，要在充分考虑 ERP 系统要求的基础上，结合旅游企业自身特点，设定旅游企业的业务流程，发挥旅游企业快捷、高效运作的性能。在规范旅游企业业务流程过程中，要尽可能减少非增值活动，摆脱僵化的企业观念，优化企业业务流程，以提高企业效益、降低成本为原则。

3．分步导入，逐渐完善

旅游企业是一个整体，在旅游企业信息化建设中，要从集成管理的角度来总体规划，并且分步导入，逐渐完善 ERP 系统。在旅游企业实施 ERP 的过程中，要有轻重缓急之分，从实际出发，重点解决企业当前面临的最突出的问题，分阶段逐层推进，切不可一刀切。ERP 的实施要有针对性地提出企业管理中存在的问题，确定哪些需要 ERP 系统的改造，哪些暂时不需要。这样既可以降低企业的投资风险，也可以提高 ERP 实施的成功率。

4．建立人员培训机制

ERP 能否成功实施的关键是，有效的变革能否确保企业组织机构和员工能够接受新的业务流程和系统。因此，顺利实施 ERP 的前提条件是充分调动员工的积极性，及时进行 ERP 的培训，这其中包括业务流程重组、管理模式和业务架构转变、岗位职能调整等方面的培训。在人员培训的过程中，首先，要注重对中层领导和业务骨干的培训，使他们理解在 ERP 实施过程中，自己应当如何配合项目小组、管理咨询公司、软件厂商的工作，调整工作方式、工作内容；其次，需要明确这种培训是长期的，需要系统地进行 ERP 等现代企业管理思想、方法、信息技术和项目实施的培训教育，以充分提高企业员工的素质。

5．完善相应的企业文化

企业文化是指在一定的社会经济条件下，通过社会实践形成的并为全体成员遵循的共同意识、价值观念、职业道德和行为规范的总和，它是一个企业在自身发展过程中形成的以价值为核心的独特的文化管理模式，是企业的无形资产。因此，旅游企业在实施 ERP 的过程中，应逐步改造原有文化，并且不断完善 ERP 的相关企业文化，从而形成新的有利于 ERP 实施的文化氛围，为保证 ERP 战略的顺利实施奠定良好的基础。

10.4.3 旅行社与 ERP 实施战略

旅行社是现代旅游业的标志，也是旅游产品的开发商和推销者。随着 Online Travel 的兴起和国家旅游局对旅游信息网站开放旅行社经营权，传统旅行社的信息化战略显得日益迫切。部分旅行社的电子商务解决方案通常采用以下两种战略：第一，与旅游信息网站联合经营，以独立核算的方式获得旅游信息网站组织招揽的旅游者；第二，通过 Internet 网络供应商建立旅行社自身信息网站，直接通过 Internet 面向客户信息市场。这两种旅行社电子商务战略并不是严格意义上的现代旅游企业信息化战略。现代旅游企业的电子商务解决方案要求企业以客户/市场为导向，通过企业的网络化建设、信息化建设过程，对企业的内部软、硬件资源进行重组、整合，实现新时期的现代化企业管理要求。旅行社 ERP 实施战略是网络信息时代旅行社电子商务解决方案的成功应用之一。现代旅行社 ERP 系统的内容涵盖了几乎所有的传统旅行社业务，包括入境游、出境出国游、国内游、订房订票、网点柜面、团队结算、财务管理等子系统。完整的旅行社 ERP 系统主要可以实现现代旅行社的所有功能，而且使之适应企业的信息化要求，包括数据管理、报表管理、业务处理、统计查询、数据传输接口等。

1．旅行社 ERP 战略内容

旅行社 ERP 战略一般包含以下五个方面的内容。

（1）旅行社的主要业务流程（组接团、旅游线路设计和包装、订房订票派车派陪的后台保障、团队核算、财务结算、部门效益考核、应收应付往来等）作为信息处理流程。

（2）面向市场运作，及时采集和更新客源信息和旅游资源信息，并将收集的信息进行整理、归类、数字化存档；

（3）企业信息流应保持一致性和共享性。

（4）企业信息整理、分析、业务流程的信息化等工作，由专人负责。

（5）对企业信息资源的应用，应以业务流程为基础，实行集中管理、分权使用。

旅行社 ERP 是一个集成计算机硬件和辅助管理软件的信息系统。计算机硬件环境一般包括以客户端/服务器（Client/Server）结构为框架的旅行社局域网系统；辅助管理软件系统的主要子系统及其主要功能如表 10-2 所示。

表 10-2 辅助管理软件系统的主要子系统及其主要功能

辅助软件系统的主要子系统	主 要 功 能
旅游资源管理子系统	组接团旅行社信息、交通信息、宾馆信息、餐厅信息、景点信息等
入境游业务子系统	外联销售、计划调度、团队落实、导游安排、团队核算等
出境业务子系统	前台预订、出团计划、线路编排、发票收银、后台处理、与出入境管理处通信接口、团队核算等
国内游业务子系统	前台预订、出团计划、线路编排、发票收银、计调管理、团队核算等
现场销售子系统	游客登记、线路查询、发票收银、销售统计等
订房订票服务子系统	宾馆预订、机票销售、票证票据管理、销售核算等
财务会计子系统	凭证管理、账目管理、应收应付、银行对账、部门核算、内部银行、固定资产管理、工资管理等

旅行社通过 ERP 的各个子系统，全面收集与旅行社经营管理活动有关的企业外部和内

部信息，并使企业外部信息内部化。旅行社通过企业信息流将各个子系统系统连接起来，使得企业各个业务流程融会贯通，前台与后台业务相互关联，实现企业信息资源集成管理，从而保持信息的一致性、共享性，形成高效快捷的企业业务运作。

2．旅行社 ERP 战略实施的意义

旅行社 ERP 战略实施的意义包括 4 个方面。

（1）实现企业外部和内部信息/前台与后台信息的充分整合和应用，对旅行社经营活动过程中的所有信息进行有效的管理，提高旅行社对企业资源及信息资源的控制，规避传统旅行社因为核心业务员的流失而造成的企业客户资源流失的风险。

（2）旅行社 ERP 战略有利于旅行社客户关系管理 CRM 战略的进一步实施。

（3）旅行社 ERP 战略的实施有利于旅行社通过全球电子商务信息网络，开发不同年龄层次、不同消费结构、不同地域特征的全国范围，乃至全球范围的旅游者目标市场；同时旅行社通过对各种信息渠道获得的客户信息的分析，充分利用企业的各方面资源，满足旅游者的个性需求；用现代化的信息时代的营销理念重新整合旅行社的不合理的资源配置和业务流程。

（4）由于 ERP 是一个建立在以企业会计制度为导向基础上的信息系统，旅行社的信息流动过程实际上就是资金流动过程；信息在旅行社各部门实现无缝连接，使账务上的时滞得到一定程度的解决；通过 ERP 系统对核算、账务进行前台、后台统一集成管理后，应收、应付账款的管理会变得更有序；因此，ERP 的实施有利于旅行社的财务管理，根除传统旅行社在财务管理上的弊病。

总之，旅行社 ERP 实施的主要宗旨是将旅行社的各方面资源进行合理调配，实现旅行社的内部、外部的网络化和信息化，从而实现旅行社管理方式现代化转变；为旅行社提高客户资源利用率、降低企业运行成本和效率、提高企业盈利水平等方面提供了强有力的工具。

本 章 案 例

“金棕榈”旅行社 ERP 系统

上海棕榈电脑系统有限公司成立于 1992 年，是中国旅行社行业的信息化建设持续发展时间长、经验丰富、相关专利技术多的公司，是中国重要的旅行社软件的供应商和服务商。它开发的“金棕榈”旅行社信息管理的 ERP 系统为国内首创，该系统以国外先进的理论为指导，应用现代信息技术，结合多年丰富的旅行社管理经验开发而成，开创了中国旅行社信息化管理的先河。在此基础上，“金棕榈”率先推出“4B+2C”旅行社电子商务平台（B2B 分销平台、B2C 商务网站、BPR 业务流程、BSC 绩效考核、CRM 客户关系管理、Call-Center 呼叫中心），大幅度提高了旅游企业的经营管理效率。“金棕榈”软件产品不仅在中国旅行社行业市场占有率第一（全国百强旅行社中有 47%的用户，包括排在百强社首位的中国旅行社总社有限公司和上海锦江、港中旅国际、上航国旅、广东中旅、中妇女等大型旅游集团），也是中国各级旅游院校教育版软件的首选平台（包括南开大学、厦门大学在内全国的高校占有率 32%）。目前，由上海棕榈电脑系统有限公司开发的“全国旅游团队服务管理系统”为国家及地方各级旅游局对辖内旅游市场进行监管提供了先进的技术和手段。“金棕榈”已经成为旅行社行业标准化、规范化、信息化的代名词。

“金棕榈”旅行社ERP系统（V7版）包含以下子系统和功能模块。

（1）业务流程系统BPR（包括采购中心、策划中心、销售中心、团控中心、结算中心、客户中心等）。

（2）分销平台B2B（包括销售预订、产品管理、订单处理、收银核算、会员管理等）。

（3）电子商务网站B2C（包括旅游产品展示、旅游产品查询、旅游产品预订等）。

（4）绩效考核管理BSC（包括部门考核、绩效考核、薪酬浮动等）。

（5）呼叫中心系统Call Center（包括知识库管理、客户管理、配送管理、电话服务管理等）。

（6）客户关系管理系统CRM（包括客户资料管理、客户挖掘、客户关怀、积分管理、统计排行等）。

“金棕榈”旅行社ERP系统（V7版）实现了旅行社和游客之间的信息互动，旅行社和分供商之间的信息共享，旅行社内部管理的信息畅通与共享。

“金棕榈”旅行社ERP系统（V7版）具备以下特色。

（1）全面实现电子商务化。不仅通过BPR系统完成旅行社内部业务流程化管理，同时，从在线门户网站B2C、分销系统B2B到呼叫中心Call Center、客户关系管理CRM，全面实现旅行社电子商务化，开拓旅行社的创新商业模式。

（2）无地域限制。全套系统采用B/S结构，没有任何地域限制，可以满足集团化旅行社全国甚至世界连锁的管理要求。

（3）总部实时监控。集团总部可对业务进行监控，随时查看线路销售、部门订单、收客收款等情况，通过对于报表的查看、对比，全面掌握各部门工作情况，了解整体业务运转情况。

（4）以订单为核心的结算模式。实现了上下游企业及前后台结算模式，简化了结算流程，每笔订单交易确认完毕，后台结算便即时完成。避免单团结算中出现的成本不确定而导致结算烦琐。

（案例来源：上海棕榈电脑系统有限公司，段艳梅，http://www.goldpalm.com.cn 2011.6.28）

案例分析题：

（1）以“金棕榈”旅行社信息管理方案为例，分析在旅游企业电子商务战略实施过程中，企业资源计划对传统旅行社具有什么意义。

（2）旅行社的ERP实施方案是否适合于所有的旅游企业？

本章小结

旅游企业信息化应用战略的目标主要表现在两个方面：首先是旅游企业进行有效的网络营销活动，从而树立企业形象、传递产品和服务信息，实现开发新的客源市场，维持现有客户资源的目标；其次是对旅游企业的内部资源进行合理化配置，提高企业资源利用率，降低企业运行的成本。本章所介绍的旅游企业网站建设策略、旅游企业的网络营销、客户关系管理和企业资源计划都是为实现这两个目标服务的企业信息化应用策略。由于旅游企业的多样性和各自对客户市场及企业资源侧重点的不同，现代旅游企业的信息化应用战略必须根据旅游企业的自身特点和要求，因地制宜地选择适合的战略。

复　习　题

（1）旅游企业网站一般需要具备哪些功能？
（2）论述旅游企业网站建设的步骤。
（3）简要论述旅游企业网站建设的策略。
（4）比较旅游企业网络营销与传统营销活动的不同之处。
（5）简述旅游企业网络营销策略。
（6）简述旅游企业网络营销的新趋势。
（7）分析旅游企业实施客户关系管理的策略。
（8）分析 ERP 战略对旅行社发展电子商务的重要性。
（9）旅游企业实施 ERP 需要注意哪些方面的问题？
（10）试分析现代旅游企业的信息化应用战略对于旅游企业的发展具有的意义。

讨　论　题

（1）与一般企业建设网站相比，旅游企业建设网站有何特殊之处？
（2）旅游企业在建设网站的过程中需要注意哪些方面的问题？
（3）讨论旅游企业有没有必要开展网络营销？为什么？
（4）讨论携程旅行网的网络营销策略。
（5）旅游企业为什么要实施 CRM 策略？对于旅游企业而言，“客户”都包括哪些群体？
（6）讨论我国旅游企业实施 ERP 的历史及其现状。
（7）举例说明旅行社实施 ERP 的策略。
（8）举例说明我国旅游企业对 CRM 的应用状况。

网络实践题

（1）浏览携程旅行网，分析其网站的结构以及其网站的建设策略。
（2）上网浏览中青旅网站，分析该旅游企业开展网络营销的历史。
（3）选择一家旅游企业网站，分析该企业 CRM 的应用状况。
（4）选择一家旅游企业网站，深入分析其 ERP 的实施情况。

第11章 旅游企业信息化管理

【本章导读】

旅游企业信息化已经成为旅游企业开展电子商务的重要基础，旅游企业信息化管理为旅游企业深入开展电子商务奠定了重要基础，在市场、政策、竞争等因素的影响下，旅游企业信息化管理成为必然，并且出现了不同的管理模式。在发展战略的指引下，旅游企业信息化管理又具有了不同的战略选择。同时旅游企业信息化管理的实施离不开管理支持系统的支持和外部环境的保障。

【学习目标】

- 了解旅游企业信息化管理的必然性。
- 掌握旅游企业信息化管理模式及其战略选择。
- 了解旅游企业信息化管理的支持系统。
- 了解旅游企业信息化管理的实施保障。

11.1 旅游企业信息化管理的必然性与管理模式

目前，我国旅游企业信息管理水平还不高。尽管旅游企业中采纳的信息技术种类繁多，如计算机预订系统、电视会议、可视图文、电子宣传品、航空电子信息系统、电子货币交易系统、数字化电子网络、旅游企业办公自动化系统等，但占较大比重的主要是广泛运用于旅游企业经营中的计算机预订系统，而旅游企业管理中信息技术的采用却十分缺乏，即使有也较零散、不成体系或实用性不强，旅游企业信息化管理明显滞后于旅游业的发展。然而，对国际化程度很高、动态性极强的旅游业来说，采用信息化管理方式是适应信息时代快速变化的迫切需要和重要手段。

11.1.1 旅游企业信息化管理的必然性

1. 环境的必然性

近年来，中国的旅游业进入了一个快速发展的阶段。着手中国旅游产业的信息化建设，提高中国旅游产业的信息化水平，使中国在21世纪前叶成为世界首位旅游大国，是中国旅游业面临的机遇和挑战。特别是随着经济全球化的发展，旅游业也走出了国门。如何吸引国外的旅游者以及开拓国外旅游市场，已成为我国旅游企业面临的重要的挑战。随着我国居民生活水平的提高，人们开始更加关注生活质量，旅游成为调节人们生活节奏的重要途径，人们对于旅游的要求也越来越高，因此，提供高质量的旅游产品及服务也成为旅游企业必须考虑的问题。综合而言，经济全球化的趋势以及人们生活水平的提高带来的需求变化等，都对我国旅游企业的信息化发展提出了更高的要求，使得旅游企业的信息化成为必然。

2．政策的必然性

当前，我国国内旅游行业还存在低价竞争、零团费，甚至负团费等现象，并且缺乏诚信也是我国旅游行业面临的重要问题。究其原因，主要还是由于旅游企业内部管理不严、管理不善等造成的。为了改善旅游企业的这种状况，我国各级政府也相应出台了各种政策措施，以规范旅游企业的经营活动。随着人们对旅游产品服务质量要求的逐步提高，相关的政策措施也逐渐完善和严格起来。为了能够符合国家的政策措施，旅游企业实施信息化管理成为一个必然的趋势和手段。

3．市场的必然性

经过多年的发展，我国的旅游市场已经初具规模。到 2009 年年末，全国旅行社共有 20399 家，全国旅行社资产总额为 585.96 亿元，各类旅行社共实现营业收入 1806.53 亿元，实际缴纳税金 12.69 亿元。在游客数量方面，2009 年，全国旅行社共招徕入境游客 1261.43 万人次、5615.89 万人天，分别比上年下降 4.8%和 3.3%；经旅行社接待的入境游客为 1873.38 万人次、6304.59 万人天，分别比上年下降 7.9%和 1.6%。2009 年，经旅行社组织出境旅游的总人数为 1234.68 万人次，组织国内过夜游客 10123.47 万人次、30018.97 万人天，经旅行社接待的国内过夜游客为 13696.05 万人次、26339.34 万人天。此外，在旅游行业本身的人员培训方面，2009 年，全行业在职人员培训总量达 397.11 万人次。

2010 年，全年国内出游人数达 21.0 亿人次，比上年增长 10.6%；国内旅游收入为 12580 亿元，增长 23.5%。入境旅游人数为 13376 万人次，增长 5.8%。其中，外国人为 2613 万人次，增长 19.1%；香港、澳门和台湾同胞为 10764 万人次，增长 3.0%。在入境旅游者中，过夜旅游者为 5566 万人次，增长 9.4%。国际旅游外汇收入为 458 亿美元，增长 15.5%。国内居民出境人数达 5739 万人次，增长 20.4%。其中，因私出境 5151 万人次，增长 22.0%，占出境人数的 89.8%（数据来源于 2010 年统计公报）。

由此可见，我国的旅游市场规模非常庞大，而且随着人们生活水平的提高，旅游市场还会进一步扩大。面对庞大的旅游市场，如果旅游企业没有形成信息化管理，必然会阻碍旅游业的发展，因此旅游业管理的信息化成为必然。

4．竞争的必然性

在中国加入 WTO 后，旅游企业面临国内外的竞争越来越激烈，特别是我国对于外资准入政策的放宽，必然吸引大量的外资旅游企业进入我国。我国旅游企业应采取措施来提高自身的竞争力，以便迎接挑战。其中，旅游企业改变传统经营模式，加强企业内部的信息化管理，选择信息化发展战略就是明智的决策。此外，旅游企业自身坚持做大做强也是应对竞争挑战的必然之路。其中，发展壮大的途径如下。

（1）旅游企业要通过收购兼并，扩大网络化营销，实现经营规模的扩大和市场份额的提高，就必须选择信息化网络平台作为技术支撑。

（2）旅游企业要控制购并成本，实现管理经营模式一体化，就必须选择计算机技术规范业务流程。

（3）旅游企业要提高经营效率，降低经营成本，实现集中采购，统一支付，团队实时动态监控，就必须选择信息化的中央数据库和Internet技术达到在线运行和信息资源共享。

(4) 企业要克服兼并发展中的地域分散、传统行政管理手段落后、经济核算不一致等问题，实现财务统一、形象统一、产品统一、服务质量统一、人员业务素质统一，就必须选择信息化网络作为跨地区经营的统一平台。

11.1.2　旅游企业信息化管理模式

旅游企业信息化管理模式是指旅游企业为完成既定的信息化管理目标，使用的一种可重复利用、能够降低管理成本的一种标准化的系统框架或方案集合。就目前我国旅游企业的现状来看，我国的旅游企业普遍属于规模小、作坊式的中小企业，信息化建设尚处于初期的发展阶段。在信息革命充斥世界的今天，旅游企业如何进行体制改革、规范市场、实现产业集聚化和企业分工体系的重建等一系列问题形成了现实的内部环境。在激烈的国际竞争中，我国的旅游企业，尤其是中小型旅游企业，如果不能及时改变经营理念、更新观念，找到自己的定位，那么将无疑处于更加不利的竞争地势。

1．我国旅游企业信息化管理模式

旅游企业主要由旅行社、航空公司、宾馆酒店、车船公司、旅游网络公司、旅游产品供应商等构成。由于旅游企业客观差距的存在，旅游企业信息化建设和管理应结合企业自身要求的实际，从信息技术竞争力和经济实力的角度考虑采取不同的管理模式。

1）企业资源规划管理模式

企业资源规划即围绕既定的管理目标，对企业所有的资源进行规划与管理。在信息时代，旅游企业的组织机构网络化、扁平化、柔性化成为发展趋势。在激烈的市场竞争中，随着顾客需求多样化、个性化的变化，旅游企业面临的生存环境日益复杂。原有的垂直型的组织结构已经不能适应市场变化的需求了，因此，旅游企业逐渐将其组织结构转变为敏捷的扁平化“动态网络”结构。这种结构就要求对旅游企业的资源进行全面综合的管理和规划，这种管理模式要求旅游企业使用大量的计算机系统来帮助企业的中层来实现其职能。通过计算机系统的广泛使用使得决策层与执行层之间的沟通逐步加强，并且大大减少了管理层次，削减了企业的组织机构规模。同时，这种管理模式也使得企业的管理方式从控制型转为参与型，各部门之间的信息传递更加便利，实现了动态化的管理，有利于降低不同管理层之间的协调成本，提高了对市场信息的反应速度，充分调动了企业的各项资源，极大地调动了组织成员的潜能和积极性。

2）虚拟企业管理模式

虚拟企业是一种由多家独立企业通过信息技术联系起来的临时性网络，该网络中的成员充分信任、相互合作，发挥各自的核心优势，共享技术，分摊费用，迅速将共同开发与制造的产品推向市场的一种企业形式。旅游企业可以通过这种虚拟化的形式实现不同企业旅游信息和旅游资源的共享，特别是不同的旅游企业拥有的旅游目的地信息资源各不相同，充分利用虚拟化的组合方式，能够快速形成最佳的旅游信息动态组合，为复杂多变的旅游市场迅速提供差别化、个性化的旅游产品和服务，最大限度地发挥自身资源优势。这种虚拟企业的管理模式改变了过去企业间输赢竞争关系，形成了新型的竞合双赢关系。

3）电子商务管理模式

旅游企业通过低成本和建立服务与产品的差异性来提高旅游企业的竞争力。旅游信息化服务将“食、住、行、游、购、娱”等诸多信息组合起来，形成信息产品，销售给消费者。在这个过程中，信息流和资金流涉及多，物流很少，这些特征很适合用电子商务的方式去实现。电子商务的低成本、支付电子化、信息高效传递、宣传覆盖面广等特性是传统旅游企业所不具备的。在旅游电子商务中，售前旅游企业可以借助网上主页和电子邮件在全球范围内进行宣传，客户可借助网上搜索工具快速找到需要的旅游产品信息；售中可以实现网上订购、网上支付，还可以实现旅游产品模拟体验；售后信息的及时反馈，可以对消费者的行为进行有效分析。因此，旅游电子商务是旅游产业发展的必然趋势。

11.1.3 旅游企业信息化管理模式的战略选择

旅游企业信息化管理的企业资源计划模式、虚拟企业模式以及电子商务模式是在不同的时代背景和信息技术发展基础上形成的。对于现代旅游企业而言，每一种模式都有其生存和发展的空间，与企业的发展战略相结合，这几种管理模式又可以衍生出新的战略选择。

1．旅游企业信息化管理模式的专业化战略选择

专业化战略是指企业通过从事符合自身资源条件与能力的某一领域的生产经营业务来谋求其不断发展。专业化经营战略的优势是：企业可集中各种资源优势于最熟悉的业务领域，从而开发培育出具有竞争力的产品；便于企业整合战略的运作，实现规模化生产，取得行业内的成本优势；有利于 CIS 战略的贯彻实施，使企业品牌与产品有机融合。从竞争的角度看，企业业务的专业化能够以更高的效率，为某一狭窄的战略对象服务，从而在较广阔的竞争范围内超过对手。波特认为这样做的结果，可使企业盈利的潜力超过行业内的普遍水平。这种战略可供我国中小型旅游企业信息化建设发展借鉴。

2．旅游企业信息化管理模式的集团化战略选择

旅游企业信息化管理模式中的集团化，是一种产业集聚形式。依靠旅游业信息化、网络化基础，中小企业可以分阶段推进，实现产业集聚，逐步建成信息化管理战略联盟，构建旅游企业的“战略航母”。

产业集聚是产业发展演化过程中的一种非常现实的经济地理现象，它是指由一定数量的企业共同组成的产业在一定地域范围内的地理集中，它可以是某种特定产业及其相关支撑产业或属于不同类型产业的集中。在旅游产品与服务方面，其特性和生产、消费的高度同一性，使得有协作意愿的旅游企业在“吃、住、行、游、购、娱”六要素方面，在同一个经营目的下集合成为可能，从而提升区域旅游竞争力，促进区域旅游的发展。这种集聚效应的发展，随着市场经济的不断深入，旅游产业必将表现出不同程度的一体化态势，并逐渐打破行政区划的界限，实现连横资源的重新整合和区域旅游功能要素的配套，向构建区域旅游圈的目标迅速跟进。

3．旅游企业与新兴旅游信息服务公司合作化经营战略选择

旅游企业与新兴的旅游信息化服务公司合作化经营，考虑与新兴旅游网站构建战略联盟。它以向 E-commerce 中的一种 B2C（Business to Customers）模式发展为目标，实现 Internet 与旅游企业传统资源的整合，以达到优势互补；并以此为起点，为最终实现真正的 B2C 模式的在线预订、网上支付和物流配送的真正的电子商务做铺垫，这样，旅游企业不仅要利用 Internet 进行网络营销，而且，要依据自身的市场定位，考虑开展电子商务。选择一个实力强大、信用良好的或者发展潜力巨大的旅游网站合作，这是我国旅游企业信息化管理发展的又一战略选择。

11.2 旅游企业信息化管理支持系统

由于旅游企业信息化管理模式的多元化发展趋势，各旅游企业信息化管理可按照企业自身的 IT 应用层次和人员规模的差异进行重新归类、寻求共性，通过以企业信息文化、信息管理战略系统、信息技术的经济评价三个方面作为支持系统，使企业信息化管理最大限度地贴近企业与顾客的需求，并在实施中最大限度地满足用户体验。

11.2.1 “以人为本”的信息文化

旅游企业的信息化模式设计者在设计企业信息化模式时，一方面，应消除管理人员对信息化的差异，另一方面，应满足用户（员工与旅游者）的信息环境需求，而不是控制用户的信息环境，如表 11-1 所示。因为用户使用一种信息模型的效率和他参与制定这一模型的深度成正比。同时，旅游企业是“以人为本”的企业，企业只有构造“以人为本”的信息文化，才能灵活运用各种手段处理信息：

（1）关注各种类型的信息。

（2）强调信息的应用和共享，并让用户设计自己的信息环境。

（3）假设解决方法只是临时办法。信息不一定都是常规的，允许一定程度的灵活性和无序性。

表 11-1 “以人为本”的旅游企业关注用户如何使用信息而不是如何使用机器

信息架构	“以人为本”的方法
关注计算机化的数据	关注各种类型的信息
强调信息提供	强调信息的应用和共享
假设解决方法是一劳永逸的	假设解决方法只是临时办法
设计完成或系统建好即停止	整个企业都达到了预期效果才告结束
建造整个企业的结构	建造特定的结构
假设必须遵守政策	随着时间的推移，通过影响强化对政策的遵守
控制用户的信息环境	让用户设计自己的信息环境

11.2.2 战略信息系统（SIS）

旅游企业在 SIS 的运用上有三个发展层面。第一个层面是 Intranet，即企业内联网，这是 SIS 基础结构层次。在这一层面上，通过 Intranet 把企业所有的信息资源集成起来，把旅游企业一线接待部门、后勤部门、财务监控部门等联系起来，实现企业内部的信息共享与协同作业。第二个层面是 Extranet，即企业外联网。这是在 Internet/Intranet 技术基础上开发的与 Intranet 相连的战略。第三个层面是 E-Market，即企业电子商贸网。这同样是利用 Internet/Intranet 技术建立起来的协作网。通过 Extranet，把与本企业有业务合作关系的伙伴企业从供应商到分销商连成一体，使企业可以更有效地进行供销链的管理，并能更好地把握住竞争机会。通过 E-Market，可以提供联机销售服务，帮助企业建立用户支持系统，拓展市场份额或打开新兴市场，如图 11-1 所示。SIS 的功能与结构可随不同规模的旅游企业、不同的竞争目标而呈多元化，旅游企业充分利用 SIS，不仅可提高传统的服务、价格等竞争力，而且可实现企业信息化模式的柔性化与对市场反应敏捷性。

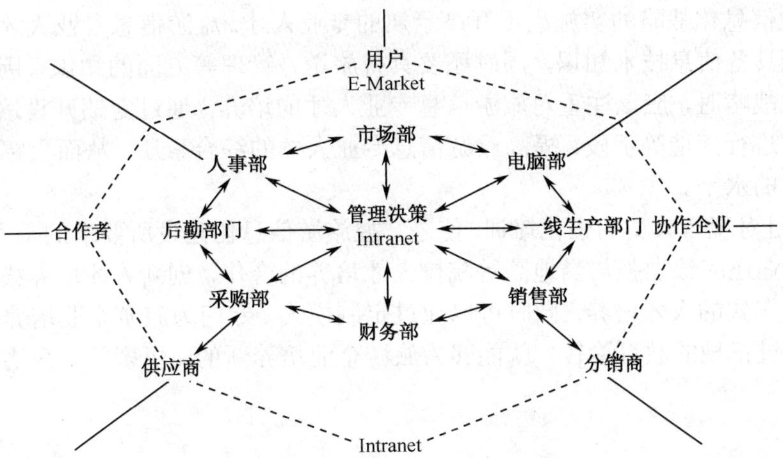

图 11-1　旅游企业 SIS 表层结构

11.2.3　技术经济评价指标

旅游企业在信息化模式的选择与开发中掌握“度”非常重要，这个“度”通常用技术经济评价指标来衡量。

1．信息化性能价格比

旅游企业信息化是双向性的建设过程，即信息化模式应适合企业与旅游者的需求，故企业购买信息化产品与系统应以市场的性能与价格的比率作为投资选购的标准。

2．信息化程度指数

旅游企业的信息化程度可由旅游信息成本率（旅游企业信息化建设设备投入费用、软件系统开发维护费用、信息管理人员的教育培训费用占旅游业总成本的百分比）、旅游企业信息装备水平指数（旅游企业的电话、计算机、传真机等装备率）、旅游信息化效益指数（旅游电子交易收入与其他旅游信息收入占旅游总收入的百分比）和旅游从业人员水平（大学以上学历人员占旅游从业人员总数的比例）等指数来反映。

3．信息化投入产出贡献

旅游企业信息化建设项目经济评价可以采用净现值（NPV）法、内部收益率法、投资回收期法、年投资回报率法等技术经济评价方法。其中应用最为广泛的是净现值法，而且比较完善的做法是，利用经过风险调整的现金流量或资本成本率来计算净现值再加上项目所含发展机会的价值。

11.3 旅游企业信息化战略实施保障

旅游企业信息化战略的顺利开展离不开企业、社会以及国家的支持，因此，旅游企业要想顺利开展信息化战略，必须具备充分的保障。

11.3.1 加强旅游信息专业人才的培养

旅游企业信息化战略的实施离不开高素质的专业人才。旅游信息专业人才应该是新的复合型人才，既具备信息技术知识，同时还要具备旅游、管理等方面的知识。因此，旅游企业在实施信息化战略时，应该注重对旅游信息专业人才的培养，通过定期开设培训班，选拔优秀的旅游人才进行深造等手段，提高旅游信息专业人才的综合素质，从而大幅度提高现有的旅游信息人才的水平。

同时，通过对现有人员的强化培训，使之掌握旅游信息化建设所要求的基本的技术技能。此外，旅游企业还应该加强与当地高等院校人才培养的合作，创新人才培养模式，从学校到企业实现直通车式的人才培养；同时可以通过定制模式，专门为旅游企业培养信息化所需的人才。这样通过正规的教育途径，就能够为旅游企业培养新的、更多的、合格的信息化专业人才。

11.3.2 转变管理者对旅游信息化的思想观念

旅游企业实施信息化，首先需要企业的管理者转变对旅游业的传统观念（认为旅游业不需要进行信息化改造，只需组织旅游团，带领游客游玩的思想），旅游企业的管理者应该与时俱进，用信息化思想来充实自己，树立对旅游信息化的新的认识，加强对旅游信息化建设的理解。

为了更好地转变旅游企业管理者的思想观念，需要对旅游企业管理者进行相关的信息技术培训，树立“科技兴旅”的观念，使他们充分认识到旅游企业实施信息化的重要意义。通过不断的学习和培训，使旅游企业管理者能够以更加开放的眼光和心态来看待旅游企业的发展，充分了解和掌握旅游发展的新趋势。同时，不断开展信息化培训，也能够使旅游企业管理者及时了解信息技术的发展，更好地了解和掌握信息技术的发展趋势，并将其应用到旅游行业上，从而努力开创旅游企业信息化的新局面。

11.3.3 加强旅游信息化战略实施的宏观调控

旅游企业信息化战略实施是一个复杂的系统工程，不仅需要旅游企业管理者从企业微观角度努力，同时也需要旅游管理部门和信息产业部门的领导和协调，从宏观上把握旅游企业信息化建设的布局和旅游企业信息化战略实施的进度。

旅游管理部门应从旅游业发展的全局考虑，制定有利于旅游业整体发展需要的政策、制度等，从而为旅游企业实施信息化战略创造有利的宏观政策环境。此外，旅游管理部门还应充分考虑到各地旅游信息化建设的不均衡性，通过政策倾斜以及资源分配等手段来调整旅游信息化的建设。此外，旅游管理部门还应对旅游企业信息化战略的实施进行有步骤、有层次的管理和调控，从而保证旅游企业信息化战略的顺利实施。

11.3.4 扩大旅游企业的融资渠道

旅游企业要想实施信息化，必须有足够的资金支持。因此，要积极扩大旅游企业的融资渠道，为旅游企业信息化战略的实施创造良好的资金基础。一般来说，旅游企业的融资渠道主要包括从银行贷款，以及从资本市场筹资等方式。其中，从银行贷款融资是一种常用的手段，因此，旅游企业应该首先与银行建立长期合作的关系，为企业提供一个稳定的融资渠道。其次，随着资本市场的快速发展，从资本市场融资也成为一个非常重要的融资渠道，特别是资本市场提供的资产重组功能，为旅游企业进行金融创新提供了技术平台，为资产重组、项目投资和日常运作提供了金融支持。此外，有条件的旅游企业还可以积极准备在股票市场上市，通过发行股票可以筹集企业发展的资金，而且还可以减少利息的支出。因此，在股票市场上市融资将成为旅游企业融资的重要渠道。

11.3.5 吸引通信行业加入

移动通信技术作为一种新兴的信息技术，正在体现出其方便、快捷的优势，并且正迅速应用到各个领域。旅游企业的信息化建设离不开信息技术的支持，其中，互联网技术是旅游企业信息化战略实施的重要保障之一，移动通信技术是信息技术发展的趋势。因此，在旅游企业实施信息化战略的过程中，逐步引进移动通信技术不仅能够使旅游企业信息化建设与时俱进，而且还可以满足不同层次用户的需要，有助于加快旅游业的信息化步伐。

旅游企业吸引通信行业加入的方式如下。

（1）旅游企业和通信企业通过共建短信平台等方式加强合作，利用短信与游客联系，为游客提供旅游信息。

（2）旅游企业与通信企业合作，为游客提供最新的旅游线路、旅途指南等，为游客提供高附加值的信息服务。

（3）旅游企业利用移动无线网络，积极建设手机网站，从而加强旅游企业的信息化建设。

本章案例

中青旅旅游信息化应用案例

中青旅控股股份有限公司主要从事旅游、高科技、风险投资、证券行业的投资；经营入境旅游、国内旅游、中国公民自费出境旅游业务，承办国内会议及商品展览，以及高科技产品开发和技术服务、旅游资源配套开发、互联网信息服务等业务。根据对行业政策走向和竞争形势的判断，以及对自身资源优势的分析，中青旅总部将发展战略调整为“以资本运营为核心，以高科技为动力，构建以旅游为支柱的控股型现代企业”，由效益引导型向战略推进型转变，迅速提升企业核心竞争能力。

1. 中青旅信息化发展道路

从 2000 年起，公司经营模式由“被动坐等客户旅游”模式向“主动寻找客户旅游”模式转变。2000年6月，电子商务网站“青旅在线”开通，同年8月十几家连锁店在北京城区开业，中青旅采用了“电子商务+连锁店”的销售模式。在公司高层正确战略的指导下，公司的业务量升幅巨大，同时也带来了一个问题——在业务量快速增长的同时，人力成本也飞速增加且巨大的业务量导致业务处理人员异常繁忙甚至出错。业务规模的迅速扩张和销售模式的转变需要信息技术的强有力支持。尤其是在2000年8月建立连锁店以后，异地销售必须由业务系统支持。

公司领导层从战略上确立了信息化对公司未来发展的重要性。当时，公司内部也正在运行的一些小系统，但都是独立的信息孤岛，难以满足业务规模快速增长和销售模式转变的需求。2000年年底，公司开始了信息化的整体规划和选型工作。

2000年11月，信息化项目开始正式对外招标，公司最终选择了山东浪潮通用软件有限公司作为其长期的战略合作伙伴。2001年4月，公司ERP一期项目正式启动，中青旅成为国内第一家全面引入ERP的旅行社。

2．整体规划，分步实施

ERP系统是一项综合性系统工程，工程目标高，技术性强，既要从宏观上把握需求，又要从具体实施上考虑周密。在系统方案的确定、设计和实施过程中，经过缜密的前期需求调研，结合旅行社先进的管理思想，本着整体规划，分步实施的原则，充分考虑到中青旅的现实需求和将来的扩展性。

考虑到和整个旅游行业一样，中青旅的信息化程度还比较低，一期工程主要是规范业务操作流程。业务流程规范是应用软件系统集成、ERP的实施、数据仓库建设与辅助决策支持系统运作的必要条件，也是中青旅信息系统由初级阶段向中级阶段过渡的必要保障。考虑到咨询和BRP（业务流程重组）对公司的重要性，企业IT人员提出了BPR的思路和原则，辅助各业务部门进行业务流程的优化。投入了大量精力帮助客户整理操作规范、进行业务流程的优化。

3．中青旅一期工程的功能模块

（1）国内游操作系统。实现线路产品的设计、维护；实现团队信息的录入、行程信息维护、各种类型价格维护、附加费的维护，等等。实现导游和其他资源的安排；随时跟踪连锁店的报名情况，处理部门、门市所下国内旅游订单，并将处理结果信息反馈到有关数据库。

（2）出境游操作系统。除了完成类似国内游操作系统的基本功能之外，提供了针对出境游操作特殊功能，如办照办签、银行换汇等。

（3）连锁门市预订系统。辅助业务员受理客户咨询，预订、购买、退订旅游产品。实现对团队信息查询、客户预订、客户下单、收退款操作、退转团处理、暂存款、押金、保险、银行存款、客户信息、统计查询等功能。

（4）联盟/同业销售系统。联盟/同业组织是各大型旅游集团或者旅行社为了应对激烈的市场竞争，联系国内旅游行业其他旅行社、销售代理商，自发组成的联盟性组织。为了支持集团化管理和业务规模扩张的需求，联盟/同业销售系统为联盟组织、同业组织提供了业务往来的支持。

（5）单团核算系统。实现业务结算流程处理的计算机化，实现业务系统的相关业务在财务系统中生成相关的记账凭证，提供单团辅助核算的功能，实现对单团收支情况的综合查询。

（6）普通财务系统。通用账务模块的主要功能应由以下部分组成：凭证制作、凭证复核、自动记账、凭证汇总记总账、月底结账等数据处理功能等。

4．系统应用效益

中青旅的一期工程的财务系统已经基本完成，核算系统在建设中。但是，信息系统的效益已经凸显出来了。

（1）全面支持公司战略发展需求。从战略层面来看，ERP 系统为中青旅向集团化迈进提供了强有力的支持，使得并购、战略联盟的运作没有仅仅停留在战略层面上，并从实际运行上得到了技术保证。

（2）业务流程规范化。从业务层面上来讲，中青旅 ERP 的实施对业务流程规范化起到了很好的促进作用。中青旅“连锁销售+网上预订+后台支持+财务监控”的业务模式，已经形成了一个规范化的业务流程。同时，ERP 系统实现了信息资源的一致性、共享性，使企业信息资源得到有效利用；提高了业务人员的工作效率和业务操作水平，提高了对客户需求的反应能力。

（3）管理上台阶。实施 ERP 之后，公司在管理、监督、决策等活动方面得到了很大加强。各部门人员责权利相匹配；纠正了可能的暗箱操作，财务对业务的全面监督成为可能；业务流程控制点明确，简化了决策环节；及时、快速、准确、全面的信息流为企业决策提供了有力支持，领导决策数字化，规避了企业经营风险。

案例来源：http://www.yesky.com/Enterprise/218730246159990784/20040929/1859978_1.shtml。

案例思考题：

（1）中青旅信息化措施都包括哪些方面？在实施的过程中面临怎样的障碍？

（2）中青旅信息化系统都具备哪些功能？

（3）中青旅信息化应用方案对于我国旅游业的信息化发展具有哪些重要意义？

（4）根据本案例的思路，试分析中青旅信息化道路。

本章小结

旅游企业信息化管理是对旅游企业实施信息化的战略指导。在旅游市场日益扩大、国家政策加大扶持，以及激烈的市场竞争的前提下，旅游企业信息化管理成为必然。同时，伴随着不同管理理念以及信息技术的快速发展，旅游企业信息化管理也出现了企业资源计划模式、虚拟企业模式以及电子商务模式三种不同的模式，并且与不同的发展战略相结合，也出现了三种不同的战略选择。为了更好地促进旅游企业信息化管理，必要的支持系统也必不可少，同时相应的实施保障措施也为旅游企业信息化管理的顺利实施奠定了基础。

复习题

（1）为什么旅游企业需要进行信息化管理？

（2）旅游企业信息化管理都有哪些模式？

（3）企业资源规划管理模式有何优缺点？

（4）虚拟企业管理模式是在何种情况下出现的？有何适用性？

（5）电子商务管理模式对于旅游企业是否完全适用？为什么？

（6）比较几种不同的旅游企业信息化管理模式的适用条件及各自特色。

（7）现阶段旅游企业信息化管理模式都有哪些战略选择？哪种战略模式更适合我国旅游企业的发展？

（8）旅游企业信息化管理模式在选择过程中应注意哪些方面？

（9）旅游企业信息化管理的实施保障有哪些？

（10）为了保障旅游企业信息化管理的顺利实施，企业应注意哪些方面？

讨 论 题

（1）我国旅游企业信息化管理发展如何？

（2）结合我国实践，分析讨论我国旅游企业适合哪种信息化管理模式。

（3）旅游企业在选择信息化管理模式时需要考虑哪些因素？

（4）旅游企业信息化管理支持系统与传统企业的信息化管理系统有何不同？

（5）为了保证旅游企业信息化战略的成功实施，我国政府应该制定何种政策措施？

（6）旅游行业所有企业是否都有必要实施信息化管理？为什么？

（7）与其他行业相比，旅游行业在进行信息化管理过程中，需要注意哪些方面？

（8）面对快速发展的网络信息技术，旅游企业在信息化管理过程中需要注意什么？

网络实践题

（1）登录携程旅行网，试对其信息化管理模式进行深入分析。

（2）选择一家旅游企业，对其信息化管理过程及其成就和问题进行分析。

（3）选择一家旅游企业网站，与携程旅行网的信息化管理模式进行比较。

（4）在网上找到一家你认为开展信息化不太好的旅游企业，对其信息化战略的改进提出相关建议。

参考文献

[1] 杨路明，巫宁. 旅游电子商务理论与实务[M]. 北京：中国旅游出版社，2003.
[2] Kapil Raina，Anurag Harsh. 移动商务安全实用指南[M]. 北京：清华大学出版社，2003.
[3] 王健伟，张乃侠. 网络经济学[M]. 北京：高等教育出版社，2004.
[4] 江堆金. 移动电子商务：ERP SCM CRM整合[M]. 北京：科学出版社，2004.
[5] 杨路明，巫宁. 现代旅游电子商务教程[M]. 北京：电子工业出版社，2004.
[6] 李琪. 电子商务概论[M]. 北京：高等教育出版社，2005.
[7] 加里 P 施奈德. 电子商务（第 6 版）[M]. 北京：机械工业出版社，2006.
[8] 杨路明等. 电子政务[M]. 北京：电子工业出版社，2007.
[9] 王宇川. 电子商务网站规划与建设[M]. 北京：机械工业出版社，2007.
[10] 张铭洪. 网络经济学[M]. 北京：高等教育出版社，2007.
[11] 李洪心. 电子商务概论[M]. 大连：东北财经大学出版社，2008.
[12] 盛晓白. 网络经济学[M]. 北京：电子工业出版社，2009.
[13] 杨路明，薛君等. 电子商务概论[M]. 北京：科学出版社，2009.
[14] 杨路明等. 客户关系管理理论与实务[M]. 北京：电子工业出版社，2010.
[15] 柯新生. 网络支付与结算（第 2 版）[M]. 北京：电子工业出版社，2010.
[16] 杨路明等. 旅游电子商务[M]. 北京：科学出版社，2010.
[17] 杨路明，巫宁等. 现代旅游电子商务教程（第2版）[M]. 北京：电子工业出版社，2010.
[18] 陆刚. 旅游电子商务[M]. 北京：中国物资出版社，2011.
[19] 杨路明. 电子商务概论[M]. 北京：中国人民大学出版社，2011.
[20] 刘培刚. 网络经济学[M]. 上海：华东理工大学出版社，2011.
[21] 张俊霞. 网络环境下旅游业信息管理面临的机遇和挑战[J]. 科技进步与对策，2001（6）：131-132.
[22] 孙静. 中国旅游企业信息化发展策略[J]. 哈尔滨商业大学学报，2003（5）：80-82.
[23] 杨路明等. 电子商务与旅游市场运行机制研究[J]. 资源开发与市场，2003（12）：427-428.
[24] 杨路明等. 旅游产业与电子商务天然适应性讨论[J]. 重庆工商大学学报，2003（12）：97-100.
[25] 武红，路紫，刘宁. 我国旅游网站功能评估及对策研究[J]. 情报杂志，2004（2）：72-74.
[26] 杨路明等. 旅游消费与电子商务的相互作用[J]. 思想战线，2004（5）：117-121.
[27] 张英姿. 初探旅游服务供应链管理[J]. 雁北师范学院学报，2005（2）：22-23.
[28] 石长波，吴小天. 我国旅游业信息化建设中的制约因素和应对策略[J] 商业研究，2005（3）：159-161.
[29] 应梦漪. 关于旅游企业网络[J]. 市场论坛，2005（7）：45-47.
[30] 王建军，张召浦. 移动电子商务商业模型分析[J]. 通信企业管理，2006（1）：63-65.
[31] 董月红. 浅析我国移动电子商务发展现状与问题[J]. 商场现代化，2006（8）：108-110.
[32] 王燕，高玉飞. 移动电子商务的价值链与商务模式研究[J]. 物流科技，2006（9）：63-66.

[33] 沈慧敏. 我国MC发展趋势研究[J]. 科技情报开发与经济，2007（1）：189-190.
[34] 孙丽莉. 移动电子商务中的客户价值理论探析[J]. 经济管理，2007（2）：33-35.
[35] 吴建民，丁疆辉. 中国旅游网站的功能及其空间影响研究[J]. 安徽农业科学，2007，35（4）：1139-1140.
[36] 王硕. 电子商务概论. 合肥工业大学优秀博士论文[D]，2007（3）.
[37] 于卫华. 试论我国电子商务的发展趋势[J]. 科教文汇，2007（3）：212-213.
[38] 苏宏华. 电子商务的发展趋势——知识商务[J]. 产业与科技论坛，2007（2）：113-114.
[39] 王兴斌. 关于现代旅游业若干特征的探讨[N]. 中国旅游报，2007（5）.
[40] 于亢亢. 服务供应链的模型与构建[J]. 现代商业，2007（21）：156-158.
[41] 倪清然，张根荣. 网络消费者购买行为分析[J]. 经济师，2008（2）：253-254.
[42] 杨路明. 电子商务对传统旅游价值链的影响[J]. 中国流通经济，2008（4）：38-41.
[43] 王素珍. 旅游企业网络营销策略探究[J]. 江苏商论，2008（4）：105-106.
[44] 李晶. 旅游电子商务网站业务种类及盈利模式分析[J]. 江西科技师范学院学报，2008（4）：39-41.
[45] 王刚. 我国电子商务的发展趋势研究[J]. 经济金融观察，2008（6）：26-27.
[46] 李牧. 电子商务网站构建技术及应用研究[D]. 大连海事大学硕士论文，2008（10）.
[47] 陶小龙. 旅游企业实施客户关系管理初探[J]. 当代经济，2008（11）：54-56.
[48] 胡洛燕，王秀娟，李惠杰. 服装定制企业实施ERP的策略研究[J]. 山东纺织科技，2008（6）：40-42.
[49] 王芳. 浅析移动电子商务的现状及发展趋势[J]. 电子商务，2008（11）：109-110.
[50] 何荣辉. 不同类型的业务流程管理系统研究[D]. 江苏大学硕士论文，2009.
[51] 黄华国. 谈企业业务流程管理与执行力[J]. 川化，2009（2）：44-46.
[52] 高舜礼，白四座. 论旅游业的现代服务特征[N]. 中国旅游报，2009（3）：10版.
[53] 胡元岭. 企业流程管理信息化过程中的问题及对策[J]. 机电产品开发与创新，2009（4）：117-118.
[54] 宋华，陈金亮. 服务供应链中服务集成商竞争优势影响因素的案例分析[J]. 中国软科学增刊（上），2009（8）：296-300.
[55] 郭淑红，方海云. 我国电子商务的发展趋势及应对措施[J]. 信阳农业高等专科学校学报，2008（9）：69-70.
[56] 杨佩璐. 未来电子商务的发展趋势与产业化应用前景分析[J]. 电子商务，2009（4）：45-46.
[57] 周梅. Web挖掘技术在电子商务中的应用研究[J]. 商场现代化，2009（6）：83-84.
[58] 祁志民，刘涌. 浅谈我国电子商务的发展现状与趋势[J]. 学术交流，2009（7）：136-138.
[59] 周星. 浅析电子商务的发展趋势[J]. 科技创新导报，2009（7）：179.
[60] 李田，姚丽芬，邸明慧，李庆辰. 中国旅游信息化发展战略研究[J]. 集体经济，2009（9）：34-37.
[61] 花金龙，郭英，罗开锋. 旅游网络营销模式研究——以九江为例[J]. 企业经济，2009（10）：137-139.
[62] 赵娜. 网络经济环境下旅游企业的组织结构变革[J]. 现代企业，2009（11）：16-17.
[63] 王保云. 物联网技术研究综述[J]. 电子测量与仪器学报，2009（12）：1-7.
[64] 李传亮. 构建消费者购买行为研究新体系[J]. 网络财富，2010（2）：159-160.
[65] 汪泓. 我国旅游电子商务网站体系研究[J]. 企业管理，2010（3）：34-35.
[66] 邱正英. 中国旅游电子商务的思考[J]. 大众文艺，2010（8）：39-40.
[67] 杨路明. 中小型旅行社电子商务模式研究[J]. 科学决策，2010（8）：49-58.
[68] 姜俊华. 网络购买者购买行为分析[J]. 福建电脑，2010（8）：102-103.
[69] 井艺虹. 浅议旅游管理信息化[J]. 安徽文学，2010（9）：282.
[70] 杨海东. 创新模式的旅游电子商务体系的设计与实现[J]. 网络财富，2010（10）：174-175.

[71] 杨路明，陈媛. 电子商务提升我国旅游企业竞争力的作用分析[J]. 经济问题探索，2010（10）：187-190.

[72] 石小兵，吕菁，郑祥昌. 企业业务流程管理信息化系统新探[J]. CAD/CAM与制造业信息化，2010（12）：28-30.

[73] 艾静超. 沈阳市旅游信息化建设战略研究[J]. 商场现代化，2011（1）：101.

[74] 梁曦文. H公司IT服务流程管理研究[D]. 大连理工大学硕士论文，2010.

[75] 蔡日梅. 物联网概述[J]. 电子产品可靠性与环境试验，2011（2）：59-63.

[76] 杨路明，杨旭召. 中国旅游电子商务发展趋势分析[J]. 海峡科技与产业，2012（8）：63-67.

[77] 中国互联网信息中心. 第29次中国互联网络发展状况统计报告[R]. 2012（1）.

[78] 艾瑞咨询：www.iresearch.com.cn.

[79] 新浪：http://tech.sina.com.cn，科技时代，2009（2）.

[80] 中国互联网信息中心：http://www.cnnic.cn.

[81] http://www.ecwin.cn.

[82] http://www.springtour.com/.

[83] http://www.visitcentralcoast.com.au.

[84] CIO时代网：http://www.ciotimes.com.

[85] 一大把网站：http://ec.yidaba.com.

[86] ITU, ITU Internet Report 2005: Internet of Things, 2005.11.

[87] Luigi Atzori, Antonio Iera, Giacomo Morabito, The Internet of Things: A survey, Computer Network, 2010.5.14.

[88] EPCGlobal, The EPCglobal Architecture Framework, 2010.11.

[89] 中国行业研究网：http://www.chinairn.com.

[90] 中国信息产业网：http://www.cnii.com.cn.

[91] 人民网：旅游消费将爆发性增长，http://www.people.com.cn.

[92] 赛迪网：http://www.ccidnet.com.

[93] 新华网：http://www.xinhuanet.com.

[94] 中国互联网信息中心，第 29 次中国互联网络发展状况统计报告，http://www.cnnic.net.cn.

[95] 道客巴巴：http://www.doc88.com/p-416988866309.html.

[96] 旅游企业信息化管理模式：http://www.14edu.com/guanlixue/042421J02010.html.

[97] T-Engine Forum Ubiquitous ID Center, Ubiquitous ID Architecture, 2006.11.

反侵权盗版声明

举报电话：（010）88254396；（010）88258888

传　　真：（010）88254397

E-mail：　dbqq@phei.com.cn

通信地址：北京市海淀区万寿路 173 信箱

　　　　　电子工业出版社总编办公室

邮　　编：100036